本书的出版得到
国家重点文物保护专项补助经费资助

成都天府广场东北侧古遗址发掘报告

成都文物考古研究所　编著

文物出版社

图书在版编目（CIP）数据

成都天府广场东北侧古遗址考古发掘报告/成都
文物考古研究所编著．—北京：文物出版社，2016.11
　　ISBN 978-7-5010-4789-5

　　Ⅰ．①成…　Ⅱ．①成…　Ⅲ．①古城遗址(考古)
－考古发掘－发掘报告－成都　Ⅳ．①K878.305

　　中国版本图书馆CIP数据核字(2016)第232649号

成都天府广场东北侧古遗址考古发掘报告

编　　著：成都文物考古研究所

封面设计：秦　彧

责任编辑：秦　彧

责任印制：张道奇

出版发行：文 物 出 版 社

地　　址：北京市东直门内北小街2号楼

邮　　编：100007

网　　址：http://www.wenwu.com

邮　　箱：web@wenwu.com

制版印刷：北京荣宝燕泰印务有限公司

经　　销：新华书店

开　　本：889mm×1194mm　1/16

印　　张：22.5

版　　次：2016年11月第1版

印　　次：2016年11月第1次印刷

书　　号：ISBN 978-7-5010-4789-5

定　　价：310.00元

Report of Archaeological Excavation at the Ancient Ruins of Northeastern Tianfu Square, Chengdu

by

Chengdu Institute of Cultural Relics and Archaeology

Cultural Relics Press

序

2012年底，成都天府广场东北侧古遗址出土了一个近十顿重的巨型圆雕石兽，被认为或许是文献记载中著名的李冰镇水的"石犀"。媒体的纷纷报导着实轰动一时。这到底是件什么东西？为什么会在那里出现？成都文物考古研究所对石兽所在的古遗址进行了发掘，发现了古代房屋建筑基址和精美的纹饰瓦当、铺地砖之类的建筑构件，有的上面带有铭文。此外，尚有大量汉晋及至明代的遗迹现象和陶瓷器残片、钱币之类的遗物。除了石兽之外的这些东西，就单独的个件而言，似乎算不上多么惊人，但它们在城区核心范围内出现，并有可靠的地层堆积，所包含的历史信息却是相当丰富的，对研究古代成都城市发展历史具有重要的价值。

遗址发掘过程中，我曾前往现场参观，一方面觉得材料重要，同时又深感两晋之前的遗迹地层现象比较复杂，虽然田野工作做得很仔细，但是叠压情况本身有的界限却不大明显；除了钱币之外，缺乏明确的纪年文物和现成的标型材料比对，报告整理起来将会比较困难。后来，成都文物考古研究所多次集体讨论编写体例，经过编者们的不懈努力，最终把报告编写了出来，真是很不容易的。主要编者易立告诉我，这是他第一次编写城市考古发掘报告，出版之前先把书稿给我看看，希望能写点意见。

读过书稿之后，我认为不仅发掘材料本身内容丰富，报告的编写也颇具特色。就整体而言，编者不满足于仅仅对考古材料外部形态的考察作单纯类型学的排比，而是力图在分型分式、分期断代的基础上对考古材料作出历史的解释，揭示出考古材料所包含的丰厚的历史文化信息。编者研究材料特别注意纵横联系，有三点是比较突出的：

第一，不同遗址相关考古材料之间的联系。在具体分析解读本遗址发掘材料的过程中，除了大量引用川西平原其他地方的考古材料作对比之外，还在绪论部分专门留出"周边考古发现"的专节，对有关材料作必要的扼要介绍。这样，可以起到方便读者、提供线索的作用。

第二，注意考古材料与文献记载相结合。除了报告的不同部分引用必要的文献之外，在绪论部分所列"历史沿革"一节，基本上也都是古代文献记载方面的材料。考古材料和文献记载相结合，这是历史时期考古的需要，是中国历史时期考古的传统和特色。

第三，在考察考古材料的过程中注意借鉴学界已有的研究成果。其中，既有考古方面的，也包括文献历史方面的，这里就不举证说了。

作为一部田野考古发掘报告，当然主要是将发掘材料整理好，客观而全面、系统、清晰地介绍给读者。但是仅此是不够的，对于一些既需要利用古文献记载，又需要利用考古材料的古代史研究者而言，只提供分型、分式材料，很难被读懂真正发挥应有的作用。报告编者结合地层现象从器物类型学角度对材料作了细致的考察，清晰的描述。虽然，由于材料本身原因存在一些局限，但是对今后四川地区考古学文化发展序列的建立仍大有帮助。与此同时，编者还对发掘材料的性质、意义提出了一些富有创造性的见解。例如，编者根据文献记载和瓦当、铺地砖的规格和铭文中"宜官堂"、"蜀康"等材料，认为该建筑遗迹"可能与东汉晚期至蜀汉之际大城内的某个官署或宫廷机构有关"，这一看法就很值得注意。成都平原属于河流冲积地带，战国末年秦在巴蜀地区设置郡县以后，随着都江堰的修建成功，为成都城的修建打下基础，进入了一个新的历史发展时期，"列备五都"而成为全国五大都会之一，是西南地区最大的城市，受到极大的重视。有关城垣和城内建筑布局的发展变化有不少人进行研究，过去大多主要着眼于从文献记载作考证，虽然也取得了不少的成绩，由于缺少考古材料的证据，往往总是似是而非，众说纷纭，难于定论。近年来天府广场一带不断有新的地下文物发现，继北宋纪年权范遗址清理之后，又有保存完整的两通纪年汉碑出土，如果报告编者的上述论断今后能够得到进一步的证明，则是为古代成都城内的布局找到了一个标点，具有重要的价值。

都江堰的建成为成都城的建设起到了十分重要的作用，但都江堰工程也是不断改进发展和完善的。成都东御街出土的阳嘉三年（公元134年）李太守碑旁题说明，该碑和所在的郡学于汉顺帝本初元年（公元146年）曾被洪水冲倒。该碑所在的位置距这次发掘的石兽和官署遗址直线距离不过约200米，大体在同一个水平高度上。石兽的制作和安置年代至迟不会晚过西汉，无论是否真是李冰所造，"石犀"的名称是否准确，因为当地常被水淹，弄上这样一个想象中具有"镇水"作用的象征性东西摆在那里，却不是完全没有可能。

该遗址出土的十件铸铜时用以烧熔铜液的坩埚，体积不大，一个坩埚可盛铜液1.7至2.8千克，器内尚有铜渣残迹，附有专门的检测报告。不禁使人联想到1980年在大通巷发现的蜀汉铸钱遗址，除大批锈烂的"太平百钱"之外，还有一枚铜铸"太平百钱"母范（参见陈显双：《成都市出土"太平百钱"铜母范——兼谈"太平百钱"的年代》，《文物》1981年第10期）。尽管该遗址与这次的发掘点在地理位置上有一定的距离，但它们之间是否存在着某种联系，也值得思考。

报告提供给我们的考古材料是很丰富的，编者的思考也是很有启发性的。在某种程度上可以说是在有关研究中一个新的起点。我在此为报告的出版表示祝贺！

张勋燎

2016年6月于川大农林村

目　录

序…………………………………………………………………………………………… 01

第一章　绪言………………………………………………………………………………… 1

　　第一节　地理环境 ……………………………………………………………………… 1

　　第二节　历史沿革 ……………………………………………………………………… 2

　　第三节　周边考古发现 ………………………………………………………………… 4

　　第四节　发掘与整理 …………………………………………………………………… 7

　　　一　发现情况 ………………………………………………………………………… 7

　　　二　发掘工作 ………………………………………………………………………… 7

　　　三　文保工作 ………………………………………………………………………… 8

　　　四　整理与编写 ……………………………………………………………………… 9

第二章　地层堆积…………………………………………………………………………… 10

第三章　两汉三国文化遗存………………………………………………………………… 15

　　第一节　遗迹 …………………………………………………………………………… 15

　　　一　建筑台基 ………………………………………………………………………… 15

　　　二　井 ………………………………………………………………………………… 15

　　　三　灰坑 ……………………………………………………………………………… 18

　　第二节　遗物 …………………………………………………………………………… 26

　　　一　陶器 ……………………………………………………………………………… 26

　　　　（一）夹砂陶器 …………………………………………………………………… 26

　　　　（二）泥质陶器 …………………………………………………………………… 35

　　　　（三）建筑构件 …………………………………………………………………… 52

　　　二　瓷器 ……………………………………………………………………………… 80

三 铜器 ……………………………………………………………… 81

四 石器 ……………………………………………………………… 87

第三节 分期与年代 ………………………………………………… 87

第四章 两晋南朝文化遗存……………………………………… 92

第一节 遗迹 ………………………………………………………… 92

一 井 ……………………………………………………………… 92

二 灰坑 …………………………………………………………… 92

三 灰沟 …………………………………………………………… 101

四 排水沟 ………………………………………………………… 103

第二节 遗物 ………………………………………………………… 103

一 陶器 …………………………………………………………… 103

（一）陶器 …………………………………………………… 103

（二）建筑构件 ……………………………………………… 116

二 瓷器 …………………………………………………………… 121

（一）本地窑口 ……………………………………………… 121

（二）外地窑口 ……………………………………………… 125

（三）窑具 …………………………………………………… 135

三 铜器 …………………………………………………………… 136

四 石器 …………………………………………………………… 140

第三节 分期与年代 ………………………………………………… 140

第五章 唐宋文化遗存…………………………………………… 143

第一节 遗迹现象 …………………………………………………… 143

一 房址 …………………………………………………………… 143

二 井 ……………………………………………………………… 145

三 道路 …………………………………………………………… 150

四 灰坑 …………………………………………………………… 150

五 排水沟 ………………………………………………………… 158

第二节 遗物 ………………………………………………………… 158

一 陶器 …………………………………………………………… 158

（一）陶器 …………………………………………………………… 160

（二）建筑构件 ……………………………………………………… 164

二　瓷器 ……………………………………………………………………… 168

（一）青羊宫窑 ……………………………………………………… 168

（二）邛窑 …………………………………………………………… 177

（三）琉璃厂窑 ……………………………………………………… 192

（四）磁峰窑 ………………………………………………………… 211

（五）金凤窑 ………………………………………………………… 214

（六）广元窑 ………………………………………………………… 214

（七）邢（定）窑 …………………………………………………… 216

（八）磁州窑 ………………………………………………………… 217

（九）钧窑 …………………………………………………………… 218

（一〇）耀州窑 ……………………………………………………… 219

（一一）景德镇窑 …………………………………………………… 219

（一二）吉州窑 ……………………………………………………… 222

（一三）越窑 ………………………………………………………… 223

（一四）龙泉窑 ……………………………………………………… 223

（一五）建窑 ………………………………………………………… 227

（一六）未定窑口 …………………………………………………… 227

（一七）窑具 ………………………………………………………… 228

三　铜器 ……………………………………………………………………… 229

四　石器 ……………………………………………………………………… 235

五　骨器 ……………………………………………………………………… 235

第三节　分期与年代 …………………………………………………………… 236

第六章　明代文化遗存 ………………………………………… 244

第一节　遗迹 …………………………………………………………………… 244

一　建筑台基 ………………………………………………………………… 244

二　井 ………………………………………………………………………… 244

三　城墙基槽 ………………………………………………………………… 248

四　灰坑 ……………………………………………………………………… 251

第二节　遗物···253

一　陶器··253

（一）陶器···253

（二）建筑构件···254

二　瓷器··255

（一）青花瓷器···255

（二）蓝釉瓷器···258

（三）黑釉瓷器···259

第七章　结语···260

第一节　两汉三国遗存初步认识·································260

第二节　两晋南朝遗存初步认识·································262

第三节　唐宋遗存初步认识·····································264

第四节　明代遗存初步认识·····································266

附录一　天府广场出土石犀检测分析报告·······················269

一　岩石薄片鉴定分析··269

二　岩石微观结构和成分分析····································269

三　岩石X射线衍射物相分析····································270

四　岩石表面盐析成分分析······································270

五　分析小结··270

附录二　天府广场出土坩埚检测分析报告·······················272

一　坩埚基本情况··272

二　坩埚容量测定··273

三　坩埚及铜渣分析研究··274

四　讨论··276

五　结论··278

后　记··279

英文提要··280

插图目录

图一　天府广场东北侧古遗址地理位置示意图（一）……………………………… 5

图二　天府广场东北侧古遗址位置示意图（二）…………………………………… 6

图三　TN03W01西壁剖面图 …………………………………………………………… 10

图四　TN03W03南壁剖面图 …………………………………………………………… 12

图五　TN03W06北壁剖面图 …………………………………………………………… 13

图六　天府广场两汉三国遗迹平面分布图…………………………………………… 16

图七　两汉三国F2平、剖面图………………………………………………………… 17

图八　两汉三国J6平、剖面图………………………………………………………… 18

图九　两汉三国灰坑平、剖面图……………………………………………………… 19

图一〇　两汉三国灰坑平、剖面图…………………………………………………… 21

图一一　两汉三国灰坑平、剖面图…………………………………………………… 22

图一二　两汉三国灰坑平、剖面图…………………………………………………… 24

图一三　两汉三国灰坑平、剖面图…………………………………………………… 25

图一四　夹砂陶钵、尖底盏、盆……………………………………………………… 27

图一五　夹砂陶豆………………………………………………………………………… 28

图一六　夹砂陶豆………………………………………………………………………… 29

图一七　夹砂陶器………………………………………………………………………… 30

图一八　夹砂陶瓮………………………………………………………………………… 31

图一九　夹砂陶圜底釜…………………………………………………………………… 32

图二〇　夹砂陶圜底釜…………………………………………………………………… 33

图二一　夹砂坩埚、篦形器……………………………………………………………… 34

图二二　夹砂陶器足……………………………………………………………………… 35

图二三　泥质陶钵………………………………………………………………………… 36

图二四　泥质陶钵………………………………………………………………………… 37

图二五　　泥质陶钵……………………………………………………………………38

图二六　　泥质陶钵……………………………………………………………………39

图二七　　泥质陶钵、陶盘……………………………………………………………41

图二八　　泥质陶盆……………………………………………………………………42

图二九　　泥质陶盆……………………………………………………………………43

图三〇　　泥质陶罐……………………………………………………………………44

图三一　　泥质陶罐……………………………………………………………………45

图三二　　泥质陶罐……………………………………………………………………46

图三三　　泥质陶瓮……………………………………………………………………47

图三四　　泥质陶釜……………………………………………………………………49

图三五　　泥质陶甑、器盖、纺轮……………………………………………………50

图三六　　泥质陶灯……………………………………………………………………51

图三七　　泥质陶器柄、器座、动物模型……………………………………………52

图三八　　A型云纹瓦当拓片…………………………………………………………53

图三九　　B、C型云纹瓦当拓片……………………………………………………54

图四〇　　Da型云纹瓦当拓片………………………………………………………55

图四一　　Da型云纹瓦当拓片………………………………………………………56

图四二　　Da型云纹瓦当拓片………………………………………………………58

图四三　　Da型云纹瓦当拓片………………………………………………………59

图四四　　Db型云纹瓦当拓片………………………………………………………60

图四五　　E型云纹瓦当拓片…………………………………………………………61

图四六　　Ec型云纹瓦当拓片………………………………………………………63

图四七　　Ed型云纹瓦当拓片………………………………………………………64

图四八　　Ee型云纹瓦当拓片………………………………………………………65

图四九　　Ef型云纹瓦当拓片………………………………………………………66

图五〇　　Ef型云纹瓦当拓片………………………………………………………67

图五一　　Ef型云纹瓦当拓片………………………………………………………68

图五二　　莲花纹瓦当拓片……………………………………………………………69

图五三　　文字瓦当拓片………………………………………………………………70

图五四　　卷轮纹瓦当拓片……………………………………………………………72

图五五　素面瓦当 ……………………………………………………………… 73

图五六　板瓦与筒瓦拓片 ………………………………………………………… 74

图五七　筒瓦 ……………………………………………………………………… 75

图五八　铺地砖拓片 ……………………………………………………………… 76

图五九　几何纹铺地砖拓片 ……………………………………………………… 77

图六〇　文字铺地砖拓片 ………………………………………………………… 77

图六一　文字铺地砖拓片 ………………………………………………………… 78

图六二　文字铺地砖拓片 ………………………………………………………… 79

图六三　墙砖拓片 ………………………………………………………………… 80

图六四　青瓷器 …………………………………………………………………… 80

图六五　青铜器 …………………………………………………………………… 81

图六六　五铢铜钱拓片 …………………………………………………………… 83

图六七　铜钱拓片 ………………………………………………………………… 84

图六八　未辨识铜钱拓片 ………………………………………………………… 86

图六九　石犀雕像H99：1左侧臀部拓片 ……………………………………… 87

图七〇　两晋南朝遗迹平面分布图 ……………………………………………… 93

图七一　两晋南朝J1平、剖面图 ………………………………………………… 94

图七二　两晋南朝灰坑平、剖面图 ……………………………………………… 95

图七三　两晋南朝灰坑平、剖面图 ……………………………………………… 96

图七四　两晋南朝灰坑平、剖面图 ……………………………………………… 97

图七五　两晋南朝灰坑平、剖面图 ……………………………………………… 99

图七六　两晋南朝灰坑平、剖面图 ……………………………………………… 100

图七七　两晋南朝灰沟与排水沟平、剖面图 …………………………………… 102

图七八　陶碗 ……………………………………………………………………… 104

图七九　陶碗 ……………………………………………………………………… 105

图八〇　陶碗 ……………………………………………………………………… 106

图八一　陶碗 ……………………………………………………………………… 107

图八二　陶盏 ……………………………………………………………………… 108

图八三　陶盏 ……………………………………………………………………… 108

图八四　陶盆 ……………………………………………………………………… 110

图八五　陶盆 …………………………………………………………………………… 111

图八六　陶罐 …………………………………………………………………………… 112

图八七　陶瓮与陶缸 …………………………………………………………………… 113

图八八　陶盘口壶 ……………………………………………………………………… 114

图八九　陶釜 …………………………………………………………………………… 115

图九〇　陶器 …………………………………………………………………………… 116

图九一　云纹瓦当拓片 ………………………………………………………………… 117

图九二　莲花纹瓦当拓片 ……………………………………………………………… 118

图九三　莲花纹瓦当拓片 ……………………………………………………………… 119

图九四　几何纹瓦当拓片 ……………………………………………………………… 120

图九五　瓷碗 …………………………………………………………………………… 122

图九六　瓷盏 …………………………………………………………………………… 123

图九七　瓷器 …………………………………………………………………………… 124

图九八　瓷碗 …………………………………………………………………………… 126

图九九　瓷碗 …………………………………………………………………………… 127

图一〇〇　瓷碗 ………………………………………………………………………… 128

图一〇一　瓷碗 ………………………………………………………………………… 129

图一〇二　瓷盏 ………………………………………………………………………… 129

图一〇三　瓷盏与盏托 ………………………………………………………………… 130

图一〇四　瓷盘 ………………………………………………………………………… 132

图一〇五　瓷器 ………………………………………………………………………… 133

图一〇六　瓷器 ………………………………………………………………………… 133

图一〇七　瓷器 ………………………………………………………………………… 134

图一〇八　瓷器 ………………………………………………………………………… 135

图一〇九　窑具 ………………………………………………………………………… 136

图一一〇　铜器 ………………………………………………………………………… 137

图一一一　铜钱拓片 …………………………………………………………………… 139

图一一二　石碓TS01W02⑥∶38 …………………………………………………… 140

图一一三　唐宋时期遗迹平面分布图 ………………………………………………… 144

图一一四　唐宋时期房址F3平面图 ………………………………………………… 145

图一一五　唐宋时期房址F5平、剖面图 ………………………………………………………… 146

图一一六　唐宋时期水井平、剖面图 …………………………………………………………… 147

图一一七　唐宋时期水井平、剖面图 …………………………………………………………… 149

图一一八　唐宋时期路L1平、剖面图 …………………………………………………………… 151

图一一九　唐宋时期灰坑平、剖面图 …………………………………………………………… 152

图一二〇　唐宋时期灰坑平、剖面图 …………………………………………………………… 153

图一二一　唐宋时期灰坑平、剖面图 …………………………………………………………… 155

图一二二　唐宋时期灰坑平、剖面图 …………………………………………………………… 157

图一二三　唐宋时期沟G1平、剖面图 …………………………………………………………… 158

图一二四　唐宋时期沟G5平、剖面图 …………………………………………………………… 159

图一二五　陶器 …………………………………………………………………………………… 160

图一二六　陶盆 …………………………………………………………………………………… 161

图一二七　陶器 …………………………………………………………………………………… 163

图一二八　陶器与筒瓦 …………………………………………………………………………… 164

图一二九　莲花纹瓦当拓片 ……………………………………………………………………… 165

图一三〇　莲花纹瓦当拓片 ……………………………………………………………………… 167

图一三一　兽面纹瓦当拓片 ……………………………………………………………………… 168

图一三二　青羊宫窑瓷碗 ………………………………………………………………………… 169

图一三三　青羊宫窑瓷碗 ………………………………………………………………………… 170

图一三四　青羊宫窑瓷盏 ………………………………………………………………………… 171

图一三五　青羊宫窑瓷杯 ………………………………………………………………………… 172

图一三六　青羊宫窑瓷盘 ………………………………………………………………………… 173

图一三七　青羊宫窑瓷器 ………………………………………………………………………… 174

图一三八　青羊宫窑瓷器 ………………………………………………………………………… 175

图一三九　青羊宫窑瓷器 ………………………………………………………………………… 176

图一四〇　邛窑圆口碗 …………………………………………………………………………… 177

图一四一　邛窑圆口碗 …………………………………………………………………………… 179

图一四二　邛窑花口碗 …………………………………………………………………………… 180

图一四三　邛窑花口碗 …………………………………………………………………………… 181

图一四四　邛窑瓷盏 ……………………………………………………………………………… 182

图一四五　　邛窑圆口盘 ··· 183

图一四六　　邛窑花口盘 ··· 184

图一四七　　邛窑瓷器 ·· 185

图一四八　　邛窑瓷器 ·· 187

图一四九　　邛窑瓷罐 ·· 189

图一五〇　　邛窑瓷器 ·· 190

图一五一　　邛窑瓷器 ·· 191

图一五二　　琉璃厂窑瓷碗 ·· 193

图一五三　　琉璃厂窑瓷碗 ·· 194

图一五四　　琉璃厂窑瓷碗 ·· 195

图一五五　　琉璃厂窑瓷碗 ·· 196

图一五六　　琉璃厂窑瓷盏 ·· 197

图一五七　　琉璃厂窑瓷盏 ·· 198

图一五八　　琉璃厂窑瓷盏 ·· 199

图一五九　　琉璃厂窑瓷盘 ·· 200

图一六〇　　琉璃厂窑瓷钵 ·· 201

图一六一　　琉璃厂窑瓷盆 ·· 202

图一六二　　琉璃厂窑瓷器 ·· 204

图一六三　　琉璃厂窑瓷注壶 ·· 205

图一六四　　琉璃厂窑瓷罐 ·· 207

图一六五　　琉璃厂窑瓷罐 ·· 208

图一六六　　琉璃厂窑器盖 ·· 209

图一六七　　琉璃厂窑瓷器 ·· 210

图一六八　　磁峰窑瓷碗 ··· 211

图一六九　　磁峰窑瓷盏 ··· 212

图一七〇　　磁峰窑瓷器 ··· 213

图一七一　　金凤窑与广元窑瓷器 ·· 215

图一七二　　邢（定）窑与磁州窑瓷器 ··· 217

图一七三　　钧窑与耀州窑瓷器 ··· 218

图一七四　　景德镇窑瓷器 ·· 220

图一七五　景德镇窑瓷器 …………………………………………………………… 221

图一七六　吉州窑与越窑瓷器 ……………………………………………………… 223

图一七七　龙泉窑瓷器 ……………………………………………………………… 224

图一七八　龙泉窑瓷器 ……………………………………………………………… 226

图一七九　建窑瓷器 ………………………………………………………………… 227

图一八〇　未定窑口瓷器与窑具 …………………………………………………… 228

图一八一　铜器 ……………………………………………………………………… 229

图一八二　铜器 ……………………………………………………………………… 231

图一八三　铜钱拓片 ………………………………………………………………… 233

图一八四　铜钱拓片 ………………………………………………………………… 234

图一八五　力士石造像与骨器 ……………………………………………………… 236

图一八六　明代遗迹平面分布图 …………………………………………………… 245

图一八七　明代Q1平面图及F1平、剖面图 ……………………………………… 246

图一八八　明代J11与J13平、剖面图 …………………………………………… 247

图一八九　明代Q1东段剖面图 …………………………………………………… 249

图一九〇　明代Q1K1平、剖面图 ………………………………………………… 250

图一九一　明代灰坑平、剖面图 …………………………………………………… 251

图一九二　明代灰坑平、剖面图 …………………………………………………… 252

图一九三　陶器 ……………………………………………………………………… 253

图一九四　建筑构件 ………………………………………………………………… 254

图一九五　青花碗 …………………………………………………………………… 256

图一九六　青花碗 …………………………………………………………………… 257

图一九七　青花盘 …………………………………………………………………… 258

图一九八　瓷器 ……………………………………………………………………… 259

彩版目录

彩版一　遗址发掘场景

彩版二　发掘现场

彩版三　专家、领导参观指导考古工作

彩版四　两汉三国建筑台基

彩版五　两汉三国水井与灰坑

彩版六　两汉三国灰坑

彩版七　H99出土石犀

彩版八　两汉三国陶器

彩版九　两汉三国陶钵

彩版一〇　两汉三国陶器

彩版一一　两汉三国云纹瓦当

彩版一二　两汉三国瓦当

彩版一三　两汉三国筒瓦与铺地砖

彩版一四　两汉三国铺地砖与瓷器

彩版一五　两晋南朝水井与灰坑

彩版一六　两晋南朝灰沟与排水沟

彩版一七　两晋南朝排水沟G2

彩版一八　两晋南朝陶碗、陶盆

彩版一九　两晋南朝陶器

彩版二〇　两晋南朝瓦当

彩版二一　两晋南朝瓷器

彩版二二　两晋南朝瓷器

彩版二三　唐宋时期房址F5

彩版二四　唐宋时期水井

彩版二五　唐宋时期水井

彩版二六　唐宋时期水井J14

彩版二七　唐宋时期灰坑

彩版二八　唐宋时期排水沟

彩版二九　唐宋时期瓦当

彩版三〇　青羊宫窑瓷碗、盘

彩版三一　青羊宫窑瓷钵、瓶

彩版三二　邛窑瓷碗、盘

彩版三三　邛窑瓷钵、唾壶

彩版三四　邛窑注壶、炉及灯

彩版三五　邛窑瓷罐

彩版三六　琉璃厂窑瓷钵、盆及盘口壶

彩版三七　琉璃厂窑瓷瓶、注壶

彩版三八　琉璃厂窑瓷罐

彩版三九　磁峰窑瓷碗

彩版四〇　广元窑瓷碗、罐

彩版四一　邢（定）窑与钧窑瓷碗

彩版四二　龙泉窑瓷盘、洗

彩版四三　建窑瓷盏及铜瓶、力士造像

彩版四四　明代建筑台基F1

彩版四五　明代水井与城墙基槽

彩版四六　明代城墙基槽Q1

彩版四七　明代城墙基槽底部圆坑Q1K3

彩版四八　陶器及建筑构件

彩版四九　青花瓷器

彩版五〇　石犀表层剥落残片显微观察照片

彩版五一　坩埚

彩版五二　坩埚

彩版五三　坩埚铜渣背散射电子像照片

彩版五四　坩埚铜渣背散射电子像照片

彩版五五　　坩埚胎体背散射电子像照片

彩版五六　　铜渣及铜块显微结构照片

第一章　绪言

第一节　地理环境

成都市位于四川省中部，地处四川盆地西部的成都平原腹地，地理坐标为北纬30°05′～31°26′、东经102°54′～104°53′。东与德阳市、资阳市毗邻，西与雅安市、眉山市和阿坝藏族羌族自治州接壤。成都是中国中西部重要的中心城市，是中国西南地区物流、商贸、金融、科技、文化、教育中心及交通、通信枢纽。

成都市全境东西长192、南北宽166千米，土地总面积12390平方千米，下辖有9个市辖区、4个县级市和6个县、123个街道办事处。市辖区分别为锦江区、青羊区、成华区、金牛区、武侯区、龙泉驿区、青白江区、新都区和温江区；县级市分别为彭州市、都江堰市、邛崃市和崇州市；县分别为双流县、新津县、蒲江县、大邑县、金堂县和郫县。

成都市区海拔500余米，锦江、府河、沙河从城区穿流而过。成都境内的地形较为复杂，东部为龙泉山脉和盆中丘陵，中部为成都平原，西部为邛崃山脉。境内海拔最高处是位于大邑县境内西岭雪山的大雪塘（又名苗基岭），海拔5353米；海拔最低处是位于金堂县东南的云合镇河谷，海拔378米。东部丘陵区主要属于龙泉山脉，海拔600～1000米，以东北—西南走向穿过成都市东部的龙泉驿区和金堂县，该山脉为成都平原和盆中丘陵的分界线，龙泉山脉以东浅丘连绵起伏。成都市域内只有金堂县的部分地区位于该山脉以东的丘陵区。中部平原区属于成都平原，介于龙泉山脉与邛崃山脉之间，面积约占成都市总面积的50%，海拔450～720米，是由岷江、沱江及其支流冲积而成的冲扇形平原。成都平原得益于都江堰水利工程，河网密布，土地肥沃，是国内最重要的粮食产区之一。平原上也零星分布着一些浅丘，比如成都近郊的凤凰山、磨盘山等。西部山地区属于邛崃山脉，是横段山脉最东缘的山系，以东北—西南走向穿过成都市西部的彭州市、都江堰市、大邑县、崇州市和邛崃市，许多山峰海拔在4000米以上。该地区海拔落差巨大，地貌丰富，拥有丰富绮丽的自然景观。

成都位于川西北高原向四川盆地过渡的交接地带，具有自己特有的气候资源：一是东、西两部分之间气候不同。由于成都市东、西高低悬殊，热量随海拔高度急增而锐减，所以出现东暖西凉两种气候类型并存的格局，而且，在西部盆周山地，甚至由下而上呈现出暖温带、温带、寒温带、亚寒带、寒带等多种气候类型。这种热量的垂直变化，为成都市发展农业特别是多种经营创造了十分有利的条件。二是冬湿冷、春早、无霜期较长，四季分明，热量丰富。年平均气温在16℃左右，全年无霜期为278天。三是冬春雨少，夏秋多雨，雨量充沛，年平均降水量为900～1300毫米。四是光、热、水基本同季，气候资源的组合合理，很有利于生物繁衍。五是风速小，晴天少。成都市属中亚热带湿润季风气候区，常年最多风向是静风；次多风向：6、7、8月为北风，其余各月为东北偏北风。

成都地处亚热带湿润地区，地形地貌复杂，自然生态环境多样，生物资源十分丰富。据初步统计，仅动、植物资源就有11纲、200科、764属、3000余种。其中，种子植物2682种，特有和珍稀植物有银杏、珙桐、黄心树、香果树等；主要脊椎动物237种，国家重点保护的珍稀动物有大熊猫、小熊猫、金丝猴、牛羚等；中药材860多种，川芎、川郁金、乌梅、黄连等蜚声中外。矿产资源主要集中在西部边沿山区的彭州市、都江堰市、崇州市和大邑县，多种金属矿产资源则相对集中于彭州市。

第二节　历史沿革

成都市是中国首批24个国家级历史文化名城之一。考古发掘表明，在距今4500～3700年，成都平原就已出现了新石器文化——宝墩文化，并且陆续出现了一批带有夯土城墙的早期大型聚落，如新津宝墩古城、郫县三道堰古城、温江鱼凫古城、都江堰芒城、崇州双河古城和紫竹古城、大邑盐店古城和高山古城。在这些大型聚落周围分布着众多的小型村落，表明此时聚落已经出现分化，开始出现一些早期文明因素。在相当于中原地区的夏商周时期，以成都平原为中心，古蜀人建立了一个早期国家，史称"蜀国"。三星堆遗址发现的夏商时期的环壕城址是古蜀国当时的都城所在。在商周时期，古蜀国的都邑几度迁徙，文献记载，或"移治郫邑，或治瞿上"[1]，或称"本治广都樊乡"[2]。成都金沙遗址的发掘，反映出商代晚期至西周时期，成都市西郊的金沙村一带是古蜀国的都城所在，是继三星堆古蜀国都城之后的又一个古蜀国政治中心。到了东周时期，据《华阳国志·蜀志》载："开明王自梦郭移，乃徙治成都"[3]。

周慎靓王五年（公元前316年）秋，秦大夫张仪、司马错、都尉墨等从石牛道伐蜀，开明氏遂亡，凡王蜀十二世，蜀地至此并入秦国。此后，秦王废蜀侯，置蜀郡，郡治即设于古蜀国都——成都。周赧王四年（公元前311年），秦国蜀郡郡守张仪按首都咸阳建制营建成都城，成都从此成为中国有确切史料记载的最长时间城址不变的城市。周赧王五十九年（公元前256年），秦昭王任命李冰为蜀郡郡守，他主持修建了举世闻名的都江堰水利工程。成都平原从此沃野千里，"水旱从人，不知饥馑，时无荒年，谓之天府"[4]。

汉武帝元封五年（公元前106年），在全国设置刺史部作为中央政府委派到地方的监督机构，益州刺史部分管蜀郡、巴郡、广汉郡、犍为郡、汉中郡、武都郡、牂柯郡、越嶲郡、益州郡、永昌

[1]　（晋）常璩撰、刘琳校注：《华阳国志校注》（修订版）卷三，成都时代出版社，2007年，第92页。
[2]　（北宋）欧阳忞：《舆地广记》卷二十九，四川大学出版社，2003年，第833页。
[3]　（晋）常璩撰、刘琳校注：《华阳国志校注》（修订版）卷三，成都时代出版社，2007年，第94页。
[4]　（晋）常璩撰、刘琳校注：《华阳国志校注》（修订版）卷三，成都时代出版社，2007年，第103页。

郡，范围大致为今四川、重庆、云南、贵州大部、陕西南部的汉中地区以及湖北、甘肃最东南部一隅，刺史部初设于广汉郡雒县（今四川广汉），成都为蜀郡治所。至武帝时期，成都因经济发达、贸易繁荣，市场兴盛，得以与洛阳、邯郸、临淄、宛并列"五都"，成为全国最重要的商业都会之一。新莽天凤四年（公元17年），绿林赤眉起义爆发，公孙述趁机在成都建立"成家"政权，改益州刺史部为司隶校尉，以蜀郡为成都尹。东汉建武十二年（公元36年），光武帝刘秀命大司马吴汉讨伐公孙述，最终攻陷成都，"成家"政权灭亡，中央政府在成都重新设置益州刺史部。灵帝中平五年（公元188年），改各中央政府委派到地方的州刺史部为拥有实际财政权和兵权的州牧，刘焉得领益州牧，设治所于广汉郡绵竹县。献帝初平五年（公元194年），益州牧迁驻成都。

魏黄初二年（公元221年），刘备于成都称帝，定国号为汉（史称蜀汉，亦简称蜀），成都成为国都所在。成都的农业、盐业和织锦业在这一时期得到较大恢复发展，成为蜀汉政权的政治、经济、军事、文化中心。魏景元四年（公元263年），魏攻蜀汉，蜀后主刘禅出降，蜀汉灭亡。

西晋时，益州分为益、梁二州，成都继续为益州治所。武帝立皇子颖为成都王，"以蜀郡、广汉、犍为、汶山十万户为王国"[1]。永安元年（公元304年），氐人李雄攻陷成都，自称成都王。光熙元年（公元306年），李雄在成都建立割据政权，自立为帝，国号大成，定都成都。东晋咸康四年（公元338年），李寿改国号为"汉"，史称成汉。永和三年（公元347年），成汉为东晋桓温所灭，成都归入建康政权版图，建立益州。东晋宁康元年（前秦建元九年，公元373年），前秦攻取梁、益二州，成都并入前秦疆土。淝水之战后，前秦瓦解，东晋将领桓冲趁势于太元十年（公元385年）收复益州。东晋义熙元年（公元405年），参军谯纵叛乱，占据巴蜀之地，自称成都王，而后又向后秦称藩，被封为蜀王。义熙九年（公元413年），东晋太尉刘裕以朱龄石为帅征伐谯纵，攻克成都。

进入南朝后，成都仍属建康政权版图，一直是地区政治、经济、文化中心。萧齐时期以始兴王萧鉴为益州刺史，主张德化，放弃以往镇压前朝宗室的政策，成都恢复安定，成为"西方之一都焉"[2]。萧梁时期，邓元起、萧纪等先后出任益州刺史，成都一带"内修耕桑盐铁之政，外通商贾远方之利"[3]。侯景之乱后，西魏军攻入成都，益州并入西魏疆土。西魏恭帝三年（公元556年），宇文觉接受禅位，于次年正式建立北周政权，益州为周所领。

隋朝建立后一度改郡为州，不久又改州为郡，成都为蜀郡、成都县两级治所。唐贞观元年（公元627年）分全国为十道，成都属剑南道。贞观十七年（公元643年），析成都县之东偏置蜀县。天宝十五年（公元756年）玄宗幸蜀，改成都府，号"南京"。至德二年（公元757年），分剑南道为东、西两川，置东川、西川两节度使，成都成为西川节度使的里所驻地。乾元元年（公元758年）改蜀县为华阳县，华阳本蜀国之号，因以为名。隋唐时期，成都经济发达，文化繁荣，是当时全国最大的城市之一，人口规模仅次于长安和洛阳。唐代后期，又与扬州并列为全国最繁华的两大商业都

[1]（晋）常璩撰、刘琳校注：《华阳国志校注》（修订版），成都时代出版社，2007年，第333页。
[2]《南齐书》卷十五，中华书局，1974年，第1册，第298页。
[3]《资治通鉴》卷一百六十四，中华书局，1976年，第5084页。

会，"号为天下繁侈，故称扬、益"[1]。

唐哀帝天祐四年（公元907年），西川节度使王建自立为帝，定都成都，国号蜀，史称前蜀。后唐同光三年（公元925年），前蜀最终被后唐攻灭。后唐应顺元年（公元934年），西川节度使孟知祥自立为帝，建都成都，国号亦为蜀，史称后蜀。

北宋初期，朝廷在成都设立成都府，为川陕四路（利州路、成都府路、梓州路、夔州路）的成都府路治所。淳化四年（公元993年），王小波、李顺在成都附近发动起义，遂克成都，建立"大蜀"政权。当年五月，宋军攻陷成都，起义失败，成都府被降为益州，成都府路改为益州路，成都仍为治所。宋徽宗重和元年（公元1118年），再升格为成都府，益州路再改成都府路，治所照旧。宋理宗端平元年（公元1234年），因"端平入洛"导致宋蒙（元）战争爆发。南宋灭亡后，分川蜀为四道，以成都等路为四川西道。元世祖至元二十三年（公元1286年），中央政府分秦蜀为二省，正式设置四川等处行中书省，简称"四川省"，治所一度迁往重庆，后复移至成都。元顺帝至正十九年（公元1359年），明玉珍所部攻取成都，建立大夏政权，定都重庆。

明洪武四年（公元1371年），明军攻灭大夏政权，先后设成都卫和四川都指挥使司，又设四川承宣布政使司，其中成都为首府。洪武十一年（公元1378年），明太祖封第十一子朱椿为蜀王，王府设在成都。洪武二十三年（公元1390年），蜀王府建成，朱椿至成都就藩，今人称其为"皇城"。明崇祯十七年（公元1644年），张献忠率军攻陷成都，自立为帝，国号大西，称成都为西京。

清顺治三年（公元1646年），成都全城被张献忠焚毁于战火之中，导致人口大量减员，因此当时四川布政使司的治所曾迁往保宁府阆中。顺治十五年（公元1658年）之后，清廷下令实施"湖广填四川"大移民，成都逐渐恢复生机，省会又迁回成都。清沿明制，设四川布政使司于成都。康熙年间，皇帝另派四川总督、成都将军驻成都。

1912年，成都之大汉军政府与重庆之蜀军政府合并为四川军政府，军政府驻成都。1914年，北洋政府通令在成都设置西川道，领成都、华阳等31县。后废道复省，成都仍为四川省会。1928年，正式改市政公所为市政府，国民政府遂置成都市为省辖市，并继续为四川省省会。

中华人民共和国成立后，四川省被分为东、南、西、北四个行署，成都成为川西行署的驻地。1952年，中央人民政府撤销各行署，恢复四川省建制，成都市为四川省省会至今。

第三节　周边考古发现

天府广场东北侧遗址位于成都市青羊区东华门街4号（图一、二），为成都城区的闹市及核心地带，东临东华门街，西临人民中路，南临人民东路，北距成都市体育中心约200米，现为西御河街道辖区，中心地理坐标为北纬30°39′41.71″、东经104°3′56.52″。天府广场及其周边区域历史上属于秦汉以来成都大城的范围，是历代王府、宫苑、官署及其他高等级建筑的集中分布区。近年来，成都文物考古研究所在该区域内的多个基建工地发掘出土过重要的古代文化遗存。

---

[1]　（北宋）乐史撰、王文楚等点校：《太平寰宇记》卷一百二十三《淮南道》，中华书局，2007年，第2442页。

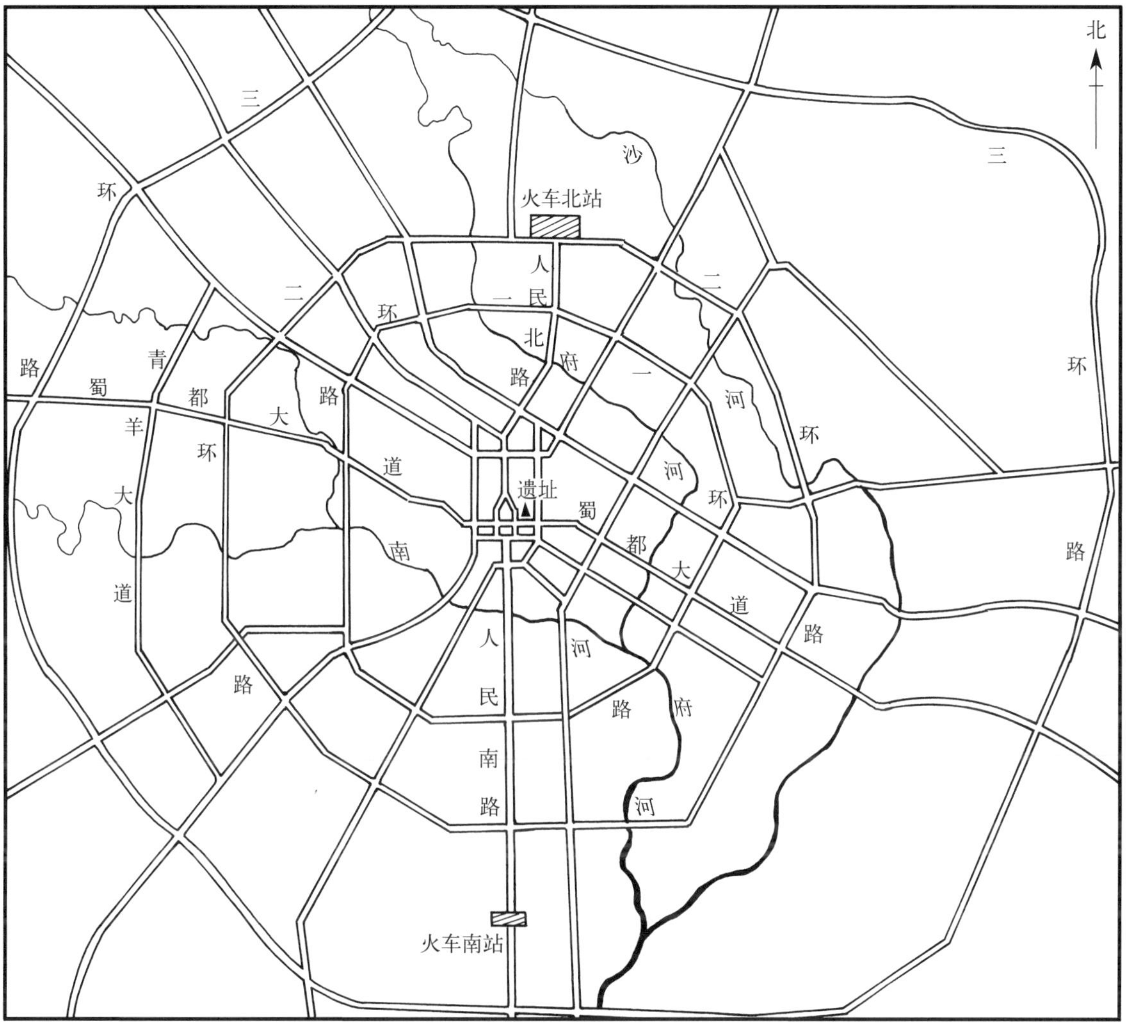

图一　天府广场东北侧古遗址地理位置示意图（一）

2008年，天府广场西侧的成都博物馆新址基建工地发掘大量先秦至明代文化遗存，遗迹现象包括灰坑、墓葬、房屋、建筑台基等，出土陶器、瓷器、建筑材料等一批重要文物。先秦时期遗存的年代相当于春秋早、中期，上限可能到西周晚期。汉代遗存较为丰富，出土物包括数量众多的生活日用陶器和瓦当等建筑材料，年代约在东汉中、晚期。唐宋时期遗存也见有数量众多的生活日用陶器和瓦当、滴水、脊兽等建筑材料，年代集中于唐末五代至南宋早、中期，其中发现的几件陶制权范较为重要，带有"庆历""大中祥符""景祐""新样"等文字，可能与北宋时期成都城内掌管度量衡的衙署机构有关。明代遗存主要发现了与大型建筑有关的夯土台基，可能为文献记载的蜀王府萧墙西南隅的山川社稷坛[1]。

2010年，天府广场东南侧东御街人防工程基建工地出土两通汉代石碑，深埋于地下5米的砂石层内。石碑由碑座、碑身、碑首三部分组成，均为记述东汉时期蜀郡太守李君和裴君生平事迹的功德

[1]　成都文物考古研究所：《成都市博物馆新址发掘简报》，《成都考古发现（2009）》，科学出版社，2011年，第329～416页。

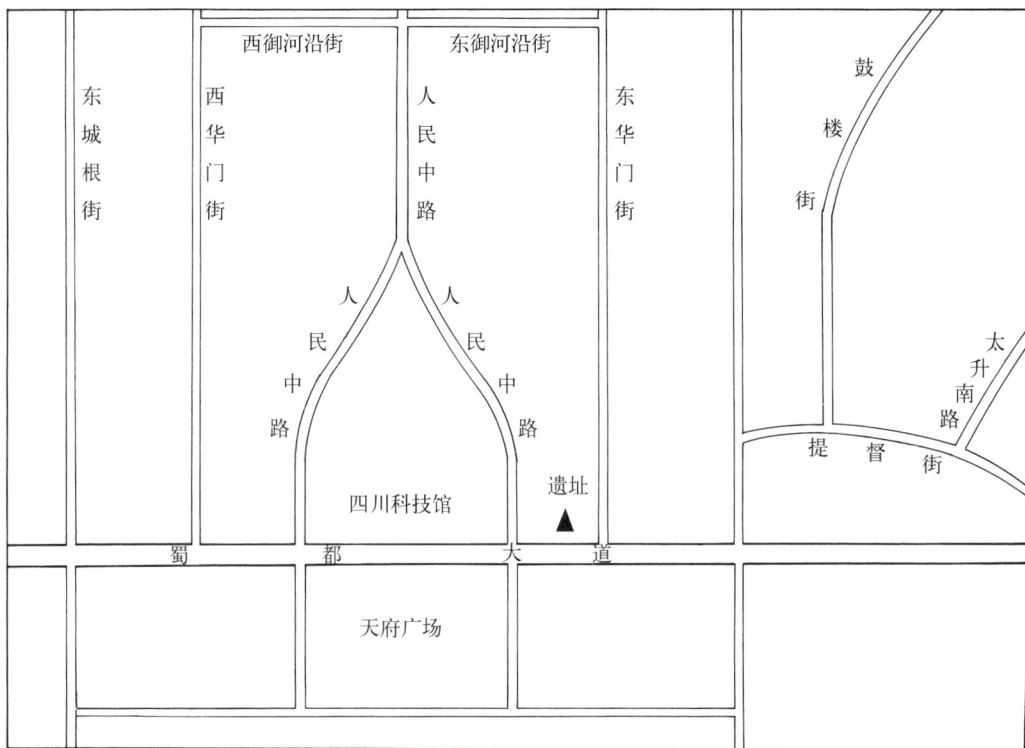

图二　天府广场东北侧古遗址位置示意图（二）

碑，对于研究东汉蜀郡的地方官制、文化教育、社会生活、经济状况等方面问题具有极高的学术价值[1]。有学者曾考证东御街汉碑应属于汉代文翁石室学堂的遗物，与东汉晚期蜀郡的政治、文化及教育活动关系密切，出土点可能为汉代蜀郡郡学、益州州学原址[2]。

2013年，天府广场以北、市体育中心南侧的东华门古遗址发掘出土了汉、六朝、隋唐五代、宋元、明各时期文化遗存，遗迹有房屋庭院、道路、排水沟、水井、水池、灰坑、灰沟等，出土大量陶器、瓷器、建筑材料、铜钱等遗物。此次工作的重要收获之一是首次从考古发掘上确认了摩诃池东部边缘的走向和范围，弄清了池体从隋代开凿到隋末唐初、宋代和明初三次回填的具体情况，水池东岸的部分唐代建筑群一直沿用至五代末，可能与文献记载前、后蜀时期分布于摩诃池沿岸的皇家园林——宣华苑有关[3]。

上述发现情况充分表明，今天府广场及其周边地带是成都市内古代文化堆积最为丰厚的区域之一。

[1]　成都文物考古研究所：《成都天府广场东御街汉代石碑发掘简报》，《南方民族考古（第八辑）》，科学出版社，2012年，第1~8页。

[2]　张勋燎：《成都东御街出土汉碑为汉代文翁石室学堂遗存考——从文翁石室、周公礼殿到锦江书院发展史简论》，《南方民族考古（第八辑）》，科学出版社，2012年，第111~130页。

[3]　发掘资料现存成都文物考古研究所。

第四节 发掘与整理

一 发现情况

天府广场东北侧古遗址所在地原为修建于20世纪70年代的成都电信大楼，又名四川省邮电受理局成都长话机房，是当时成都市的标志性建筑之一。

1973年11月，成都电信大楼破土动工，承建方为四川省第三建筑公司。在施工过程中给地基打桩时，工程人员发现大楼的附楼东北方位有一个地方始终打不下去。这个情况很异常。最后，足足挖开一个直径2米的大坑，才发现有一只动物形状的大石块。施工方请成都市文物管理处的苟治平先生对现场勘查时，地基已经挖开，坑好几米深，只能趴在坑边上勘查，初步确定是一件红砂岩雕刻的石犀。石犀露出背腹部，能观测出棱角，体型庞大。当时，文物部门希望能将石犀发掘提取出来。但建设单位表示文物埋得太深，东西太重，也缺乏大型机械设备助力，挖掘工作太困难。考虑到建设工期紧，挖掘技术不到位，文物部门建议就地回填，这只石犀也因此再次沉睡地下。电信大楼发现石犀的情况后来也曾引起成都地方史学者的关注，1987年出版的《成都城坊古迹考》一书在考证摩诃池和前后蜀宫苑位置时即指出："解放后修建电信大楼时，掘得一石狮，则苑之瑞兽门当在斯地"[1]。石犀的具体形象、制作年代和性质、用途在当时虽无法通过考古发掘手段来揭示，但它的发现已经证明这一带地下应埋藏有重要的古代文化遗存。

二 发掘工作

2010年10月，成都电信大楼在一片尘烟中被爆破拆除，原址规划修建四川大剧院，以取代1987年建成并投入使用的国家甲级剧院——锦城艺术宫。

2012年8月中旬，经报国家文物局批准，成都文物考古研究所进驻项目工地，随即展开了正式的考古发掘工作（彩版一、二）。整个项目工地平面呈横长方形，东西长120、南北宽80米，总占地面积约14.4亩。工地南半部为成都电信大楼基址，修筑有地下室设施，最深处距地表达十余米，这里的文化层堆积几乎已被完全破坏；工地东侧现为南北走向的地下人防工程，是20世纪60年代在原明蜀王府御河河床上改建而成，也不具备进行发掘的条件。因此，遗址发掘区选择在工地的中部和北部，发掘代码2012CTD，共布10米×10米探方37个、5米×10米探方4个，总面积约3900平方米。探方均依正方向分布，探方编号按照"T+南北向编号+东西向编号"的方式排定。现场发掘工作从2012年8月17日正式开始，至2013年2月5日结束，历时近6个月，共清理发掘灰坑120个、灰沟及排水沟11条、房屋及建筑台基5座、井14个、道路1条，同时出土了大量的陶器、瓷器、铜器、铜钱、建筑构件等遗物。根据当时的工作安排，发掘领队为江章华研究员，现场执行领队为易立，田野发掘技工有高潘、李平、李继超、程远福，考古测绘人员有白铁勇、钱素芳，文保技术人员有白玉龙、杨

---

[1] 四川省文史馆：《成都城坊古迹考》，四川人民出版社，1987年，第351页。

盛。另外，四川大学博士研究生王丽君，西南民族大学硕士研究生孙旭旺、鲁大力，南开大学硕士研究生刘舒睿，重庆师范大学硕士研究生方圆远等也参加了一部分发掘工作。

开工之时正值夏秋之交，考古工作人员身处酷暑炎热且多雨泥泞的环境，严格按照田野考古发掘操作规程开展工作，在大型机械设备将地表的现代建筑渣土清运完毕后，首先平整场地，随即对位于发掘区东部、开口已经暴露的明代蜀王府宫墙基槽进行清理，主要采用平面清理结合开挖探沟解剖的手段，了解其内部结构和修筑方式。随着发掘工作的不断推进，现场揭露的各类遗迹和遗物逐渐增多。由于发掘区面积大，文化层堆积厚，地层和遗迹单位之间的叠压打破关系复杂，各时期遗存的年代跨度大，加之工期紧迫，摆在考古工作人员面前的形势十分严峻。在这样的情况下，工作人员们克服种种困难，坚持奋战，尽最大努力对遗址发掘区进行全面揭露，抢救出大量极具研究价值的文物，确保了资料、信息的相对完整性。

与此同时，考古工作人员通过多方渠道收集、问询石犀埋藏方位的相关线索，并结合现场发掘情况进行汇总、分析，最终有所收获。2012年12月16日下午，考古工作人员在对遗址发掘区南部编号TS02W02的探方西南部进行发掘时，终于发现了石犀。石犀被侧身倒放于一大坑内，坑体局部虽遭现代建筑基础破坏，但基本轮廓和层位关系仍清晰可辨。对坑体周围进行简单清理后，考虑到当天时间已晚，天色渐暗，现场负责人决定第二天再上报单位领导，并指派专人通宵值守。石犀及其埋藏坑的清理工作自2012年12月17日正式开始，至2013年1月初基本结束，历时近20天。2013年1月8日，成都文物考古研究所在发掘现场召开新闻发布会，正式对外发布了遗址出土大型石犀及其他重要发现的情况。

遗址发掘过程中，省内、外学术界给予了高度关注，故宫博物院单霁翔院长，北京大学考古文博学院孙华教授，四川大学历史文化学院张勋燎教授、宋治民教授、马继贤教授、林向教授、黄伟教授、白彬教授、罗二虎教授、赵德云副教授、代丽娟博士、原海兵博士，西南民族大学王建华教授，成都武侯祠博物馆罗开玉研究员、梅铮铮副研究员，四川凉山州博物馆刘弘研究员等先后莅临工地现场考察和指导工作，并对考古成果给予了积极评价（彩版三）。另外，四川省文化厅郑晓幸厅长，四川省文物管理局王琼局长、赵川荣副局长、濮新主任、何振华处长及成都市文化局的相关领导等也曾先后多次到现场指导工作并慰问考古人员。

三　文保工作

天府广场东北侧古遗址的文保工作主要是围绕出土石犀开展的。由于石犀出土时左侧表面被厚约50厘米的钢筋混凝土覆盖，颈下又有钢筋基桩穿过，因此在文保工作开始之初，技术人员对钢筋混凝土清理方案进行了反复论证，最终采用了对文物相对安全的人工结合机械清理的方案。为防雨雪侵扰，在现场搭建了保护雨棚，有效地防止了雨水、冰雪对文物的进一步损害。

经过半个月的保护性清理，石犀左侧的钢筋混凝土被基本清理干净。考古人员对石犀的原生埋藏状态进行拍照、绘图后，石犀在吊车的帮助下站立起来。在吊装过程中，为保护文物不受损伤，文物保护人员对文物本体进行了包裹。针对石犀右侧的覆土，工作人员使用毛刷和竹刀进行了细致的清理。

2013年1月18日，成都文物考古研究所邀请故宫博物院陆寿麟研究员、四川省文物考古研究院马家郁研究员、陕西省考古研究院杨军昌总工程师、西安文物保护修复中心齐扬副主任、四川博物院韦荃副院长等5位文物保护专家详细考察了石犀出土现场，并在成都金沙遗址博物馆召开了文物保护工作专家论证会，听取了前期保护工作介绍，经评议和论证，专家一致认为：石犀出土后，成都文物考古研究所针对文物本体的现状，采取了相应的保护处理措施，从现场情况和效果看，其采取的处理措施合理、方法得当，效果良好，对文物本体没有造成损害。

2013年1月25日，石犀经过预加固和预包装后，搬运至金沙遗址博物馆文物保护修复中心进行进一步的保护修复工作。根据出土石犀保护工作专家论证会与会专家的具体要求，下一步的保护工作为对文物表面进行脱盐。脱盐之后，针对文物的风化、粉化病害部位进行加固。最后将进行有依据的局部修补。

2013年11月26日，应成都文物考古研究所邀请，西安文物报修复中心马红琳研究员对出土石犀进行了病害分析，并参与了保护方案编制咨询工作。

2014年1月至4月，成都文物考古研究所文保中心科研人员对现场采集剥落的表层泛白石样进行了盐类成分及含量分析。

2014年8月至10月，成都文物考古研究所利用三维激光扫描技术和数码摄影技术，完成了出土石犀局部纹饰的三维扫描工作。将其三维信息资料保留下来，并为出土石犀的虚拟修复设计提供三维模型基础数据。

四　整理与编写

早在遗址发掘过程中，考古人员已开始对出土资料进行现场整理，但由于当时发掘工期紧迫，任务繁重，整理工作只能安排在闲暇时间，时断时续。

2013年下半年，资料整理与报告编写工作重新启动，期间发掘领队江章华和现场执行领队易立对报告提纲和体例进行了多次讨论，最后商定采用按不同时段公布遗存的方法编写报告。随后我们开始根据原始记录清点遗物，拣选典型标本，制作卡片，并根据单位整理、统计和归放，再通过类型学原理检验发掘期间对地层和遗迹单位相互关系的判断。与之同时，出土标本的修复、绘图、照相、拓片等工作也相应展开。至2015年上半年，发掘报告文字部分的初稿基本形成。

第二章　地层堆积

　　遗址区的地层堆积较厚，普遍在3.50～5.00米，发掘过程中做了统一划分，其中西部在正式布方前被机械施工破坏，仅西北角探方北壁的地层堆积保存较完整，东部的地层堆积则被明代蜀王府宫墙的基槽破坏严重。相比之下，发掘区中部的地层堆积保存最为完整。现以TN03W01西壁、TN03W03南壁和TN03W06北壁剖面为例说明。

1．TN03W01西壁

　　第①层：现代建筑垃圾回填的堆积，包含大量水泥块和青色、红色砖块。厚0.90～1.10米（图三）。

　　第②层：黑褐色土，带黏性，包含较多的煤渣、石灰颗粒、细卵石等，堆积疏松。厚0.35～0.65米。

　　第③层：灰黄色土，带黏性，包含较多的瓦砾、石灰颗粒、青花瓷片和粗瓷片等，堆积较疏

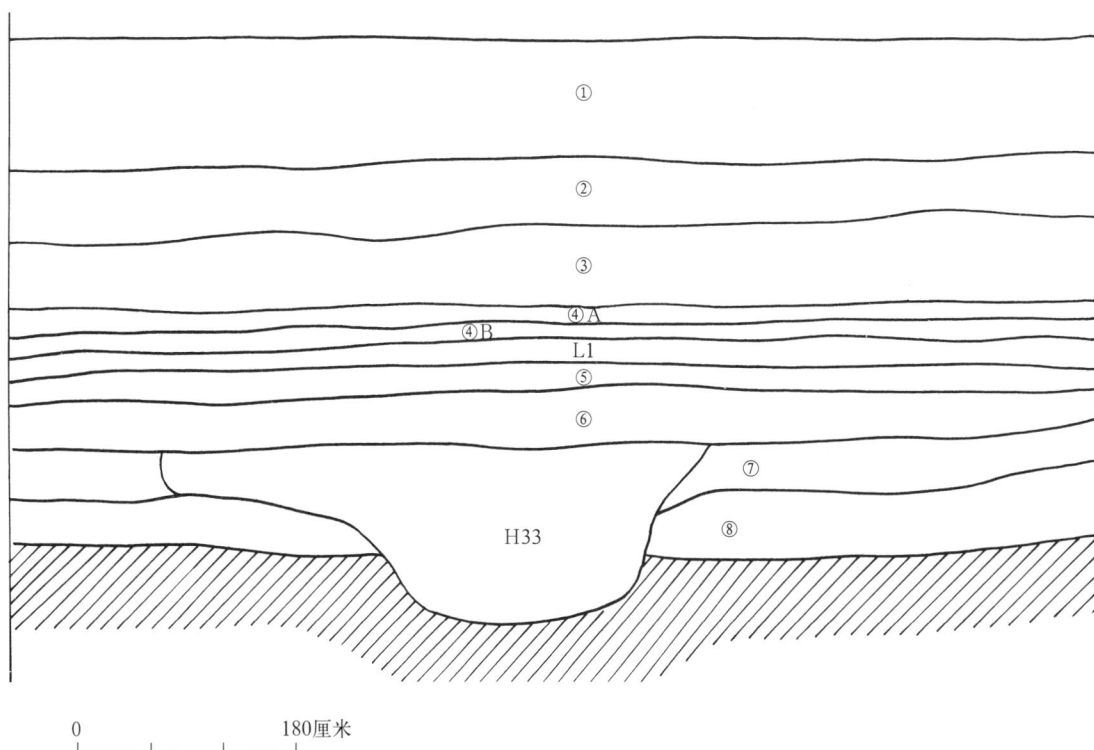

图三　TN03W01西壁剖面图

松。厚0.50～0.70米。属于清代的地层堆积。

第④层：分两个亚层。

第④A层：黑灰色土，带黏性，包含较多的瓦砾和瓷器残片，瓷器的釉色可辨有青、绿、白、酱、天青等，器形以碗、盘、盏、盆、罐为主，堆积较紧密。厚0.10～0.20米。属于元末明初的地层堆积。

第④B层：黑灰色土，带黏性，包含较多的瓦砾和瓷器残片，瓷器釉色可辨青、绿、青白、白、酱等，器形以碗、盘、盏为主，堆积较紧密。厚0.10～0.20米。属于南宋末至元初的地层堆积。该层下叠压L1。

第⑤层：灰褐色土，带黏性，包含较多的瓦砾、烧土块和瓷器残片，瓷器的釉色以青釉、酱釉为主，另有少量的白釉瓷片，器形以碗、盘、罐、盆为主，堆积较紧密。厚0.15～0.30米。属于五代末至北宋初的地层堆积。

第⑥层：灰褐色土，带黏性，包含较多的瓦砾、陶器和瓷器残片，陶器以泥质陶为主，瓷器几乎只有青瓷一种，器形可辨碗、钵、盏、罐、壶、瓮、盆等，堆积较紧密。厚0.30～0.50米。属于南朝末至隋代的地层堆积。该层下叠压H33。

第⑦层：青灰色土，带黏性，包含大量的瓦砾、烧土块和陶器残片，瓦砾主要为建筑构件，如绳纹瓦、瓦当、铺地砖等，瓦当以云纹最常见，陶器有泥质陶和夹砂陶两种，泥质陶的比例较大，器形可辨钵、罐、盆、瓮、灯、釜、甑等，堆积较紧密。厚0.25～0.45米。属于蜀汉至西晋初的地层堆积。

第⑧层：只分布于发掘区中部。青灰色土，带黏性，仍见有大量的瓦砾、烧土块和陶器残片，但总体数量较第⑦层略少，瓦砾主要为建筑构件，如绳纹瓦、瓦当、铺地砖等，瓦当以云纹最常见，陶器有泥质陶和夹砂陶两种，泥质陶的比例较大，可辨钵、罐、盆、瓮、釜、豆、尖底盏等，堆积较紧密。厚0.35～0.60米。属于蜀汉至西晋初的地层堆积。

以下为青黄色的生土。

2．TN03W03南壁

第①层：现代建筑垃圾回填的堆积，包含大量水泥块和青色、红色砖块。厚0.80～1.10米（图四）。

第②层：黑褐色土，带黏性，包含较多的煤渣、石灰颗粒、细卵石等，堆积疏松。厚0.30～0.50米。

第③层：灰黄色土，带黏性，包含较多的瓦砾、石灰颗粒、青花瓷片和粗瓷片等，堆积较疏松。厚0.50～0.85米。属于清代的地层堆积。

第④层：分两个亚层。

第④A层：黑灰色土，带黏性，包含较多的瓦砾和瓷器残片，瓷器的釉色可辨有青、绿、白、酱、天青等，器形以碗、盘、盏、盆、罐为主，堆积较紧密。厚0.15～0.45米。属于元末明初的地层

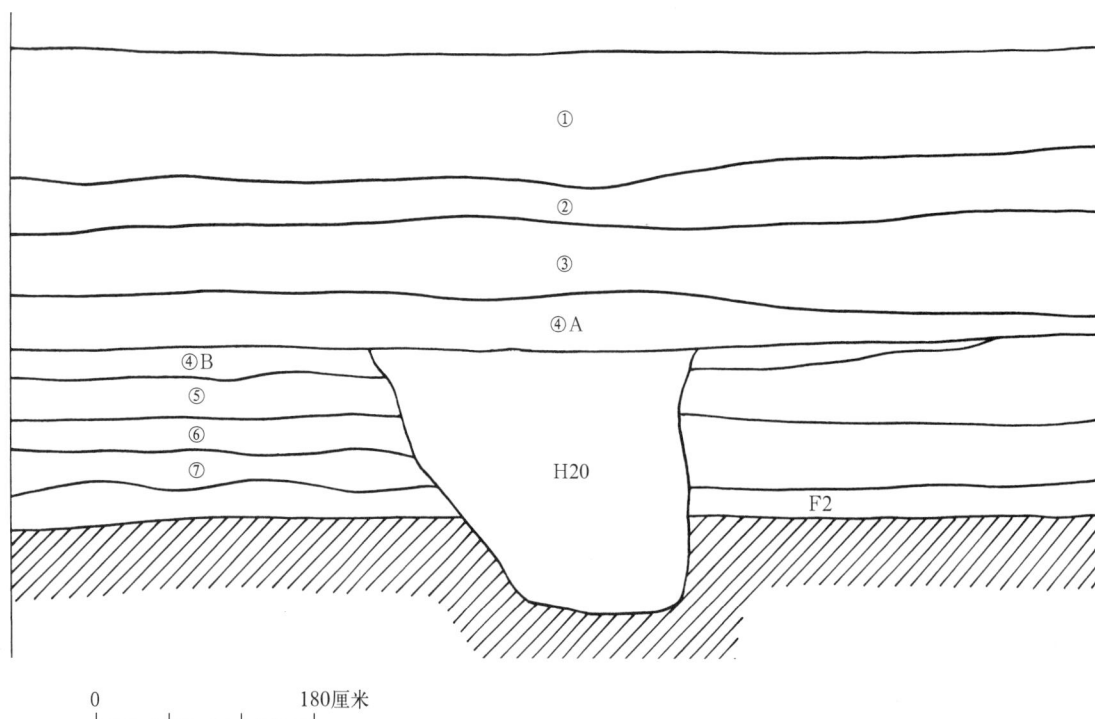

图四　TN03W03南壁剖面图

堆积。该层下叠压H20。

　　第④B层：黑灰色土，带黏性，包含较多的瓦砾和瓷器残片，瓷器釉色可辨青、绿、青白、白、酱等，器形以碗、盘、盏为主，堆积较紧密。厚0.05～0.25米。属于南宋末至元初的地层堆积。

　　第⑤层：灰褐色土，带黏性，包含较多的瓦砾、烧土块和瓷器残片，瓷器的釉色以青釉、酱釉为主，另有少量的白釉瓷片，器形以碗、盘、罐、盆为主，堆积较紧密。厚0.30～0.70米。属于五代末至北宋初的地层堆积。

　　第⑥层：灰褐色土，带黏性，包含较多的瓦砾、陶器和瓷器残片，陶器以泥质陶为主，瓷器几乎只有青瓷一种，器形可辨碗、钵、盏、罐、壶、瓮、盆等，堆积较紧密。厚0.25～0.50米。属于南朝末至隋代的地层堆积。

　　第⑦层：青灰色土，带黏性，包含大量的瓦砾、烧土块和陶器残片，瓦砾主要为建筑构件，如绳纹瓦、瓦当、铺地砖等，瓦当以云纹最常见，陶器有泥质陶和夹砂陶两种，泥质陶的比例较大，器形可辨钵、罐、盆、瓮、灯、釜、甑等，堆积较紧密。厚0.10～0.35米。属于蜀汉至西晋初的地层堆积。该层下叠压F2。

　　F2以下为青黄色的生土。

3．TN03W06北壁

　　第①层：现代建筑垃圾回填的堆积，包含大量水泥块和青色、红色砖块。厚0.95～1.30米（图五）。

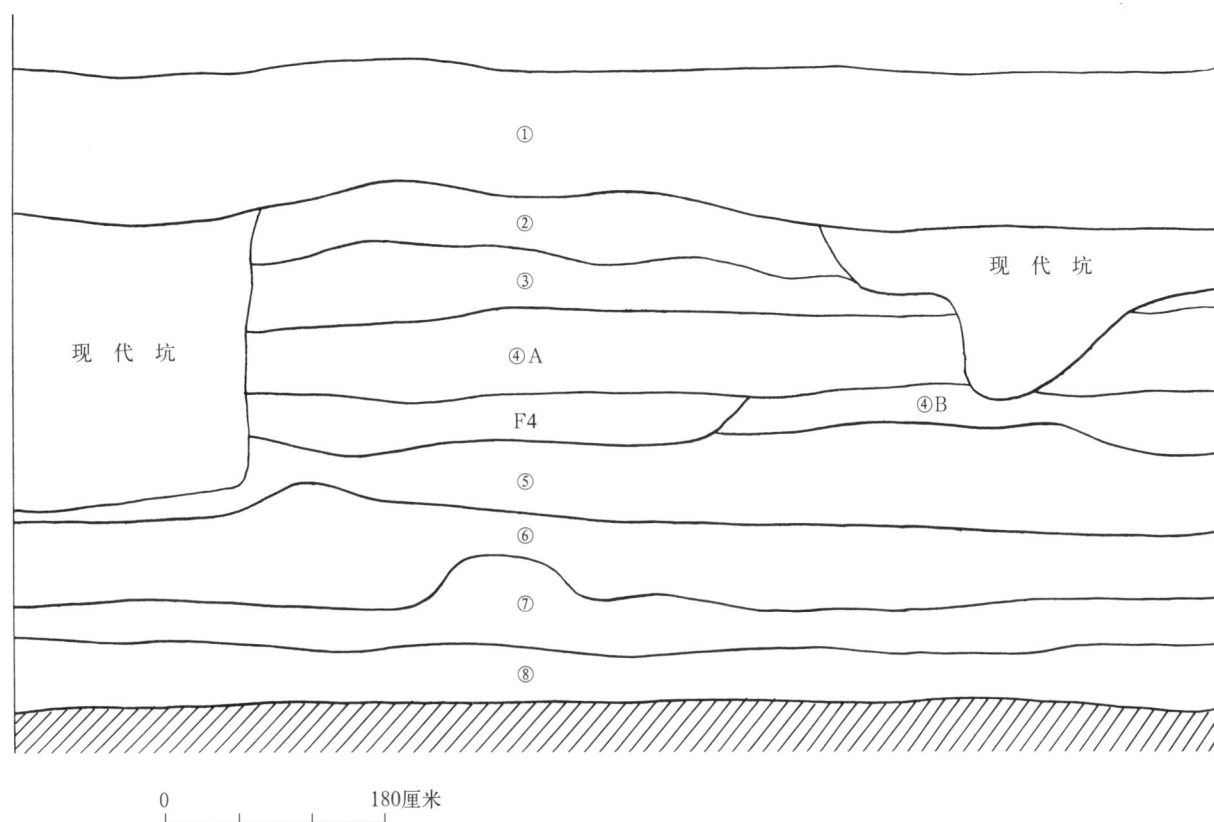

图五 TN03W06北壁剖面图

第②层：黑褐色土，带黏性，包含较多的煤渣、石灰颗粒、细卵石等，堆积疏松。厚0.40～0.55米。

第③层：灰黄色土，带黏性，包含较多的瓦砾、石灰颗粒、青花瓷片和粗瓷片等，堆积较疏松。厚0.15～0.65米。属于清代的地层堆积。

第④层：分两个亚层。

第④A层：黑灰色土，带黏性，包含较多的瓦砾和瓷器残片，瓷器的釉色可辨有青、绿、白、酱、天青等，器形以碗、盘、盏、盆、罐为主，堆积较紧密。厚0.55～0.70米。属于元末明初的地层堆积。该层下叠压F4。

第④B层：黑灰色土，带黏性，包含较多的瓦砾和瓷器残片，瓷器釉色可辨青、绿、青白、白、酱等，器形以碗、盘、盏为主，堆积较紧密。厚0.20～0.50米。属于南宋末至元初的地层堆积。

第⑤层：灰褐色土，带黏性，包含较多的瓦砾、烧土块和瓷器残片，瓷器的釉色以青釉、酱釉为主，另有少量的白釉瓷片，器形以碗、盘、罐、盆为主，堆积较紧密。厚0.25～0.90米。属于五代末至北宋初的地层堆积。

第⑥层：灰褐色土，带黏性，包含较多的瓦砾、陶器和瓷器残片，陶器以泥质陶为主，瓷器几乎只有青瓷一种，器形可辨碗、钵、盏、罐、壶、瓮、盆等，堆积较紧密。厚0.35～0.95米。属于南朝末至隋代的地层堆积。

第⑦层：青灰色土，带黏性，包含大量的瓦砾、烧土块和陶器残片，瓦砾主要为建筑构件，如绳纹瓦、瓦当、铺地砖等，瓦当以云纹最常见，陶器有泥质陶和夹砂陶两种，泥质陶的比例较大，器形可辨钵、罐、盆、瓮、灯、釜、甑等，堆积较紧密。厚0.35～0.70米。属于蜀汉至西晋初的地层堆积。

第⑧层：只分布于发掘区中部。青灰色土，带黏性，仍见有大量的瓦砾、烧土块和陶器残片，但总体数量较第⑦层略少，瓦砾主要为建筑构件，如绳纹瓦、瓦当、铺地砖等，瓦当以云纹最常见，陶器有泥质陶和夹砂陶两种，泥质陶的比例较大，可辨钵、罐、盆、瓮、釜、豆、尖底盏等，堆积较紧密。厚0.35～0.55米。属于蜀汉至西晋初的地层堆积。

以下为青黄色的生土。

第三章　两汉三国文化遗存

第一节　遗迹

发掘的两汉三国遗迹有建筑台基、井、灰坑（图六）。

一　建筑台基

1座。编号F2。

F2

位于发掘区西部（图七；彩版四），叠压于第⑦层下，打破生土，被H70、H71、H72、H76、H77、H93等多个遗迹单位打破，方向29°。揭露部分平面略呈长方形，南北残长44.40、东西残宽27.30米。台基残高0.20~0.65米，系泥土夯筑而成，土质紧密，夹杂少量绳纹瓦和陶片，根据土色可分作两层：第①层为黄褐色土，第②层为青黄色土。台基平面残存9个柱础坑，南北向可分作3排，由东往西第1排为5个（由南往北编号D1~D5），是在夯土台基上开挖平面近圆形或椭圆形的坑，直径1.10~2.50、深约0.80、间距0.60~11.40米，坑内填满大小不一的卵石，混杂少量残砖。第2、3排均为2个（由南往北编号D6~D9），是在夯土台基上开挖平面近圆角方形的坑，边长0.65~0.95、深约0.20、间距8.80~8.90米，坑底垫少量瓦砾，其上平置石板。

二　井

1座。编号J6。

J6

位于TN03E01中部（图八；彩版五，1），北距探方北壁4.25、东距探方东壁3.60米。叠压于第⑦层下，打破生土。为土圹陶圈式井，由井圹和井圈两部分组成。井圹平面呈圆形，直径0.93~0.94、深0.55米，井圈为泥质红陶，残存1层，外径0.74、内径0.70、壁厚0.04、高0.55米。井圹

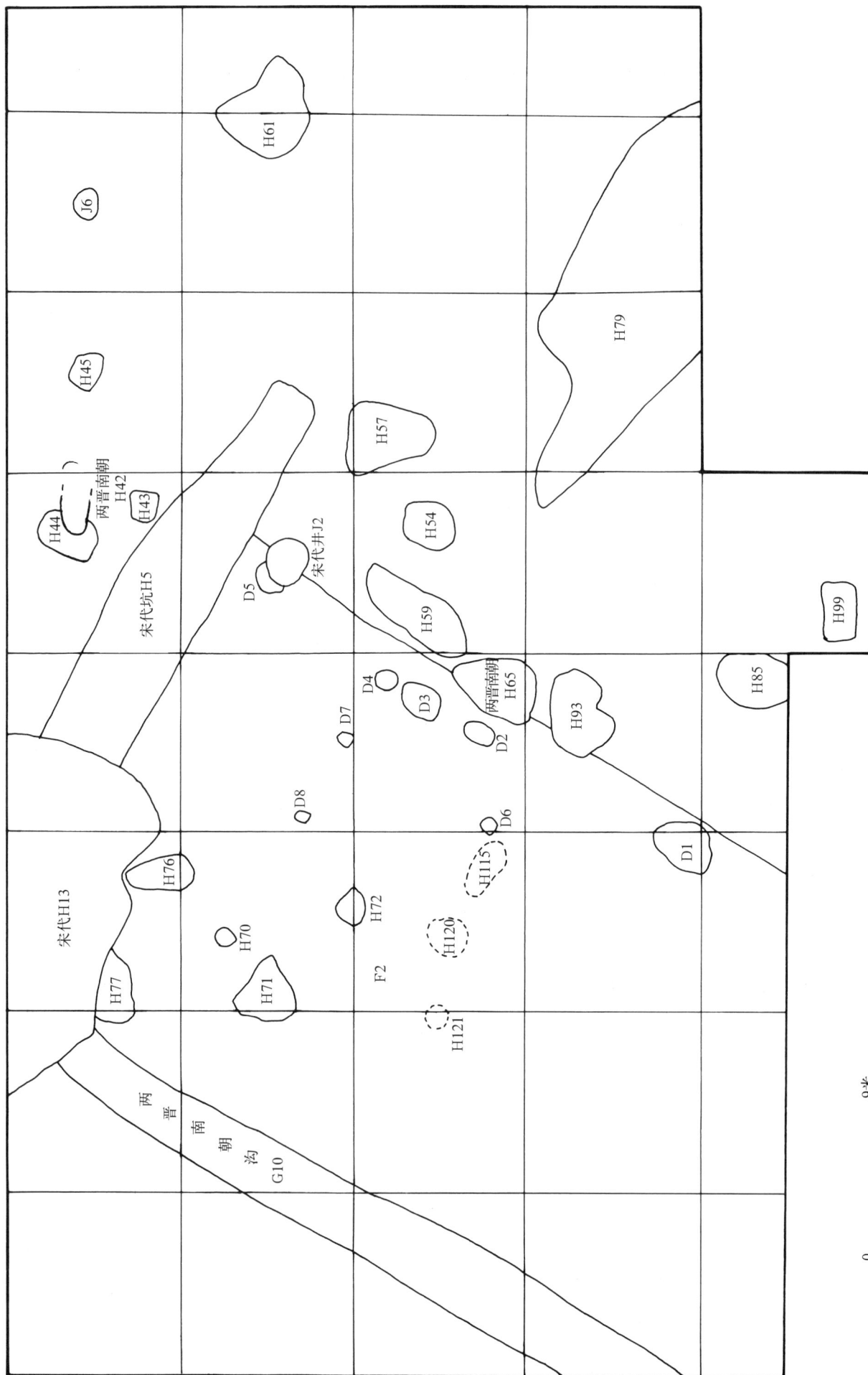

北

H61

J6

H45

H79

两晋南朝
H42

H44 H43

H57

宋代坑H5

H54

D5

宋代井J2

H59

D4

D7 D3

两晋南朝
H65

宋代H13

H76

D8

D2

H93

H85

H70

H72

D6

D1

H99

H77

H71

H115

F2

H120

两晋
南
朝
沟
G10

H121

0   9米

图六　天府广场两汉三国遗迹平面分布图

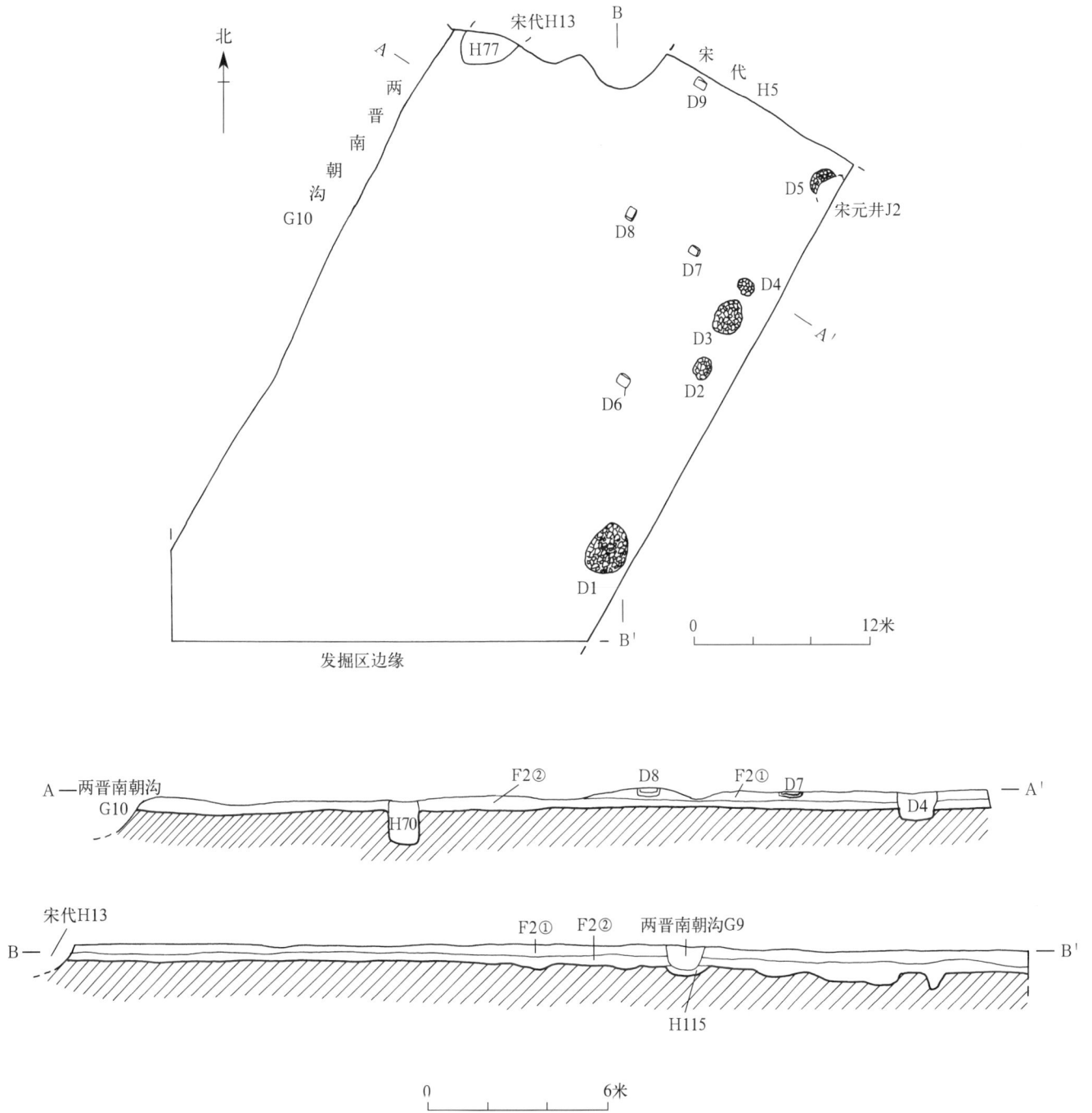

图七　两汉三国F2平、剖面图

与井圈之间填青黄色土，土质较黏，夹杂烧土块和瓦砾，井圈内填土呈灰黄色，土质较黏，堆积疏松，出土物很少，仅见有零星的绳纹瓦残块。

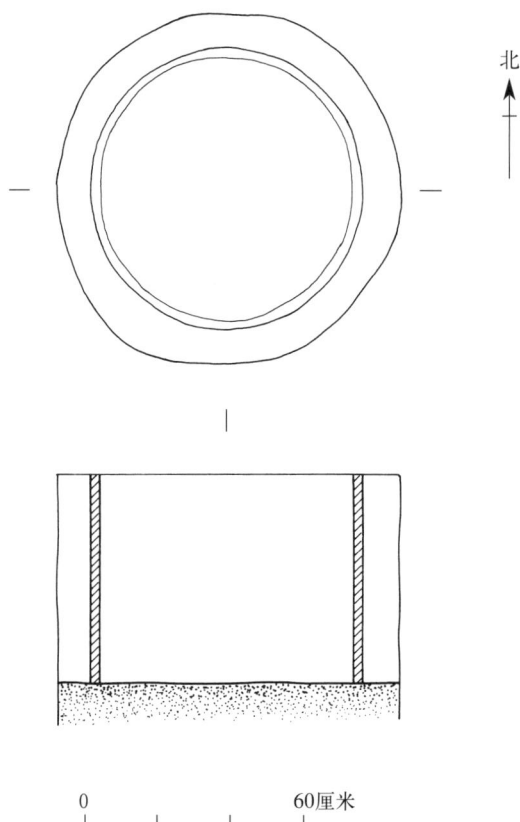

图八　两汉三国J6平、剖面图

三　灰坑

19个。平面呈圆形、椭圆形、袋形、扇形、梯形、方形、刀形和不规则形等几种。

1. H43

位于TN03W02东南部（图九，1；彩版五，2），南距探方南壁1.20、东距探方东壁0.50米。叠压于第⑧层下，打破生土。坑口近方形，长1.88、宽1.80、深0.32～0.75米。坑壁斜直内收，坑底部呈倾斜状，填土为黑褐色，混杂青黄色花土，土质较黏，含较多的炭屑，出土遗物以泥质陶器和建筑材料的残片为主，可辨钵、盆、釜、瓦当、铺地砖等。

2. H44

位于TN03W02东北部（图九，2），北距探方北壁0.50、东距探方东壁1.50米。叠压于第⑧层下，打破生土，东部被H42打破。坑口平面呈袋形，长3.50、宽1.70～2.45、深0.90米。坑壁斜直内收，坑底部较平整，填土呈灰褐色，带一定沙性，颗粒较细，堆积疏松，包含少量炭屑，出土遗物

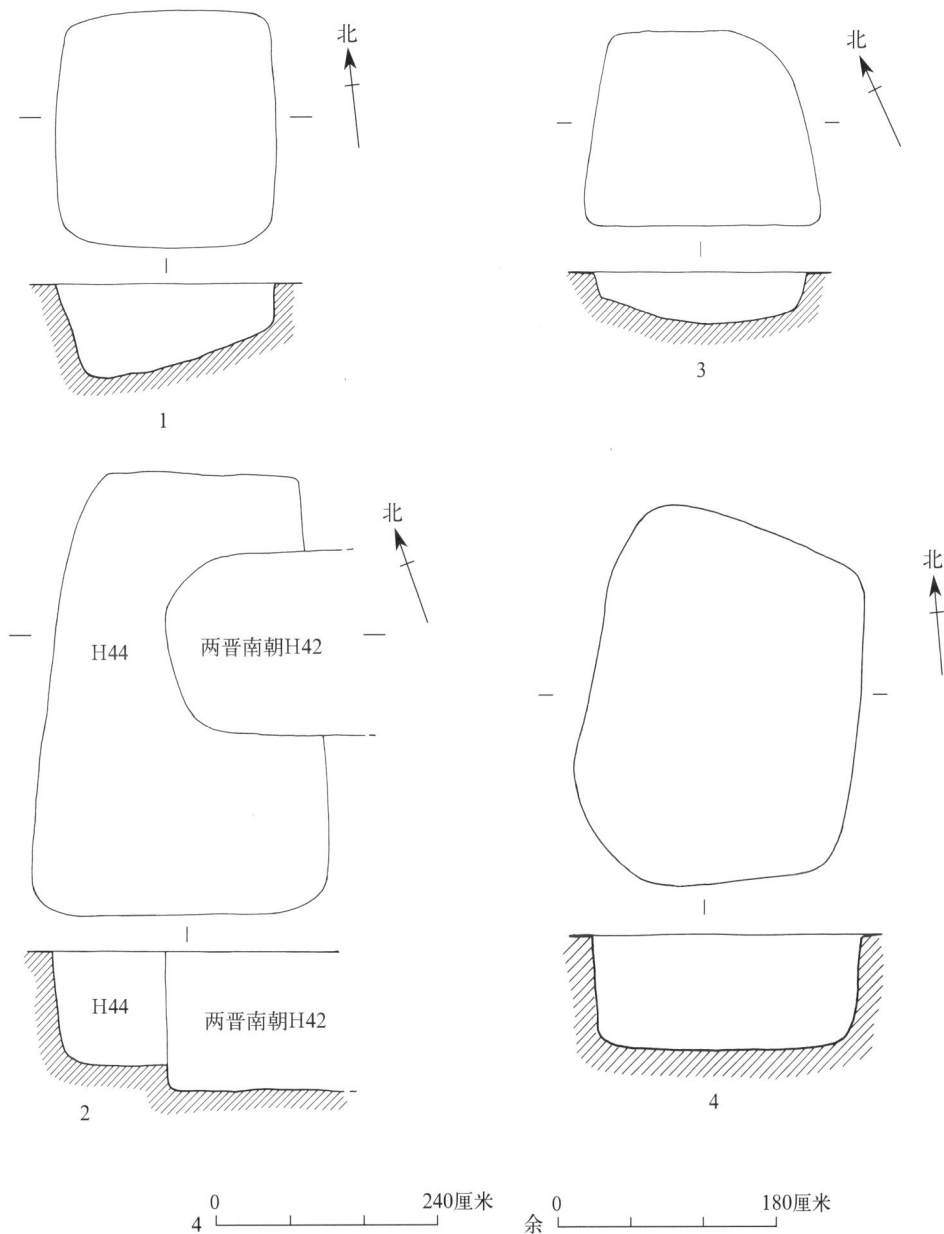

图九　两汉三国灰坑平、剖面图
1. H43　2. H44　3. H45　4. H54

以泥质陶器和建筑材料的残片为主，可辨钵、罐、瓮、瓦当、板瓦、筒瓦、铺地砖等。

3．H45

位于TN03W01中部（图九，3；彩版六，1），北距探方北壁2.50、西距探方西壁4.50米。叠压于第⑧层下，打破生土。坑口平面近梯形，长1.00～1.90、宽1.50、深0.20～0.40米。坑壁斜直内收，坑底部下凹，填土呈黑褐色，带一定黏性，颗粒较粗，堆积较疏松，包含少量烧土块，出土遗物以泥质陶器和建筑材料的残片为主，可辨罐、瓮、瓦当、板瓦、筒瓦等。

4．H54

位于TN01W02东北部（图九，4），北距探方北壁1.70、东距探方东壁0.70米。叠压于第⑧层下，打破生土，坑壁北部被H17打破，中部被J3打破。平面形状不规则，长4.02、宽3.06、深1.20米。坑壁斜直内收，坑底部较平整，填土呈灰褐色，土质较黏，堆积较致密，包含大量烧土块和炭屑，出土遗物以瓦当和铺地砖为主，另可辨少量陶罐残片。

5．H57

位于TN01W01西北部（图一〇，1），一部分延伸至北隔梁内。叠压于第⑧层下，打破生土，东部被G2打破。揭露部分的坑口平面呈半椭圆形，长5.60、宽3.80、深0.78米。坑东壁斜直内收，西壁凹凸不平，坑底部较平整，填土呈灰褐色，略带沙性，堆积较致密，包含大量烧土块和炭屑，出土遗物以泥质陶器和建筑材料的残片为主，可辨钵、盆、瓦当、板瓦、筒瓦等。

6．H59

位于TN01W02西北部（图一〇，2），北面一部分延伸至北隔梁内，西南面一部分延伸至探方外。叠压于第⑧层下，打破生土。揭露部分的坑口平面形状不规则，长7.50、宽2.80、深1.18米。坑东壁较直，西壁弧内收，坑底部较平整，填土呈黑褐色，带一定黏性，堆积致密，包含大量黑色炭屑和少量的烧土块，出土遗物以泥质陶器和建筑材料的残片为主，可辨罐、器足、瓮、钵、盆、瓦当、板瓦、筒瓦等，另见有零星的动物骨骼。

7．H61

位于TN02E02西部（图一〇，3），西面一部分延伸至探方外。叠压于第⑦层下，打破生土。揭露部分的坑口平面形状不规则，长5.10、宽3.10、深0.84米。坑北壁斜弧内收，南壁近底部形成一个宽约0.90米的台面，坑底部平整，填土为黑色土和灰褐色土混杂形成的花土，带一定黏性，堆积较致密，包含较多的烧土块和黑色炭屑，出土遗物以大量的建筑瓦砾为主，另有零星泥质陶器的残片，可辨钵、釜、器盖、盆、板瓦、筒瓦等。

8．H70

位于TN02W04北部居中（图一〇，4），北距探方北壁1、西距探方西壁3.35、东距探方东壁4.65米。叠压于第⑦层下，打破F2和生土。坑口平面呈圆形，直径1.00～1.02、深0.81米。坑壁垂直，坑底部略微下凹，填土呈灰褐色，稍带黏性，堆积较致密，包含较多的建筑瓦砾，建筑瓦砾以绳纹板瓦和筒瓦的残片为主，泥质陶器可辨钵、盆等残片，另见有零星的铜钱。

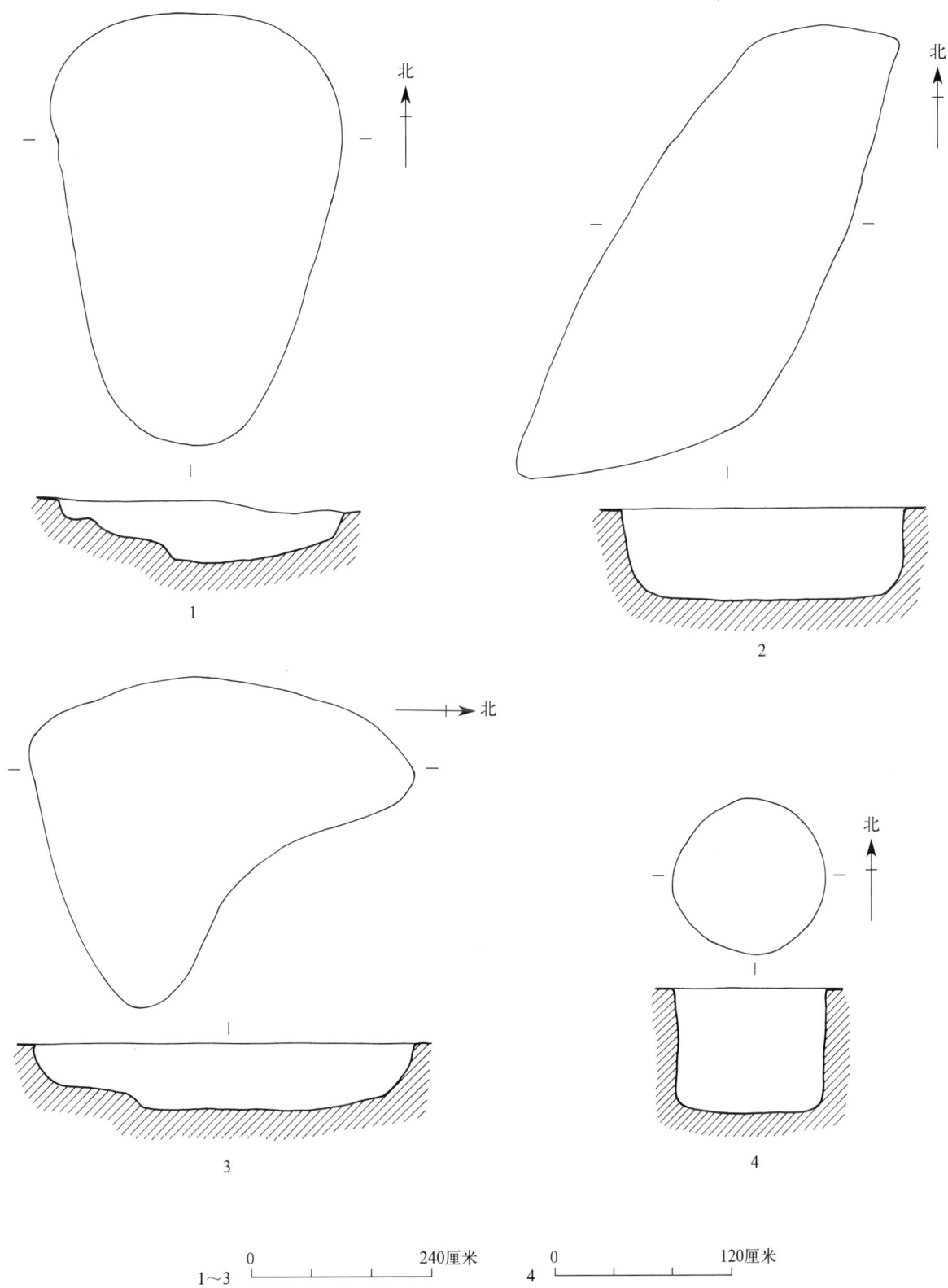

图一〇　两汉三国灰坑平、剖面图
1. H57　2. H59　3. H61　4. H70

9．H71

位于TN02W04西部（图一一，1），东北方向距H70约1.85米，西面一部分延伸至探方外。叠压于第⑦层下，打破F2。揭露部分的坑口平面形状不规则，长3.44、宽3.28、深0.54米。坑壁斜直内收，坑底部较平整，填土呈灰褐色，夹杂少量青黄色土，带一定黏性，颗粒较粗，包含较多建筑瓦砾、少量的烧土块和零星卵石，建筑瓦砾以绳纹板瓦、筒瓦和瓦当的残片为主，陶器发现很少。

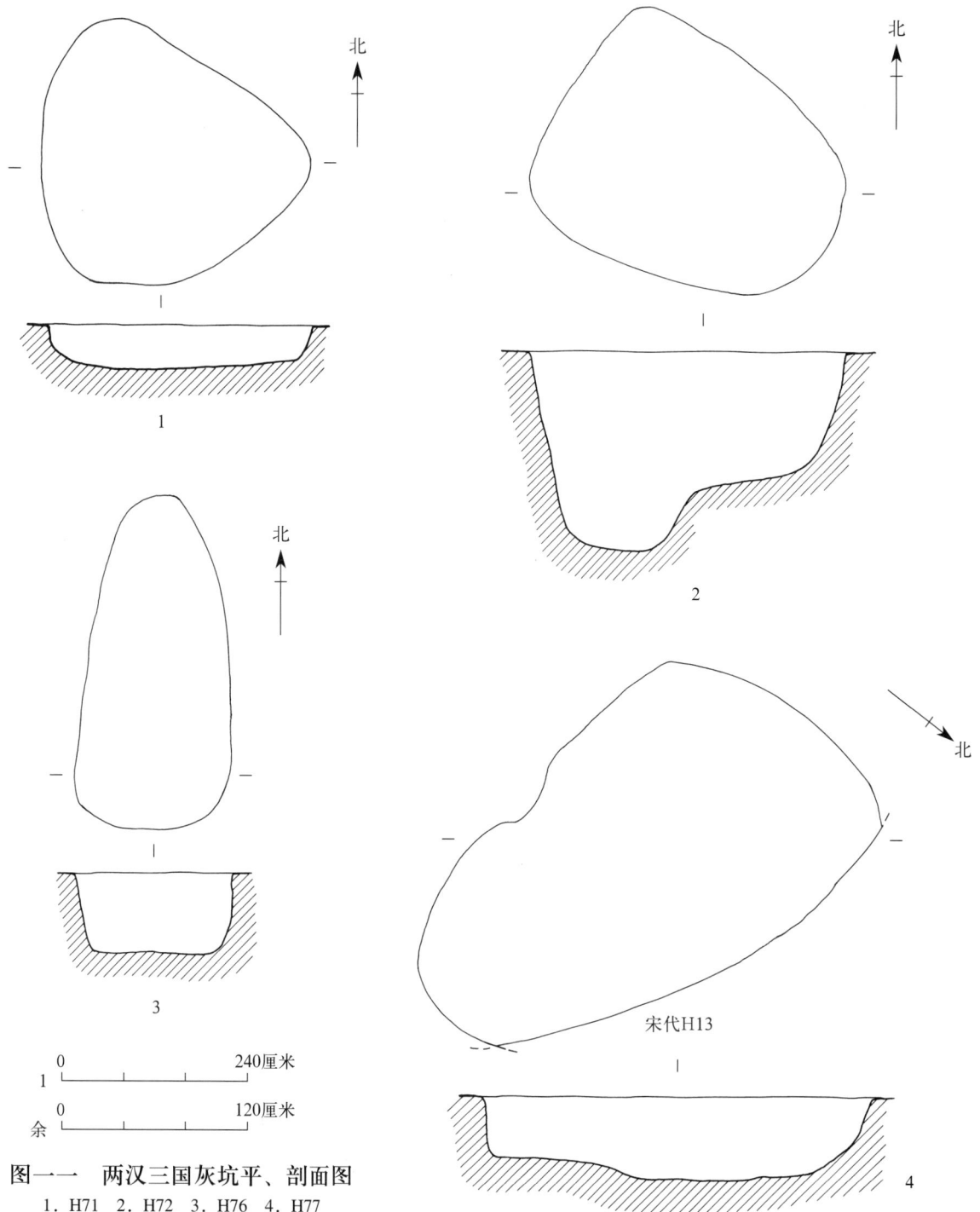

图一一　两汉三国灰坑平、剖面图
1. H71　2. H72　3. H76　4. H77

10．H72

位于TN02W04南部（图一一，2），北距H70约6.25、西北方向距H71约4.50米，南面一部分延伸至探方外。叠压于第⑦层下，打破F2和生土。揭露部分的坑口平面形状不规则，长2.00、宽1.16、深1.22米。坑西壁斜直，东壁弧内收并形成一个宽约0.68米的缓坡，坑底部较平整，填土呈黑褐色，带一定黏性，包含较多建筑瓦砾和烧土块，建筑瓦砾以绳纹板瓦、筒瓦和瓦当的残片为主，另有一些泥质陶和夹砂陶器的残片，可辨钵、盆、釜等。

11．H76

位于TN03W04东南部（图一一，3），东距探方东壁0.50米，南面一部分延伸至探方外。叠压于第⑦层下，打破F2。揭露部分的坑口平面呈半椭圆形，长2.04、宽1.00、深0.48米。坑壁斜直内收，坑底部较平整，填土为黑灰色花土，土质较黏，呈细颗粒状，包含较多的建筑瓦砾和烧土块，陶器数量较少，可辨钵、盆等。

12．H77

位于TN03W04西部（图一一，4），东南方向距H76约3.10米，西面一部分延伸至探方外。叠压于第⑦层下，打破F2，北部被H13打破。揭露部分的坑口平面形状不规则，长2.88、宽1.72、深0.52米。坑壁弧内收，坑底较平整，填土呈黑灰色，细颗粒，堆积疏松，包含较多建筑瓦砾，陶器可辨盆、釜、罐等。

13．H79

位于TS01W02、TS01W01和TS01E01内，南面一部分延伸至探方外（图一二，1）。叠压于第⑦层下，打破生土。揭露部分坑口平面呈刀形，长7.10、宽6.40、深0.70米。坑壁弧内收，坑底凹凸不平，坑内填埋大量的建筑瓦砾和烧土块，混杂少量的黑灰色土，土质较黏，建筑构件有铺地砖、瓦当、绳纹瓦等，陶器可辨罐、瓮、盆、釜等。

14．H85

位于TS02W03东部（图一二，2），东面和南面一部分延伸至探方外。叠压于明代城墙基槽下，开口层位不明，打破生土。揭露部分的坑口平面近半圆形，长2.00、宽1.68、深2.18米。坑北壁斜直，南壁距坑口0.92米处有一个宽约1.04米的平台，其下弧内收，坑底呈锅底状，填土呈黑灰色，土质较黏，呈块状，包含较多的建筑瓦砾，以绳纹瓦和瓦当为主，陶器可辨罐、钵、盆等，另有少量青瓷碗、铜钱和铺地砖残片。

15．H93

位于TS01W03东北（图一二，3），北距探方北壁0.55、东距探方东壁0.10米。叠压于第⑦层

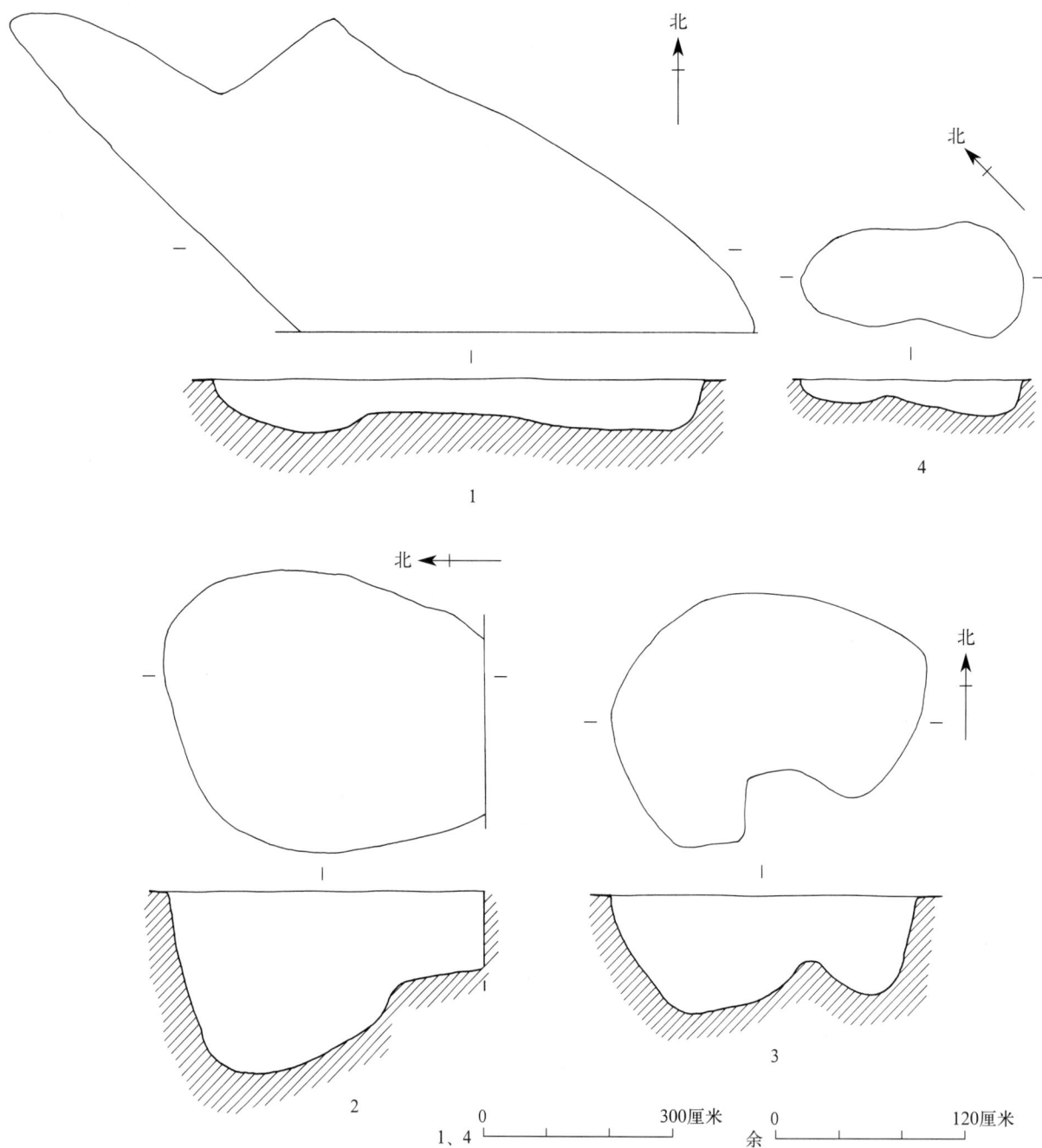

图一二　两汉三国灰坑平、剖面图

1. H79　2. H85　3. H93　4. H115

下，打破F2和生土。坑口平面形状不规则，长4.90、宽3.70、深1.80米。坑壁弧内收，坑底凹凸不平，填土呈黑灰色，土质较黏，呈块状，包含较多的建筑瓦砾，以绳纹瓦、瓦当和铺地砖为主，陶器可辨钵、盆、瓮等。

16．H99

位于TS02W02西南（图一三，1），西北方向距F2约12.10米。叠压于第⑦层下，打破生土，坑体被现代建筑物的基础桩打破。坑口平面近长方形，长3.90、宽2.17、深1.70米。坑壁弧内收，坑底较平整，填土呈黑灰色，混杂青黄色沙土，土质较黏，颗粒较粗，含大量灰烬，坑内填埋一只石犀（彩版六，2），红砂石质，形状似犀，体型巨大，长3.31、宽1.38、高1.93米，重约8.5吨。石犀整

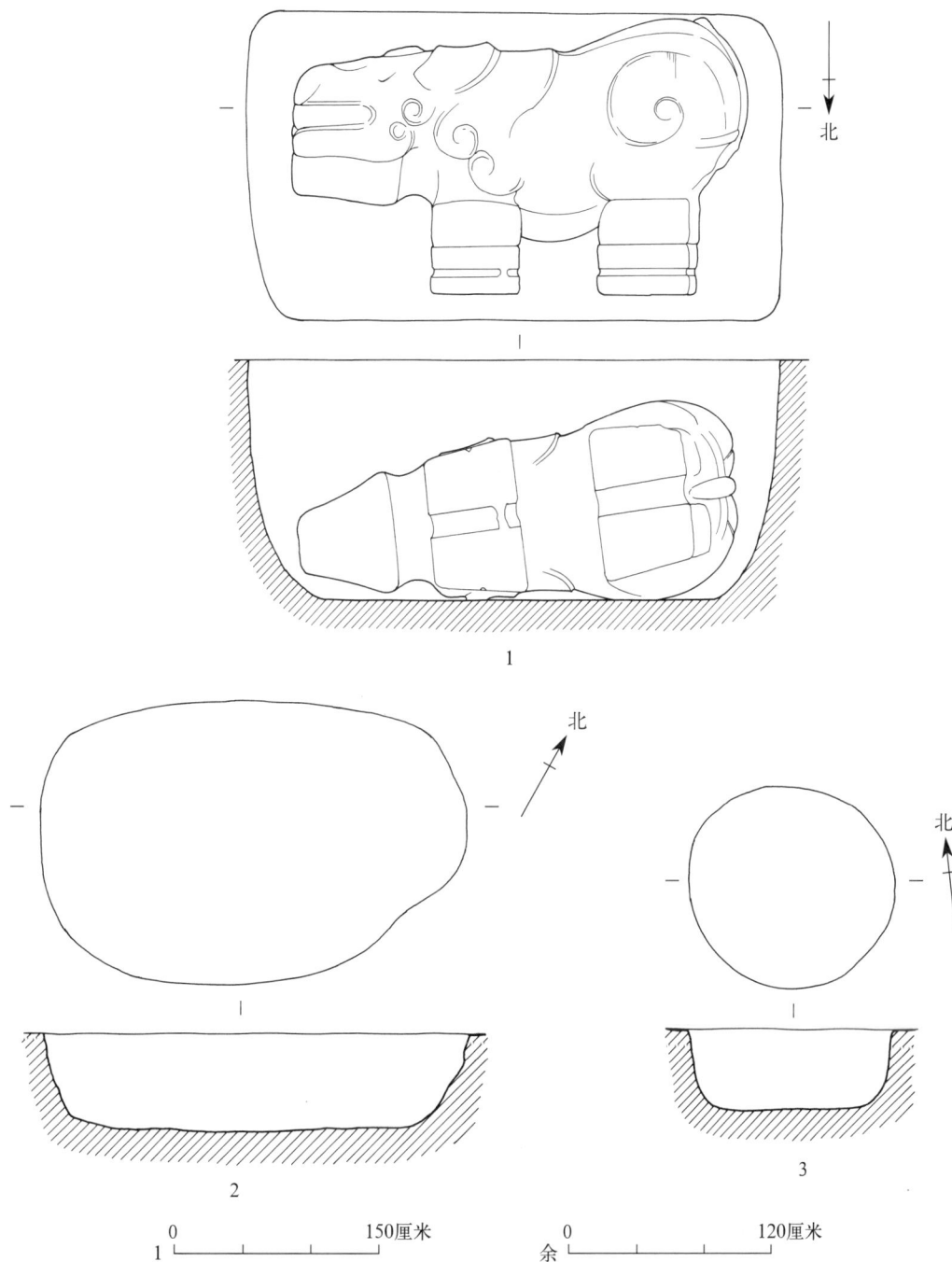

图一三　两汉三国灰坑平、剖面图
1．H99　2．H120　3．H121

体风格粗犷古朴，作站立状，侧身掩埋于坑内，头东尾西，头部略呈圆锥形，双目直视前方，刻有较清晰的五官特征。躯干显得丰满圆润，四肢短粗，下颌及前肢躯干部雕刻出简单的卷云纹，臀部左侧似刻有文字，未辨识（彩版七，1～4）。其他共存遗物以绳纹瓦、铺地砖和陶器为主，陶器可辨钵、盆、罐等。

17．H115

位于TN01W04东南角（图一二，4），西北方向距H120约1.55米。叠压于F2②下，打破生土。坑口平面形状不规则，长3.50、宽1.65、深0.55米。坑壁弧内收，坑底凹凸不平，填土呈青黄色，土质含沙，细颗粒，含有炭屑灰烬和细卵石，出土遗物以陶器为主，可辨罐、器足等。

18．H120

位于TN01W04中部（图一三，2），东南方向距H115约1.55、西距H121约2.75米。叠压于F2②下，打破生土。坑口平面近椭圆形，长2.50、宽1.60、深0.54米。坑壁斜直内收，坑底部较平整，填土呈青黄色，土质含沙，细颗粒，含有炭屑灰烬和细卵石，出土遗物以陶器为主，可辨器足、瓦当等。

19．H121

位于TN01W05东部（图一三，3），东距H120约2.75米。叠压于F2②下，打破生土。坑口平面近圆形，直径1.25、深0.46米。坑壁弧内收，坑底部较平整，填土呈青黄色，土质含沙，细颗粒，含有炭屑灰烬和细卵石，出土遗物以陶器为主，大多因残碎无法辨识器形。

第二节　遗物

出土遗物数量多，类型丰富，大致可以划分作陶器、瓷器、石器、铜器，绝大部分遗物出土于汉代地层和遗迹单位内，其余虽出土于汉代以后的地层和遗迹单位内，但仅占少数，属于晚期人为活动破坏早期文化堆积后扰入的遗物，且由于它们的时代特征较为明显，故整理过程中也将其挑选出一并做类型划分。

一　陶器

出土陶器根据陶质可分为夹砂陶和泥质陶两种，以泥质陶数量居多。建筑构件在出土物中所占的比重较大，主要有瓦当、瓦、砖三大类。

（一）夹砂陶器

夹砂陶器的火候普遍较低，陶色有灰、褐两种，褐陶所占的比例远高于灰陶，且陶胎表面常带有黑色陶衣。器形并不十分丰富，可辨有钵、豆、尖底盏、圜底釜、瓮、壶、盆、罐、鼎足、坩埚、纺轮等十余类，器表大多素面无纹饰，仅圜底釜和瓮的腹部流行压印的绳纹，有的罐腹部可见到刻划的"X"纹。

1. 陶钵

2件。平唇，敛口，斜直腹，平底。

标本TN02E02⑦：1，灰陶。口径14.8、底径6.0、高5.6厘米（图一四，1；彩版八，1）。标本F2②：8，褐陶，带黑色陶衣。底径5.0、残高2.5厘米（图一四，2）。

2. 陶尖底盏

9件。尖唇，上腹较直，下腹斜内收。分两式。

Ⅰ式　1件。敛口，底部呈乳突状。

标本TN03W02⑧：11，褐陶，带黑色陶衣。口径10.6、高4.4厘米（图一四，3）。

Ⅱ式　8件。敛口，底部为小尖底。

标本TN03W02⑧：15，褐陶，带黑色陶衣。口径11.0、高3.8厘米（图一四，4）。标本TN03W06⑧：4，褐陶。口径13.2、高5.0厘米（图一四，5）。标本TN03W02⑧：4，褐陶，带黑色陶衣。口径10.8、高4.2厘米（图一四，6）。标本TN03W02⑧：3，褐陶，带黑色陶衣。口径14.0、高3.8厘米（图一四，7）。

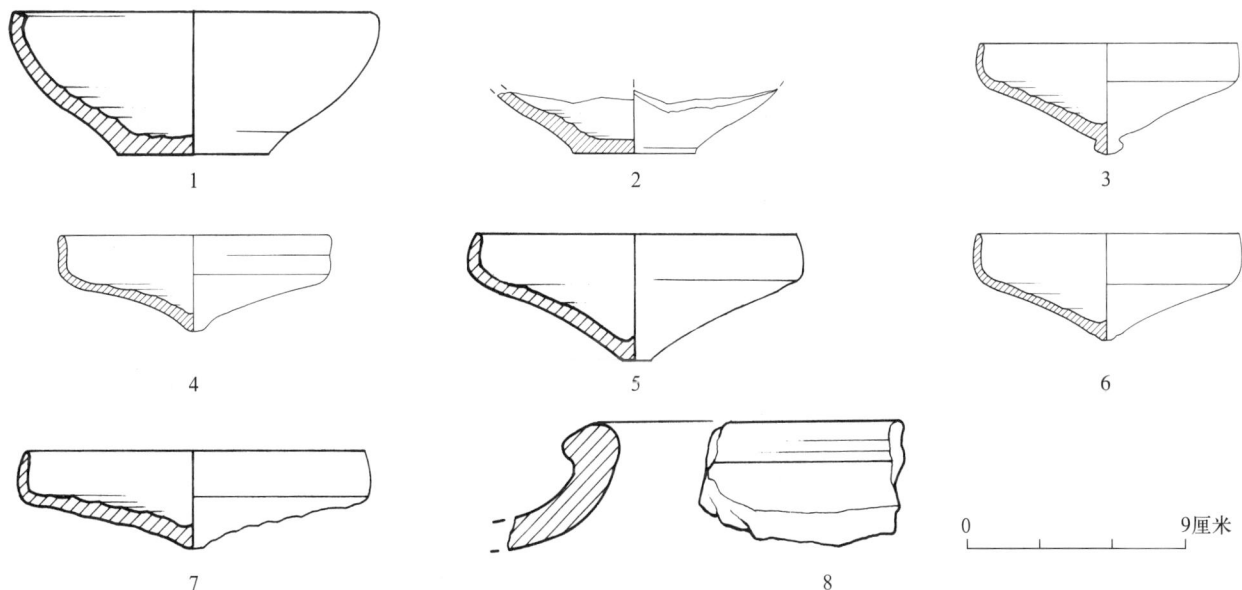

图一四　夹砂陶钵、尖底盏、盆

1、2. 陶钵TN02E02⑦：1、F2②：8　3. Ⅰ式陶尖底盏TN03W02⑧：11　4～7. Ⅱ式陶尖底盏TN03W02⑧：15、TN03W06⑧：4、TN03W02⑧：4、TN03W02⑧：3　8. 陶盆F2②：14

3．陶盆

1件。厚唇，直口。

标本F2②：14，褐陶，带黑色陶衣。残高5.0厘米（图一四，8）。

4．陶豆

24件。根据足部形态的差异分三型。

A型　3件。高足柄。根据足柄形态的差异分两亚型。

Aa型　2件。足柄无节突。

标本TN02W05⑧：2，灰陶，带黑色陶衣。残高10.8厘米（图一五，1）。标本TS01W02⑧：43，褐陶，带黑色陶衣。残高9.4厘米（图一五，2）。

Ab型　1件。足柄中部带节突。

标本TN03W06⑦：9，褐陶，带黑色陶衣。残长13.0厘米（图一五，3）。

B型　16件。矮圈足，圈足呈喇叭形。根据口、腹部形态的差异分两亚型。

Ba型　11件。敛口或直口，圆唇，上腹略鼓，下腹斜直内收。

标本TN01W02⑦：30，灰陶。口径13.2、腹径12.0、底径7.0、高7.2厘米（图一六，1）。标本TN03E01⑦：2，褐陶，带黑色陶衣。底径7.0、残高5.2厘米（图一六，2）。标本TN01E01⑧：6，褐陶，带黑色陶衣，外壁口沿下饰两周弦纹。口径13.2、腹径13.0、底径8.2、高6.1厘米（图一六，3；

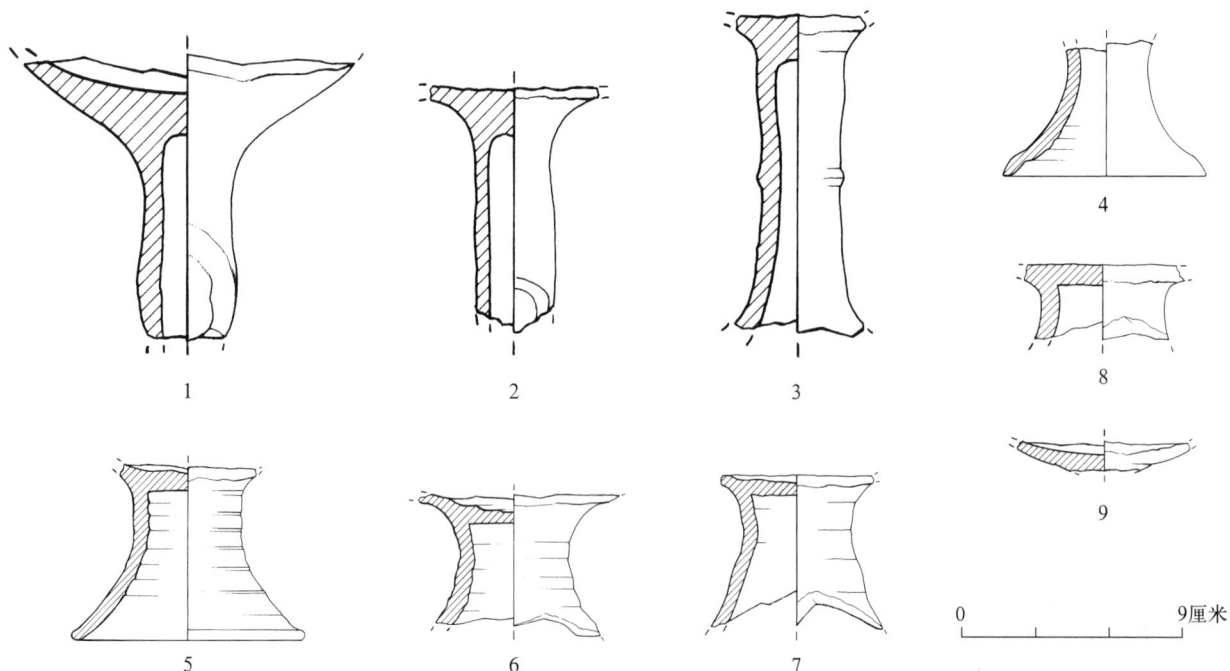

0　　　　　　　　　9厘米

图一五　夹砂陶豆

1、2．Aa型TN02W05⑧：2、TS01W02⑧：43　3．Ab型TN03W06⑦：9　4～8．C型TN01W02⑦：7、TN02W02⑧：42、TN02W06⑧：6、TN02W06⑧：5、H52：7　9．豆盘TN03W02⑧：5

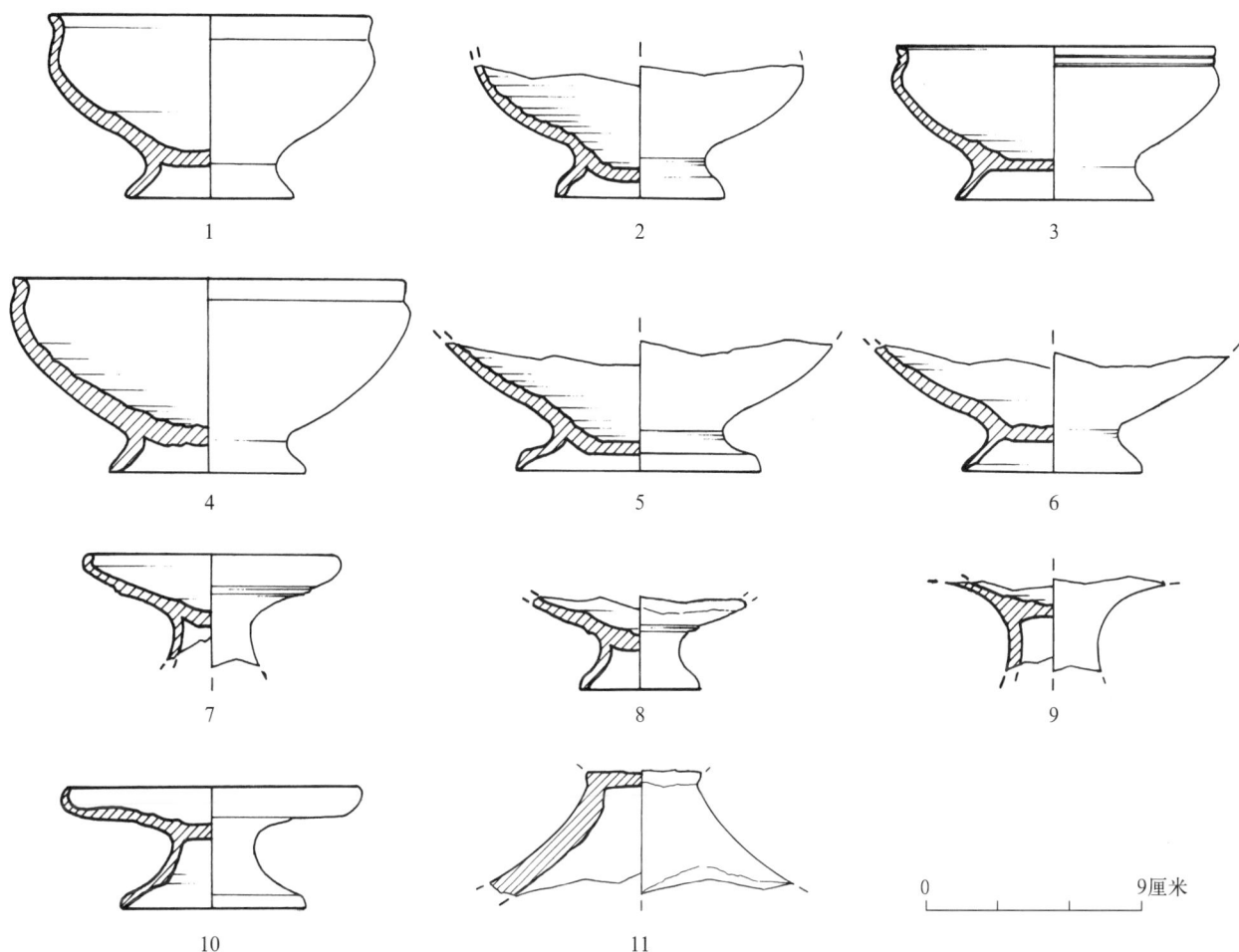

图一六 夹砂陶豆

1～6. Ba型TN01W02⑦：30、TN03E01⑦：2、TN01E01⑧：6、TN02W06⑧：13、F2②：5、F2②：18 7～11. Bb型TN02W02⑧：1、TN03E01⑦：9、TS01W02⑦：2、F2②：9、F2②：12

彩版八，2）。标本TN02W06⑧：13，灰陶。口径16.0、腹径14.0、底径8.2、高7.6厘米（图一六，4）。标本F2②：5，褐陶，带黑色陶衣。底径10.0、残高5.1厘米（图一六，5）。标本F2②：18，褐陶，带黑色陶衣。底径7.4、残高4.7厘米（图一六，6）。

Bb型 5件。尖唇，直口，浅盘形。

标本TN02W02⑧：1，褐陶，带黑色陶衣。底径10.0、残高4.4厘米（图一六，7）。标本TN03E01⑦：9，褐陶。底径5.0、残高3.4厘米（图一六，8）。标本TS01W02⑦：2，褐陶。残高3.6厘米（图一六，9）。标本F2②：9，褐陶，带黑色陶衣。口径10.0、底径7.6、高4.4厘米（图一六，10；彩版八，3）。标本F2②：12，褐陶，带黑色陶衣。残高3.6厘米（图一六，11）。

C型 5件。高圈足，圈足呈喇叭形。

标本TN01W02⑦：7，褐陶。底径8.2、残高5.3厘米（图一五，4）。标本TN02W02⑧：42，褐陶。底径9.6、残高6.8厘米（图一五，5）。标本TN02W06⑧：6，褐陶，带黑色陶衣。残高5.1厘米（图一五，6）。标本TN02W06⑧：5，褐陶。残高6.0厘米（图一五，7）。标本H52：7，褐陶。残高

2.9厘米（图一五，8）。

豆盘　1件。浅盘形。

标本TN03W02⑧：5，褐陶。残高2.2厘米（图一五，9）。

5．陶罐

5件。根据腹部形态的差异分两型。

A型　2件。弧腹。

标本TN02W04⑦：8，褐陶，带黑色陶衣，腹部刻划一周"X"纹。残高7.4厘米（图一七，1）。标本F2②：4，褐陶，带黑色陶衣，肩部饰一周弦纹。口径2.2、残高9.4厘米（图一七，2）。

B型　3件。斜直腹。

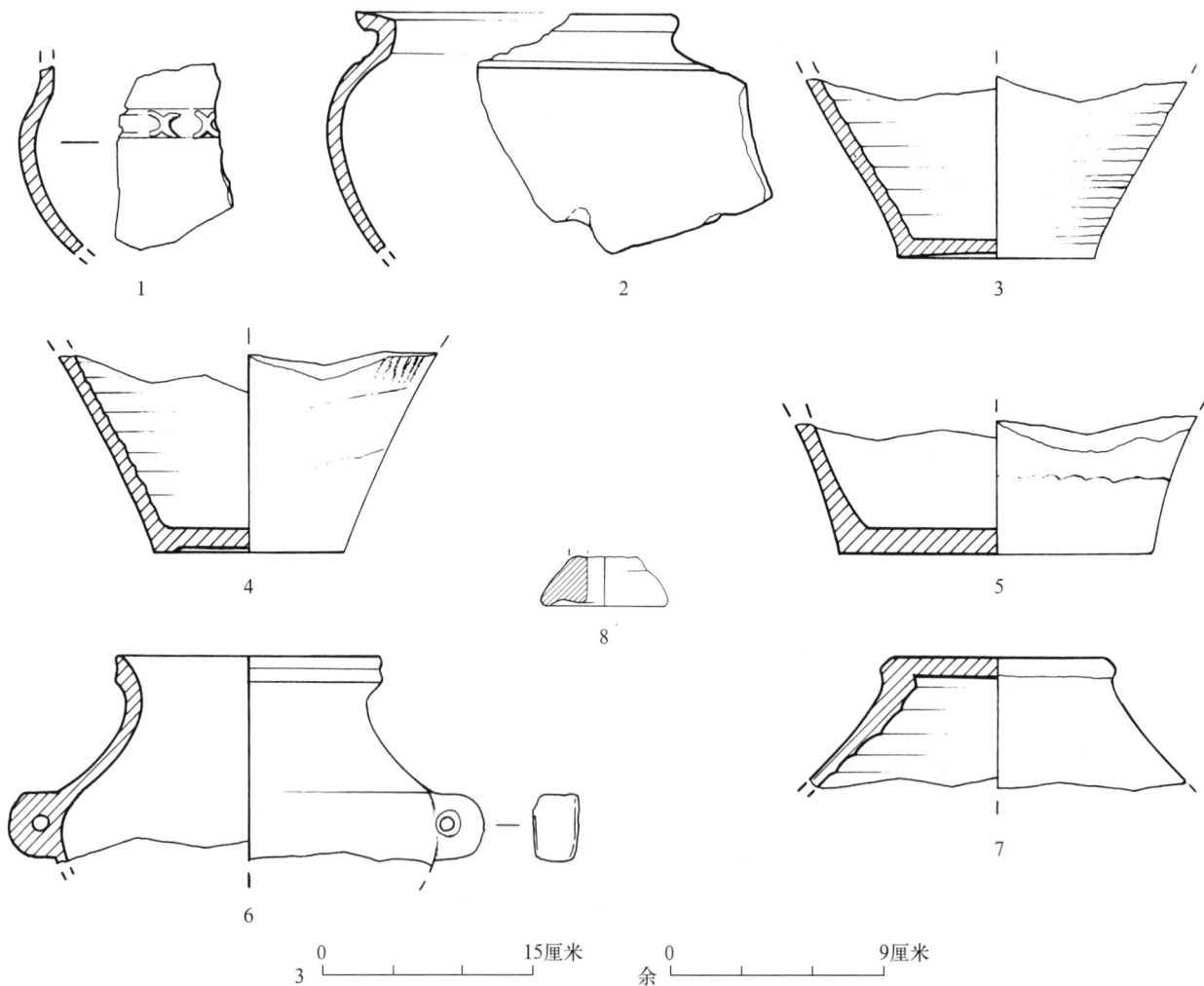

图一七　夹砂陶器

1、2．A型陶罐TN02W04⑦：8、F2②：4　3～5．B型陶罐TN02W05⑧：3、F2②：7、H115：1　6．陶壶TN02W03⑧：3　7．陶器盖TN02W06⑧：2　8．陶纺轮TS01W06⑦：2

标本TN02W05⑧：3，灰陶。底径13.6、残高12.4厘米（图一七，3）。标本F2②：7，褐陶，带黑色陶衣。底径8.0、残高8.0厘米（图一七，4）。标本H115：1，褐陶，带黑色陶衣。底径13.0、残高5.2厘米（图一七，5）。

6．陶瓮

7件。器形较大，唇部较厚，侈口，矮束颈，鼓肩。

标本TN02W05⑤：3，褐陶。口径22.4、残高14.0厘米（图一八，1）。标本F2②：10，褐陶，带黑色陶衣。残高5.4厘米（图一八，2）。标本TN03E02⑧：4，褐陶，带黑色陶衣，肩部饰绳纹。残高9.8厘米（图一八，3）。标本TN02W02⑧：4，褐陶，肩部饰绳纹。口径20.0、残高8.8厘米（图一八，4）。标本TN03W01⑦：8，褐陶，肩部饰绳纹。口径21.6、残高12.8厘米（图一八，5）。

7．陶壶

1件。尖唇，直口，口沿外有凸棱一周，矮束颈，折肩，上腹部带扁环形系纽。

标本TN02W03⑧：3，褐陶，带黑色陶衣。口径11.0、残高8.1厘米（图一七，6）。

8．陶圜底釜

17件。根据口、颈及腹部形态的差异分三型。

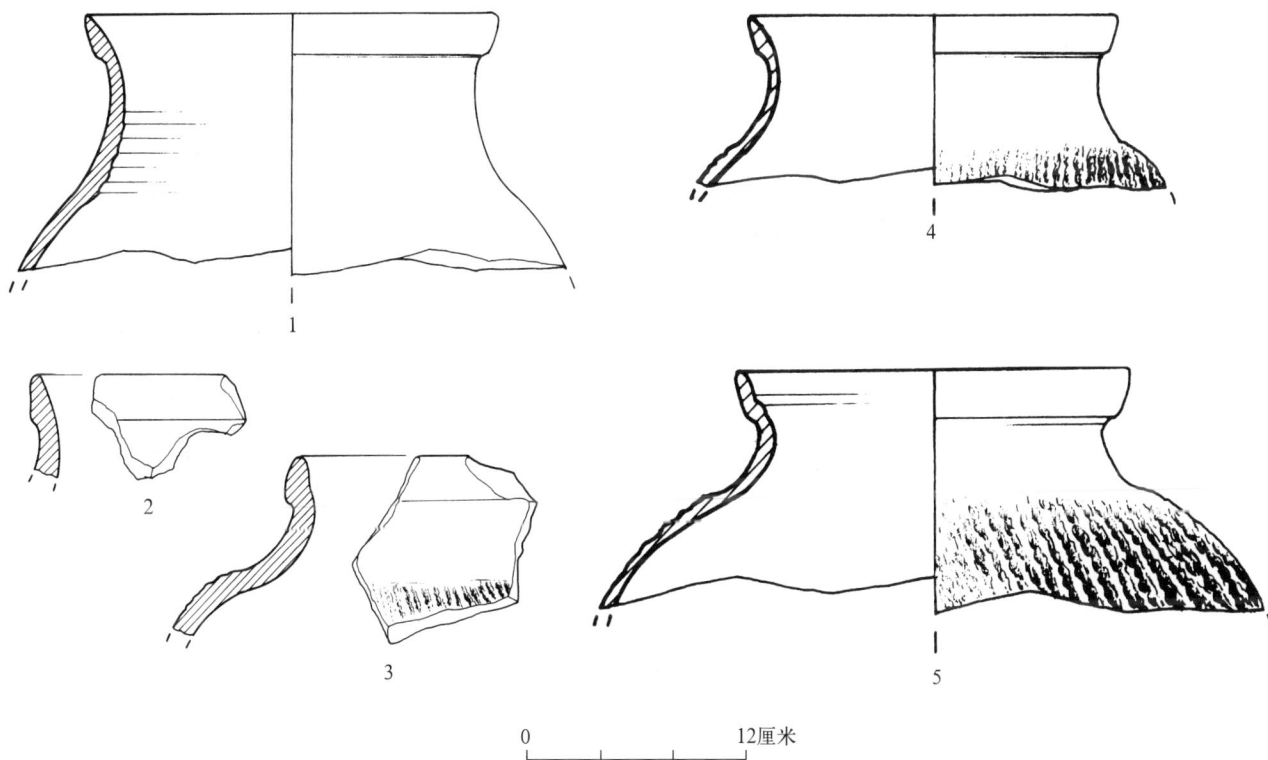

图一八　夹砂陶瓮

1～5. TN02W05⑤：3、F2②：10、TN03E02⑧：4、TN02W02⑧：4、TN03W01⑦：8

A型　1件。圆唇，侈口，束颈较高，圆鼓腹。

标本TN01W06⑧：9，褐陶，带黑色陶衣，腹部饰绳纹。口径9.8、腹径14.4、高13.4厘米（图一九，1；彩版八，4）。

B型　9件。斜方唇，敛口，沿面宽折，矮束颈，扁鼓腹。

标本TN02W06⑧：13，灰陶，腹部饰绳纹。口径28.0、残高8.6厘米（图一九，2）。标本F2②：13，褐陶，腹部饰绳纹。口径26.0、残高8.4厘米（图一九，3）。标本TN02W06⑧：4，褐陶，带黑色陶衣，腹部饰绳纹。口径25.0、残高5.0厘米（图一九，4）。标本TN01W03⑦：6，褐陶，带黑色陶衣，腹部饰绳纹。口径23.2、残高8.0厘米（图一九，5）。标本TN02E02⑧：12，褐陶，腹部饰绳纹。口径22.0、残高9.4厘米（图一九，6）。标本TN02W06⑧：1，褐陶，带黑色陶衣，腹部饰绳纹。口径21.0、腹径21.0、残高7.6厘米（图一九，7）。

C型　7件。圆唇，侈口，无颈，扁垂腹。

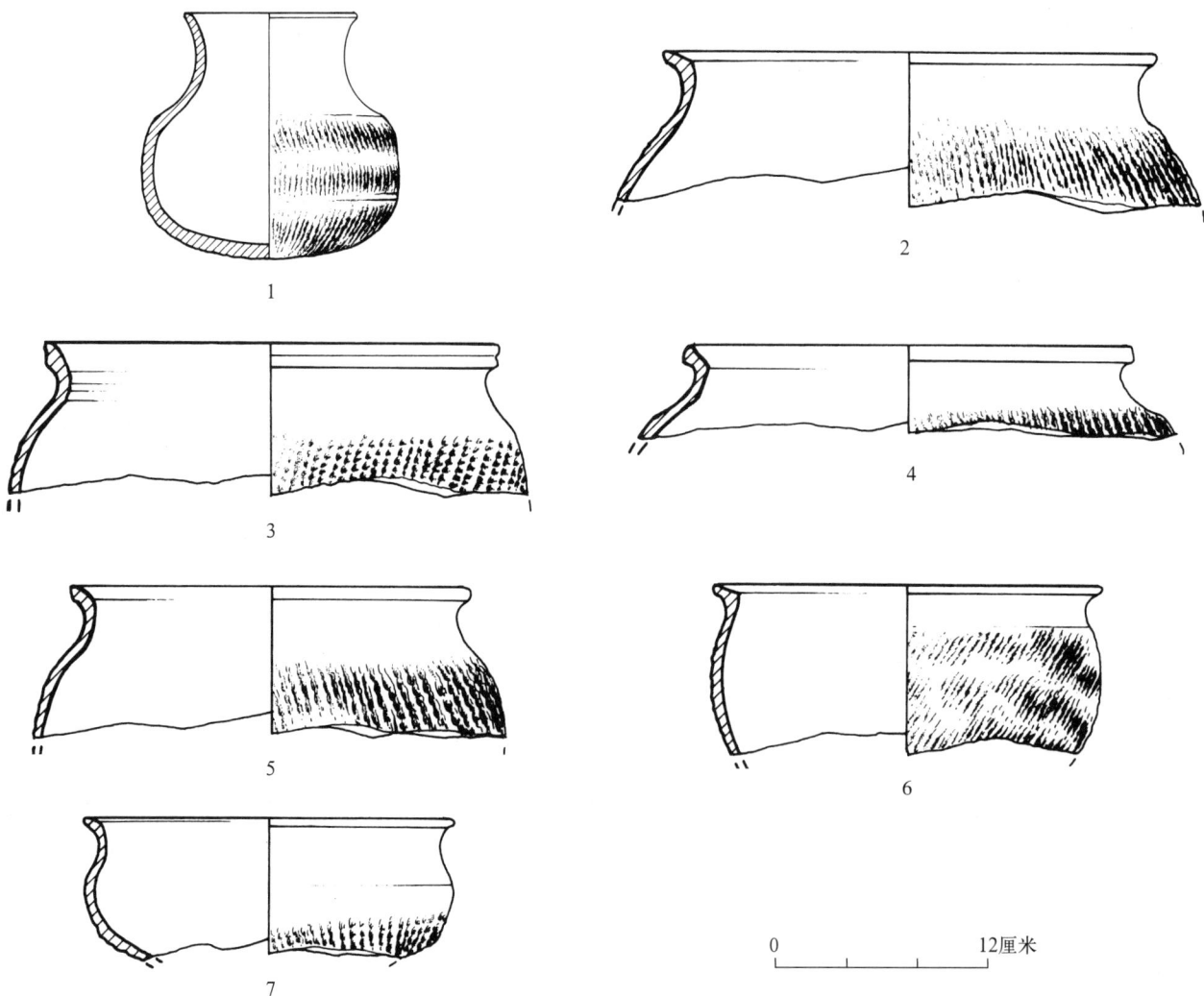

图一九　夹砂陶圜底釜

1. A型TN01W06⑧：9　2～7. B型TN02W06⑧：13、F2②：13、TN02W06⑧：4、TN01W03⑦：6、TN02E02⑧：12、TN02W06⑧：1

标本TS01W05⑧：2，褐陶，带黑色陶衣，底部饰绳纹。口径9.8、腹径11.6、高6.2厘米（图二〇，1）。标本TN02E02⑦：26，褐陶，带黑色陶衣，底部饰绳纹。口径9.8、腹径11.4、高5.6厘米（图二〇，2）。标本TN03W03⑥：1，褐陶，带黑色陶衣，底部饰绳纹。口径10.6、腹径12、高6.3厘米（图二〇，3）。标本H72：1，褐陶，带黑色陶衣，底部饰绳纹。口径11.2、腹径12.4、高6.0厘米（图二〇，4）。标本TN02W06⑧：14，褐陶，带黑色陶衣，底部饰绳纹。腹径18.0、高7.8厘米（图二〇，5）。标本TN02W06⑧：10，褐陶，带黑色陶衣，底部饰绳纹。口径12.2、腹径16.0、高8.0厘米（图二〇，6；彩版八，5）。

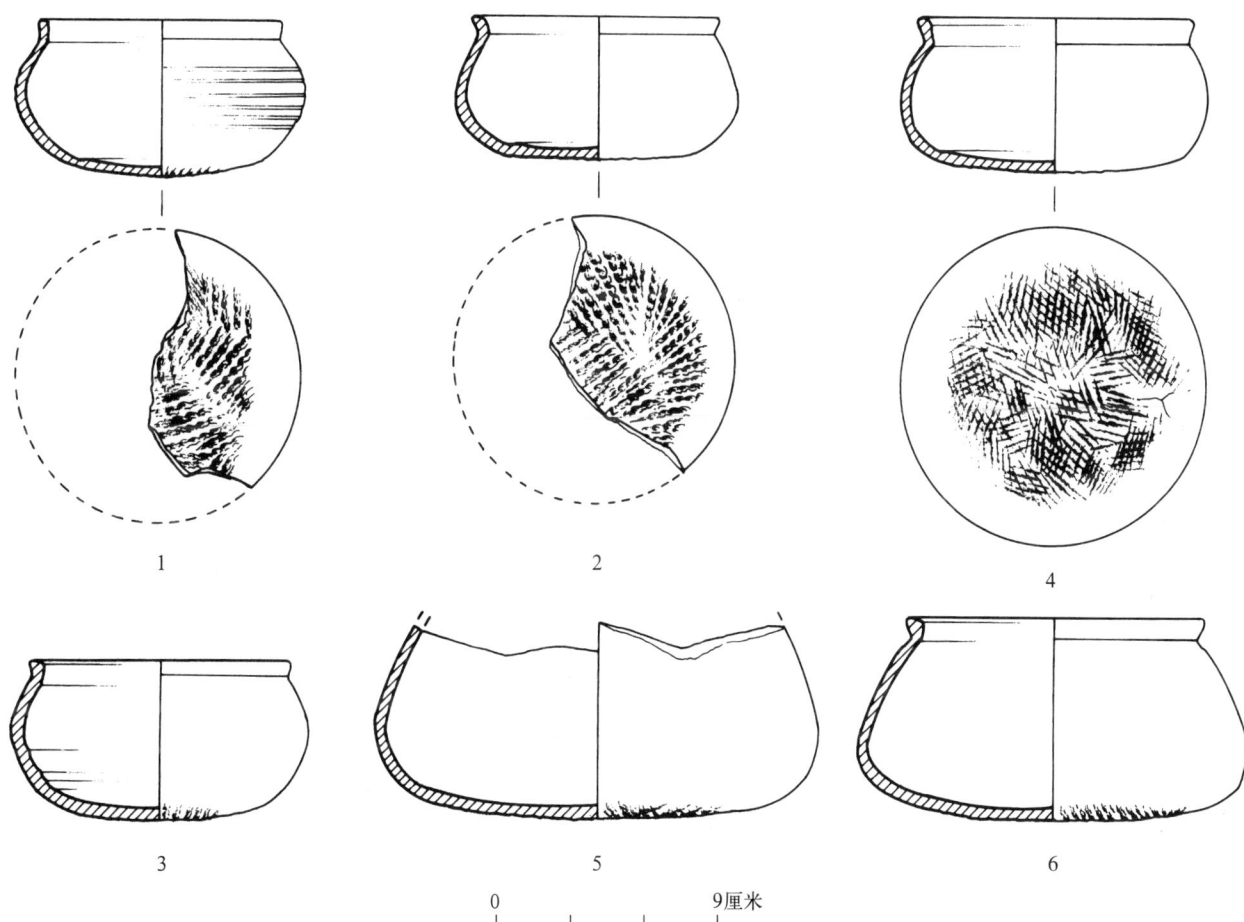

0　　　　　　　9厘米

图二〇　夹砂陶圜底釜

1～6. C型TS01W05⑧：2、TN02E02⑦：26、TN03W03⑥：1、H72：1、TN02W06⑧：14、TN02W06⑧：10

9. 陶器盖

1件。平顶，盖面斜直。

标本TN02W06⑧：2，褐陶，带黑色陶衣。残高5.2厘米（图一七，7）。

10. 陶纺轮

1件。

标本TS01W06⑦：2，灰陶，器表呈褐色。直径5.2、高2.0厘米（图一七，8）。

11．坩埚

10件。圆唇，直口或敞口，口沿一侧带"V"形流，斜直腹，底部带饼足。

标本TN01W02⑦：10，褐陶，内壁粘连大量铜液的残留物。口径11.6、底径6.4、高9.6厘米（图二一，1；彩版八，6）。标本TN01W02⑦：12，褐陶，内壁粘连大量铜液的残留物。口径10.0、底径5.6、高8.6厘米（图二一，2）。标本TN01W02⑦：16，褐陶，内壁粘连大量铜液的残留物。口径10.0、底径6.4、高9.0厘米（图二一，3）。标本TN01W02⑦：11，褐陶，内壁粘连大量铜液的残留物。口径10.6、底径6.0、高8.6厘米（图二一，4）。标本TN01W02⑦：15，褐陶，内壁粘连大量铜液的残留物。口径9.4、底径6.8、高8.8厘米（图二一，5）。

12．篦形器

1件。

标本TN01W02⑧：55，红褐陶。残高6.0厘米（图二一，6）。

13．器足

25件。分两型。

A型　24件。足部较长，呈圆柱状，足下端向外翻卷。

标本TN03W03⑧：8，褐陶，带黑色陶衣。残长19.1厘米（图二二，1）。标本TN03W01⑦：9，褐陶，带黑色陶衣。残长18.1厘米（图二二，2）。标本TN03W03⑧：4，灰陶，带黑色陶衣。残长18.4厘

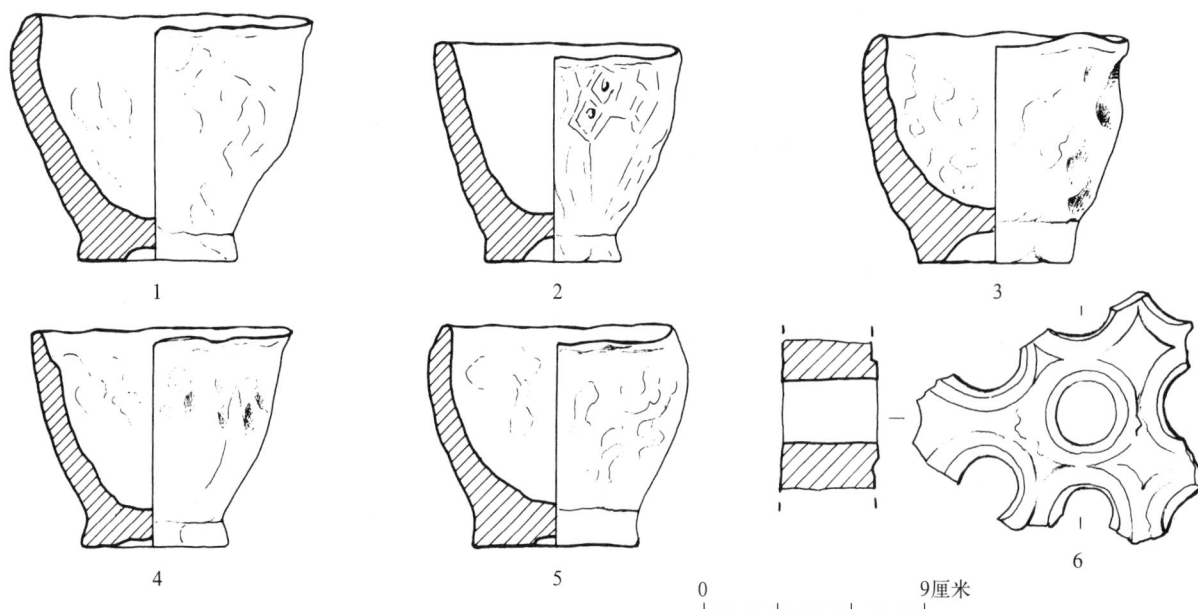

图二一　夹砂坩埚、篦形器

1～5.坩埚TN01W02⑦：10、TN01W02⑦：12、TN01W02⑦：16、TN01W02⑦：11、TN01W02⑦：15　6.篦形器TN01W02⑧：55

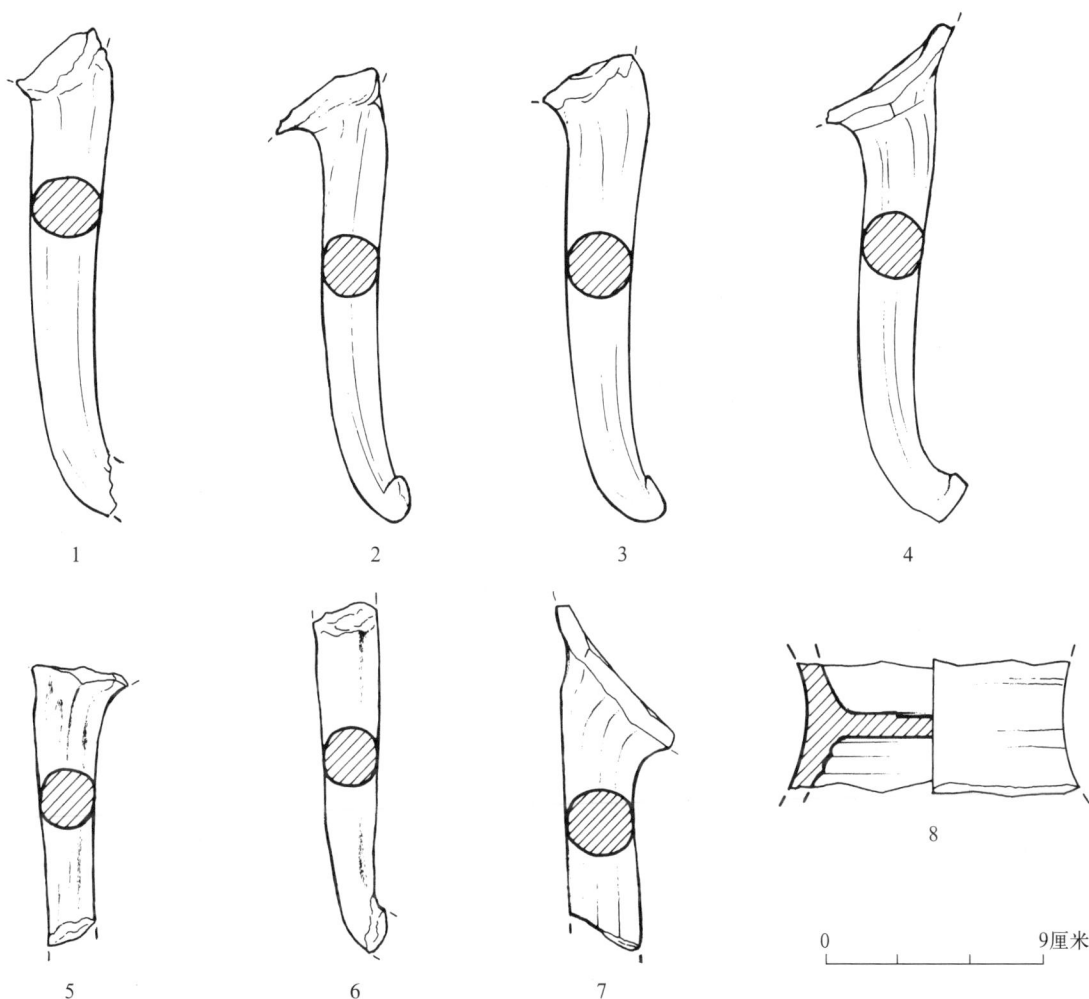

图二二 夹砂陶器足

1～5．A型TN03W03⑧：8、TN03W01⑦：9、TN03W03⑧：4、TS01W05⑦：9、H49：11、H115：2、H120：4 8．B型TN01W01⑧：14

米（图二二，3）。标本TS01W05⑦：9，褐陶，带黑色陶衣。残长17.8厘米（图二二，4）。标本H49：11，灰陶，带黑色陶衣。残长11.1厘米（图二二，5）。标本H115：2，褐陶，带黑色陶衣。残长13.9厘米（图二二，6）。标本H120：4，褐陶，带黑色陶衣。残长13.6厘米（图二二，7）。

B型 1件。圈足。

标本TN01W01⑧：14，褐陶，带黑色陶衣。残高5.3厘米（图二二，8）。

（二）泥质陶器

泥质陶器的制作较为精细，器形规整，火候较高，胎质紧密，以灰陶和褐陶为主，其中灰陶所占的比例大于褐陶，有的陶器表面带有黑色陶衣，并且有打磨抛光的做法。器形较为丰富，可辨钵、盆、罐、瓮、釜、甑、盘、灯、器足、器盖、纺轮、动物模型等，器表不流行装饰，装饰技法可见到模印、拍印、戳印、刻划及贴饰的附加堆纹等，纹样有绳纹、弦纹、短斜线纹、网格纹、锯齿纹、方框菱花纹等几种，有的钵内壁还残留有明显的涂朱痕迹。

1. 陶钵

57件。根据口部、腹部及足部形态的差异分五型。

A型　23件。敞口，厚凸唇，折腹。根据腹部及足部形态的变化分四式。

A型 I 式　1件。腹部转折处偏上，上、下腹壁略内曲，平底。

标本TN03W06⑦：16，灰陶，底部带一圆孔。口径21.6、底径8.0、高7.6厘米（图二三，1）。

A型 II 式　12件。腹部转折处位于腹中部，上、下腹壁略内曲，平底。

标本TN02E01⑦：4，灰陶。口径17.0、底径6.4、高7.1厘米（图二三，2）。标本TN03W06⑦：20，褐陶，带黑色陶衣，内壁可见明显的旋坯痕。口径19.4、底径6.6、高6.8厘米（图二三，3）。标本TN03W06⑦：2，灰陶。口径19.0、底径7.6、高8.0厘米（图二三，4）。标本TN01W02⑦：3，灰陶。口径18.4、底径6.6、高7.2厘米（图二三，5）。标本TN01W02⑧：6，褐陶，带黑色陶衣。口径18.0、底径7.2、高7.2厘米（图二三，6）。标本TN03W01⑦：2，灰陶，内壁可见明显的旋坯痕。口径18.0、底径6.8、高7.2厘米（图二三，7）。标本TN03W04⑦：3，灰陶。口径12.4、底径4.6、高4.4厘米（图二三，8）。

A型 III 式　4件。形制与 II 式接近，底部出现饼足。

标本TN03W02⑤：31，灰陶，带黑色陶衣，内底下凹，中心模印一方框斜线纹。口径20.0、底径8.0、高7.6厘米（图二四，1）。标本H61：3，灰陶，带黑色陶衣。口径18.2、底径6.2、高6.8厘米（图二四，2）。标本TN03W01⑦：15，灰陶。口径20.4、底径7.6、高7.4厘米（图二四，3；彩版九，1）。

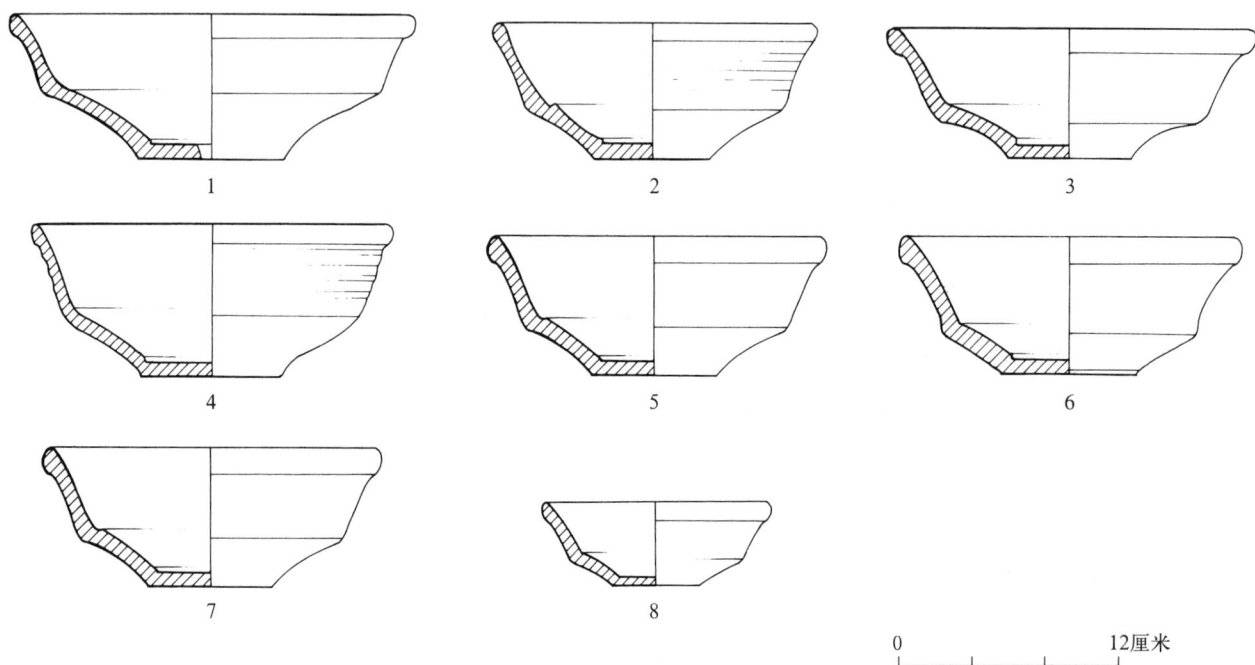

0　　　　　　　　　　　12厘米

图二三　泥质陶钵

1. A型 I 式TN03W06⑦：16　2～8. A型 II 式TN02E01⑦：4、TN03W06⑦：20、TN03W06⑦：2、TN01W02⑦：3、TN01W02⑧：6、TN03W01⑦：2、TN03W04⑦：3

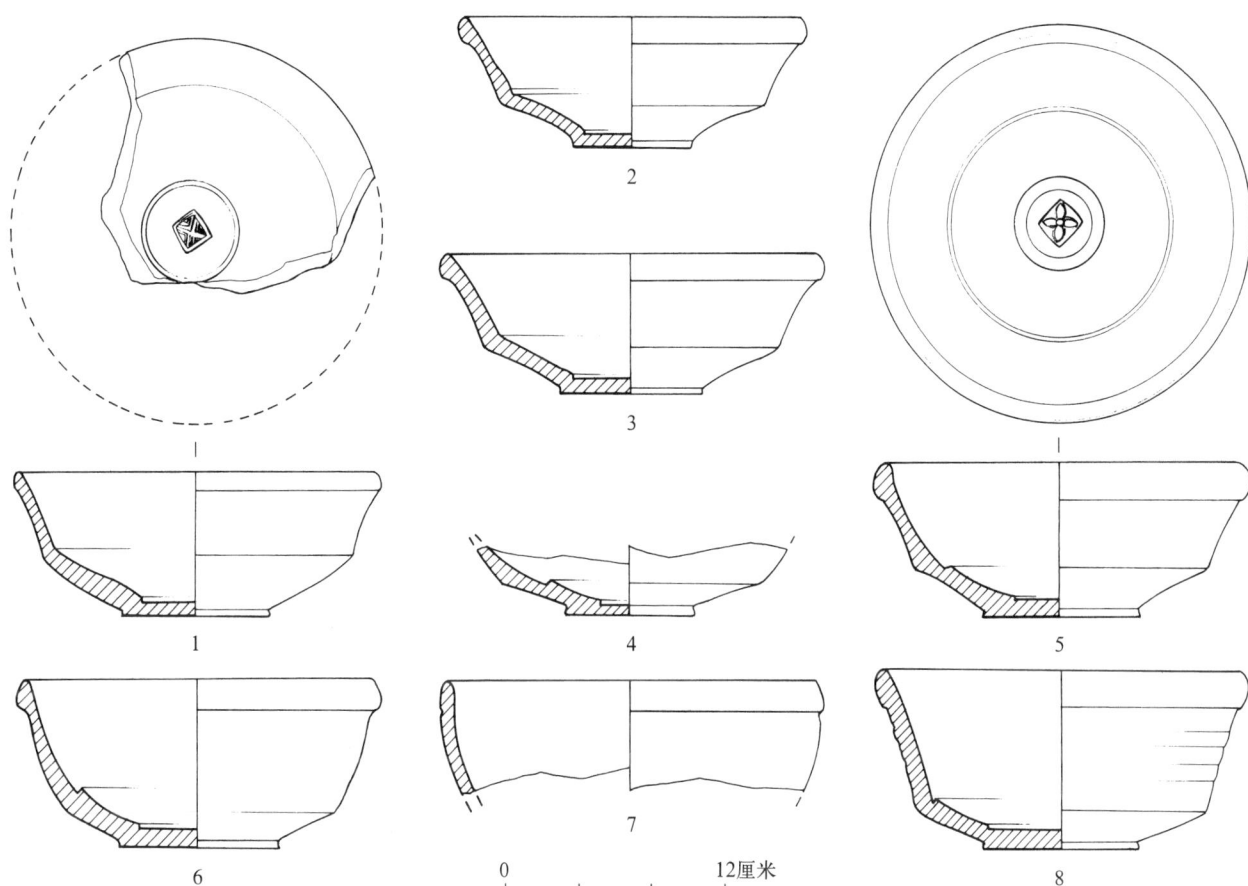

图二四　泥质陶钵

1～3. A型Ⅲ式TN03W02⑤：31、H61：3、TN03W01⑦：15　4～8. A型Ⅳ式H99：6、TN02W06⑦：11、TN02W01⑦：2、H99：1、TN03W01⑦：6

　　A型Ⅳ式　6件。腹部转折处偏下，底部带饼足。

　　标本H99：6，灰陶，内底下凹。残高3.6厘米（图二四，4）。标本TN02W06⑦：11，灰陶，内底下凹，中心模印一方框菱花纹。口径19.0、底径8.4、高8.2厘米（图二四，5）。标本TN02W01⑦：2，灰陶，内底下凹，内壁可见明显的旋坯痕。口径19.0、底径8.6、高8.7厘米（图二四，6；彩版九，2）。标本H99：1，灰陶。残高5.8厘米（图二四，7）。标本TN03W01⑦：6，灰陶，内底下凹。口径19.4、底径8.4、高9.4厘米（图二四，8）。

　　B型　21件。圆唇，敛口，折腹，腹部转折处偏下。根据腹部及足部形态的变化分五式。

　　B型Ⅰ式　1件。上腹壁呈斜直状，平底。

　　标本H85：10，灰陶，外壁口沿下刻划一周弦纹，内底下凹。口径18.0、底径8.8、高7.3厘米（图二五，1）。

　　B型Ⅱ式　1件。底部带饼足，足底内凹。

　　标本H70：1，灰陶，外壁口沿下刻划一周弦纹，内底下凹。口径18.6、底径9.8、高6.3厘米（图二五，2）。

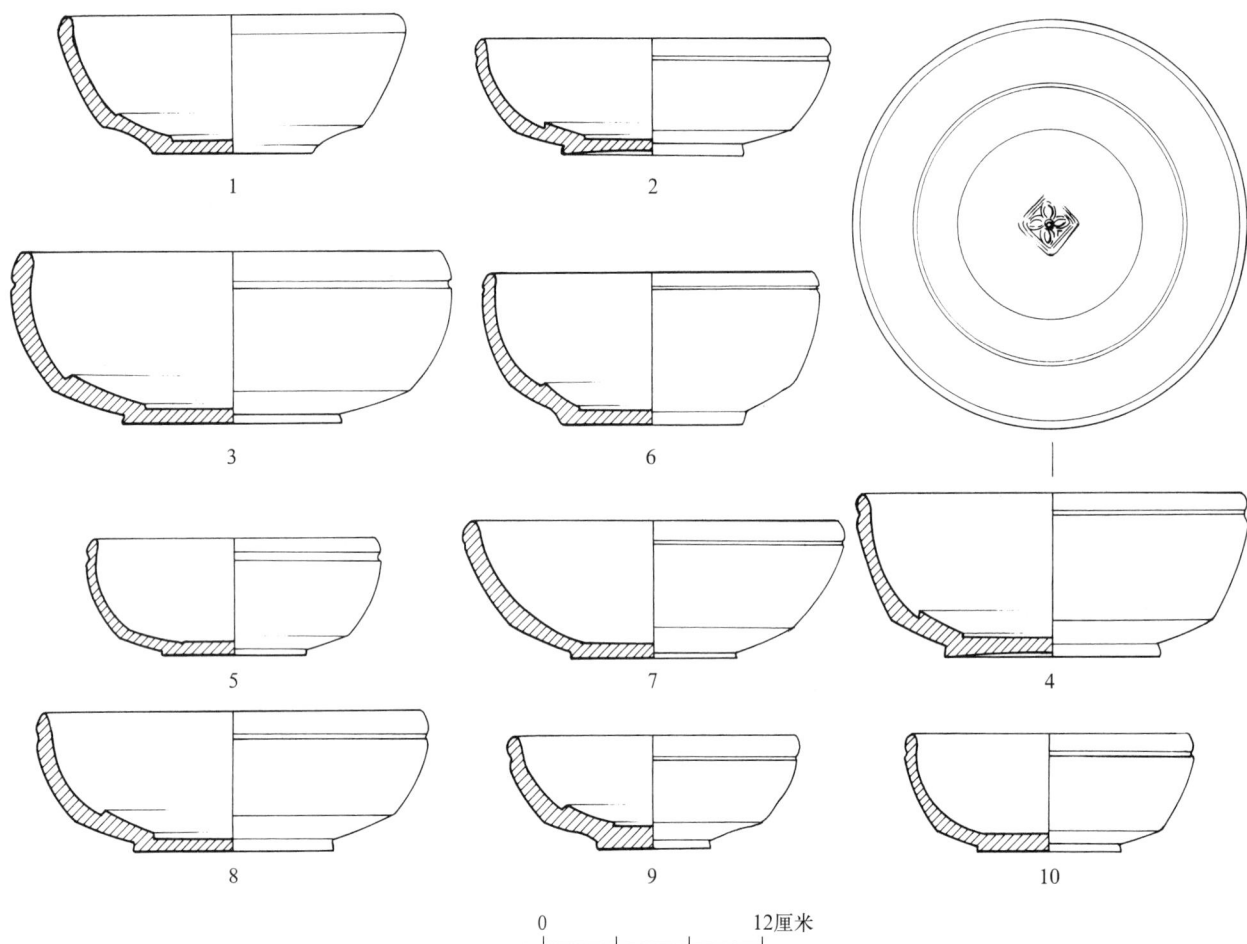

图二五   泥质陶钵

1. B型 I 式H85：10   2. B型 II 式H70：1   3～9. B型III式TN03W02⑥：22、TN03W01⑦：12、TS01W02⑦：4、H76：4、H93：14、H44：4、H44：5   10. TN03W02⑥：24

B型III式   10件。形制与II式接近，上腹壁略外弧。

标本TN03W02⑥：22，灰陶，带黑色陶衣，外壁口沿下刻划一周弦纹。口径23.0、底径12.0、高9.0厘米（图二五，3）。标本TN03W01⑦：12，灰陶，带黑色陶衣，外壁口沿下刻划一周弦纹，内底下凹，中心模印一方框菱花纹。口径21.2、底径11.6、高8.6厘米（图二五，4）。标本TS01W02⑦：4，灰陶，带黑色陶衣，外壁口沿下刻划一周弦纹。口径15.4、底径7.6、高6.2厘米（图二五，5；彩版九，3）。标本H76：4，灰陶，带黑色陶衣，外壁口沿下刻划一周弦纹，内底下凹。口径17.6、底径9.8、高8.0厘米（图二五，6）。标本H93：14，褐陶，带黑色陶衣，外壁口沿下刻划一周弦纹。口径20.0、底径9.0、高7.2厘米（图二五，7）。标本H44：4，灰陶，外壁口沿下刻划一周弦纹，内底下凹。口径20.8、底径11、高7.4厘米（图二五，8）。标本H44：5，褐陶，带黑色陶衣，外壁口沿下刻划一周弦纹，内底下凹。口径15.6、底径6.0、高6.0厘米（图二五，9）。标本TN03W02⑥：24，灰陶，带黑色陶衣，外壁口沿下刻划一周弦纹。口径15.6、底径7.6、高6.4厘米（图二五，10）。

B型Ⅳ式　3件。形制与Ⅲ式接近，上腹壁外弧，外壁口沿下无刻划的弦纹。

标本TN02W03⑥：4，灰陶，外壁可见明显的旋坯痕。口径19.8、底径9.8、高7.4厘米（图二六，1；彩版九，4）。标本TN03W05⑦：11，褐陶。口径18.4、底径9.8、高7.0厘米（图二六，2）。标本H93：6，灰陶，带黑色陶衣。口径19.8、底径10.0、高7.4厘米（图二六，3）。

B型Ⅴ式　6件。形制与Ⅳ式接近，底部带圈足。

标本H93：7，灰陶，带黑色陶衣，内底下凹，中心模印一方框菱花纹。底径11.0、残高3.6厘米（图二六，4）。标本TS01W03⑦：7，灰陶，带黑色陶衣，中心模印一方框菱花纹。底径11.4、残高3.1厘米（图二六，5）。标本TN01W01⑧：11，灰陶，带黑色陶衣。底径12.6、残高4.4厘米（图二六，6）。标本H57：3，灰陶，内底中心有一乳状突起。底径11.5、残高4.0厘米（图二六，7）。标本TS01W02⑦：1，灰陶，内壁残留有涂朱痕迹。口径24.8、底径13.8、高10.6厘米（图二六，8；彩版九，5）。

C型　6件。圆唇，敞口，外壁口沿下内束形成一周凹槽，斜直腹。根据底部形态的差异分两亚型。

Ca型　1件。平底。

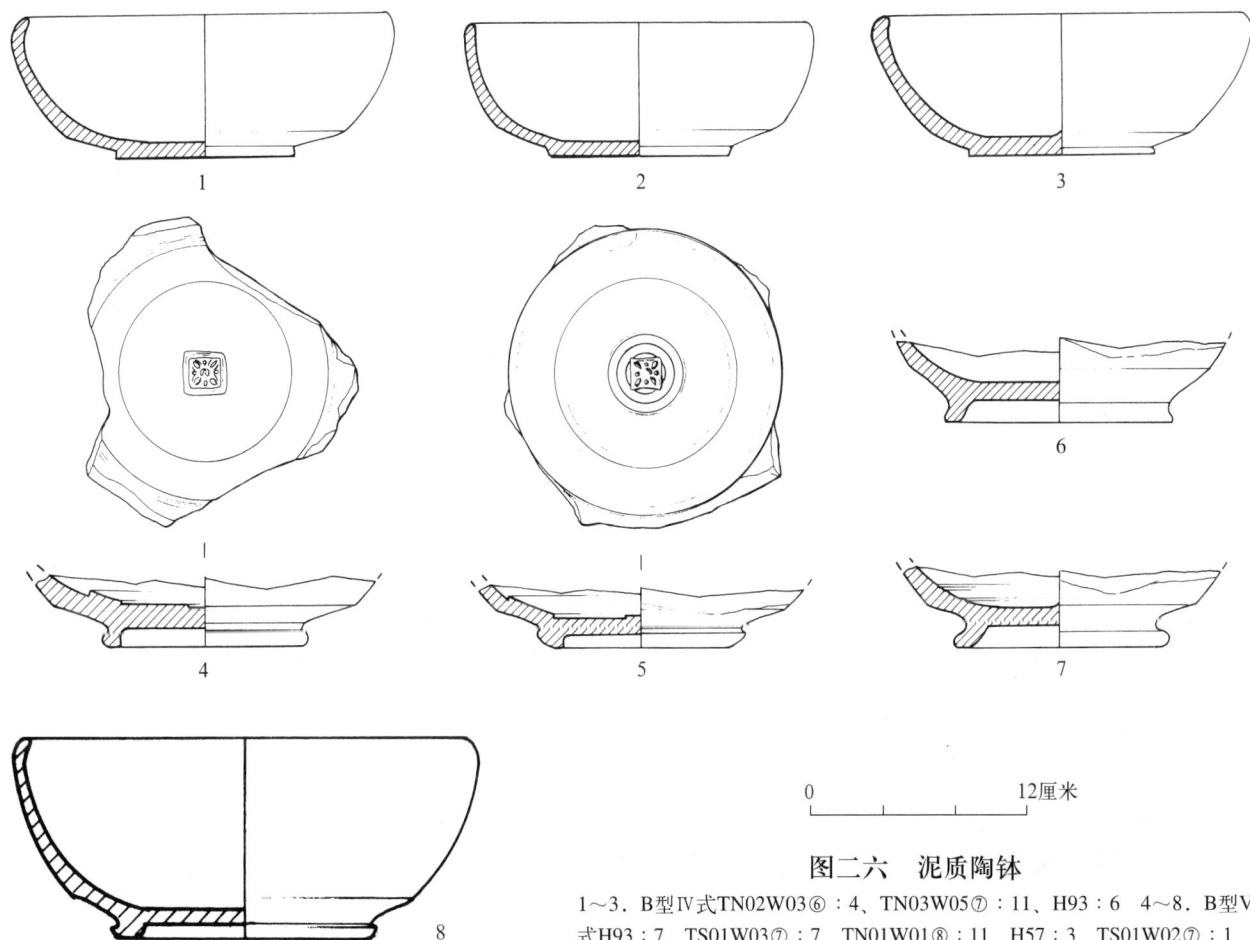

0　　　　　　12厘米

图二六　泥质陶钵

1～3. B型Ⅳ式TN02W03⑥：4、TN03W05⑦：11、H93：6　4～8. B型Ⅴ式H93：7、TS01W03⑦：7、TN01W01⑧：11、H57：3、TS01W02⑦：1

标本TN01W02⑦：55，灰陶。口径16.6、底径8.2、高6.1厘米（图二七，1）。

Cb型　5件。底部带较宽的矮饼足，足底面内凹。

标本TN01W02⑧：5，灰陶。口径16.6、底径10.6、高6.8厘米（图二七，2）。标本H65：1，灰陶，带黑色陶衣。口径15.6、底径9.6、高7.7厘米（图二七，3）。标本TS01W01⑦：7，灰陶，带黑色陶衣。口径16.2、残高6.6、底径10.6厘米（图二七，4）。标本TN03W05⑦：10，灰陶，带黑色陶衣。口径16.2、底径11.2、高7.0厘米（图二七，5）。标本H76：10，灰陶。口径16.2、底径10.6、高7.2厘米（图二七，6）。

D型　5件。圆唇，直口，弧腹。根据底部形态的差异分两亚型。

Da型　3件。平底。

标本TN02W02⑧：11，灰陶，带黑色陶衣，外壁可见明显的旋坯痕，口沿下刻划一周弦纹。口径14.8、底径7.6、高6.0厘米（图二七，7；彩版九，6）。

Db型　2件。底部带较宽的矮饼足，足底面内凹。

标本H44：3，灰陶，带黑色陶衣。底径9.0、高5.4厘米（图二七，8）。标本TN02W01⑦：1，灰陶，外壁口沿下刻划一周弦纹。口径15.2、底径9.8、高6.0厘米（图二七，9；彩版一〇，1）。

E型　2件。圆唇，直口，深弧腹，底部带矮喇叭形圈足。

标本H57：1，褐陶，外壁口沿下刻划一周短线纹。口径12.6、底径9.2、高7.8厘米（图二七，10；彩版一〇，2）。标本TN02W01⑧：12，灰陶，内壁可见明显的旋坯痕。底径8.8、高3.8厘米（图二七，11）。

2．陶盘

1件。圆唇，敞口，浅斜直腹，平底。

标本TN01W03⑦：2，灰陶。口径36.0、底径32.0、高3.6厘米（图二七，12）。

3．陶盆

39件。根据口部、腹部及底部形态的差异分七型。

A型　6件。圆唇，敞口，外壁口沿下内束形成一周凹槽，斜弧腹，平底。

标本TN03W01⑦：1，灰陶，内底下凹。口径20.8、底径8.8、高8.8厘米（图二八，1；彩版一〇，3）。标本H93：5，灰陶。残高8.0厘米（图二八，2）。标本TN02W05⑦：2，灰陶，带黑色陶衣。口径28.0、残高10.2厘米（图二八，3）。标本TN01W06⑦：3，灰陶，内底下凹，内外壁可见明显的旋坯痕。口径26.3、底径10.6、高10厘米（图二八，4）。

B型　1件。圆唇，直口，外壁口沿下内束形成一周凹槽，圆弧腹，底部带矮圈足。

标本TN03W01⑦：3，灰陶，带黑色陶衣。口径26.8、底径12.6、高10.4厘米（图二八，5）。

C型　2件。方唇，折沿，直口，外壁口沿下内束形成一周凹槽。

标本TN03W01⑧：4，灰陶，带黑色陶衣。残高6.4厘米（图二八，6）。标本TN03W03⑧：14，

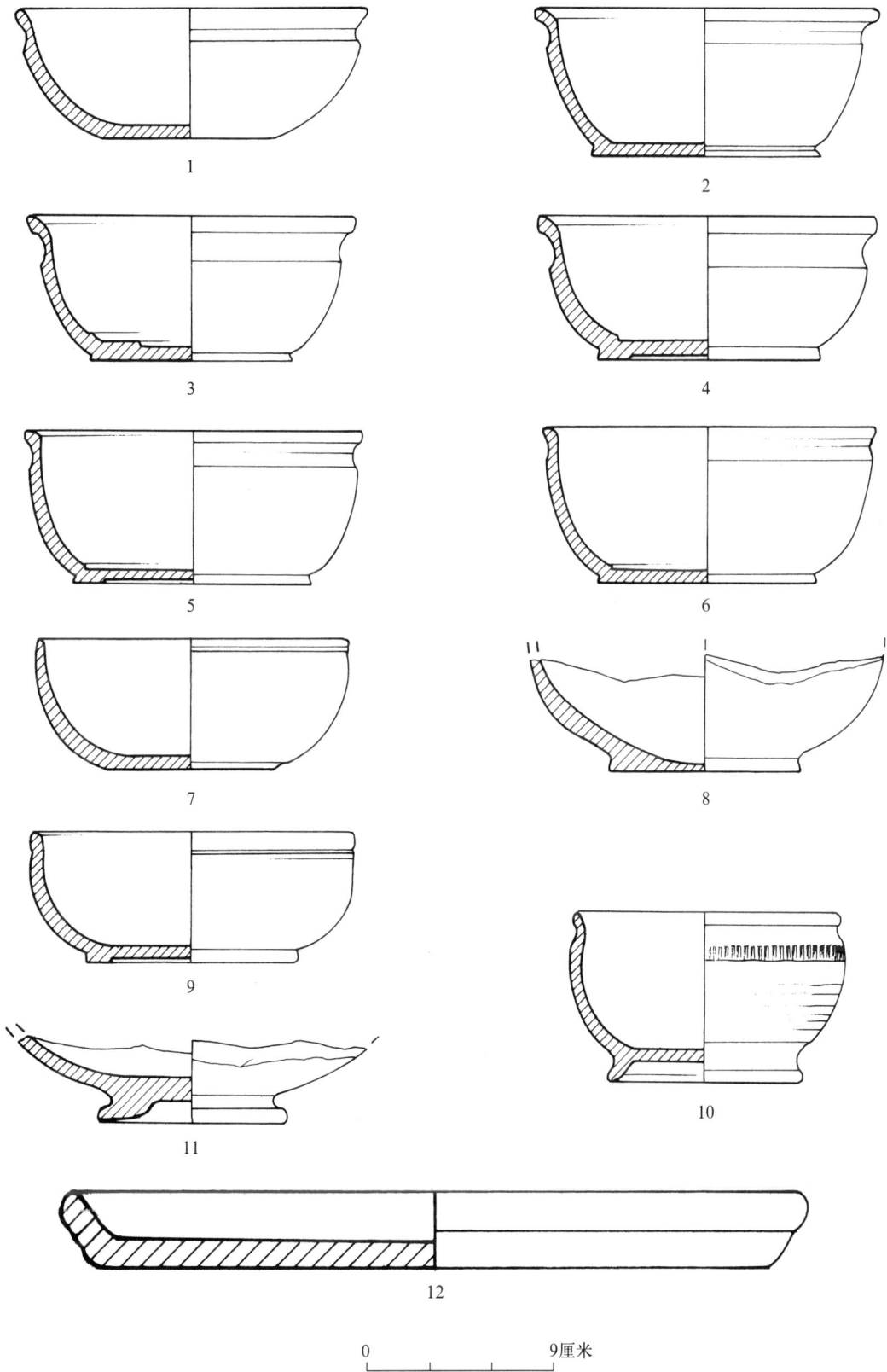

图二七　泥质陶钵、陶盘

1～3. Ca型陶钵TN01W02⑦：55　2～6. Cb型陶钵TN01W02⑧：5、H65：1、TS01W01⑦：7、TN03W05⑦：10、H76：10　7. Da型陶钵
TN02W02⑧：11　8、9. Db型陶钵H44：3、TN02W01⑦：1　10、11. E型陶钵H57：1、TN02W01⑧：12　12. 陶盘TN01W03⑦：2

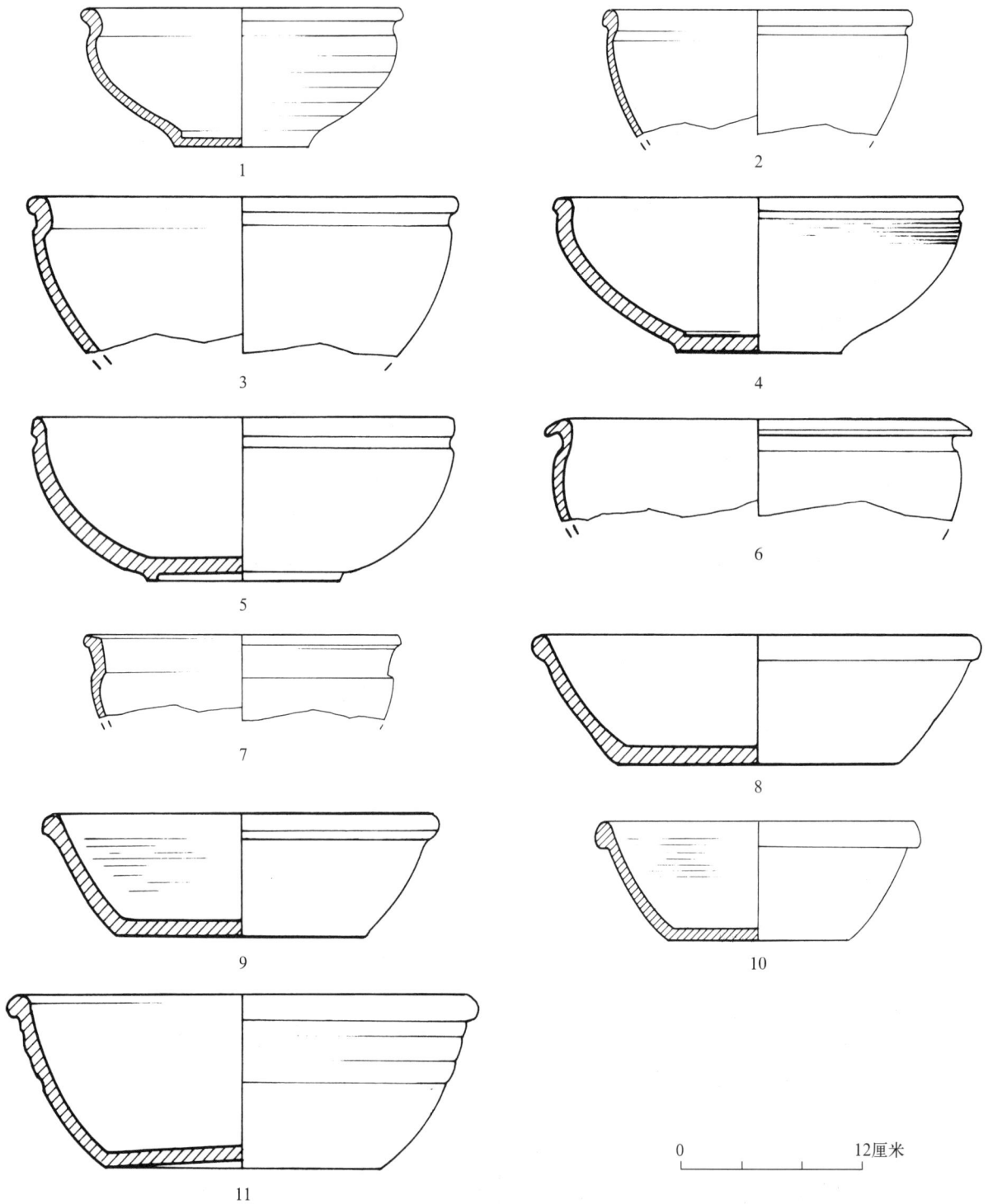

图二八　泥质陶盆

1～4．A型TN03W01⑦：1、H93：5、TN02W05⑦：2、TN01W06⑦：3　5．B型TN03W01⑦：3　6、7．C型TN03W01⑧：4、TN03W03
⑧：14　8～11．D型TS01W02⑦：16、TN03W01⑦：10、TN03W01⑥：80、H70：3

褐陶，带黑色陶衣。残高5.4厘米（图二八，7）。

D型　7件。厚圆唇，敞口，斜直腹，平底。

标本TS01W02⑦∶16，灰陶。口径28.4、底径18.6、高8.1厘米（图二八，8）。标本TN03W01⑦∶10，灰陶，内外壁可见明显的旋坯痕。口径25.0、底径16.8、高8.0厘米（图二八，9）。标本TN03W01⑥∶80，灰陶。口径21.0、底径12.2、高7.6厘米（图二八，10）。标本H70∶3，灰陶。口径30.0、底径18.0、高11.2厘米（图二八，11）。

E型　3件。方唇，敞口，斜直腹。

标本H76∶2，灰陶，带黑色陶衣。口径36.3、残高6.3厘米（图二九，1）。标本H99∶5，灰陶。残高5.0厘米（图二九，2）。标本H85∶1，灰陶，带黑色陶衣。口径36.9、残高8.0厘米（图二九，5）。

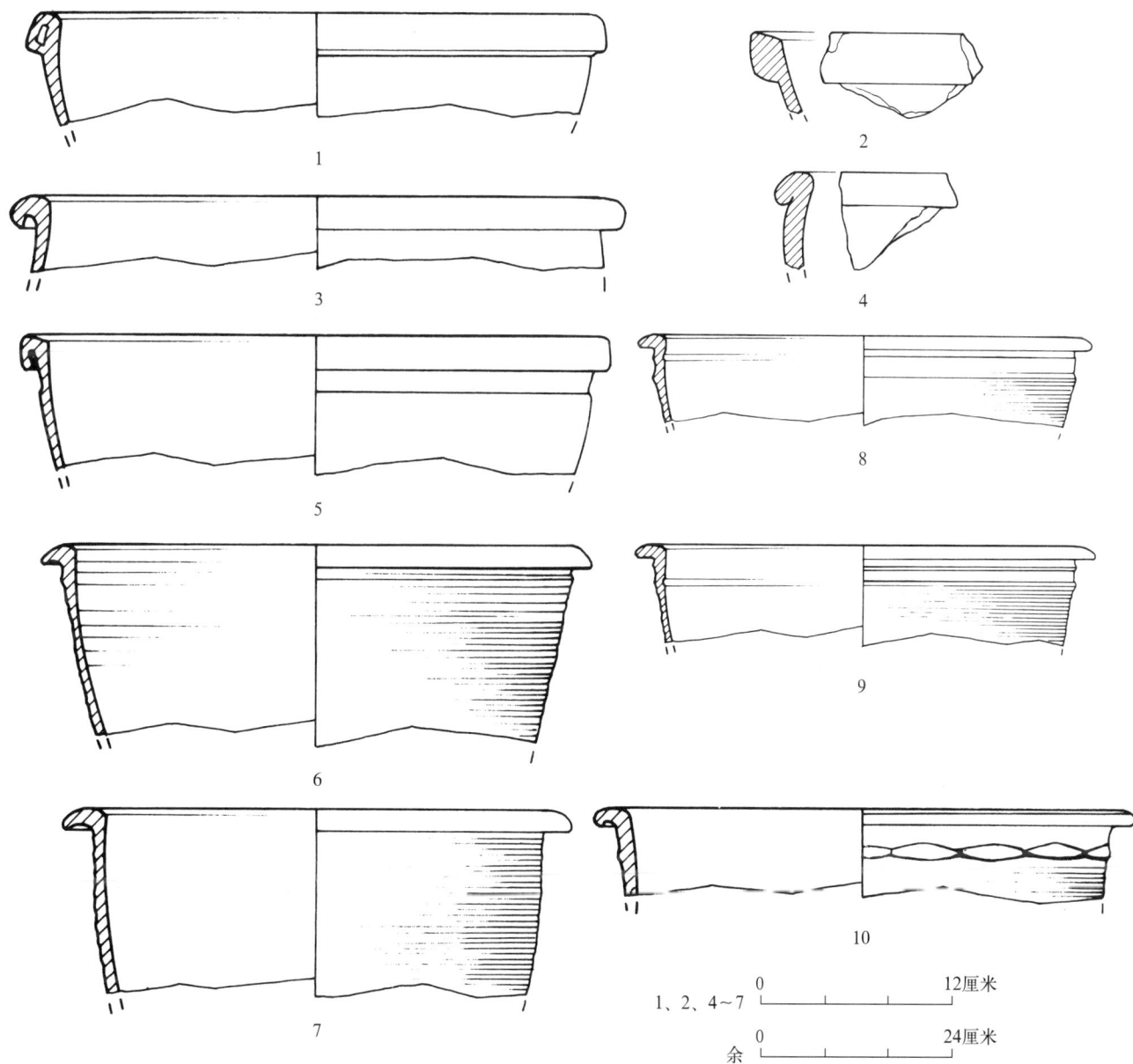

图二九　泥质陶盆

1、2、5. E型H76∶2、H99∶5、H85∶1　3、4. F型TN01W02⑦∶33、TN01W01⑧∶31　6～10. G型TN03W04⑦∶8、H61∶2、H79∶2、TN02W02⑧∶27、TN01W06⑦∶5

F型　2件。圆唇，敞口，沿面向下翻卷，斜直腹。

标本TN01W02⑦：33，灰陶。口径76.8、残高9.0厘米（图二九，3）。标本TN01W01⑧：31，灰陶。残高5.8厘米（图二九，4）。

G型　18件。圆唇，敞口，折沿，斜直腹。

标本TN03W04⑦：8，灰陶，带黑色陶衣，外壁口沿下有一周凸棱。口径34.5、残高12.2厘米（图二九，6）。标本H61：2，灰陶。口径31.8、残高11.0厘米（图二九，7）。标本H79：2，灰陶，带黑色陶衣，口沿下有一周凸棱。口径57.6、残高11.0厘米（图二九，8）。标本TN02W02⑧：27，灰陶。口径58.4、残高12.0厘米（图二九，9）。标本TN01W06⑦：5，褐陶，外壁口沿下饰附加堆纹。口径68.4、残高10.8厘米（图二九，10）。

4．陶罐

33件。根据唇部、口部、颈部等形态的差异分五型。

A型　2件。圆唇，侈口，无颈。

标本H99：2，灰陶，带黑色陶衣。口径21.0、残高2.6厘米（图三〇，1）。标本F2②：3，灰陶，带黑色陶衣。口径37.0、残高2.8厘米（图三〇，2）。

B型　3件。圆唇，侈口，颈部短而斜直，圆肩，鼓腹。

标本TN02W02⑦：9，灰陶，带黑色陶衣，颈部刻划一周锯齿纹，肩部刻划数周弦纹。口径14.0、残高8.4厘米（图三〇，3）。标本TN03W01⑦：24，褐陶，带黑色陶衣。口径14.8、残高14.4厘米（图三〇，4）。

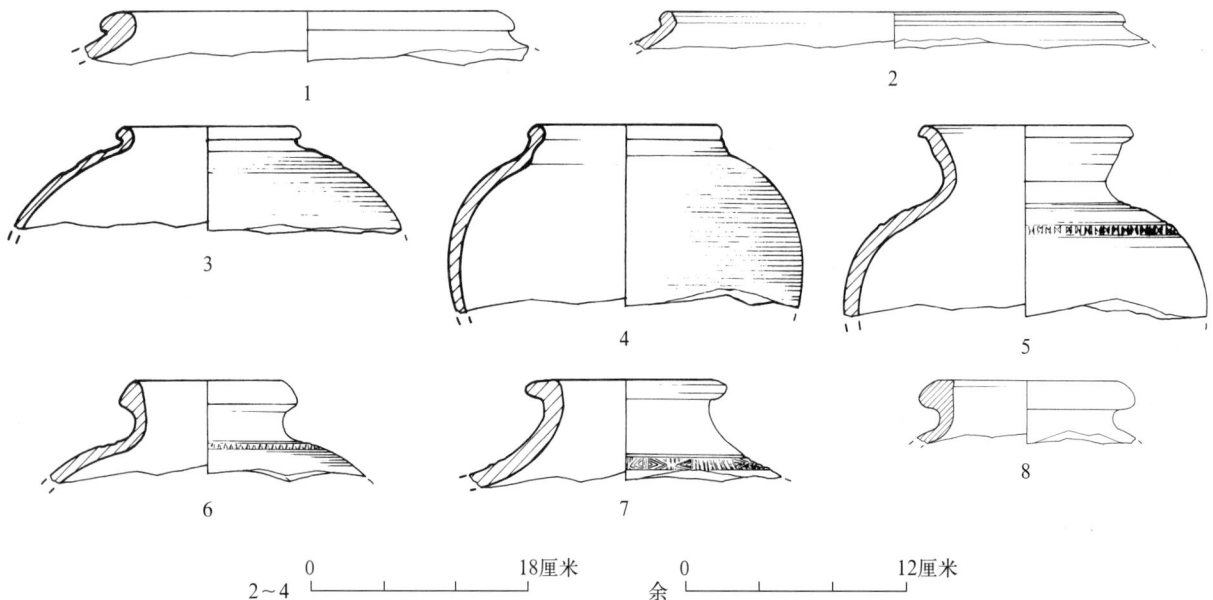

图三〇　泥质陶罐

1、2. A型H99：2、F2②：3　3、4. B型TN02W02⑦：9、TN03W01⑦：24　5. C型H79：4　6~8. Da型TS01W02⑦：15、TN01W02⑦：1、TN03W06⑦：5

C型　1件。圆唇，侈口，短束颈，广肩，肩部以下内收。

标本H79：4，灰白陶，带黑色陶衣，肩部刻划弦纹和戳印纹。口径11.0、残高10.0厘米（图三〇，5）。

D型　10件。圆唇，沿外翻，沿面斜直，短束颈，广肩。根据口部形态的差异分两亚型。

Da型　5件。直口。

标本TS01W02⑦：15，褐陶，带黑色陶衣，肩部刻划一周短线纹。口径8.0、残高5.0厘米（图三〇，6）。标本TN01W02⑦：1，灰陶，肩部模印一周几何图案的组合纹。口径11.2、残高5.2厘米（图三〇，7）。标本TN03W06⑦：5，灰陶。口径9.0、残高3.3厘米（图三〇，8）。

Db型　5件。侈口。

标本TN03W06⑦：24，红褐陶，带黑色陶衣。口径9.8、残高3.8厘米（图三一，1）。标本H77：1，灰陶，带黑色陶衣。口径9.0、残高4.2厘米（图三一，2）。标本TN02W01⑧：14，灰陶，带黑色陶衣，颈部刻划一周弦纹。口径8.8、残高7.6厘米（图三一，3）。

E型　17件。圆唇，沿外翻，沿面带有明显转折，短束颈，广肩。根据沿面转折处的位置变化分两亚型。

Ea型　7件。沿面转折处偏下。

标本TN03E01⑦：1，灰陶，带黑色陶衣，沿面一侧刻划三条直线。口径8.2、残高4.8厘米（图

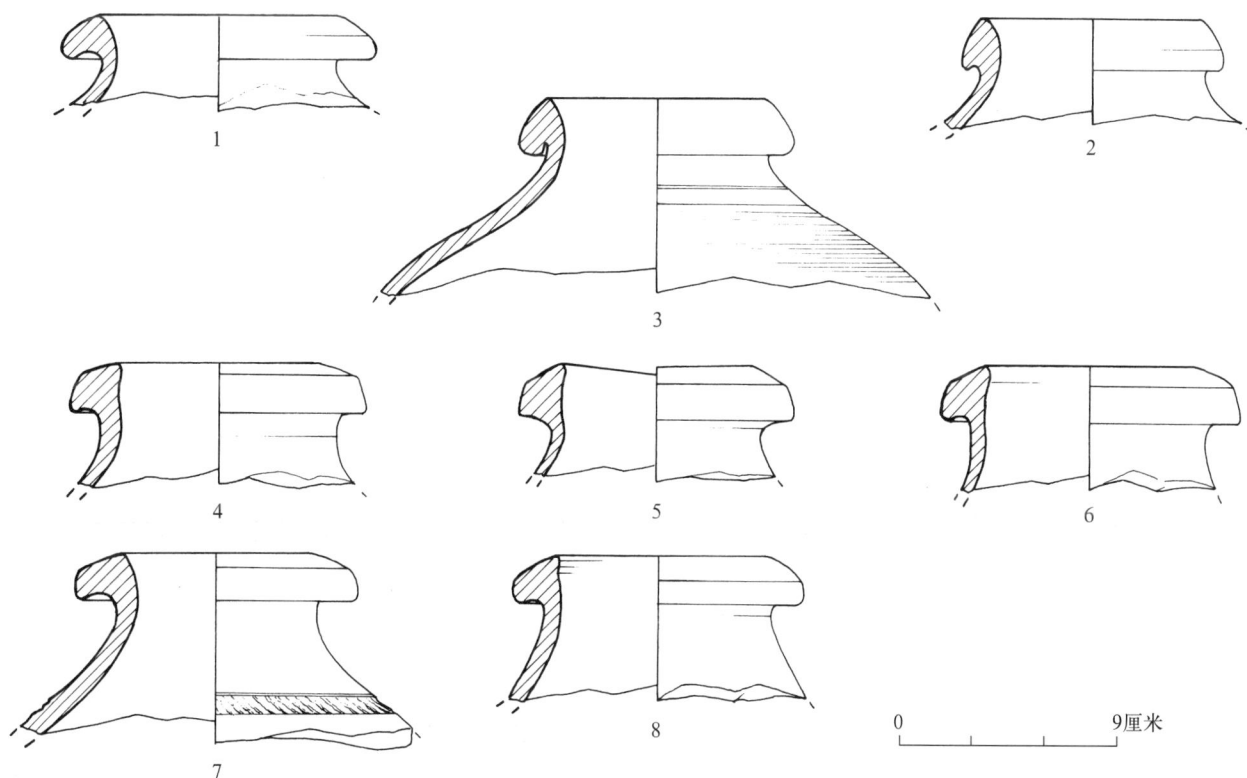

图三一　泥质陶罐

1～3. Db型TN03W06⑦：24、H77：1、TN02W01⑧：14　4～8. Ea型TN03E01⑦：1、H44：2、TN02W01⑧：7、H45：2、H44：1

三一，4）。标本H44：2，灰陶，带黑色陶衣，肩部刻划一周短斜线纹。口径11.1、残高4.8厘米（图三一，5）。标本TN02W01⑧：7，褐陶，带黑色陶衣。口径7.8、残高4.6厘米（图三一，6）。标本H45：2，灰陶。口径11.4、残高7.5厘米（图三一，7）。标本H44：1，灰陶，带黑色陶衣。口径11.7、残高5.7厘米（图三一，8）。

Eb型　10件。沿面转折处偏上。

标本TN02W04⑦：1，灰陶。口径7.8、残高8.2厘米（图三二，1）。标本TN01W02⑧：1，黑陶，带黑色陶衣。口径7.8、残高4.6厘米（图三二，2）。标本TN03W05⑦：12，灰陶，带黑色陶衣，肩部刻划一周短斜线纹。口径8.8、残高8.6厘米（图三二，3）。标本TN02W01⑧：21，褐陶，肩部刻划一周短斜线纹。口径6.8、残高6.0厘米（图三二，4）。标本H99：4，褐陶。残高2.7厘米（图三二，5）。

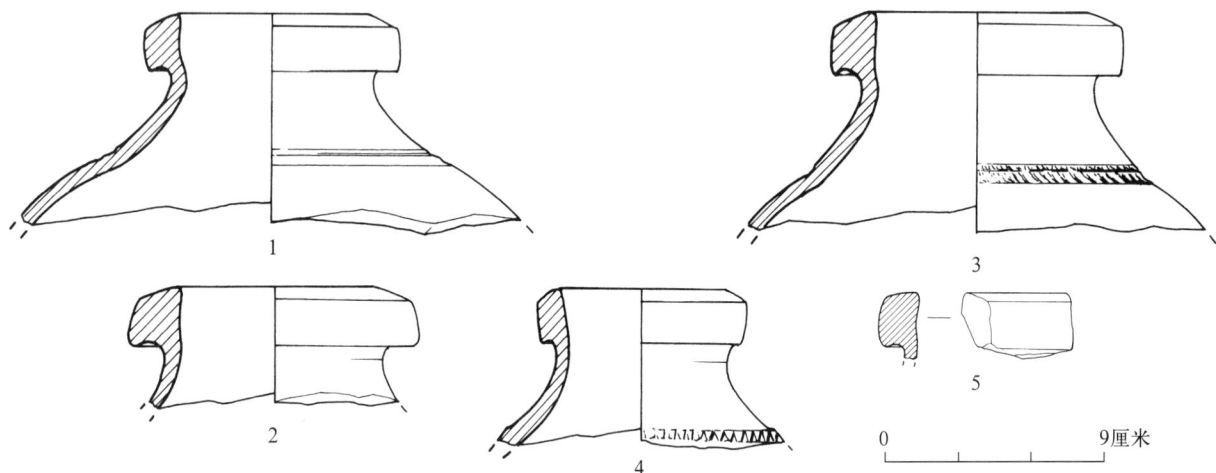

图三二　泥质陶罐
1～5. Eb型TN02W04⑦：1、TN01W02⑧：1、TN03W05⑦：12、TN02W01⑧：21、H99：4

5. 陶瓮

18件。根据口部及肩部形态的差异分四型。

A型　5件。圆唇，敛口，卷沿，折肩。

标本H45：1，灰陶，肩部模印网格纹。残高7.6厘米（图三三，1）。标本H44：7，灰陶，肩部以下模印网格纹。残高8.6厘米（图三三，2）。标本TS01W03⑦：70，灰陶，肩部以下模印网格纹。口径57.3、残高9.4厘米（图三三，3）。标本TN03W03⑦：18，灰陶。口径47.3、残高11.0厘米（图三三，4）。

B型　6件。圆唇，敛口，卷沿，广肩。

标本TS01W03⑦：25，灰陶，带黑色陶衣，肩部模印网格纹。口径34.5、残高7.6厘米（图三三，5）。标本TN02W01⑧：9，灰陶。口径45.3、残高9.0厘米（图三三，6）。标本H79：1，褐陶，带黑色陶衣。口径54.7、残高6.8厘米（图三三，7）。

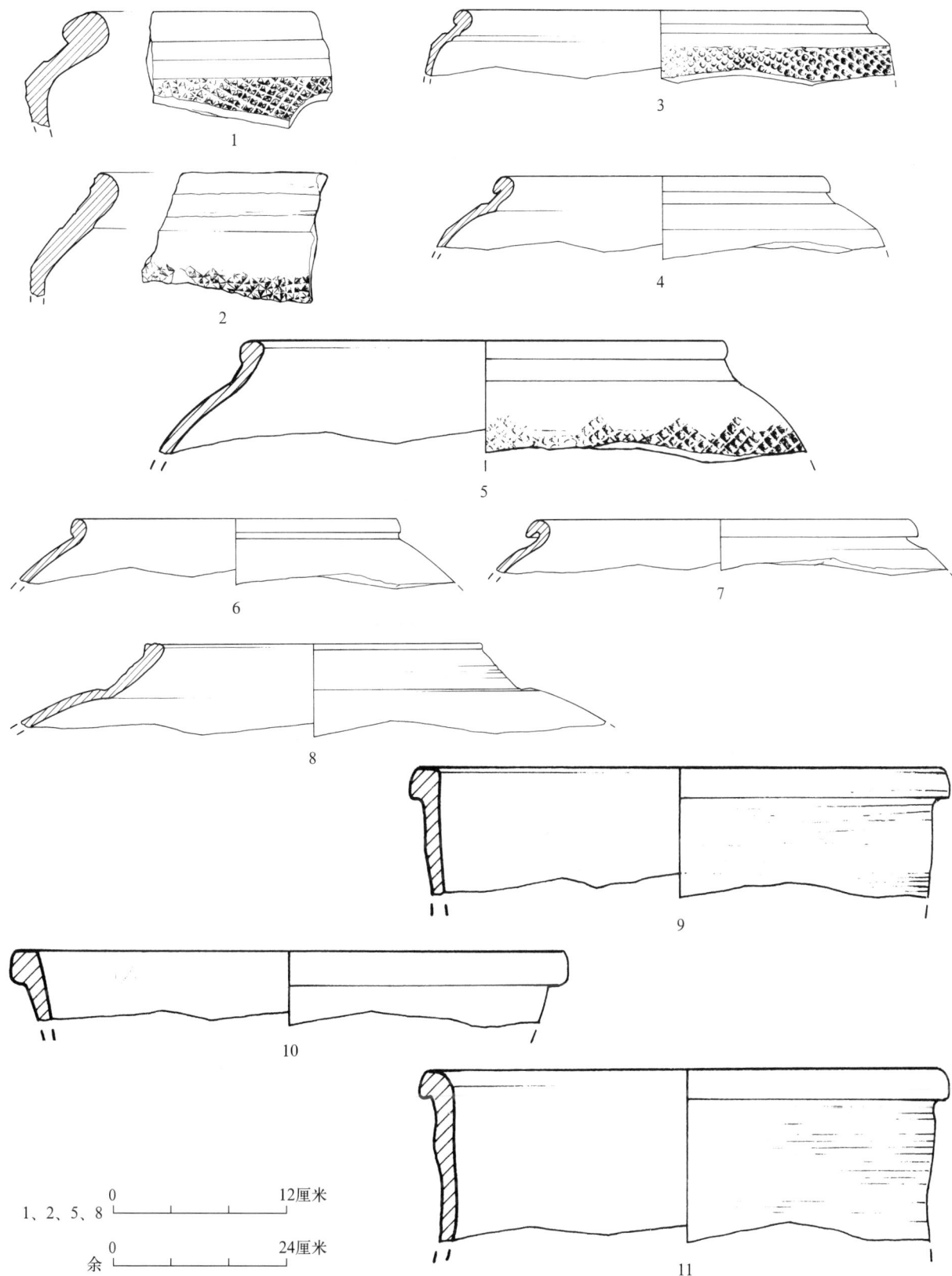

图三三　泥质陶瓮

1～4．A型H45：1、H44：7、TS01W03⑦：70、TN03W03⑦：18　5～7．B型TS01W03⑦：25、TN02W01⑧：9、H79：1　8．C型H93：2　9～11．D型TS01W02⑦：20、TN01W02⑦：48、TS02W01⑦：37

C型　2件。平唇，敛口，短颈。

标本H93：2，灰陶。口径23.8、残高6.0厘米（图三三，8）。

D型　5件。方唇，唇部较厚，直口。

标本TS01W02⑦：20，褐陶，带黑色陶衣。口径74.0、残高18.0厘米（图三三，9）。标本TN01W02⑦：48，灰陶。口径74.0、残高10.0厘米（图三三，10）。标本TS02W01⑦：37，灰陶。口径72.0、残高23.0厘米（图三三，11）。

6．陶釜

22件。根据口部及腹部形态的差异分三型。

A型　1件。圆唇，侈口，沿外侈，垂腹，圜底。

标本TN02W02⑧：31，灰陶，腹部拍印绳纹。口径20.0、残高9.0厘米（图三四，1）。

B型　9件。圆唇，敛口，口沿外敞，垂腹，圜底。

标本TN03W01⑦：16，灰陶，带黑色陶衣。口径27.0、残高9.5厘米（图三四，2）。标本TN03W01⑦：7，灰陶，带黑色陶衣。口径28.5、残高10.4厘米（图三四，3）。标本TN03W01⑦：17，灰陶。口径31.0、残高9.4厘米（图三四，4）。标本TN02W02⑧：10，灰陶，腹部拍印绳纹。口径32.0、残高11.9厘米。标本F2②：19，灰陶，内外壁呈褐色。口径33.0、残高5.5厘米（图三四，5）。标本H79：3，灰陶。口径32.8、残高12.2厘米（图三四，6）。

C型　12件。圆唇，敛口，宽沿外侈，垂腹，下腹部折内收。

标本H79：8，红褐陶。残高6.4厘米（图三四，7）。标本TN03W04⑦：1，红褐陶，外壁残留有烟灰熏黑的痕迹。口径29.1、残高9.9厘米（图三四，8）。标本H61：1，灰陶。口径29.6、残高10.2厘米（图三四，9）。标本F2②：20，红褐陶。口径27.3、残高6.6厘米（图三四，10）。标本TS01W02⑦：3，红褐陶，外壁残留有烟灰熏黑的痕迹。底径25.5、残高7.3厘米（图三四，11）。标本TN01W02⑧：15，红褐陶。底径22.8、残高7.6厘米（图三四，12）。

7．陶甑

2件。

标本TN01W01⑧：10，灰陶。残高1.4厘米（图三五，1）。标本TN02W04⑦：15，灰陶，带黑色陶衣。残宽11.8厘米（图三五，2）。

8．陶灯

15件。形制相同，均为带座的圆柱形灯，分上、下两层，上层为钵形灯台，下层为盏形托盘。

标本TN03W01⑦：4，灰陶。直径9.6、残高11.4厘米（图三六，1）。标本TN03W01⑦：14，灰陶，外壁呈褐色。直径10.2、残高8.0厘米（图三六，2）。标本TS01W02⑦：42，灰陶。直径9.2、残高10.8厘米（图三六，3）。标本TS02W01⑦：15，灰陶。直径12.2、残高13.6厘米（图三六，4；彩版一〇，4）。标本TS02W01⑦：19，灰陶。直径13.2、残高8.4厘米（图三六，5）。标本TN01W01⑧：1，灰陶。直径11.2、残高5.5厘米（图三六，6）。

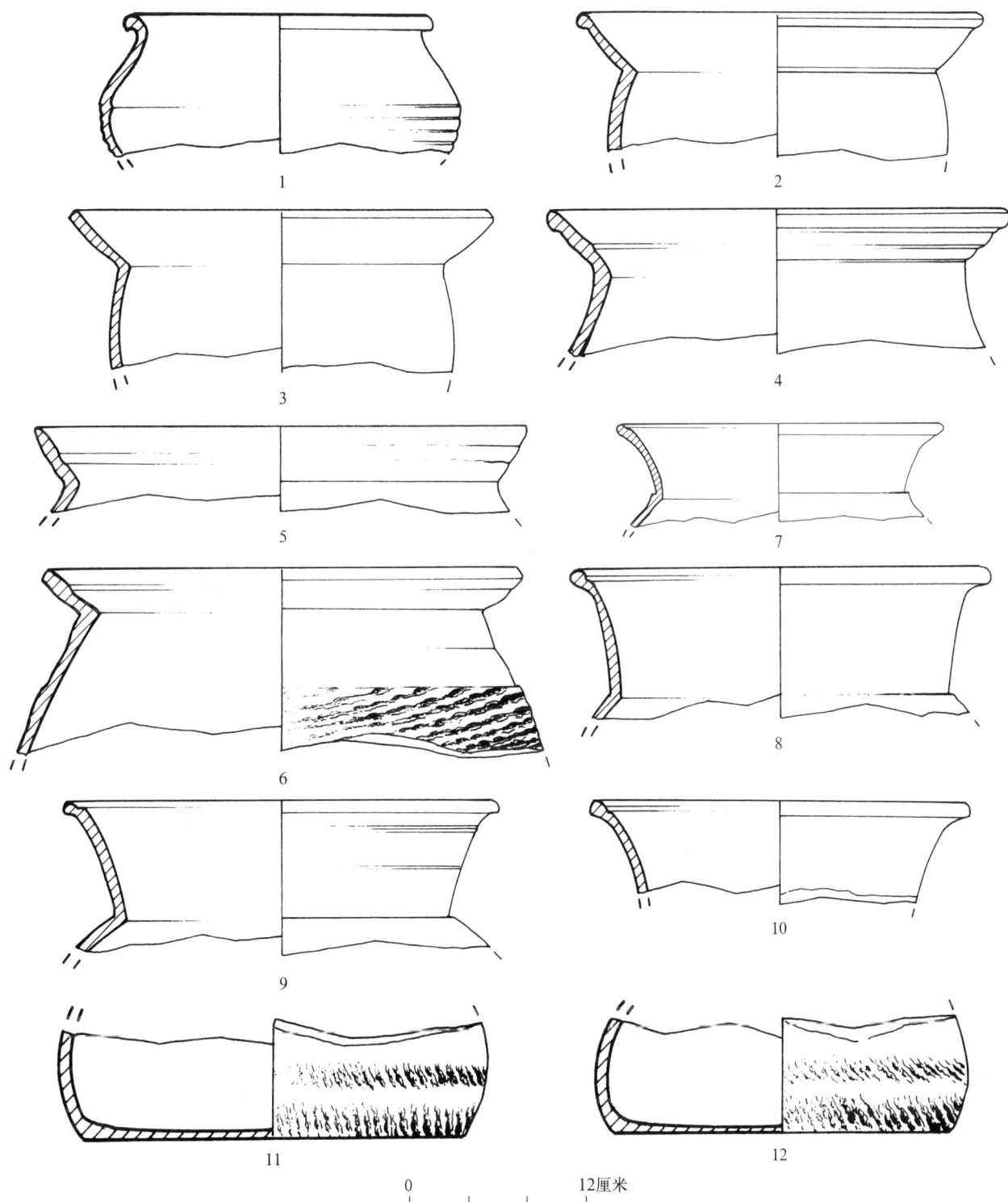

图三四　泥质陶釜

1. A型TN02W02⑧：31　2～6. B型TN03W01⑦：16、TN03W01⑦：7、TN03W01⑦：17、TN02W02⑧：10、H79：3　7～12. C型H79:8、TN03W04⑦：1、H61：1、F2②：20、TS01W02⑦：3、TN01W02⑧：15

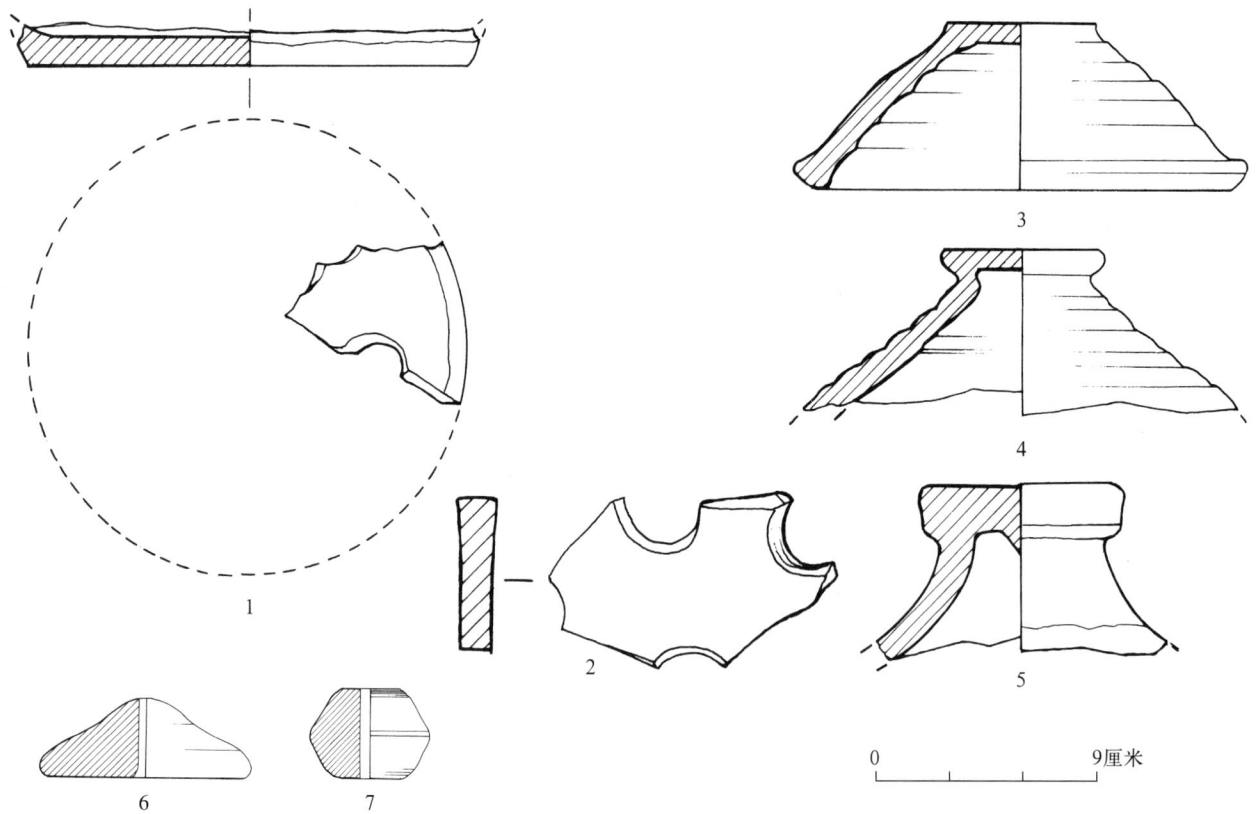

图三五　泥质陶甑、器盖、纺轮

1、2. 陶甑TN01W01⑧：10、TN02W04⑦：15　3. A型陶器盖TN03W03⑥：25　4、5. B型陶器盖H61：4、TN03W01⑥：8　6、7. 陶纺轮TN02W03⑦：2、TS02W02⑦：3

9．陶器盖

3件。根据形制差异分两型。

A型　1件。平顶，斜直壁，口沿带一周圆唇边。

标本TN03W03⑥：25，灰陶。顶径6.0、口径17.0、高6.6厘米（图三五，3；彩版一〇，5）。

B型　2件。顶部带圆乳丁，斜直壁。

标本H61：4，灰陶。顶径6.4、残高6.5厘米（图三五，4）。标本TN03W01⑥：8，褐陶，带黑色陶衣。顶径8.2、残高6.6厘米（图三五，5）。

10．陶纺轮

2件。

标本TN02W03⑦：2，褐陶。直径8.4、高3.1厘米（图三五，6）。标本TS02W02⑦：3，灰陶，带黑色陶衣。直径5.0、高3.6厘米（图三五，7）。

11．陶器柄

8件。近圆锥体。分两型。

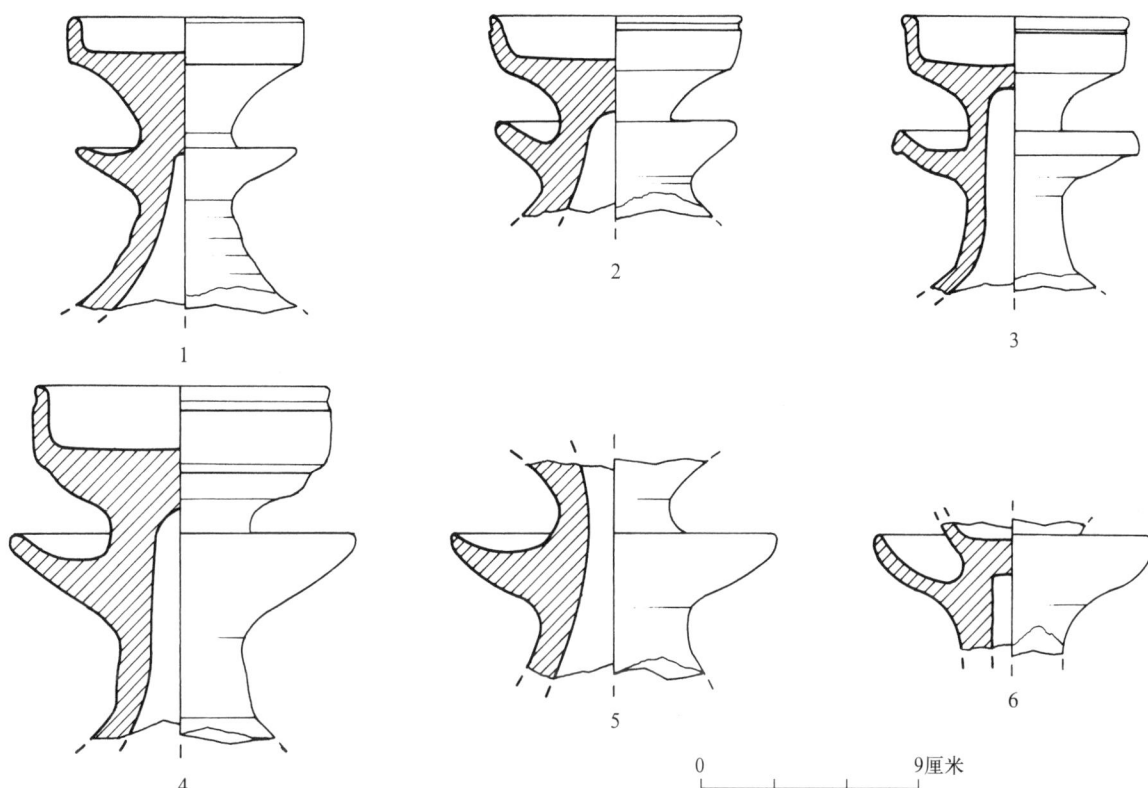

图三六　泥质陶灯

1～6．TN03W01⑦：4、TN03W01⑦：14、TS01W02⑦：42、TS02W01⑦：15、TS02W01⑦：19、TN01W01⑧：1

A型　7件。柄端弯曲。

标本H59：1，灰陶，残长12.3厘米（图三七，1）。标本TN02W05⑦：4，灰陶，残长11.7厘米（图三七，2）。标本H93：8，灰陶，残长11.3厘米（图三七，3）。标本TN01E03⑦：5，灰陶，残长13.1厘米（图三七，4）。

B型　1件。柄部较短，呈袋状。

标本TN01W03⑥：5，褐陶，内壁带黑色陶衣。残长10.4厘米（图三七，5）。

12．陶器座

1件。通体呈圆柱形，底部较粗。

标本TN03W02⑥：3，灰陶，器表贴饰绳纹。残底径16.2、残高19.2厘米（图三七，6；彩版一〇，6）。

13．动物模型

1件。

标本TN03W01⑦：34，形象似虎，红褐陶。残高5.9厘米（图三七，7）。

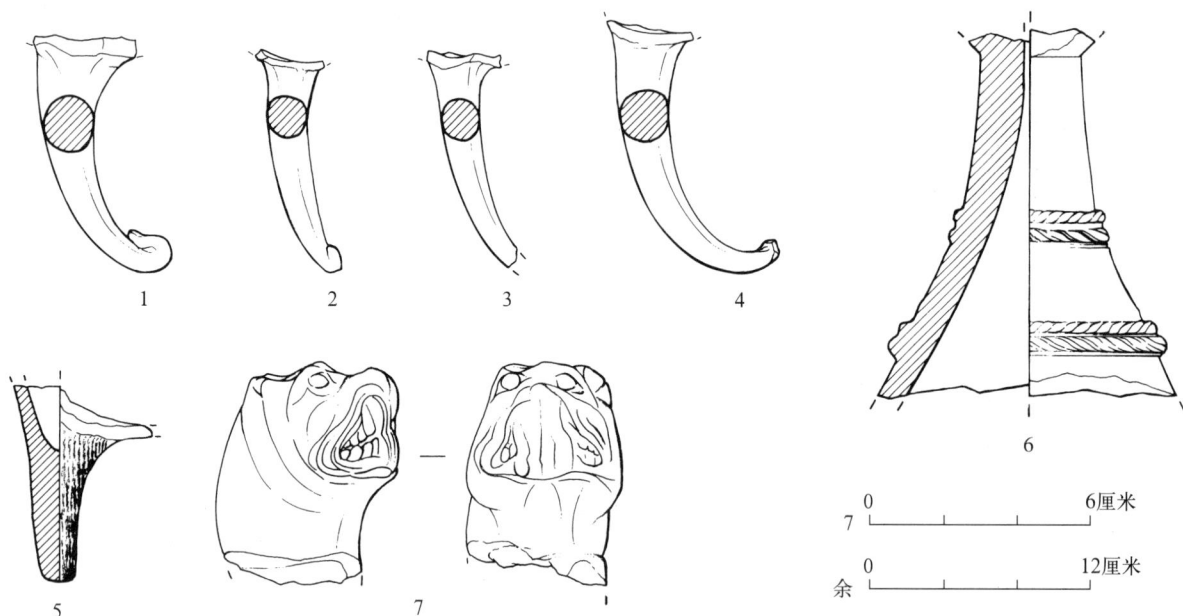

图三七　泥质陶器柄、器座、动物模型

1~4. A型陶器柄H59：1、TN02W05⑦：4、H93：8、TN01E03⑦：5　5. B型陶器柄TN01W03⑥：5　6. 陶器座TN03W02⑥：3　7. 动物模型TN03W01⑦：34

（三）建筑构件

瓦数量多，分为瓦当、板瓦和筒瓦三类。瓦当269件。皆为圆形，数量较多，类型也比较复杂，根据纹饰图案的内容划分，主要有云纹瓦当、莲花纹瓦当、文字瓦当、卷轮纹瓦当、素面瓦当等几类。整体制作规整，火候较高，泥质陶最常见，以灰陶和褐陶为主，其中灰陶所占的比例大于褐陶，瓦当表面带黑色陶衣的做法较为普遍，有的当面还有涂朱的现象。除无纹瓦当外，其他几类瓦当均是与筒瓦分离制作，即先使用模具压印出瓦当当面的纹饰图案，然后再将瓦当与筒瓦进行套接，因而相当多的瓦当背面都留有麻布等织物的印迹，正中间还常见有拇指压印的深窝，与筒瓦进行套接的部位也有明显的接缝痕迹。

砖345件。平面呈长方形或方形，均为灰色，分为铺地砖和墙砖两类。

铺地砖341件。踩踏面模印纹饰，另一面为平整素面。根据纹饰差异可分为绳纹、几何纹和文字三类。

1. 云纹瓦当

243件。该类瓦当的当面通常带有较窄的边轮，边轮内侧的主体通常模印出4组云纹图案，当心大多表现一凸起的圆乳丁。边轮一般都要高于当面云纹，与凸起的圆乳丁表面大致等高。4组云纹对称分布于当面，云纹之间极少数是无界格的自然区分，绝大多数则用凸棱直线相互隔开，凸棱直线有1条、2条和3条的区别，有的云纹还与一些吉祥文字组合。根据上述特征可以将这批云纹瓦当分五型。

A型　10件。云纹之间无界格。分两亚型。

Aa型　9件。云纹分5组，云头与当心连接处表现为十字图案。

标本TN03W01⑤：55，灰陶，完整。直径14.0、宽1.1、厚1.5厘米（图三八，1；彩版一一，1）。标本TN01W02⑥：5，灰陶，残存大半。直径13.4、边轮宽1.2、厚2.3厘米（图三八，2）。标本TN03W03⑥：8，灰陶，完整。直径13.2、边轮宽1.2、厚1.4厘米（图三八，3）。标本TN02W02⑦：

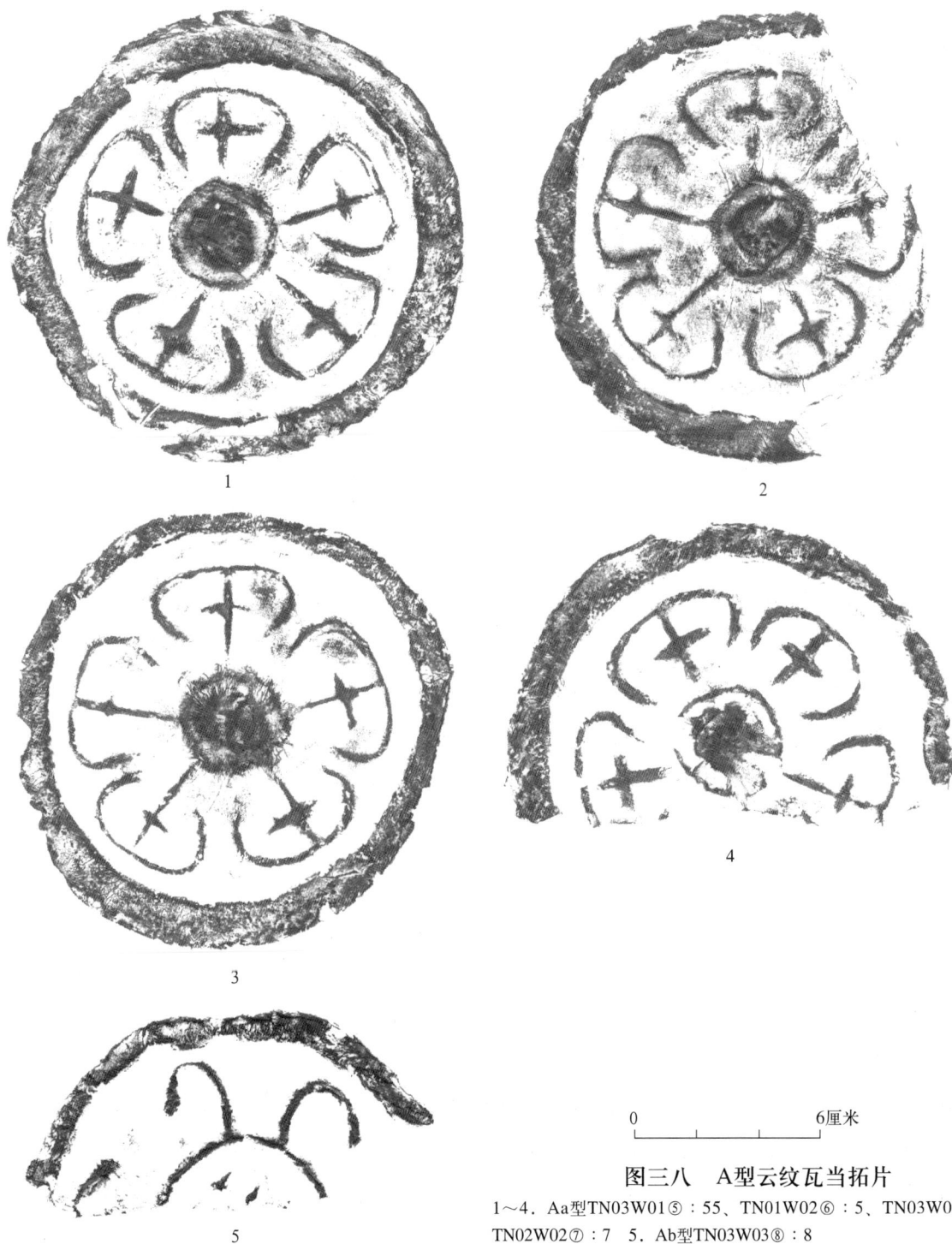

图三八　A型云纹瓦当拓片

1～4. Aa型TN03W01⑤：55、TN01W02⑥：5、TN03W03⑥：8、
TN02W02⑦：7　5. Ab型TN03W03⑧：8

7，褐陶，带黑色陶衣，残存大半。直径13.9、边轮宽1.3、厚1.6厘米（图三八，4）。

Ab型　1件。云纹表现为粗线条曲线，两两相背。

标本TN03W03⑧：8，灰陶，残半。直径13.2、边轮宽1.0、厚1.5厘米（图三八，5）。

B型　1件。云纹之间间隔一草叶图案。

标本TN02W05⑤：4，边轮内侧有两周弦纹，当心为一圆乳丁，外绕一周短线纹带，云纹简化。灰陶，残存大半。直径13.4、边轮宽1.2、厚2.5厘米（图三九，1）。

C型　1件。云纹之间以单线界格。

标本TN01W02⑦：14，边轮内饰联珠纹，当心为一圆乳丁，外绕一周弦纹，云纹简化。灰陶，带黑色陶衣，完整。直径12.0、边轮宽1.2、厚1.5厘米（图三九，2）。

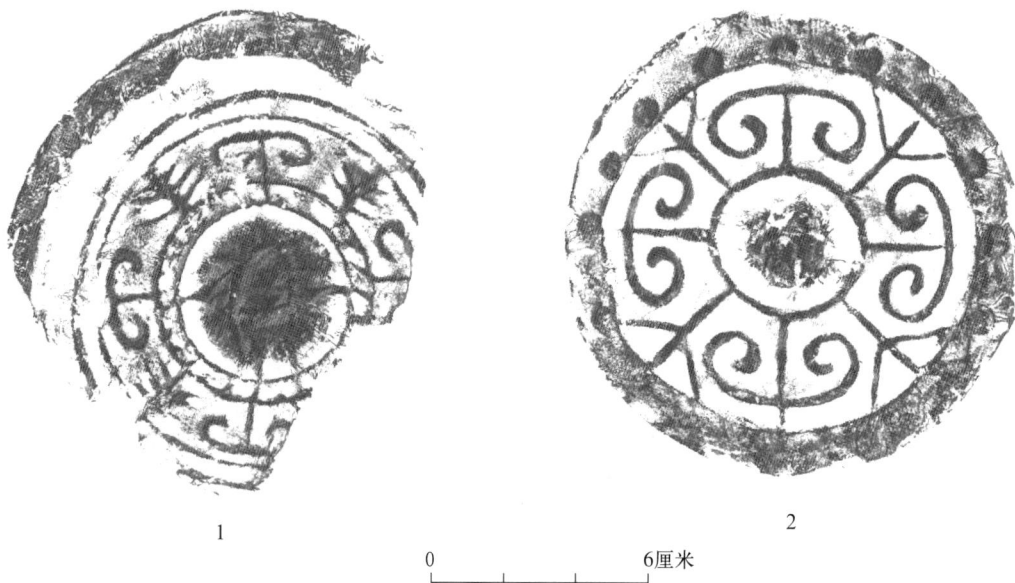

0　　　　　　6厘米

图三九　B、C型云纹瓦当拓片
1. B型TN02W05⑤：4　2. C型TN01W02⑦：14

D型　46件。云纹之间以双线界格。分两亚型。

Da型　42件。边轮与当面云纹图案之间饰一周弦纹。分作十三式。

Da型Ⅰ式　1件。每组云纹表现为2个同心圆圈，当心为一"半两"钱纹。

标本H54：42，灰陶，残半。直径15.5、边轮宽0.8、厚2.6厘米（图四〇，1；彩版一一，2）。

Da型Ⅱ式　1件。云纹表现为2种类型，一种呈交叉的涡旋状图案，一种呈"S"形，两两相对，当心为一方孔钱纹。

标本H33：21，灰陶，残存大半。直径15.5、边轮宽0.7、厚1.7厘米（图四〇，2）。

Da型Ⅲ式　4件。云纹与界格线及当心均不相连，涡旋程度较甚，当心较大。

标本TN02E01⑦：4，灰陶，带黑色陶衣。直径15.5、边轮宽1.0、厚2.8厘米（图四〇，3）。

Da型Ⅳ式　1件。云纹与当心相连，涡旋程度较甚，每组云纹内又以单线凸棱相隔，并装饰小圆点。

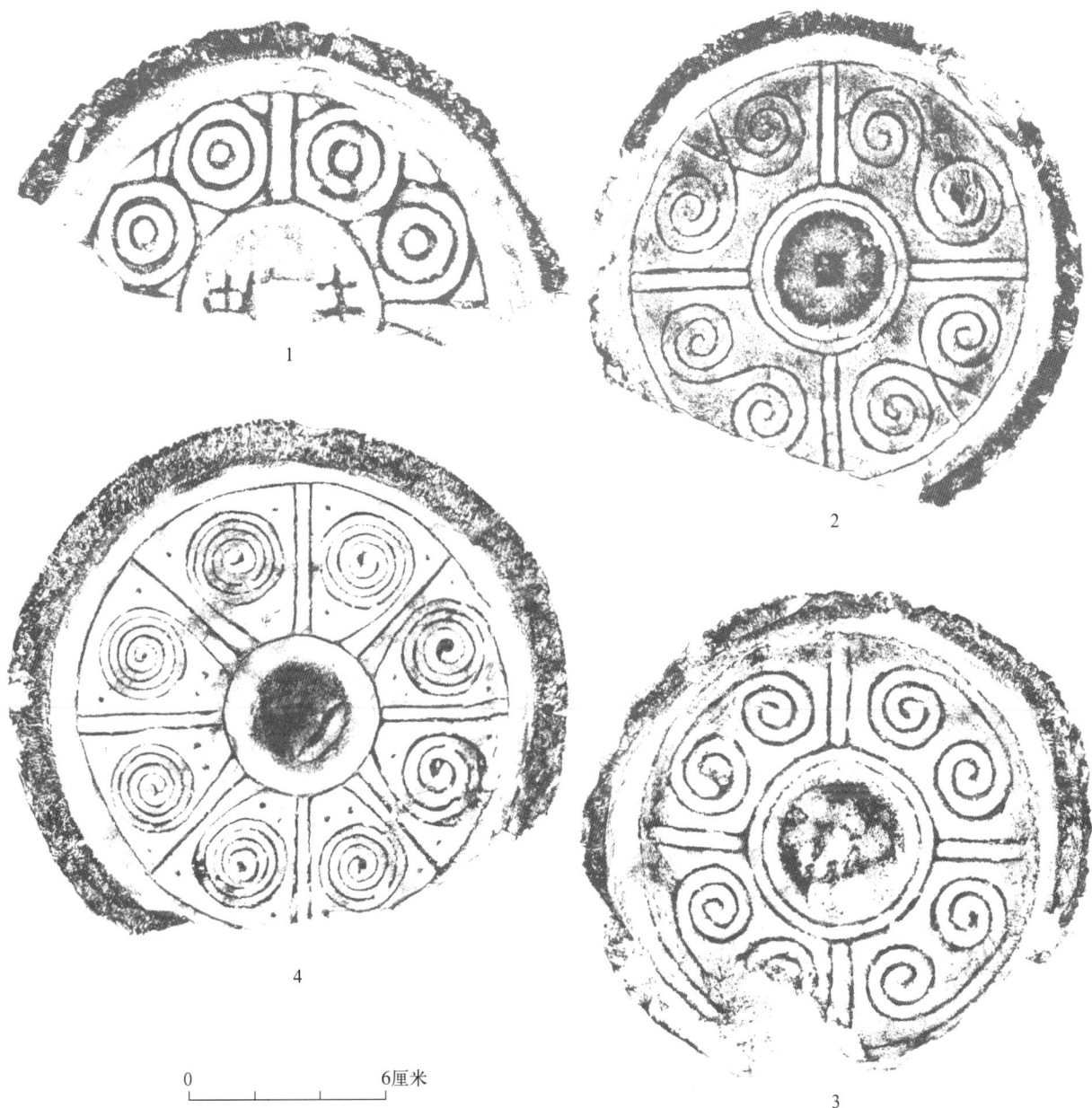

图四〇 Da型云纹瓦当拓片

1. Da型Ⅰ式H54：42 2. Da型Ⅱ式H33：21 3. Da型Ⅲ式TN02E01⑦：4 4. Da型Ⅳ式TN02W02⑧：5

标本TN02W02⑧：5，灰陶，带黑色陶衣，当面涂朱，残存大半。直径17.2、边轮宽1.5、厚3.0厘米（图四〇，4；彩版一一，3）。

Da型Ⅴ式 8件。云纹与当心相连，形似蘑菇，涡旋程度较Ⅳ式略简化，有的云纹内饰小圆点。

标本TN02E02⑦：3，灰陶，带黑色陶衣，残存大半。直径15.7、边轮宽0.7、厚1.5厘米（图四一，1）。标本TN03W02⑦：1，灰陶，残半。直径15.0、边轮宽0.7、厚1.7厘米。标本TN02W02⑧：9，灰陶，残半。直径14.2、边轮宽1.1、厚1.8厘米。标本TN02W02⑧：38，褐陶，带黑色陶衣，残半。直径14.5、边轮宽0.7、厚0.7厘米。标本F2②：29，灰陶，残存大半。直径15.1、边轮宽0.9、厚2.2厘米

图四一　Da型云纹瓦当拓片

1、2. Da型Ⅴ式TN02E02⑦：3、F2②：29　3. Da型Ⅵ式TN03E03⑦：
8　4～6. Da型Ⅶ式J2：5、TN02W02⑧：13、TN03W06⑦：1

（图四一，2）。标本H120：1，夹砂褐陶。边轮宽0.9、厚1.5厘米。

Da型Ⅵ式　1件。云纹与当心相连，云头分叉，涡旋程度与Ⅴ式接近，云纹内饰小圆点。

标本TN03E03⑦：8，灰陶，完整。直径15.1、边轮宽0.7、厚1.7厘米（图四一，3）。

Da型Ⅶ式　3件。云纹与界格线相连，单组云纹呈分离状，涡旋程度较甚。

标本J2：5，每组云纹内又以单线凸棱相隔。灰陶，残存大半。直径14、边轮宽0.9、厚0.6厘米（图四一，4）。标本TN02W02⑧：13，灰陶，完整。直径14.0、边轮宽0.9、厚1.9厘米（图四一，5）。标本TN03W06⑦：1，当心外绕一周联珠纹，云纹内饰小圆点。灰陶，当面涂朱，残存大半。直径14.0、边轮宽1.0、厚2.1厘米（图四一，6）。

Da型Ⅷ式　6件。云纹与界格线相连，单组云纹构成一个整体，涡旋程度与Ⅶ式接近。

标本TN02W04⑦：31，当心饰网格纹，云纹内饰小圆点。灰陶，残半。直径13.0、边轮宽0.8、厚0.9厘米（图四二，1）。标本TN03E02⑦：1，灰陶，残半。直径15.4、边轮宽1.0、厚2.6厘米。标本H44：3，当心饰云纹。灰陶，完整。直径15.2、边轮宽1.0、厚2.3厘米（图四二，2）。标本H93：19，灰陶，残半。直径14.0、边轮宽0.6、厚1.5厘米。

Da型Ⅸ式　3件。云纹与界格线相连，单组云纹构成一个整体，涡旋程度较Ⅷ式简化。

标本TN01W03⑦：5，灰陶，完整。直径14.6、边轮宽1.0、厚2.1厘米（图四二，3）。标本TS01W03⑦：1，灰陶，大部分残缺。直径13.0、边轮宽0.9、厚2.1厘米。标本F2②：1，褐陶，残半。直径15.0、边轮宽1.0、厚2.0厘米。

Da型Ⅹ式　4件。构图与Ⅸ式接近，云纹进一步简化。

标本TN02W02⑦：2，灰陶，残半。直径14.3、边轮宽2.3、厚1.5厘米。标本TN02W02⑧：39，当心饰网格纹。灰陶，当面涂朱，完整。直径14.5、边轮宽1.2、厚2.0厘米（图四二，4）。标本TN02W01⑧：1，灰陶，残半。直径15.4、边轮宽1.0、厚1.9厘米。标本H72：3，灰陶，残半。直径14.8、边轮宽0.9、厚2.0厘米（图四二，5）。

Da型Ⅺ式　2件。云纹与当心相连，云头分叉，涡旋程度较简化。

标本J2：3，灰陶，残半。直径15.5、边轮宽1.0、厚3.0厘米（图四三，1）。标本H87：8，灰陶，残半。直径15.0、边轮宽1.0、厚2.1厘米。

Da型Ⅻ式　5件。构图与Ⅺ式接近，界格线与边轮连接处分叉，当心饰网格纹或花卉纹，有的云纹内饰小圆点。

标本TN03W01⑦：26，灰陶，残半。直径14.0、边轮宽0.5、厚1.6厘米（图四三，2）。标本TN03W03⑧：27，灰陶，当面涂朱，残半。直径14.0、边轮宽0.6、厚1.6厘米。标本TN03W03⑧：5，灰陶，当面涂朱，残半。直径13.5、边轮宽0.6、厚2.0厘米。标本TN03W03⑧：3，灰陶，当面涂朱，残半。直径13.8、边轮宽0.6、厚2.0厘米（图四三，3）。

Da型ⅩⅢ式　2件。云纹与当心相连，单组云纹构成一个整体，涡旋程度简化。

标本F2②：41，灰陶，残存大半。直径14.0、边轮宽0.8、厚2.4厘米（图四三，4）。标本H54：43，灰陶，残存大半。直径14.7、边轮宽1.2、厚2.3厘米（图四三，5）。

Db型　4件。边轮与当面云纹图案之间饰一周网格纹，云纹简化。

标本TN02W02⑦：11，灰陶，当面涂朱。直径15.5、边轮宽0.8、厚2.0厘米（图四四，1；彩版一一，4）。标本TN02W06⑦：18，当心模印一"官"字。灰陶，大部分残缺。直径15.0、边轮宽

图四二　Da型云纹瓦当拓片

1、2.Da型Ⅷ式TN02W04⑦：31、H44：3　3.Da型Ⅸ式TN01W03⑦：5　4、5.Da型Ⅹ式TN02W02⑧：39、H72：3

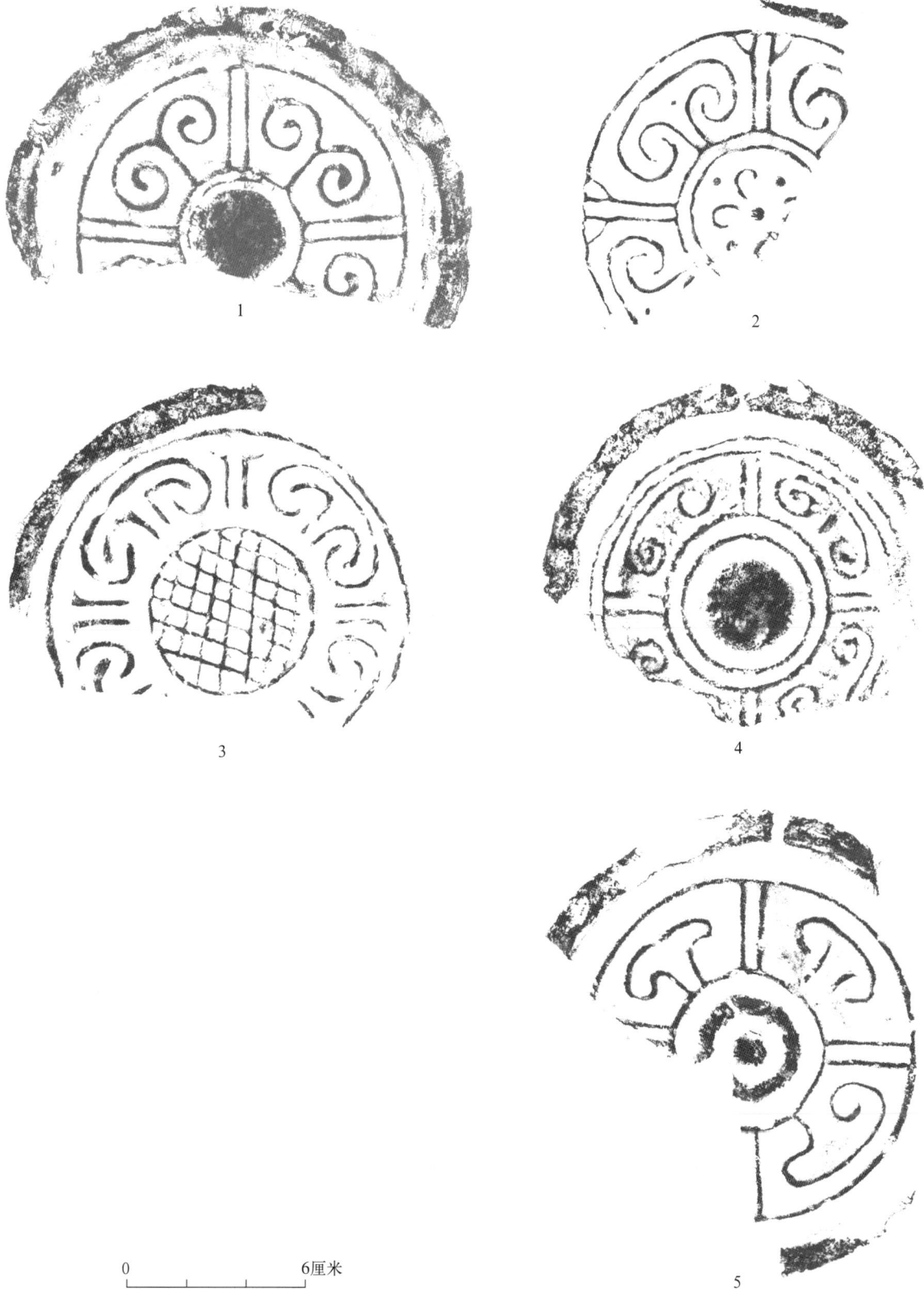

0　　　　　　6厘米

图四三　Da型云纹瓦当拓片

1. Da型XI式J2：3　2、3. Da型XII式TN03W01⑦：26、TN03W03⑧：3　4、5. Da型XIII式F2②：41、H54：43

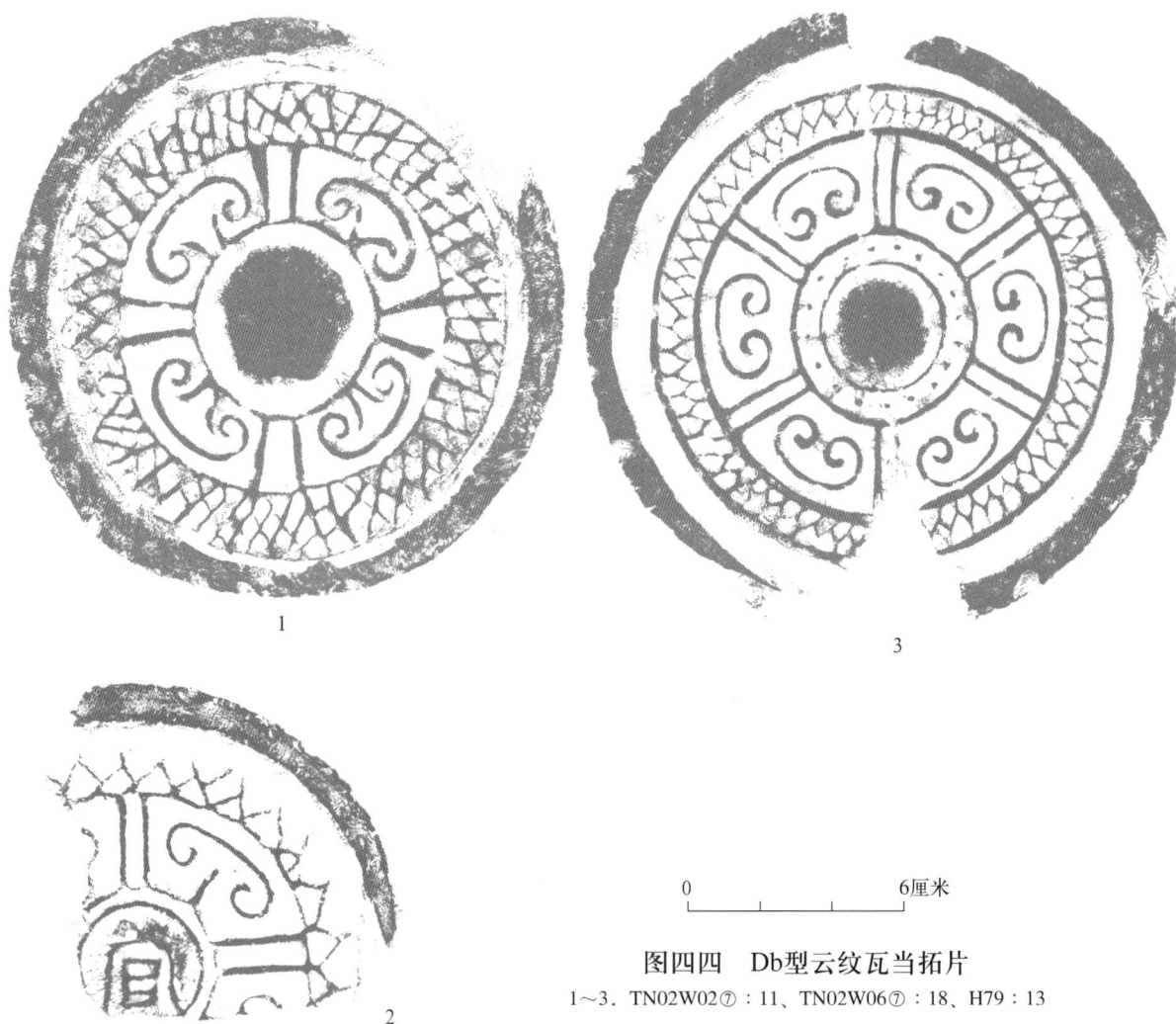

图四四　Db型云纹瓦当拓片
1～3. TN02W02⑦：11、TN02W06⑦：18、H79：13

0.8、厚3.3厘米（图四四，2）。标本H79：13，当心外饰一周联珠纹。灰陶，完整。直径16.0、边轮宽0.8、厚2.6厘米（图四四，3）。

E型　185件。云纹之间以三线界格。分五亚型。

Ea型　1件。边轮与当面云纹图案无间隔。

标本TS01W04⑥：36，灰陶，残存大半，带黑色陶衣。直径11.6、边轮宽0.7、厚1.6厘米（图四五，1）。

Eb型　17件。边轮与当面云纹图案之间饰一周弦纹。分五式。

Eb型Ⅰ式　5件。云纹与界格线相连，单组云纹呈分离状，涡旋程度较甚。

标本H45：3，灰陶，残半。直径14.0、边轮宽1.0、厚1.8厘米（图四五，2）。标本TN03W01⑧：7，灰陶，残半。直径14.6、边轮宽0.7、厚2.5厘米。

Eb型Ⅱ式　2件。云纹与当心相连，形似蘑菇。

标本H54：6，灰陶，残半。直径14.5、边轮宽0.7、厚2.2厘米（图四五，3）。

图四五 E型云纹瓦当拓片

1. Ea型TS01W04⑥：36 2. Eb型Ⅰ式H45：3 3. Eb型Ⅱ式H54：6 4. Eb型Ⅲ式TN03E01⑦：10 5. Eb型Ⅳ式TN03W06⑦：1 6. Eb型Ⅴ式H57：2

Eb型Ⅲ式　7件。云纹与当心相连，云头分叉，每组云纹内又以双线凸棱相隔。

标本TN03E01⑦：10，灰陶，残存大半。直径16.0、边轮宽1.0、厚2.8厘米（图四五，4）。标本TN02W02⑧：7，褐陶，残半。直径16.0、边轮宽1.0、厚2.8厘米。

Eb型Ⅳ式　1件。云纹与当心或界格线不相连，涡旋程度简化。

标本TN03W06⑦：1，灰陶，残半。直径14.5、边轮宽0.7、厚2.0厘米（图四五，5）。

Eb型Ⅴ式　2件。云纹与当心相连，涡旋程度简化。

标本H57：2，褐陶，完整。直径11.2、边轮宽0.6、厚1.2厘米（图四五，6）。

Ec型　108件。边轮与当面云纹图案之间饰一周网格纹。分四式。

Ec型Ⅰ式　97件。当心外绕一周网格纹。

标本TN01W03⑦：4，灰陶，完整，当面涂朱。直径16.5、边轮宽0.9、厚2.4厘米（图四六，1；彩版一一，5）。标本H44：8，灰陶，残存大半，带黑色陶衣。直径17.0、边轮宽1.1、厚2.4厘米。标本H79：14，灰陶，完整。直径17.0、边轮宽1.0、厚2.5厘米（图四六，2）。标本H93：14，灰陶，残半，当面涂朱。直径17.0、边轮宽1.1、厚2.5厘米。标本G10：1，灰陶，残存大半，带黑色陶衣，当面涂朱。直径16.0、边轮宽0.8、厚2.9厘米。

Ec型Ⅱ式　3件。当心外绕一周短直线纹。

标本TN01W03⑦：41，灰陶，完整，带黑色陶衣。直径15.2、边轮宽1.0、厚2.3厘米（图四六，3）。

Ec型Ⅲ式　6件。当心外绕一周联珠纹。

标本G10：2，灰陶，完整，带黑色陶衣，当面涂朱。直径15.2、边轮宽0.8、厚2.7厘米（图四六，4）。

Ec型Ⅳ式　2件。当心模印一兽头。

标本TN01W02⑦：40，灰陶，残半。直径18.4、边轮宽2.5、厚1.3厘米（图四六，5；彩版一一，6）。标本H54：45，灰陶，残存大半。直径17.0、边轮宽1.0、厚2.0厘米。

Ed型　6件。边轮与当面云纹图案之间饰一周锯齿纹。分三式。

Ed型Ⅰ式　1件。当心外绕一周锯齿纹。

标本H54：46，灰陶，完整，带黑色陶衣。直径17.0、边轮宽1.0、厚2.5厘米（图四七，1）。

Ed型Ⅱ式　1件。当心外绕一周弦纹。

标本TN03W06⑦：3，灰陶，完整。直径14.0、边轮宽0.5、厚1.5厘米（图四七，2）。

Ed型Ⅲ式　4件。当心外绕一周联珠纹。

标本TN02W02⑦：18，灰陶，残半，带黑色陶衣。直径15.8、边轮宽1.0、厚3.5厘米（图四七，3）。标本TS02W01⑦：21，灰陶，完整，当面涂朱。直径12.5、边轮宽0.5、厚1.5厘米。

Ee型　13件。边轮与当面云纹图案之间饰一周短直线纹。分两式。

Ee型Ⅰ式　10件。当心外绕一周短线纹，云纹与当心相连，构图简化。

标本TN01W01⑦：46，灰陶，残存大半。直径17.7、边轮宽1.0、厚2.5厘米（图四八，1；彩版

0 —————————— 6厘米

图四六 Ec型云纹瓦当拓片

1、2. Ec型Ⅰ式TN01W03⑦：4、H79：14 3. Ec型
Ⅱ式TN01W03⑦：41 4. Ec型Ⅲ式G10：2 5. Ec型
Ⅳ式TN01W02⑦：40

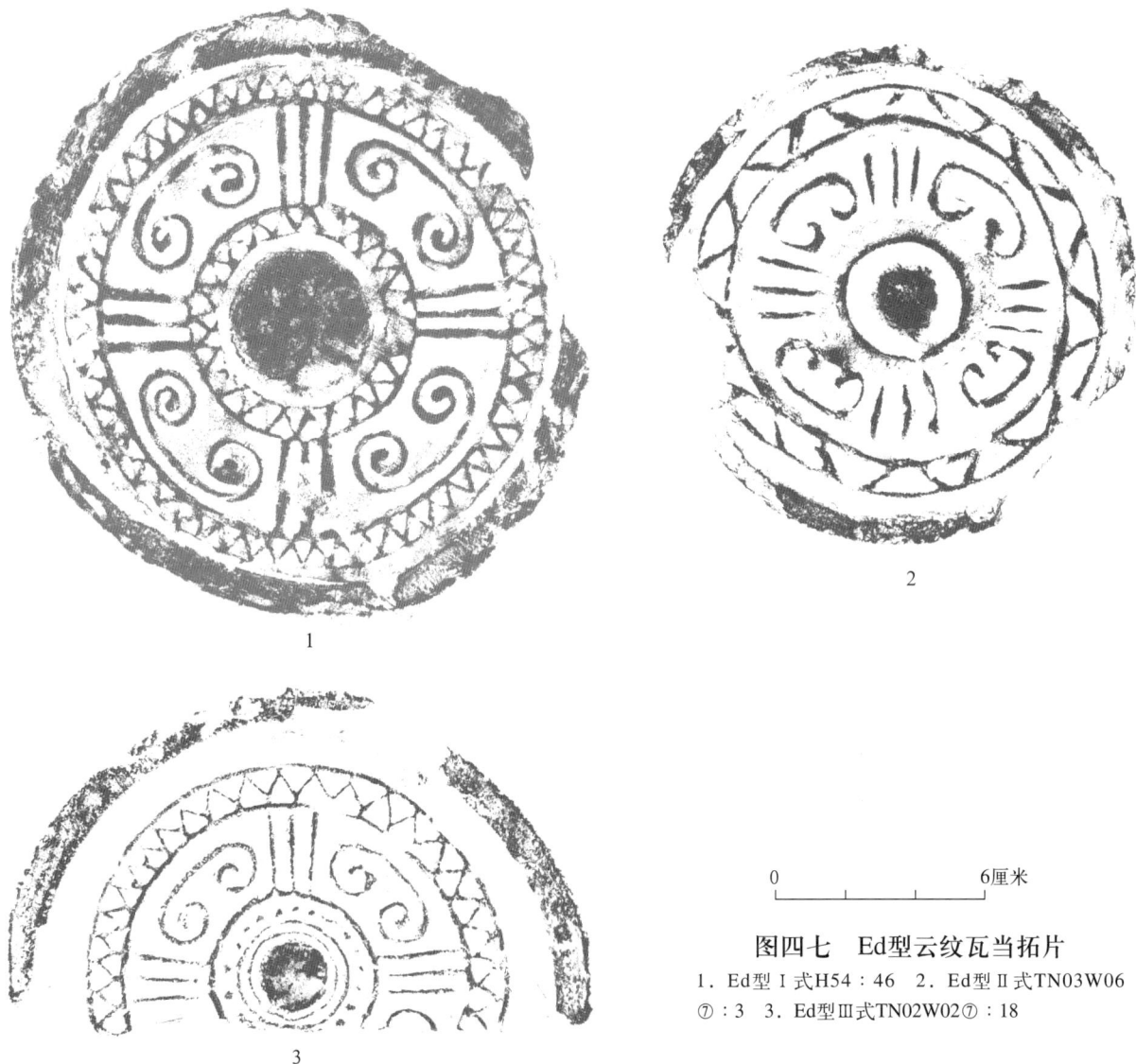

图四七　Ed型云纹瓦当拓片
1. Ed型 I 式H54：46　2. Ed型 II 式TN03W06
⑦：3　3. Ed型Ⅲ式TN02W02⑦：18

一二，1）。标本TN02W06⑦：12，灰陶，残存大半。直径17.0、边轮宽1.0、厚2.5厘米（图四八，2）。标本H45：5，灰陶，残半。直径17.0、边轮宽1.0、厚2.3厘米（图四八，3）。

Ee型 II 式　3件。云纹与当心或界格线不相连。

标本TN02W06⑦：15，灰陶，残半。直径17.0、边轮宽1.0、厚2.7厘米（图四八，4）。

Ef型　40件。云纹与文字相组合。分四式。

Ef型 I 式　3件。边轮与当面云纹图案之间饰一周网格纹，文字位于界格线所划的分区内。

标本TN02W02⑦：3，灰陶，完整，当面模印"千万"二字。直径16.0、边轮宽1.2、厚2.5厘米（图四九，1）。标本TN01W02⑦：4，灰陶，残存大半，当面模印"利日"二字。直径16.0、边轮宽1.1、厚2.5厘米（图四九，2）。

Ef型 II 式　10件。边轮与当面云纹图案之间饰一周网格纹，文字位于两组云纹之间和当心，自上而下顺书。

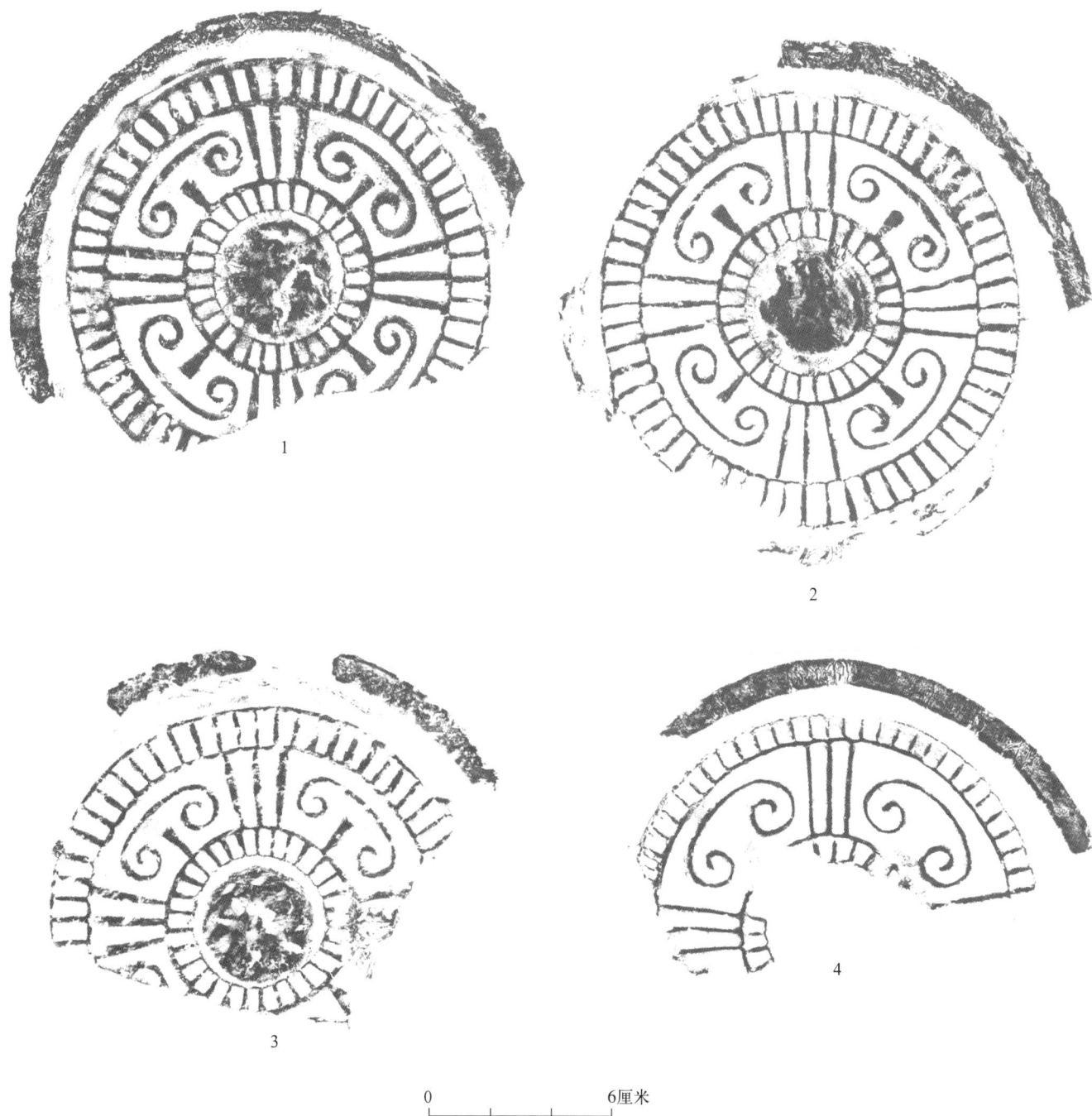

图四八　Ee型云纹瓦当拓片

1～3. Ee型Ⅰ式TN01W01⑦：46、TN02W06⑦：12、H45：5　4. Ee型Ⅱ式TN02W06⑦：15

　　标本TN03W01⑦：31，灰陶，完整，当面模印"大富贵"三字。直径15.0、边轮宽0.6、厚1.9厘米（图五〇，1）。标本TN02W06⑦：14，灰陶，完整，当面模印"千万吉昌"三字。直径17.5、边轮宽1.0、厚0.8厘米（图五〇，2）。标本TN02W06⑦：13，灰陶，完整，带黑色陶衣，当面模印"千万富贵"三字。直径17.5、边轮宽0.9、厚2.0厘米（图五〇，3；彩版一二，2）。

　　Ef型Ⅲ式　2件。边轮与当面云纹图案之间饰一周网格纹，文字位于当心。

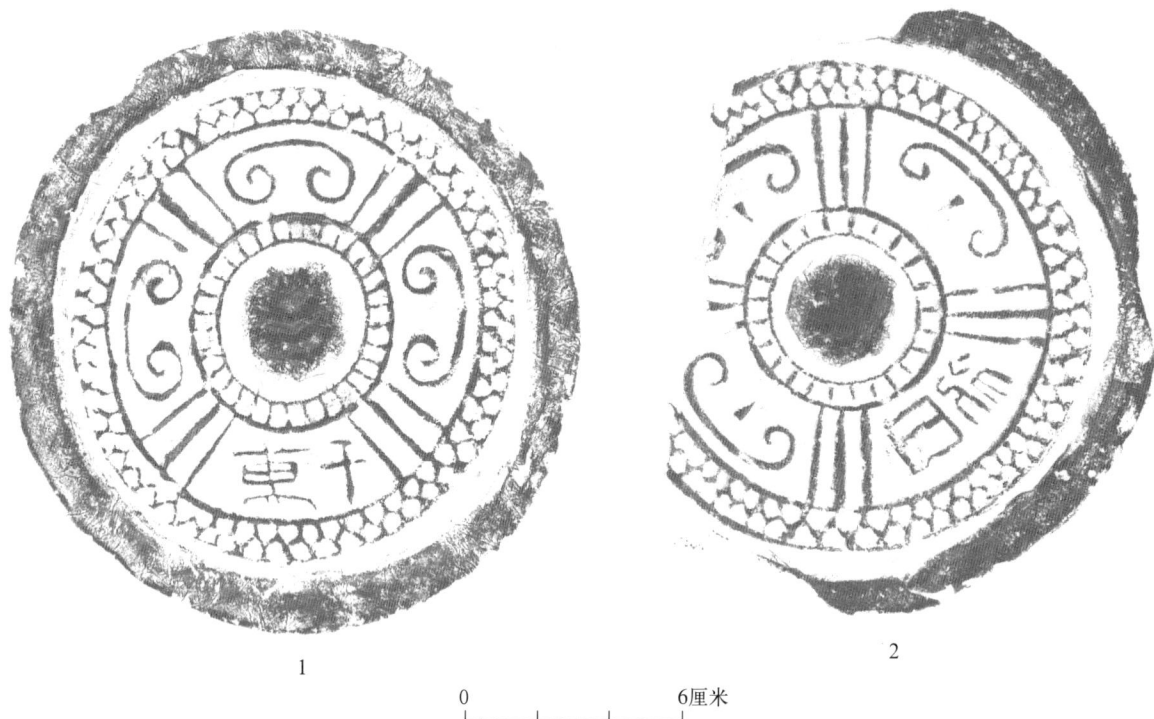

图四九　Ef型云纹瓦当拓片

1、2. Ef型Ⅰ式TN02W02⑦：3、TN01W02⑦：4

标本TN02W06⑦：1，灰陶，完整，当心模印"富"字。直径16.3、边轮宽0.8、厚2.0厘米（图五〇，4）。

Ef型Ⅳ式　25件。边轮与当面云纹图案之间饰一周锯齿纹，文字位于两组云纹之间和当心，自上而下顺书。

标本TN02W04⑦：4，灰陶，完整，当面涂朱，当面模印"富昌"二字，当心模印一兽头。直径13.0、边轮宽1.2、厚1.5厘米（图五一，1）。标本H43：5，灰陶，完整，当面涂朱，当面模印"太富昌"三字。直径13.7、边轮宽0.6、厚1.5厘米（图五一，2）。标本H44：12，灰陶，残存大半，当面涂朱，当面模印"大富昌"三字。直径13.1、边轮宽0.8、厚1.5厘米（图五一，3）。标本H45：3，灰陶，完整，当面涂朱，当面模印"大富昌"三字。直径13.0、边轮宽0.5、厚1.6厘米（图五一，4；彩版一二，3）。标本H91：5，灰陶，残存大半，当面涂朱，当面模印"宜富昌"三字。直径13.0、边轮宽0.9、厚2.0厘米（图五一，5）。

2. 莲花纹瓦当

6件。边轮较窄，当心为一圆乳丁，突出于边轮，当面模印莲花纹，莲花由15个花瓣组成，以实线相隔，瓣体较显瘦长。

标本TN03W01⑦：22，灰陶，完整，带黑色陶衣。直径13.5、边轮宽1.5、厚1.3厘米（图五二，1）。标本TN01W02⑦：24，灰陶，残存大半，当心模印"王"字。直径14.0、边轮宽1.0、厚1.2厘

图五〇　Ef型云纹瓦当拓片

1～3. Ef型Ⅱ式TN03W01⑦：31、TN02W06⑦：14、TN02W06⑦：13　4. Ef型Ⅲ式TN02W06⑦：1

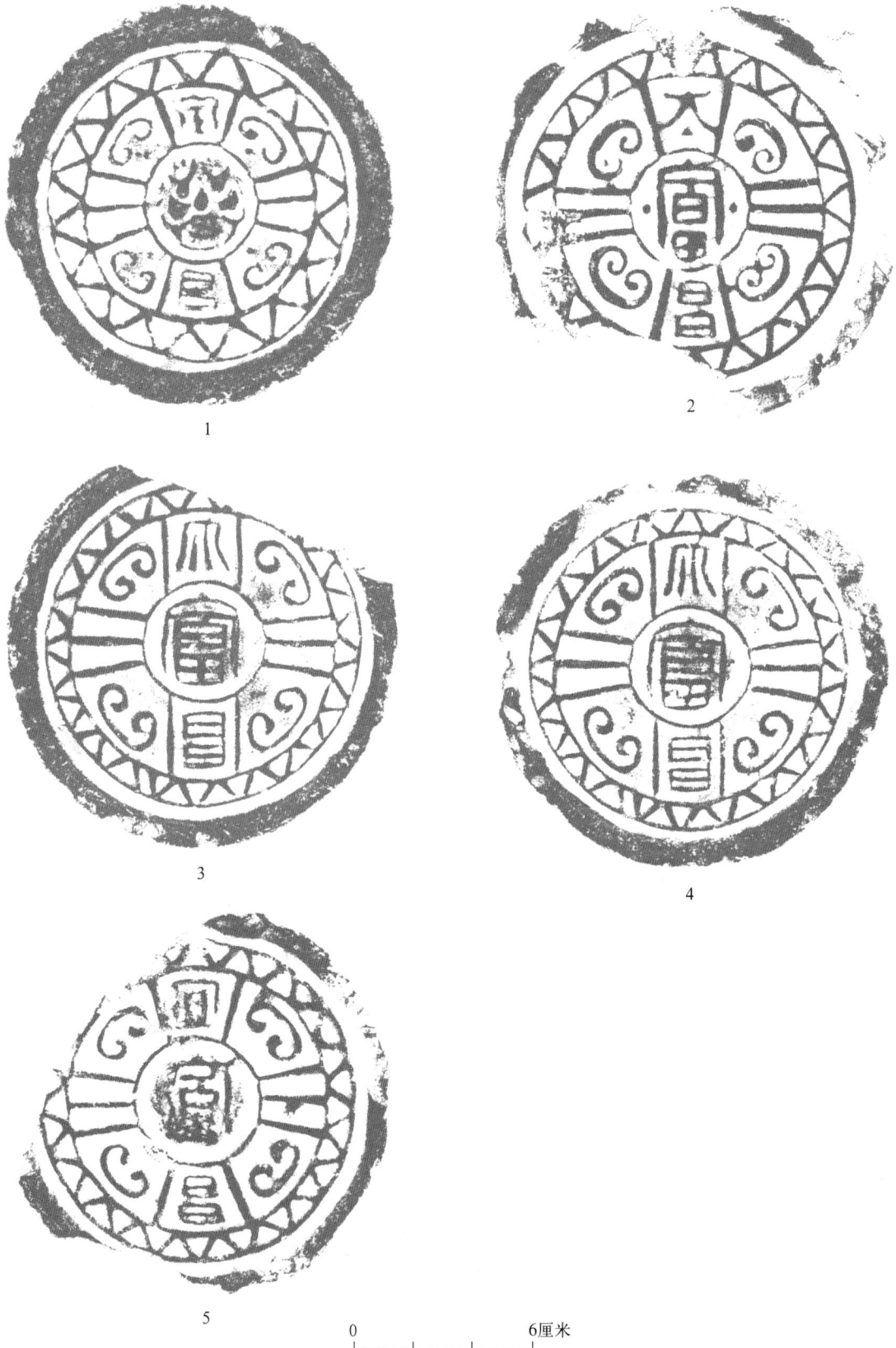

图五一　Ef型云纹瓦当拓片

1～5. Ef型Ⅳ式TN02W04⑦：4、H43：5、H44：12、H45：3、H91：5

图五二　莲花纹瓦当拓片

1~4. TN03W01⑦：22、TS01W02⑦：9、H85：4、F2D6：1

米。标本TS01W02⑦：9，灰陶，完整，带黑色陶衣。直径13.5、边轮宽1.1、厚1.7厘米（图五二，2）。标本H85：4，灰陶，残存大半，带黑色陶衣，当面涂朱，当心模印"土"字。直径13.4、边轮宽1.0、厚1.4厘米（图五二，3）。标本F2D6：1，灰陶，完整。直径13.9、边轮宽0.9、厚1.1厘米（图五二，4；彩版一二，4）。

3. 文字瓦当

5件。根据构图差异分三型。

A型　2件。当心为一圆乳丁，外绕一周弦纹，当面以双凸棱直线均分四部分，文字分布于四个

图五三　文字瓦当拓片

1～5. A型TN02W02⑧：16、H93：18　3、4. B型TN03W01⑦：41、TN02W01⑦：20　5. C型TN02W02⑧：6

分区内。

标本TN02W02⑧：16，灰陶，残存大半，当面模印"安乐未央千秋万岁"八字。直径14.6、边轮宽0.8、厚1.5厘米（图五三，1）。标本H93：18，灰陶，残存大半，当面模印"富乐未央"四字。直径15.0、边轮宽1.0、厚1.5厘米（图五三，2；彩版一二，5）。

B型 2件。当心外绕一周弦纹，当面与边轮之间饰一周卷轮纹，文字分布于当心及其上下，自上而下顺书。

标本TN03W01⑦：41，灰陶，残存大半，带黑色陶衣，当面模印"大富昌"三字。直径13.0、边轮宽1.1、厚1.3厘米（图五三，3）。标本TN02W01⑦：20，灰陶，完整，当面模印"大富昌"三字。直径12.7、边轮宽1.0、厚1.7厘米（图五三，4）。

C型 1件。当面构图为一整体，无当心，文字位于当面中部。

标本TN02W02⑧：6，灰陶，残存大半，当面涂朱，当面模印"蜀康"二字。直径15.0、边轮宽1.0、厚3.0厘米（图五三，5；彩版一二，6）。

4．卷轮纹瓦当

9件。当心为一圆乳丁，突出于边轮，当面模印卷轮纹。根据边轮和当面构面的差异分两型。

A型 8件。边轮较宽，当面纹饰与边轮之间有一周弦纹。

标本TN03W01⑥：30，灰陶，完整。直径12.5、边轮宽1.5、厚1.2厘米（图五四，1）。标本TN03W03⑥：101，灰陶，完整，当心模印"十"字。直径12.5、边轮宽1.0、厚1.5厘米（图五四，2）。标本TN01W01⑦：5，灰陶，残存大半，带黑色陶衣，当心模印"十"字。直径12.5、边轮宽1.0、厚1.5厘米（图五四，3）。标本TN01W02⑧：8，灰陶，残存大半，当面涂朱，当心模印"十"字。直径12.5、边轮宽1.5、厚1.5厘米（图五四，4）。

B型 1件。边轮较窄，当面纹饰与边轮直接相连。

标本TN01W02⑦：47，灰陶，残存大半，带黑色陶衣。直径12.5、边轮宽1.5、厚1.3厘米（图五四，5）。

5．素面瓦当

6件。

标本TN03W03⑧：26，灰陶，含较多细砂，完整。直径12.5、厚1.1厘米（图五五，1）。标本H72：2，灰陶，含较多细砂，完整。直径13.5、厚1.2厘米（图五五，2）。标本F2②：27，灰陶，含较多细砂，残半。直径12.0、厚1.4厘米（图五五，3）。

6．板瓦

3件。

标本TN02W06⑦：16，灰陶，表面饰较粗的绳纹，内壁留有麻布纹。残长22.0、残17.6、厚1.5

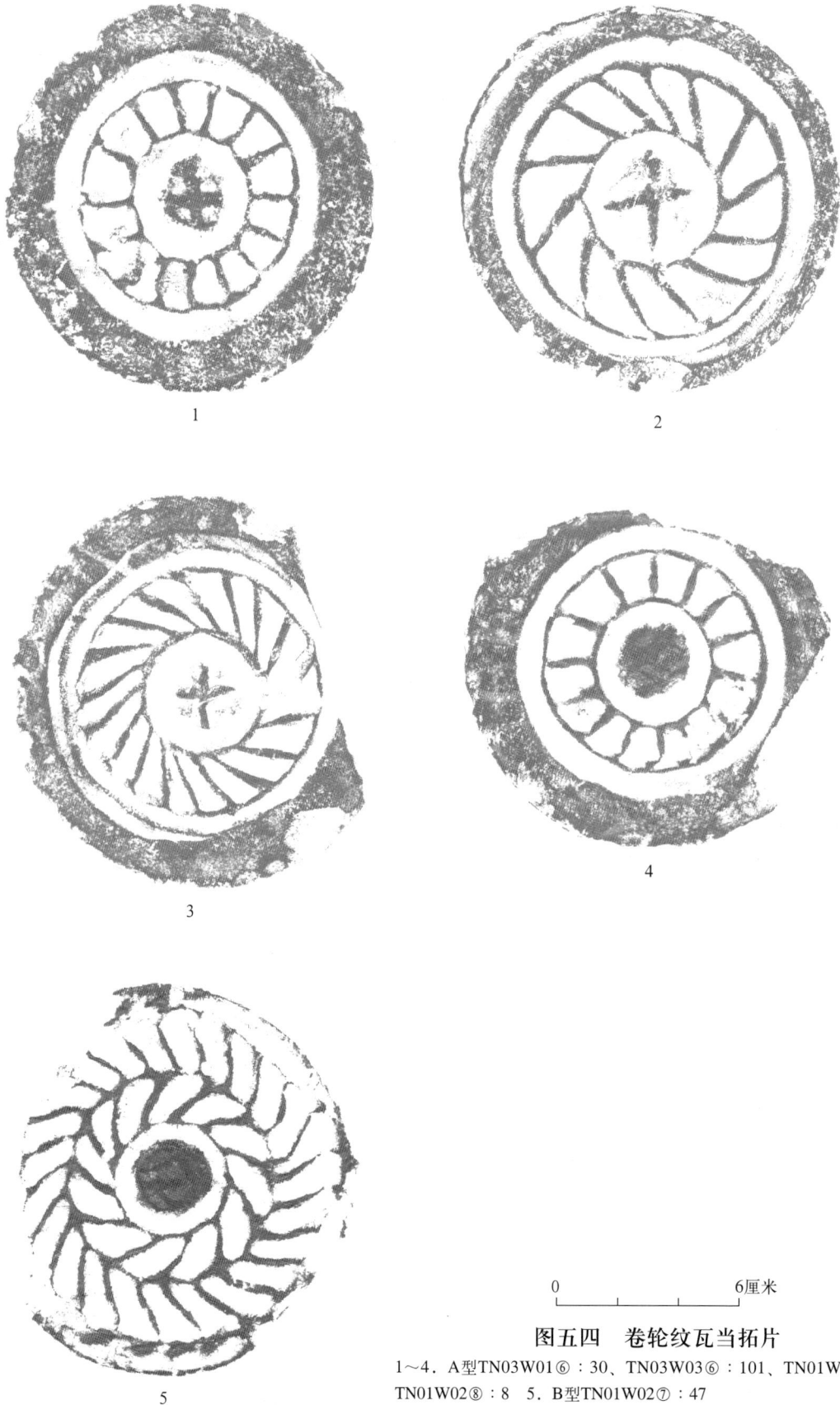

1

2

3

4

5

0 ————— 6厘米

图五四　卷轮纹瓦当拓片

1~4. A型TN03W01⑥：30、TN03W03⑥：101、TN01W01⑦：5、
TN01W02⑧：8　5. B型TN01W02⑦：47

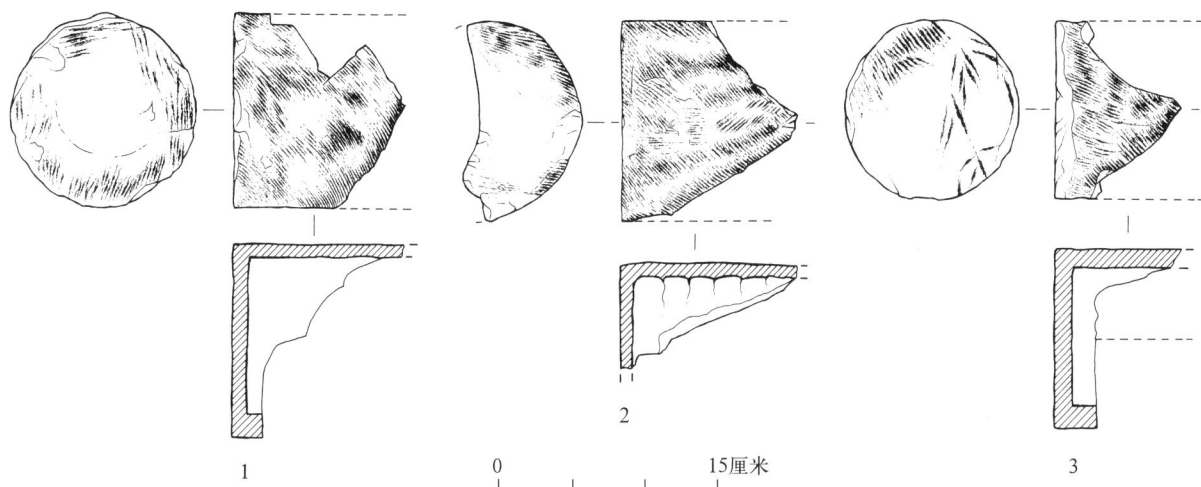

图五五　素面瓦当

1~3. TN03W03⑧：26、H72：2、F2②：27

厘米。标本TN03W02⑧：19，褐陶，表面饰细密的绳纹。残长21.3、残宽14.5、厚1.5厘米（图五六，1）。标本H115：3，褐陶。表面饰较粗的绳纹，内壁留有麻布纹。残长23.2、残宽32.0、厚1.7厘米（图五六，2）。

7. 筒瓦

4件。

标本H44：8，灰陶，表面饰较粗的绳纹，内壁留有麻布纹。残长32.2、宽23.2、厚1.6厘米（图五六，3，五七，1）。标本H44：9，灰陶，表面饰细密的绳纹，内壁留有麻布纹。长40.0、宽23.2、厚1.1厘米（图五六，4，五七，2；彩版一三，1）。标本H71：1，灰陶，表面饰较粗的绳纹，内壁留有麻布纹。长34.0、宽12.8、厚1.2厘米（图五七，3）。标本TN03W01⑦：5，筒瓦一端连接云纹瓦当。灰陶，表面饰较粗的绳纹，内壁留有麻布纹。残长46.7、残宽32.7、厚2.7厘米（图五七，4）。

8. 绳纹铺地砖

6件。

标本TN01W02⑧：11，绳纹粗壮。长26.2、残宽24.4、厚3.5厘米（图五八，4）。

9. 几何纹铺地砖

260件。根据几何纹组合特征不同分六型。

A型　225件。几何纹由雷纹和菱形纹组成，菱形纹呈多重状，内部带实心点。

标本H85：5，平面呈正方形。边长35.7~36.0、厚3.6厘米（图五八，1）。标本H99：8，残长15.0、残宽14.8、厚3.5厘米。标本H99：9，残长16.1、残宽15.5、厚3.5厘米。标本TN02W02⑧：21，

图五六　板瓦与筒瓦拓片
1、2. 板瓦TN03W02⑧：19、H115：
3　3、4. 筒瓦H44：8、H44：9

残长30.4、残宽22.7、厚4.0厘米（图五八，2；彩版一三，2）。

B型　12件。几何纹由雷纹和菱形纹组成，菱形纹为两重，内部带实心点。

标本TN03W01⑦：35，残长30.3、残宽21.0、厚4.2厘米（图五八，3；彩版一三，3）。

C型　13件。几何纹由雷纹和三角纹组成，三角纹多重对称。

标本H93：11，残长30.5、残宽22.5、厚3.5厘米（图五九，1；彩版一三，4）。

D型　1件。几何纹由三角纹、菱形纹、方格纹等组成，三角纹多重对称。

标本TN01W02⑦：44，长26.2、残宽16.6、厚3.4厘米（图五九，2）。

E型　5件。几何纹由雷纹和菱形纹组成，菱形纹呈多重状。

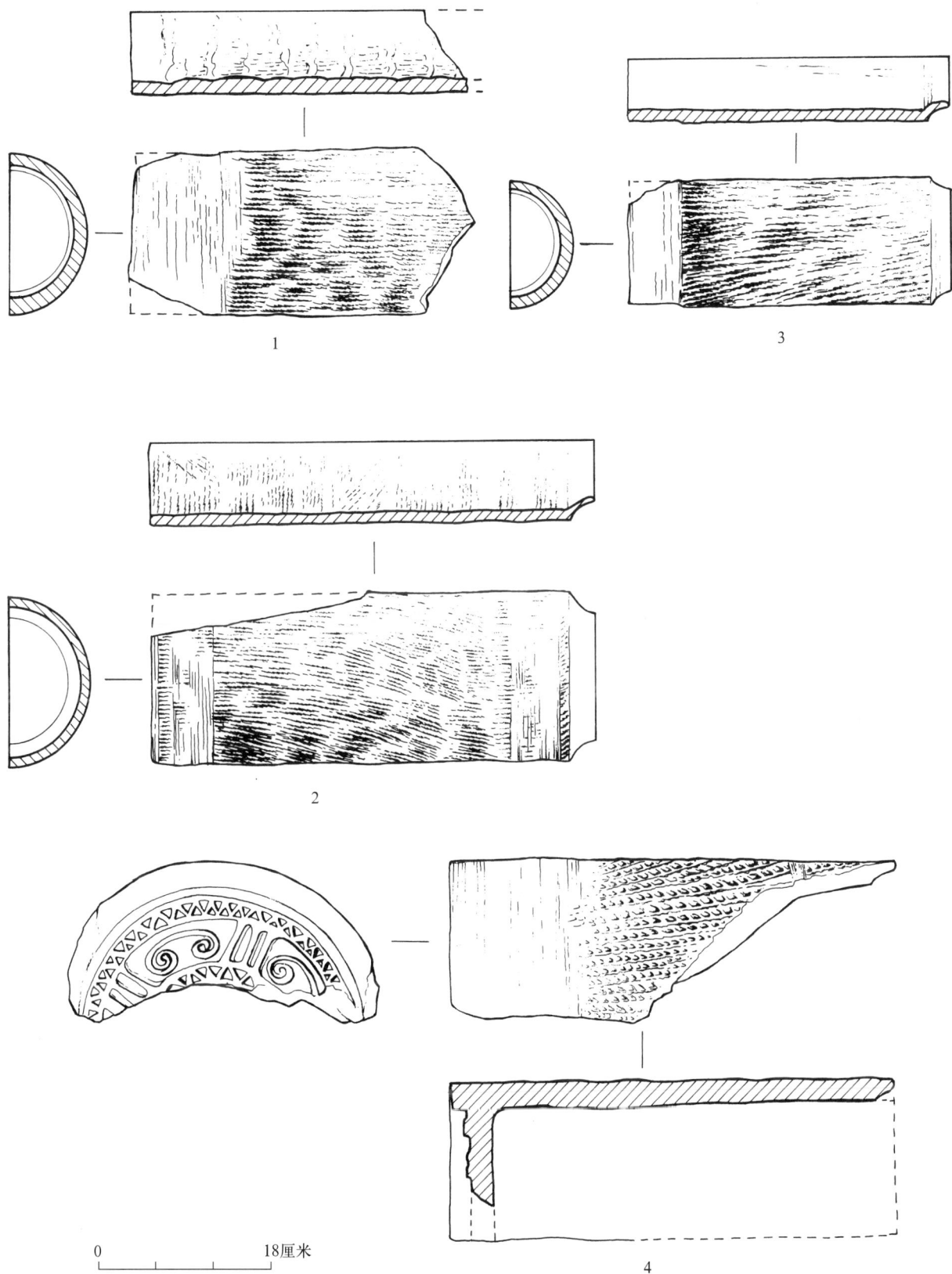

0 _____ 18厘米

图五七　筒瓦

1～4. H44∶8、H44∶9、H71∶1、TN03W01⑦∶5

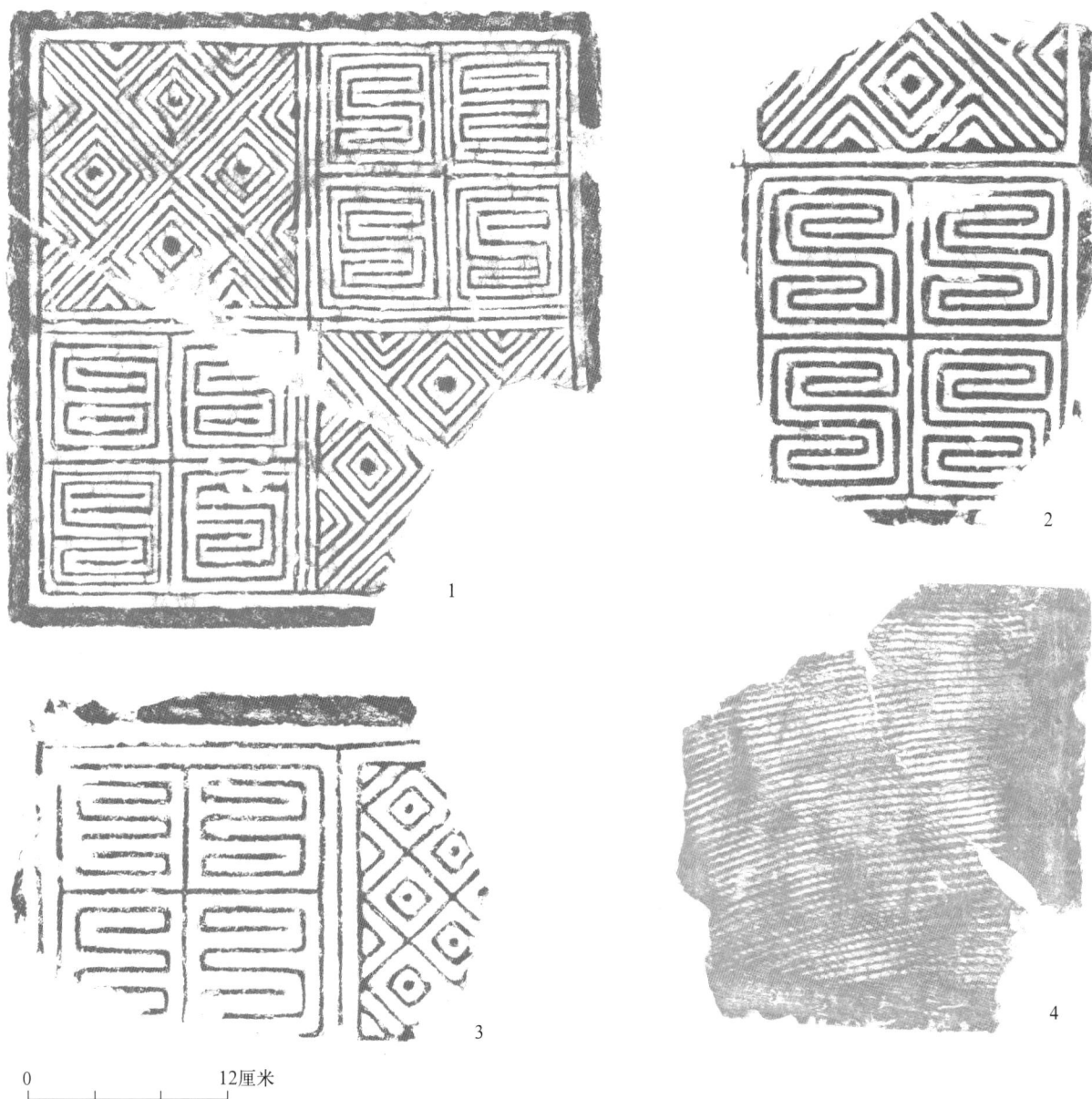

图五八　铺地砖拓片

1、2. A型几何纹铺地砖H85：5、TN02W02⑧：21　3. B型几何纹铺地砖TN03W01⑦：35　4. 绳纹铺地砖TN01W02⑧：11

标本H65：3，残长21.7、残宽13.8、厚3.5厘米（图五九，3）。

F型　4件。几何纹由多重三角纹、方格纹、菱形纹组成。

标本TN02W02⑧：136，残长14.8、残宽13.5、厚3.7厘米（图五九，4）。

10. 文字铺地砖

74件。根据文字及排列位置的不同分七型。

A型　21件。砖面右侧模印"长相思"三字，左侧模印"爵禄尊"三字。

标本TS01W03⑦：3，残长27.2、残宽22.0、厚4.5厘米（图六〇，1）。标本H44：10，残长16.5、

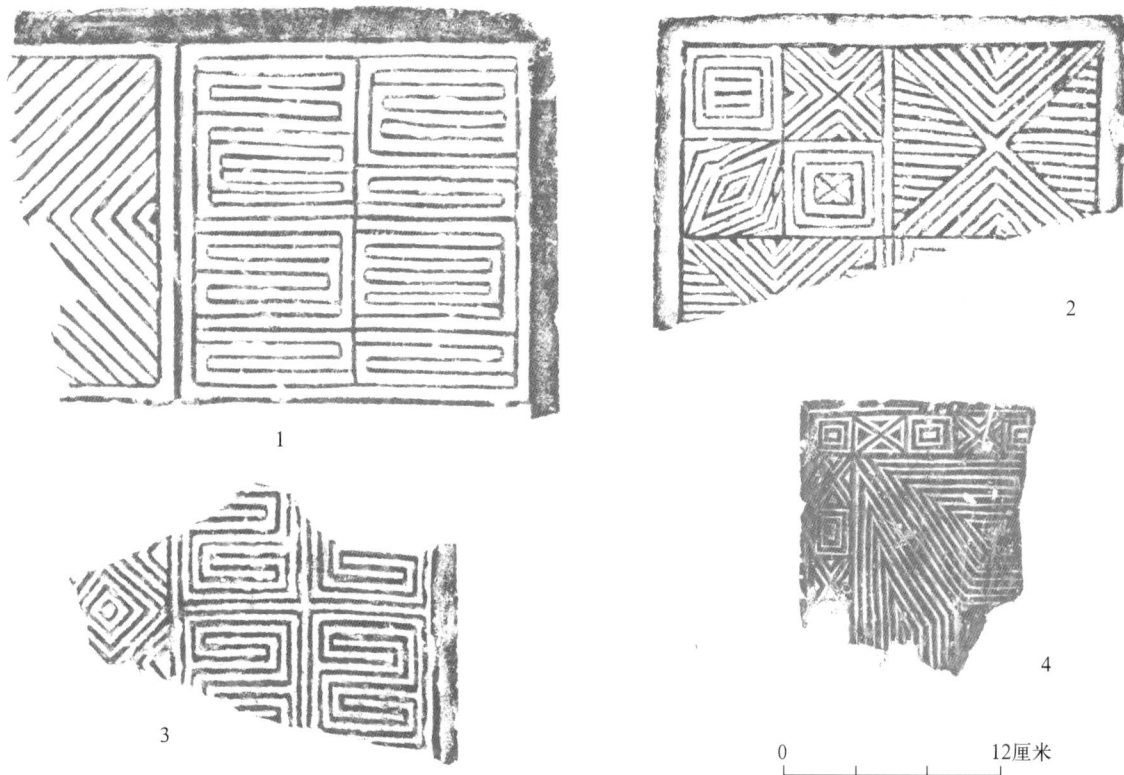

图五九 几何纹铺地砖拓片

1. C型H93：11 2. D型TN01W02⑦：44 3. E型H65：3 4. F型TN02W02⑧：136

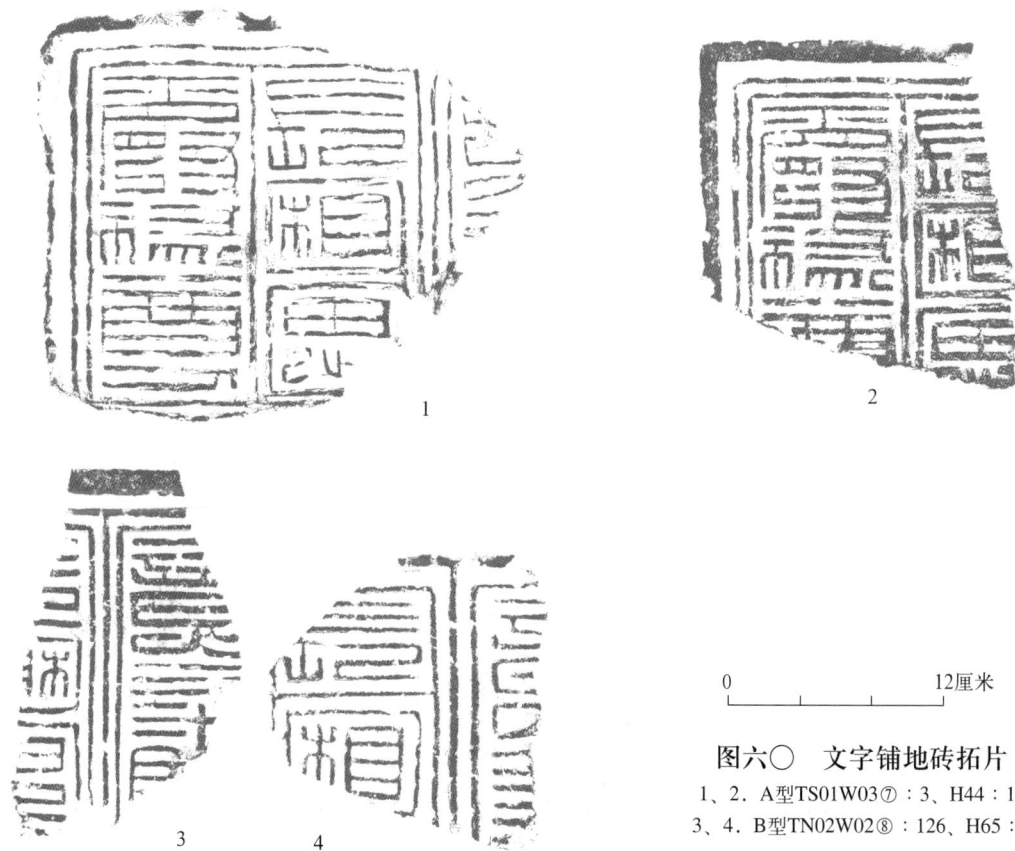

图六○ 文字铺地砖拓片

1、2. A型TS01W03⑦：3、H44：10
3、4. B型TN02W02⑧：126、H65：2

残宽16.2、厚4.1厘米。标本H79：8，残长19.0、残宽18.5、厚4.5厘米（图六〇，2；彩版一四，1）。

B型　6件。砖面右侧模印"意气阳"三字，左侧模印"长相思"三字。

标本TN02W02⑧：126，残长19.8、残宽12.0、厚4.2厘米（图六〇，3）。标本H65：2，残长16.0、残宽15.2、厚4.5厘米（图六〇，4）。

C型　15件。砖面右侧模印"毋相忘"三字，左侧模印"寿万年"三字。

标本TN01W02⑦：32，残长23.2、残宽21.7、厚4.4厘米（图六一，1）。标本H44：18，残长20、残宽18、厚4.5厘米（图六一，2）。

D型　14件。砖面右侧模印"富贵昌"三字，左侧模印"意气扬"三字。

标本TN03W02⑥：17，残长20.3、残宽19.5、厚4.5厘米（图六一，3）。标本H54：31，残长22.3、残宽20.2、厚4.5厘米（图六一，4；彩版一四，2）。

E型　11件。砖面右侧模印"宜官堂"，左侧。

标本H79：7，残长26.2、残宽22.5、厚4.5厘米（图六二，1）。标本TN01W02⑦：45，残长

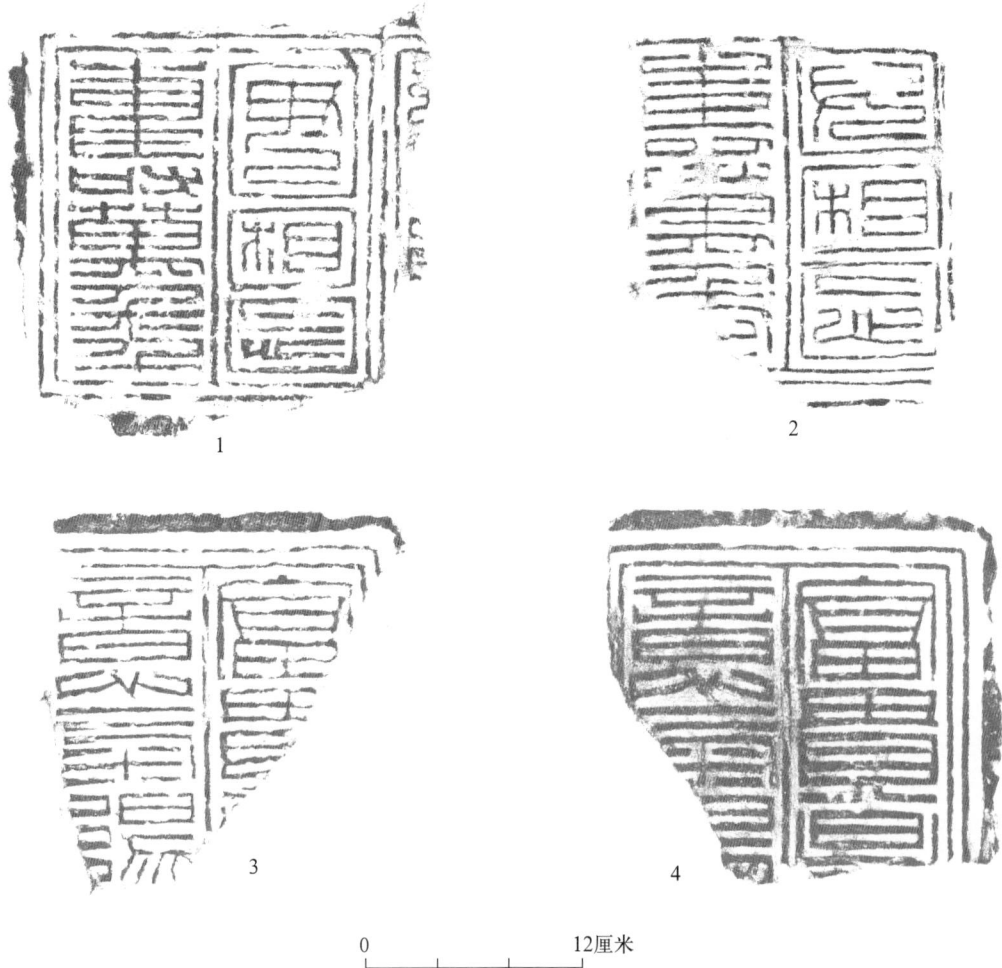

图六一　文字铺地砖拓片

1、2. C型TN01W02⑦：32、H44：18　3、4. D型TN03W02⑥：17、H54：31

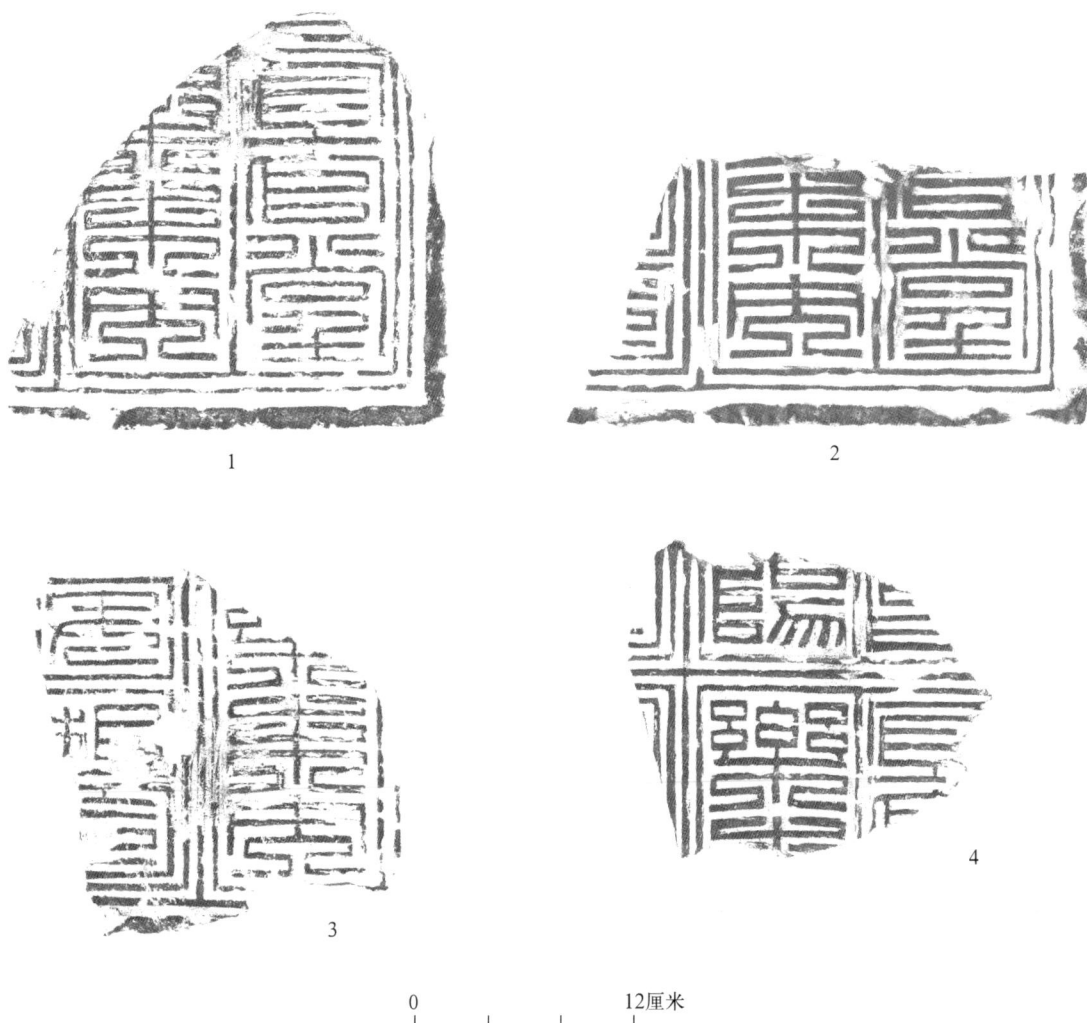

图六二　文字铺地砖拓片

1～3. E型H79：7、TN01W02⑦：45、H79：10　4. G型H54：16

28.7、残宽14.5、厚4.6厘米（图六二，2）。标本H79：10，残长19.5、残宽19.3、厚4.5厘米（图六二，3）。

G型　7件。砖面右上模印"富贵昌"三字，右下模印"宜官堂"三字，左上模印"意气扬"三字，左下模印"乐未央"三字。

标本H54：16，残长20.3、残宽17.0、厚4.5厘米（图六二，4）。

11．墙砖

4件。砖体一侧模印菱形纹或联壁纹。

标本F2D3：1，残长16.2、宽17.4、厚6.2厘米（图六三，1）。标本H93：13，厚7.5厘米（图六三，2）。

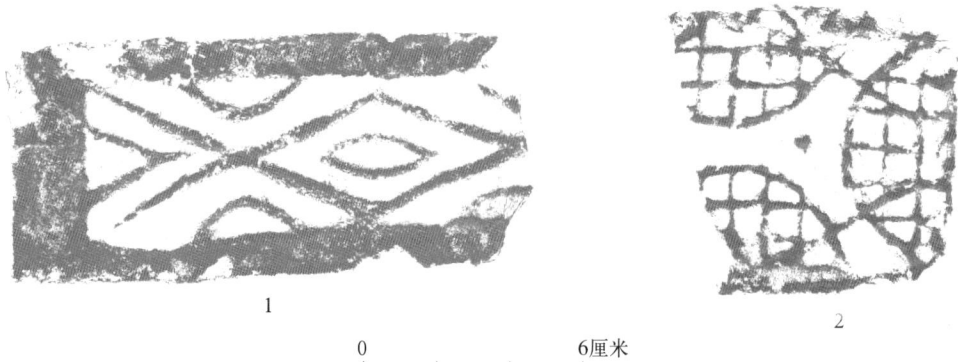

图六三　墙砖拓片

1、2. F2D3：1、H93：13

二　瓷器

瓷器的数量很少，均为青瓷器，青色偏黄或偏灰色，胎体较厚，质地紧密，火候及烧结程度高，釉层很薄，且施釉不均匀，玻璃质感不强，可辨器形有碗和罐两类。

1. 碗

2件。圆唇，直口，外壁口沿下内束形成一周凹槽，斜直腹，平底。

标本H85：3，灰胎，青黄釉，釉面可见细小的开片，内底饰篦划纹。口径16.6、底径10.0、高5.4厘米（图六四，1；彩版一四，3）。标本TN03W01⑦：18，灰胎，淡青釉，内底饰篦划纹。口径15.0、底径10.0、高5.4厘米（图六四，2）。

2. 罐

3件。平唇，敛口，沿面外敞，广肩。

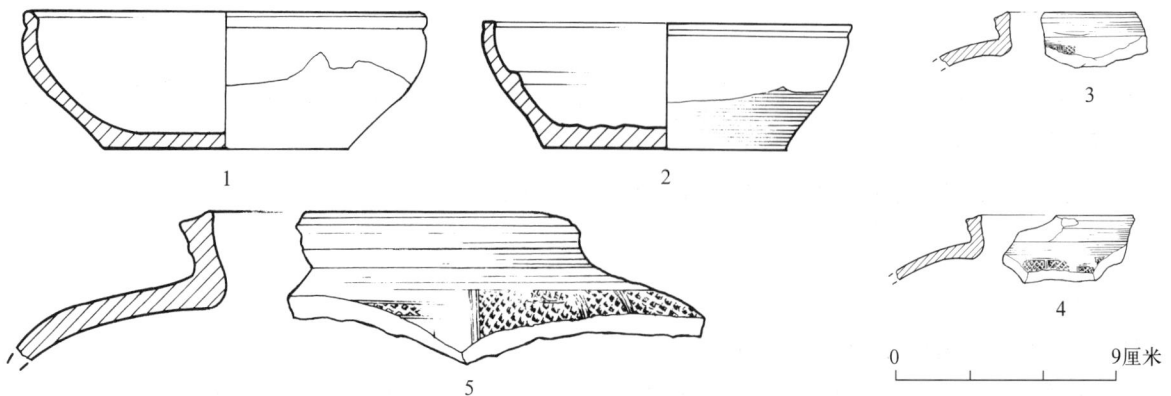

图六四　青瓷器

1、2. 青瓷碗H85：3、TN03W01⑦：18　3～5. 青瓷罐J3：1、TN02W01⑤：3、TN01W02⑦：36

标本J3：1，灰胎，青灰釉，肩部模印网格纹。残高2.1厘米（图六四，3）。标本TN02W01⑤：3，灰胎，青灰釉，肩部模印网格纹。残高3.0厘米（图六四，4）。标本TN01W02⑦：36，灰胎，青灰釉，肩部模印网格纹。残高5.9厘米（图六四，5；彩版一四，4）。

三　铜器

铜器数量很少，均为小型制品，有铜镞、铜锥、铜勺、铜环、印章和铜钱等。铜钱大多出土于地层内，少量出土于灰坑，除五铢、货泉、大泉五十、太平百钱、定平一百、直百等几类外，还有一部分钱文不清未辨识。

1. 铜勺
1件。
标本TN01W02⑦：13，整体细长。长9.7、厚0.1厘米（图六五，1）。

2. 铜环
1件。
标本TN02W05⑦：6，外径2.9、内径1.7、厚0.6厘米（图六五，2）。

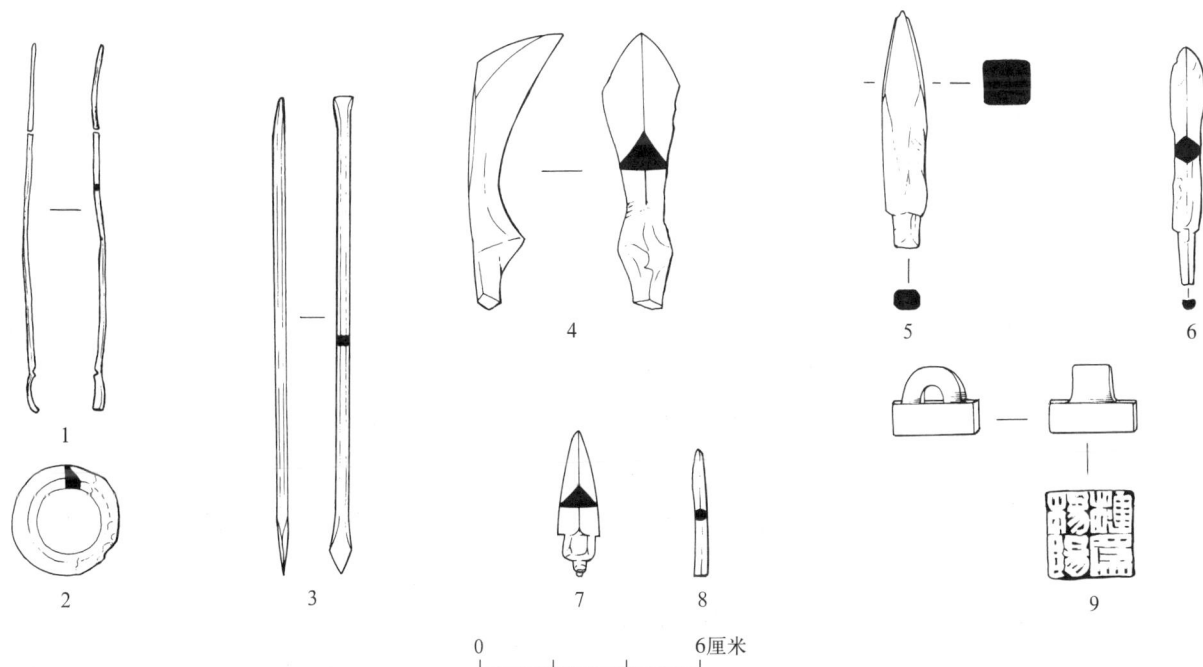

0　　　　　　6厘米

图六五　青铜器

1. 铜勺TN01W02⑦：13　2. 铜环TN02W05⑦：6　3. 铜锥TN02W05⑦：3　4. A型铜镞TN02W05⑦：1　5. B型铜镞TN01W06⑦：7　6. C型铜镞TN03W05⑦：2　7. D型铜镞TS01W04⑦：4　8. E型铜镞TN03W05⑦：3　9. 印章TN02W02⑦：4

3．铜锥

1件。

标本TN02W05⑦：3，整体细长，两端较粗，截面呈方形。长12.6、厚0.3厘米（图六五，3）。

4．铜镞

5件。根据性质差异分五型。

A型　1件。镞前部较宽厚，箭头上翘。

标本TN02W05⑦：1，长7.2、厚1.3厘米（图六五，4）。

B型　1件。整体似一尖锥，截面呈方形。

标本TN01W06⑦：7，长6.2、厚1.2厘米（图六五，5）。

C型　1件。整体瘦长，中部略束，截面近菱形。

标本TN03W05⑦：2，长6.3、

厚0.7厘米（图六五，6）。

D型　1件。整体较短粗，截面呈三角形。

标本TS01W04⑦：4，长3.8、厚1.0厘米（图六五，7）。

E型　1件。整体短而细，截面呈圆形。

标本TN03W05⑦：3，长3.3、厚0.3厘米（图六五，8）。

5．印章

1件。

标本TN02W02⑦：4，方形，鼻纽，印面刻“犍为杨阳”四字。边长2.3、高1.8厘米（图六五，9）。

6．五铢

10枚。根据面文不同分四型。

A型　1枚。直径较大，轮廓清晰，钱文笔画工整、完好。

标本TN02W03⑦：1，直径2.6、穿宽1.0厘米（图六六，1）。

B型　2件。直径较A型略小，轮廓较清晰，钱文模糊。

标本TS02W06⑦：25，直径2.1、穿宽1.0厘米（图六六，2）。标本TS02W06⑦：14，直径2.0、穿宽0.9厘米（图六六，3）。

C型　6件。剪边，轮廓不清，钱文模糊不完整。

标本TS02W06⑦：6，直径1.9、穿宽0.9厘米（图六六，4）。标本TS02W06⑦：21，直径1.9、穿宽1.0厘米（图六六，5）。标本TS02W06⑦：17，直径1.8、穿宽1.0厘米（图六六，6）。标本TS02W06⑦：15，直径2.1、穿宽1.0厘米（图六六，7）。标本TS02W06⑦：7，直径2.0、穿宽1.1厘米

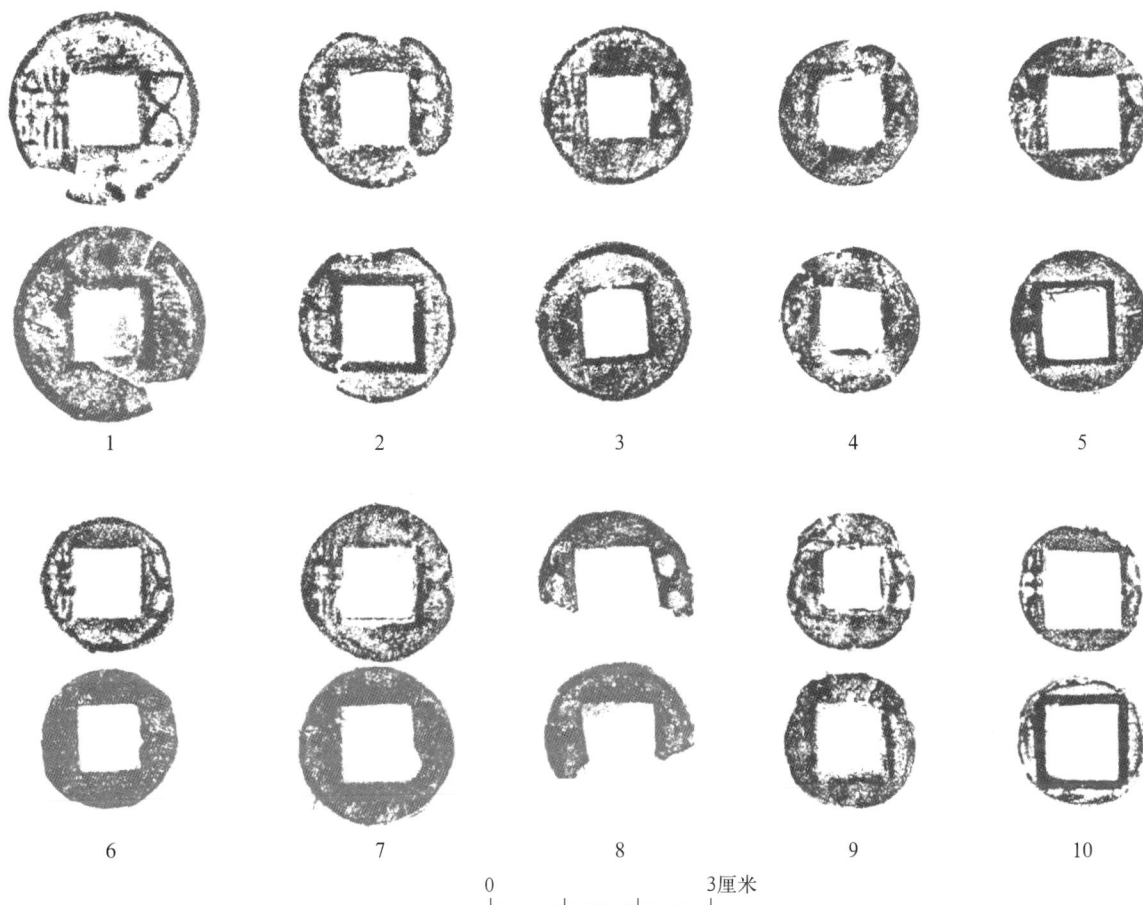

图六六　五铢铜钱拓片

1. A型TN02W03⑦：1　2、3. B型TS02W06⑦：25、TS02W06⑦：14　4～9. C型TS02W06⑦：6、TS02W06⑦：21、TS02W06⑦：17、TS02W06⑦：15、TS02W06⑦：7、TS02W06⑦：31　10. D型TS02W06⑦：27

（图六六，8）。标本TS02W06⑦：31，直径1.8、穿宽0.8厘米（图六六，9）。

D型　1件。剪边较甚，穿孔几与边相接，钱文仅剩一半，即所谓"对文五铢"。

标本TS02W06⑦：27，直径1.7、穿宽1.1厘米（图六六，10）。

7．货泉

4枚。钱文书写工整，风格较一致，多具内郭。

标本TN02W02⑦：1，直径2.3、穿宽0.8厘米（图六七，1）。标本H70：2，直径2.2、穿宽0.8厘米（图六七，2）。标本H93：1，直径2.2、穿宽0.8厘米（图六七，3）。标本H93：3，直径2.2、穿宽0.8厘米（图六七，4）。

8．大泉五十

3枚。根据面文不同分两型。

A型　1枚。背部内郭宽厚。

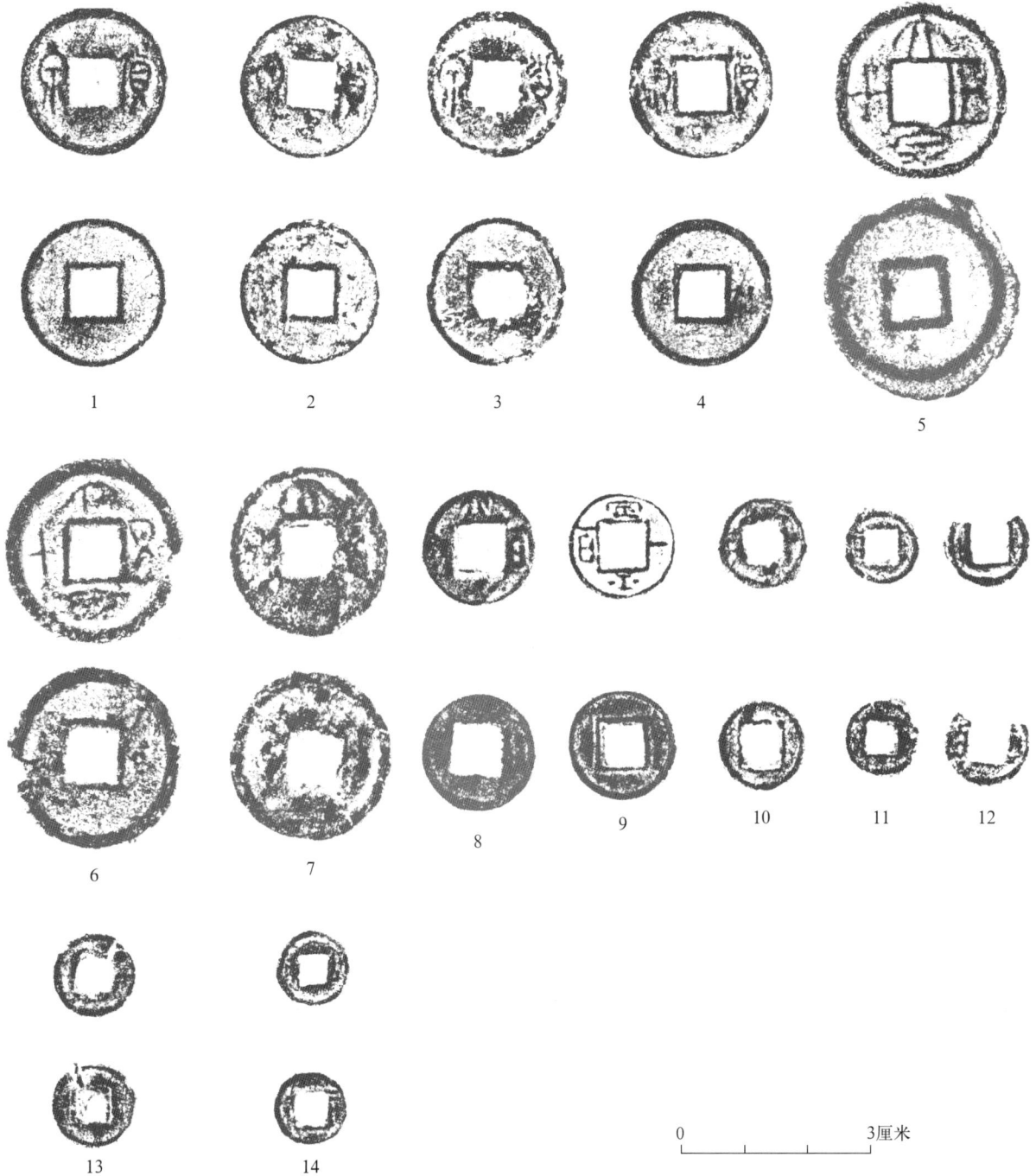

图六七　铜钱拓片

1～4. 货泉TN02W02⑦：1、H70：2、H93：1、H93：3　5. A型大泉五十TS01W04⑦：1　6、7. B型大泉五十TN03W03⑦：1、
TN03W01⑦：21　8. 太平百钱TS02W06⑦：20　9. 定平一百TS02W06⑦：1　10～14. 直百TS02W06⑦：5、TS02W06⑦：2、
TS02W06⑦：4、TS02W06⑦：22、TS02W06⑦：16

标本TS01W04⑦：1，直径2.6、穿宽0.9厘米（图六七，5）。

B型　2枚。背部内郭较窄。

标本TN03W03⑦：1，直径2.7、穿宽0.9厘米（图六七，6）。标本TN03W01⑦：21，直径2.5、穿
宽0.9厘米（图六七，7）。

9．太平百钱

1枚。钱文篆书，顺读，轮廓较清晰。

标本TS02W06⑦：20，直径1.7、穿宽0.8厘米（图六七，8）。

10．定平一百

1枚。钱文顺读，轮廓清晰。

标本TS02W06⑦：1，直径1.6、穿宽0.8厘米（图六七，9）。

11．直百

5枚。直径较小，字迹不甚清晰。

标本TS02W06⑦：5，直径1.3、穿宽0.7厘米（图六七，10）。标本TS02W06⑦：2，直径1.1、穿宽0.6厘米（图六七，11）。标本TS02W06⑦：4，直径1.3、穿宽0.7厘米（图六七，12）。标本TS02W06⑦：22，直径1.2、穿宽0.6厘米（图六七，13）。标本TS02W06⑦：16，直径1.1、穿宽0.5厘米（图六七，14）。

12．未辨识铜钱

17枚。根据面文不同分四型。

A型　2枚。直径较大，内、外郭清晰宽厚。

标本TN03W02⑧：2，直径2.0、穿宽0.9厘米（图六八，1）。标本TS02W06⑦：18，直径2.1、穿宽0.8厘米（图六八，2）。

B型　6枚。直径与A型接近，无外郭。

标本TN03W01⑦：25，直径2.1、穿宽1.0厘米（图六八，3）。标本TS02W06⑦：9，直径2.0、穿宽1.0厘米（图六八，4）。标本TS02W06⑦：13，直径2.2、穿宽1.0厘米（图六八，5）。标本TS02W06⑦：26，直径2.1、穿宽1.0厘米（图六八，6）。标本TS02W06⑦：24，直径2.1、穿宽1.0厘米（图六八，7）。标本TS02W06⑦：19，直径2.0、穿宽1.0厘米（图六八，8）。

C型　7枚。直径较A、B型小，无外郭。

标本TS02W06⑦：23，直径1.8、穿宽1厘米（图六八，9）。标本TS02W06⑦：8，直径1.9、穿宽1.1厘米（图六八，10）。标本TS02W06⑦：12，直径1.9、穿宽1.0厘米（图六八，11）。标木TS02W06⑦：3，直径1.7、穿宽0.9厘米（图六八，12）。标本TS02W06⑦：28，直径1.7、穿宽0.9厘米（图六八，13）。标本TS02W06⑦：29，直径1.9、穿宽0.9厘米（图六八，14）。标本TS02W06⑦：30，直径1.8、穿宽1.0厘米（图六八，15）。

D型　2枚。剪边较甚，穿孔几与边相接。

标本TS02W06⑦：10，直径1.5、穿宽1.0厘米（图六八，16）。标本TS02W06⑦：11，直径1.4、穿宽1.0厘米（图六八，17）。

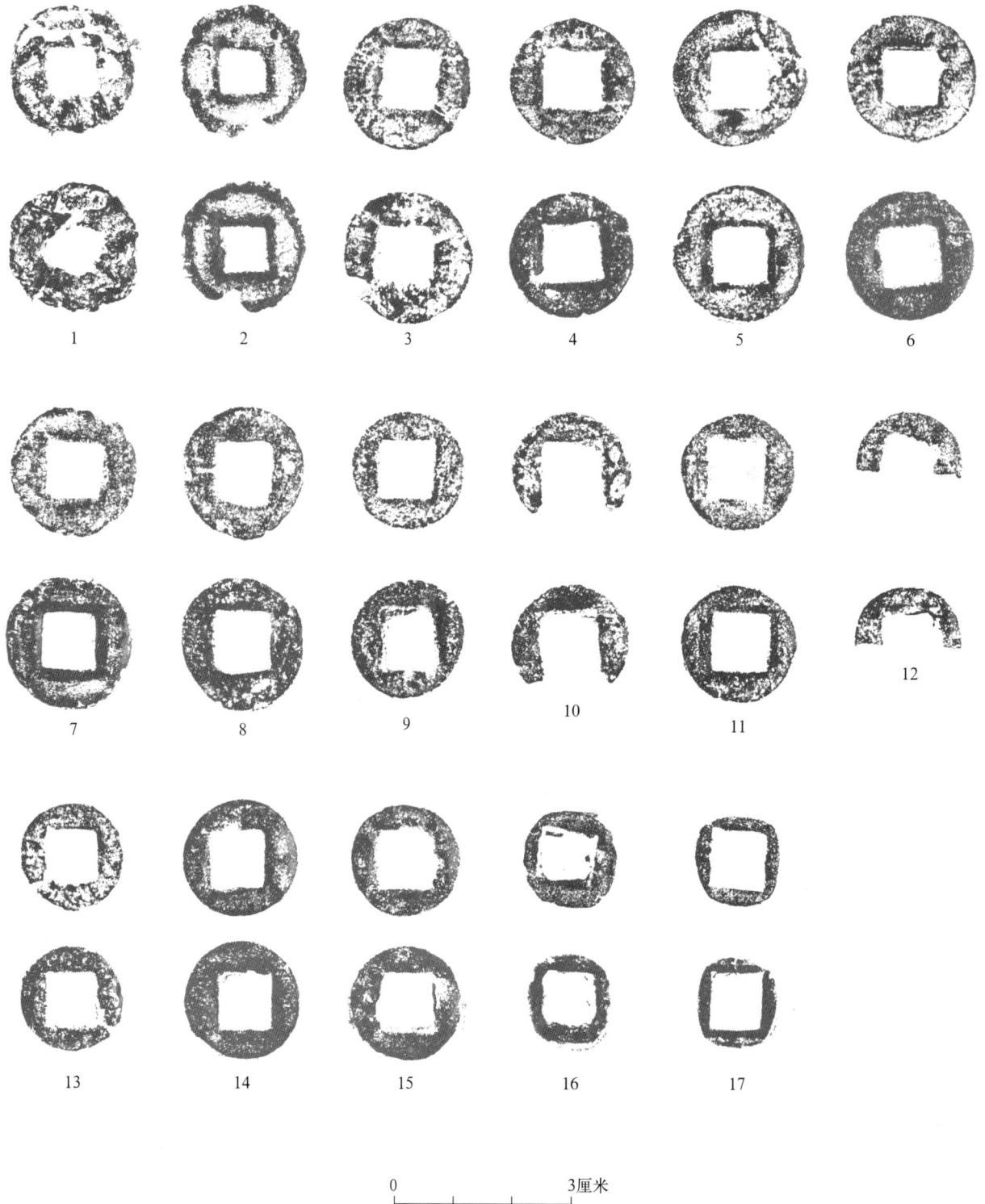

图六八　未辨识铜钱拓片

1、2．A型TN03W02⑧：2、TS02W06⑦：18　3～8．B型TN03W01⑦：25、TS02W06⑦：9、TS02W06⑦：13、TS02W06⑦：26、
TS02W06⑦：24、TS02W06⑦：19　9～15．C型TS02W06⑦：23、TS02W06⑦：8、TS02W06⑦：12、TS02W06⑦：3、TS02W06⑦：
28、TS02W06⑦：29、TS02W06⑦：30　16、17．D型TS02W06⑦：10、TS02W06⑦：11

四　石器

仅1件石犀雕像。

石犀雕像

1件。

标本H99：1，红砂石质，形状似犀牛，体量巨大，长3.31、宽1.38、高1.93米，重约8.5吨。整体雕刻风格粗犷古朴，作站立状，侧身掩埋于坑内，头东尾西，头部略呈圆锥形，双目直视前方，刻有较清晰的五官特征（见彩版七）。躯干显得丰满圆润，四肢短粗，下颌及前肢躯干部雕刻出简单的云纹图案，左侧臀部刻有文字，未辨识（图六九）。

第三节　分期与年代

根据地层与遗迹之间的层位关系和出土遗物的材质、类型、纹饰及组合等因素反映的年代特征综合分析，可以将两汉三国遗存分为两期。

第一期：未见原生地层，遗迹单位有H115、H120、H121和J6，其中灰坑均叠压于建筑台基（F2）的垫土层下。出土物以大量的绳纹瓦为主，陶器的数量很少，均为夹砂陶，以B型罐、A型器足为代表，另有零星的Da型V式云纹瓦当。以A型器足的时代特征最为清晰，属于三足式釜形鼎的足部，这类鼎在成都地区主要流行于战国晚期至秦代[1]，晚至郫县花园别墅HM9[2]、古城乡M14和M22[3]等墓葬内也有发现，这三座墓葬的年代约在西汉初至西汉中期偏早。H120出土的Da型V式云纹瓦当（H120：1）为夹砂褐陶，当面云纹与当心相连，形似蘑菇，涡旋程度较甚，云纹内饰小圆点，与洛阳汉河南县城遗址出土的西汉云纹瓦当[4]相同。

据以上分析推测，第一期的年代约相当于西汉时期。

第二期：地层为第⑦、⑧层，遗迹单位有灰坑16个（H43、H44、H45、H54、H57、H59、H61、H70、H71、H72、H76、H77、H79、H85、H93、H99）和建筑台基1座（F2）。出土物数量多，类型丰富，以陶器、瓦当和花纹砖为主，另发现有零星的青瓷器残片和铜钱。陶器中泥质陶的比例占绝对优势，且胎质较细，烧造火候高，器形制作规整。陶器器表仍然流行素面，如陶钵、陶

图六九　石犀雕像H99：1左侧臀部拓片

0　　　　　　　　9厘米

---

[1] 江章华、张擎：《巴蜀墓葬的分区与分期初论》，《四川文物》1999年第3期。

[2] 成都市文物考古研究所、郫县博物馆：《郫县风情园及花园别墅战国至西汉墓群发掘报告》，《成都考古发现（2002）》，科学出版社，2004年，第277～315页。

[3] 成都市文物考古研究所、郫县博物馆：《四川郫县古城乡汉墓》，《考古》2004年第1期。

[4] 洛阳市文物工作队：《洛阳出土瓦当》，科学出版社，2007年，第175页。

盆、陶罐的表面常施加有一层较为光滑的黑色陶衣，瓦当的表面也多带黑色陶衣，并且有涂朱的做法。除施加黑色陶衣和涂朱外，其他装饰技法还见有模印、刻划、戳印等。泥质陶器的类型以A型Ⅲ式钵、A型Ⅳ式钵、B型Ⅰ式钵、B型Ⅱ式钵、B型Ⅲ式钵、B型Ⅳ式钵、B型Ⅴ式钵、Ca型钵、Cb型钵、Da型钵、Db型钵、E型钵、A型盆、B型盆、C型盆、D型盆、E型盆、A型罐、B型罐、C型罐、Da型罐、Db型罐、Ea型罐、Eb型罐、B型釜、C型釜、A型瓮、A型灯、A型器柄等为代表；瓦当的数量多，类型丰富，以Eb型云纹瓦当、Ec型云纹瓦当、Ed型云纹瓦当、Ee型云纹瓦当、Ef型云纹瓦当、莲花纹瓦当、B型文字瓦当、A型卷轮纹瓦当等为代表。铜钱有五铢、太平百钱、定平一百、直百等。

　　A型Ⅲ式钵、B型Ⅲ式钵和B型Ⅴ式钵的内底都有模印的方框花纹，这种做法年代较早的例子见于四川宝兴东汉永建五年（公元130年）墓出土的灰陶钵[1]，成都土桥曾家包汉墓出土的陶钵内底也带有这种印纹，发掘者认为墓葬年代约在东汉晚期[2]，但若参考墓内出土的青瓷罐、碗、盏的形制，则墓葬年代极有可能要晚到蜀汉时期。B型Ⅱ式钵、B型Ⅲ式钵为敛口，饼足，与成都西郊西窑村M15出土的陶钵比较接近，唯后者的腹壁呈圆弧状，西窑村M15内伴出了太平百钱和直百五铢，故墓葬年代应在蜀汉时期[3]。B型Ⅴ式钵的底部带圈足，足墙外缘斜削一刀形成折面，A型瓮的肩部微折，模印一周网格纹，这两种陶器的残片都见于德阳绵竹城遗址的北城墙夯土内，同层位共存的铜钱最晚为"蜀汉五铢"[4]。陶灯为四川地区东汉晚期至蜀汉墓葬中常见的随葬品之一，且器形的延续时间较长，如成都土桥曾家包汉墓、中江塔梁子M3[5]、崇州五道渠蜀汉墓[6]和西昌南坛村蜀汉建兴五年（公元227年）墓[7]等均有出土，晚至成都中海国际社区西晋元康八年（公元298年）墓[8]仍有发现。Ca型钵为平底，敞口，外壁口沿下内束形成一周凹槽，相同的陶钵也见于中海国际社区西晋元康八年（公元298年）墓。再考察瓦当的类型，属于本期的瓦当以E型云纹瓦当的数量最多，其纹饰的显著特征是边轮与当面之间环绕一周网格纹，与《四川出土六朝瓦当初步研究》[9]一文划分的C型云纹瓦当接近，后者流行的年代约在东汉末至蜀汉时期。五铢钱中的D型即所谓"对文五铢"，大量流行于东汉末[10]，太平百钱、定平一百和直百则为比较明确的蜀汉钱币[11]。

　　据以上分析推测，第二期的年代主要在东汉末至蜀汉时期，下限或至西晋初年。

　　需要特别指出的是，第二期遗存中的H61、H70、H71、H72、H76、H77、H79、H93、H99叠压

[1]　宝兴县文化馆：《夹金山北麓发现汉墓》，《文物》1976年第11期。

[2]　成都市文物管理处：《四川成都曾家包东汉画像砖石墓》，《文物》1981年第10期。

[3]　成都市文物考古研究所：《成都市西郊土坑墓、砖室墓发掘简报》，《成都考古发现（2001）》，科学出版社，2003年，第105~109页。

[4]　四川省文物考古研究院、德阳市文物考古研究所、旌阳区文物保护管理所：《2004年四川德阳"绵竹城"遗址调查与试掘》，《四川文物》2008年第3期。

[5]　四川省文物考古研究院、德阳市文物考古研究所、中江县文物保护管理所：《中江塔梁子崖墓》，文物出版社，2008年，第85页。

[6]　四川省文物管理委员会、崇庆县文化馆：《四川崇庆县五道渠蜀汉墓》，《文物》1984年第8期。

[7]　凉山州博物馆：《四川凉山西昌发现东汉、蜀汉墓》，《考古》1990年第5期。

[8]　成都文物考古研究所：《中海国际社区晋墓发掘简报》，《成都考古发现（2004）》，科学出版社，2006年，第111~117页。

[9]　易立：《四川出土六朝瓦当初步研究》，《考古》2014年第3期。

[10]　唐石父主编：《中国古钱币》，上海：上海古籍出版社，2001年，第116页。

[11]　张勋燎：《从考古发现材料看三国时期的蜀汉货币》，《四川大学学报》1984年第1期。

于第⑦层下，H43、H44、H45、H54、H57、H59叠压于第⑧层下，这些灰坑之间没有明显的打破关系，且地层和灰坑的出土遗物在类型组合和形制特征上都十分接近，有可能属于短时间内一次性形成的堆积。参考出土陶器、瓦当和铜钱，第二期的年代主要在东汉末至蜀汉时期，下限可至西晋初年。另外，F2被第⑦、⑧层以及多个灰坑所叠压和打破，故其应当属于第二期遗存中年代最早的遗迹单位。首先，F2的夯土台基直接叠压第一期的灰坑，夯土层内还夹杂了较多战国至西汉时期的陶器和云纹瓦当残片，应是破坏年代较早的文化堆积所致，可知其修筑年代不会早于西汉。其次，第6号柱础坑内出土1件莲花纹瓦当，这是进一步判断F2年代上限的重要依据。四川地区的莲花纹瓦当较早的考古材料见于乐山麻浩1号崖墓（麻ⅠM1）[1]，其墓门和前室雕刻的仿木结构屋檐上即表现有两种莲花纹瓦当的图像，当面圆心一周均外绕四朵莲瓣，瓣间带分隔线，一种分隔线的末端附加云纹装饰。关于这座墓葬的年代，目前大约有两种意见，唐长寿先生认为上限在东汉晚期，下限可到蜀汉[2]；何志国先生则通过对墓葬形制、建筑结构、开凿次第及画像风格等方面的分析得出"（墓葬）年代应为东汉晚期，其下限不超过公元二世纪"的结论[3]。与麻浩1号崖墓的莲花纹瓦当相比，F2出土物的莲花瓣间虽也带分隔线，但瓣体数量多，分布密集，且不再与传统的云纹相组合，有可能属于出现时间相对较晚的新样式。综合考虑，F2的修筑年代可界定在东汉末或稍晚，沿用至蜀汉时期。另外，F2的柱础坑呈现方形和圆形两种，坑内构筑方式存在明显差异，说明建筑本身可能在沿用过程中有过修缮和改建。

还需要注意到，第二期遗存中出土了大量东汉及东汉以前的陶器和瓦当等建筑构件，这些出土物根据时代特征大致可分作三组：

第Ⅰ组的陶器均为夹砂陶，类型有A型圆底釜、B型圆底釜、C型圆底釜、Ⅰ式尖底盏、Ⅱ式尖底盏等，器表流行素面，仅釜的腹部及底部有大片简单的绳纹装饰。

A型圆底釜的颈部较长，腹部圆鼓，与成都商业街大墓[4]及什邡城关M25、M69[5]出土的陶圆底釜相同，商业街大墓的年代约在战国早期，城关M25的年代约在战国早期偏早阶段；C型圆底釜的最大径位于腹中部或偏下，与大邑五龙M4[6]、什邡城关M69出土的陶圆底釜相同，这两座墓的年代也都在战国早期；尖底盏是巴蜀地区船棺葬中常见的随葬品之一，主要流行于西周晚期至战国早期，战国早期以后已很少见并逐步消失[7]。本组所见的Ⅰ式尖底盏底部带有乳状突，还保留了春秋时期的器形特征，如金沙遗址星河路西延线M2725出土的尖底盏，该墓的年代上限可以到春秋末，下限不会晚于战国初[8]；Ⅱ式尖底盏为敛口，小尖底，与成都商业街大墓、什邡城关M69和成都文庙西街

[1] 乐山市文化局：《四川乐山麻浩一号崖墓》，《考古》1990年第2期。
[2] 唐长寿：《乐山麻浩、柿子湾崖墓佛像年代新探》，《东南文化》1989年第2期；乐山市文化局：《四川乐山麻浩一号崖墓》，《考古》1990年第2期。
[3] 何志国：《四川乐山麻浩一号崖墓年代商榷》，《考古》1993年第8期。
[4] 成都文物考古研究所：《成都商业街船棺葬》，文物出版社，2009年，第100页。
[5] 四川省文物考古研究院、德阳市文物考古研究所、什邡市博物馆：《什邡城关战国秦汉墓地》，文物出版社，2006年，第94、257页。
[6] 四川省文管会、大邑县文化馆：《四川大邑五龙战国巴蜀墓葬》，《文物》1985年第5期。
[7] 陈云洪：《四川地区船棺葬的考古学观察》，《边疆考古研究（第17辑）》，科学出版社，2015年，第257～259页。
[8] 成都文物考古研究所：《金沙遗址星河西路西延线地点发掘简报》，《成都考古发现（2008）》，科学出版社，2010年，第75～140页。

M2出土的尖底盏具有相同的器形特征，前两座墓的年代均在战国早期，后一座墓的年代较晚，约在战国中期[1]。

综合考虑，第Ⅰ组遗物的年代约在战国早期。

第Ⅱ组的陶器仍以夹砂陶为主，类型有钵、壶、瓮、Aa型豆、Ba型豆、Bb型豆、C型豆、A型罐、A型器足、器盖等，器表流行素面，仅罐的腹部装饰有刻划的一周"X"纹。瓦当的数量很少，有素面和云纹两类，云纹瓦当以Da型Ⅰ式为代表。

Aa型豆的柄部较高，中间不带节突，与犍为金井乡M6出土陶高柄豆相同，该墓的年代约在战国晚期[2]；Ba型豆、Bb型豆和C型豆在四川地区船棺葬中主要流行于第三期的二、三段，以新都马家木椁墓[3]、蒲江飞龙村M1[4]和什邡城关M79[5]等出土的陶豆为典型，年代相当于战国中、晚期[6]；A型罐腹部刻划的"X"纹也见于彭州龙泉村遗址H14出土的陶器盖上，该遗址的年代约在战国晚期[7]。此外，就素面瓦当在陕西、河南、山东等地的出土情况看，其主要流行于战国时期，秦及西汉初逐渐减少[8]。Da型Ⅰ式云纹瓦当的当心模印"半两"铜钱纹，且云纹卷曲的特征与秦都栎阳遗址出土的Ⅱ式瓦当[9]比较接近，其年代属于秦至西汉早期的可能性较大。

综合考虑，第Ⅱ组遗物的年代约在战国晚期至西汉早期。

第Ⅲ组以陶器为主，泥质陶的比例很高，夹砂陶罕见，类型以A型Ⅰ式钵、A型Ⅱ式钵等为代表，器表流行素面。瓦当以云纹为主。

A型Ⅰ式钵为敞口，折腹，平底，转折处位于腹中部，上腹壁略内曲，这种形制的钵在西汉早期已经出现，如什邡城关M67出土的陶钵[10]，较晚的例子见于重庆临江支路M3[11]和青白江大同磷肥厂M5[12]，墓葬年代均在西汉中期偏晚。A型Ⅱ式钵基本形制与A型Ⅰ式钵接近，上、下腹壁仍有明显内曲的现象，但腹部转折处居中，应属于年代相对较晚的特征，与青白江大同磷肥厂M13和M16出土的陶钵相同，墓葬年代约在西汉晚期至东汉早期[13]。

综合考虑，第Ⅲ组遗物的年代约在西汉晚期至东汉早期。

————————————

[1]　成都市文物考古研究所：《成都市文庙西街战国墓葬发掘简报》，《成都考古发现（2003）》，科学出版社，2005年，第256页。

[2]　四川省文物管理委员会：《四川犍为金井乡巴蜀土坑墓清理简报》，《文物》1990年第5期。

[3]　四川省博物馆、新都县文物管理所：《四川新都战国木椁墓》，《文物》1981年第6期。

[4]　成都文物考古研究所、蒲江县文物管理所：《蒲江县飞龙村盐井沟古墓葬》，《成都考古发现（2011）》，科学出版社，2013年，第341页。

[5]　四川省文物考古研究院、德阳市文物考古研究所、什邡市博物馆：《什邡城关战国秦汉墓地》，文物出版社，2006年，第99页。

[6]　陈云洪：《四川地区船棺葬的考古学观察》，《边疆考古研究（第17辑）》，科学出版社，2015年，第259、260页。

[7]　成都文物考古研究所、彭州市博物馆：《彭州市太清乡龙泉村遗址战国时期文化遗存2003年发掘报告》，《成都考古发现（2004）》，科学出版社，2006年，第303页；成都文物考古研究所、彭州市博物馆：《四川彭州市龙泉村遗址战国遗存》，《考古》2007年第4期。

[8]　申云艳：《中国古代瓦当研究》，文物出版社，第11~119页。

[9]　陕西省文物管理委员会：《秦都栎阳遗址初步踏查记》，《文物》1966年第1期。

[10]　四川省文物考古研究院、德阳市文物考古研究所、什邡市博物馆：《什邡城关战国秦汉墓地》，文物出版社，2006年，第142页。

[11]　重庆市博物馆：《重庆市临江支路西汉墓》，《考古》1986年第3期。

[12]　成都文物考古研究所、青白江区文物保护管理所：《成都市青白江区大同磷肥厂工地汉墓发掘报告》，《成都考古发现（2008）》，科学出版社，2010年，第311页。

[13]　成都文物考古研究所、青白江区文物保护管理所：《成都市青白江区大同磷肥厂工地汉墓发掘报告》，《成都考古发现（2008）》，科学出版社，2010年，第316、333页。

　　这三组遗物均出土于汉末晋初的地层和遗迹单位内，应视作是当时的人为活动破坏了年代较早的文化堆积所致。

　　另外，再附带讨论一下H99出土石犀的制作年代。首先，如前所述。H99的形成年代约在汉末晋初，但这个时间点只能代表石犀最后被掩埋的年代，而无法作为考察其制作年代的依据。石犀本身的雕刻风格也显示，其制作年代要大大早于埋藏年代。就四川地区的汉代兽形圆雕而言，年代主要集中于东汉。20世纪初叶，法国学者色伽兰（Victor Segalen）在四川境内调查时注意到汉代石阙、石碑前所立的这些石兽，并将相关材料简单记述在其所著的《中国西部考古记》一书中[1]。从现在长江上游地区的考古发现情况看，东汉石兽在四川雅安、芦山和重庆忠县等地都有分布，整体一般作立姿行进状，体态修长，躯干两侧带双翼，面部似虎或狮，有的学者冠以"天禄"、"辟邪"、"麒麟"等名，或以"有翼神兽"概称[2]。从这些石兽的特征看，其采用浅浮雕技法，雕刻精细，肌肉、鬃毛、胡须、脚趾等部位均表现清晰，且脚下多带有底座，与天府广场东北侧古遗址出土的石犀差异十分显著。毫无疑问，二者当属于不同时代的产物，结合后者整体粗犷古朴的雕刻风格，可知其制作年代至少应在东汉以前。其次，与石犀造型和风格相近的犀形象还见于昭化宝轮院M3及M50[3]、什邡城关M95[4]、宣汉罗家坝M36[5]、荥经同心村M17[6]等出土的铜印章和带钩上，墓葬年代主要在战国晚期。另外，石犀表面雕刻的云纹图案对于考察其制作年代也很有借鉴意义，这类云纹的线性特征较为明显，且为单线，卷曲程度不大，风格简洁明快，相同特征的云纹图案还见于青川郝家坪M1出土的漆碗、M26和M50出土的漆奁[7]和荥经曾家沟M21出土的漆盒[8]等，墓葬年代为战国中、晚期。除漆器外，秦咸阳宫一、二号建筑遗址[9]和秦栎阳城遗址[10]出土的瓦当也带有类似的云纹图案，大多属于战国晚期至西汉前期的遗物。据以上分析推测，出土石犀制作年代约在战国晚期或略晚。

[1]　（法）色伽兰著、冯承钧译：《中国西部考古记》，中华书局，2004年，第5～14页。

[2]　霍巍：《四川东汉大型石兽与南方丝绸之路》，《考古》2008年第11期；霍巍：《神兽西来：重庆忠县新发现石辟邪及其意义初探》，《长江文明》（第一辑），重庆出版社，2008年，第20～27页。

[3]　四川省博物馆：《四川船棺葬发掘报告》，文物出版社，1960年，第60、125页。

[4]　四川省文物考古研究院、德阳市文物考古研究所、什邡博物馆：《什邡城关战国秦汉墓地》，文物出版社，2006年，第229页。

[5]　四川省文物考古研究院、达州市文物管理所、宣汉县文物管理所：《宣汉罗家坝》，文物出版社，2015年，第178页。

[6]　四川省文物考古研究所、荥经严道古城遗址博物馆：《荥经县同心村巴蜀船棺葬发掘报告》，《四川考古报告集》，文物出版社，1998年，第263页。

[7]　四川省博物馆、青川县文化馆：《青川县出土秦更修田律木牍——四川青川县战国墓发掘简报》，《文物》1982年第1期。

[8]　四川省文物管理委员会、荥经县文化馆：《四川荥经曾家沟21号墓清理简报》，《文物》1989年第5期。

[9]　秦都咸阳考古工作站：《秦都咸阳第一号宫殿建筑遗址简报》，《文物》1976年第11期；秦都咸阳考古工作站：《秦咸阳宫第二号建筑遗址发掘简报》，《考古与文物》1986年第4期。

[10]　中国社会科学院考古研究所栎阳发掘队：《秦汉栎阳城遗址的勘探和试掘》，《考古学报》1985年第3期。

第四章　两晋南朝文化遗存

第一节　遗迹

两晋南朝时期的遗迹有井、灰坑、灰沟和排水沟（图七〇）。

一　井

1座。编号J1。

J1

位于TN03W01南部（图七一；彩版一五，1），为土圹砖井，叠压于第⑥层下，打破第⑦层、第⑧层和生土。井残深2.93米，井口直径0.88、井圹直径1.57米，底部打破生土层。井壁由长方形青色弧形砖砌筑而成，砖厚4.0厘米。平面近似圆形，壁面较直，底部较平。井身部分一侧保留较好，另一侧破坏较为严重。建造方法为：先开挖圆坑作为井圹，直至生土，再用弧形砖丁砌成井壁，每两砖间有与井壁相垂直的丁砖伸入井圹，起加强井壁的受压度作用。一共八块。井圹填夹砖块的青黄色花土。井内填土为带黏性、呈块状的黄褐色花土，夹杂大量瓦砾，出土陶器有瓮、钵、缸、罐。

二　灰坑

41个。平面呈长方形、半圆形、椭圆形、卵形、不规则形等几种。

1．H25

位于TN03W01中部（图七二，1），叠压于第⑤层下，打破第⑥层，被H14打破，打破J1。平面呈长方形，上壁较直，中部南北两端平折，形成类似二层台的部分，二层台宽0.50～0.60米，坑底部较平整。坑口长3.00、宽0.76～0.80米，坑底长1.90、宽0.48、深约0.50米。坑内填较黏、细颗粒状的灰褐色土，中部夹杂较多的红砂石颗粒，出土物以泥质灰陶器为主，可辨有碗、盆等，瓷器数量很少，只见有碗。

北 ←

未 发 掘

H119

H63

H69

H74

H73

H23

H36 H24 H25 H26

H33 H41 H37 G2 H46

H105 H38 H31 H40 H42 H51 H34 H48

H30 H35 H58 宋代坑 H5 H47 H54 H50 H56

H32 H5 H48 宋代坑 H29 H16

G3 H65 H88

G9 H101

H97

宋代H13 H82

五代井J9 H100

G10 H92

H91 H83

H90

五代H81

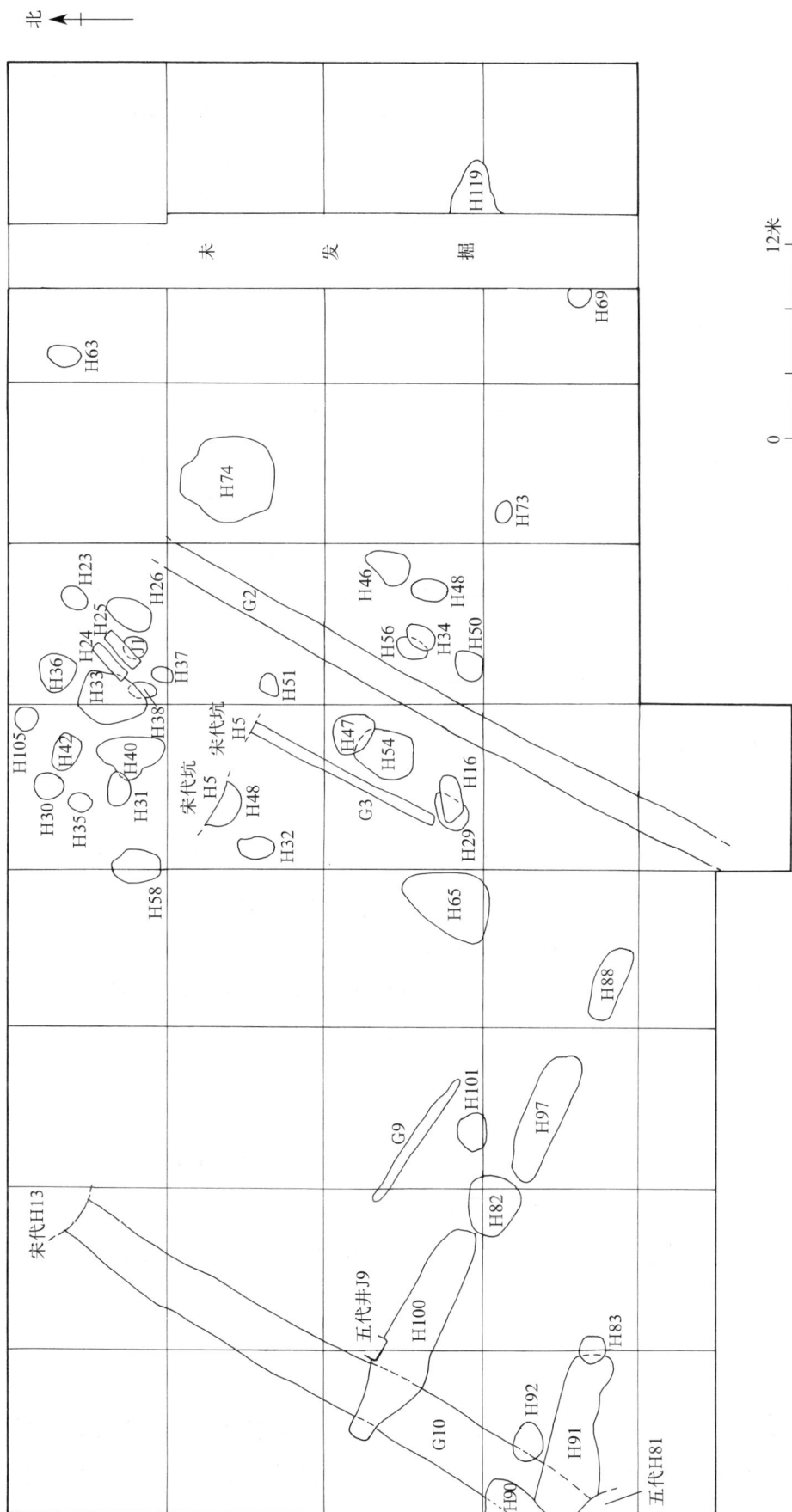

图七〇 两晋南朝遗迹平面分布图

0 12米

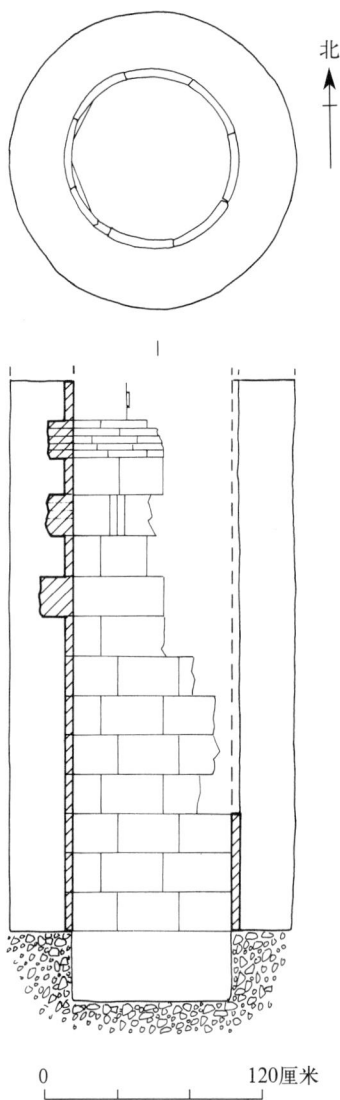

图七一　两晋南朝J1平、剖面图

2．H26

位于TN03W01中部偏南（图七二，2；彩版一五，2），叠压于第⑤层，打破第⑥层。平面近似卵形，斜直壁，坑壁西部坡度较平缓，东部坡度较陡，坑底较平整。长3.02、宽1.88、深0.26米。坑内为灰褐色填土，颗粒较粗，带有黏性，包含较多的烧土颗粒、灰烬和炭屑，出土物以泥质灰陶器为主，可辨罐、盆、甑等，另有零星的铜钱。

3．H33

位于TN03W01西部（图七二，3），叠压于第⑥层，打破第⑦、⑧层和生土，被H24打破，打破H38。揭露部分平面为不规则形状，其余部分向西延伸至探方外。斜壁，南面坑壁斜坡较平缓，北面斜坡较陡，坑底略带弧度呈锅状底。长4.76、宽2.64、深约1.40米。坑内为黑褐色填土，土质较黏，成块状，含较多的灰烬和炭屑，出土物以泥质灰陶碗为主，另有零星的陶瓮和青瓷碗残片。

4．H40

位于TN03W02东南部（图七二，4），叠压于第⑤层下，打破第⑥层，被H5、H31打破，打破H43。平面呈不规则形状，斜壁带弧度，坑底较平整，长4.28、宽2.54、深0.52米。坑内为颗粒状的灰黑色填土，土质疏松，带有黏性，包含较多的灰烬和炭屑，出土物以泥质灰陶器为主，可辨碗、盏、盆、灯、盘口壶、釜等，另有零星的青瓷碗和瓦当残片。

5．H42

位于TN03W02东北部（图七三，1），叠压于第⑤层下，打破第⑥层，打破H44。平面近似长方形，西部坑壁斜直，东部坑壁呈垂直状，坑底较平整，长2.20、宽1.56、深1.02米。坑内填土为灰黑色土，土质稍黏，包含较多瓦砾，出土物以泥质灰陶和褐陶器为主，可辨碗、盏、罐、盆、盘口壶、釜、瓮等。

6．H46

位于TN01W01东部（图七三，2），叠压于第⑥层下，打破第⑦层。揭露部分平面为不规则形状，其余部分向东延伸至探方隔梁内。坑口北高南低，坑壁斜直较陡，坑底较平整，南部略凹陷，

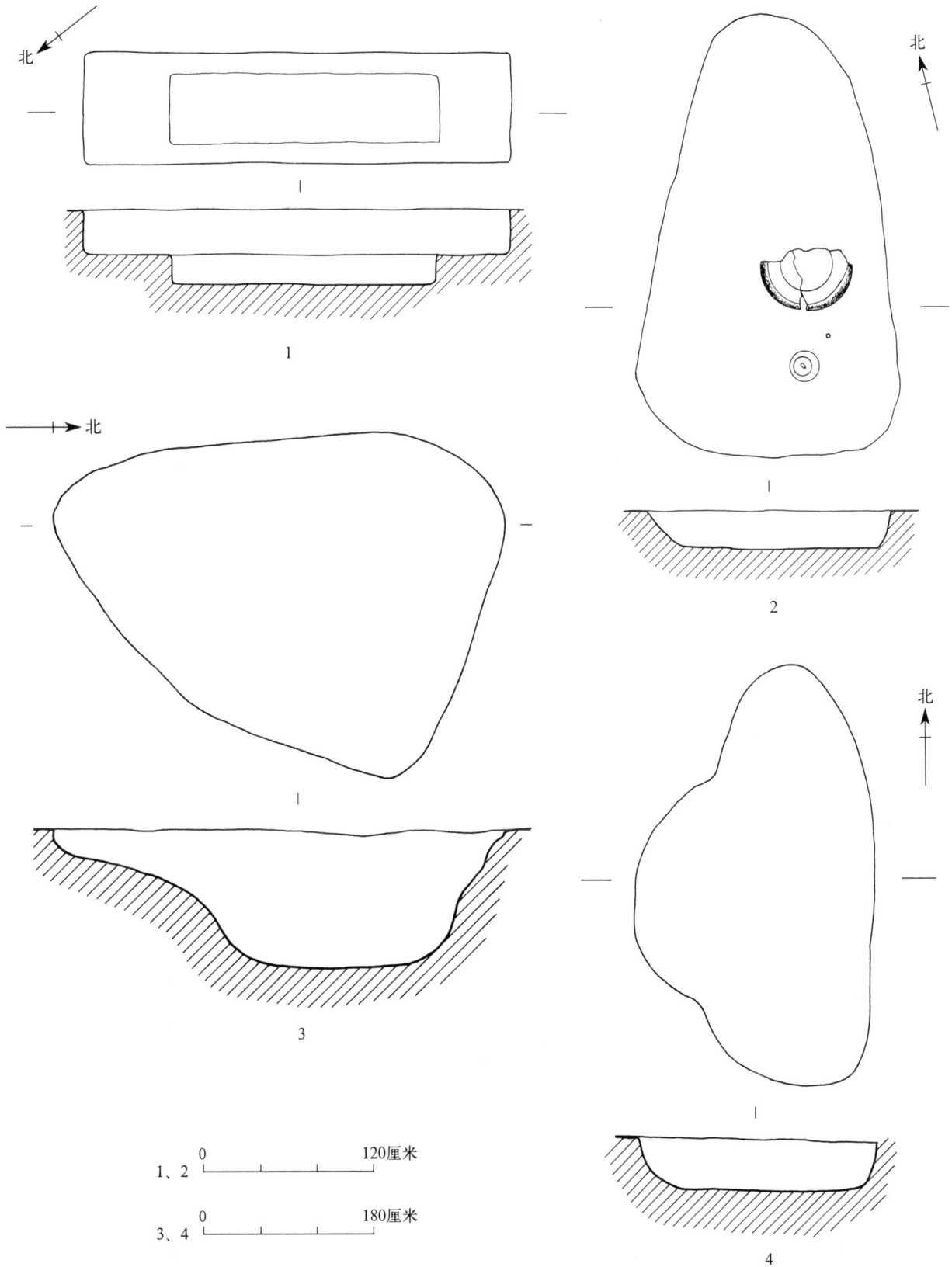

图七二 两晋南朝灰坑平、剖面图

1. H25 2. H26 3. H33 4. H40

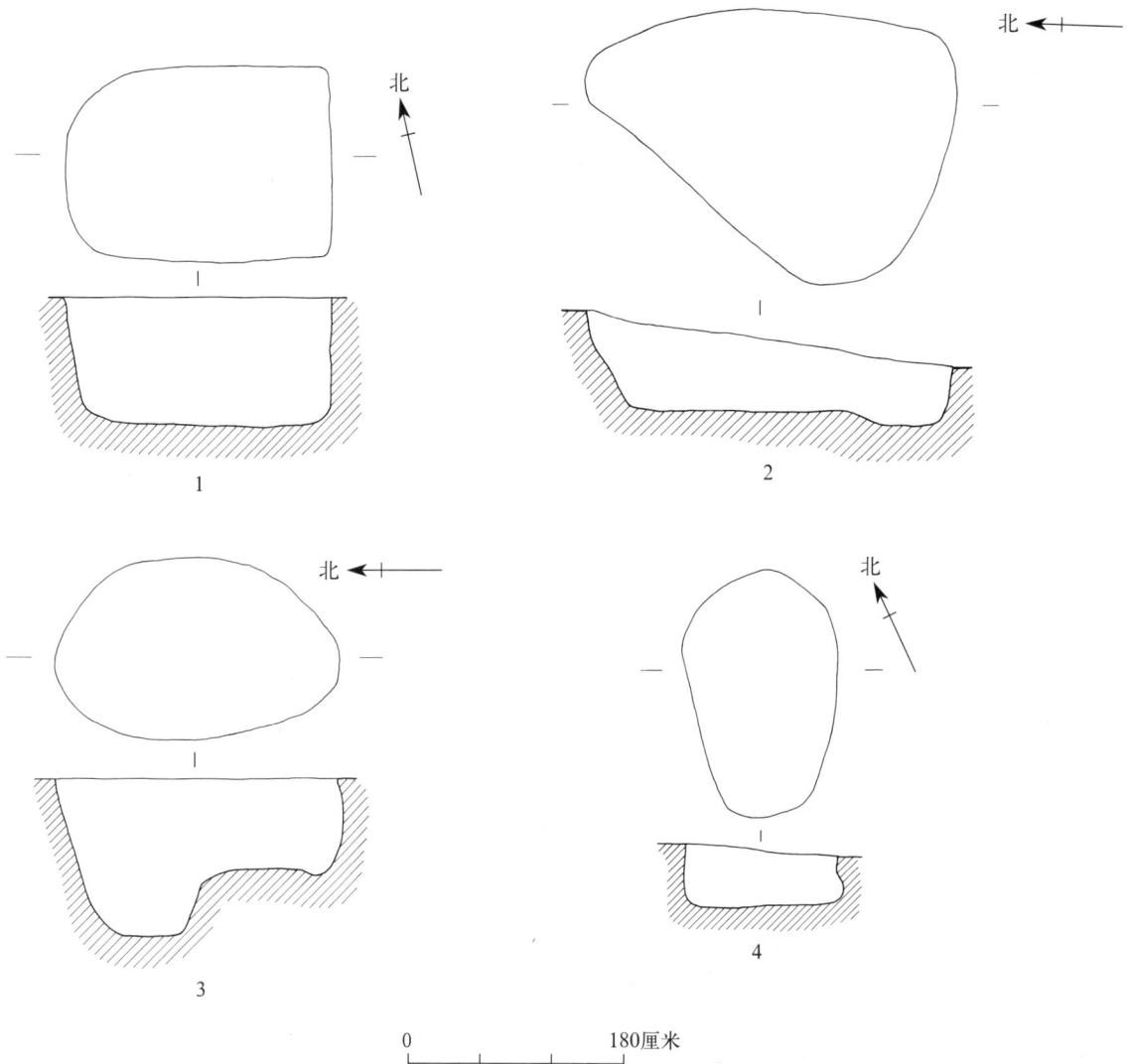

图七三　两晋南朝灰坑平、剖面图

1. H42　2. H46　3. H48　4. H56

长3.02、宽1.44、深0.50～0.70米。坑内为深黑色填土，土质较黏，含有大量灰烬和烧土颗粒，夹杂瓦砾，出土物可辨类型较少，有泥质陶碗、青瓷碗等。

7．H48

位于TN01W01东南部（图七三，3；彩版一五，3），叠压于第⑥层，打破第⑦、⑧层和生土，被H5打破。平面近似椭圆形，坑壁北部斜直内收，坑壁南部近垂直略带弧度，坑底南部较高，起伏不平，坑底北部凹陷形成锅状底。长2.36、宽1.46、深0.72～1.26米。坑内为黑、暗黄杂色填土，土质较黏、颗粒较粗，含有大量灰烬和烧土颗粒，夹杂瓦砾，出土物以泥质灰陶器为主，可辨碗、罐、瓮等，另有零星的青瓷碗和瓦当残片。

8. H56

位于TN01W01中部（图七三，4），叠压于第⑥层，打破第⑦层，被H34打破。平面近似椭圆形，坑壁西部较垂直，东壁下部外弧形成袋状，坑底较平整。长1.98、宽1.88、深0.38～0.50米。坑内为黑、暗黄、灰三色杂土，呈粗颗粒状，堆积较疏松，稍带黏性，包含大量灰烬和炭屑，出土物有泥质灰陶器和青瓷器两类，器形可辨碗、盏、盆、罐、器盖、砚台等，另有少量的绳纹板瓦和筒瓦残片。

9. H58

位于TN03W02西南部（图七四，1），坑口被H5打破，叠压层位不明，打破第⑥层。平面近似半圆形，斜壁带弧度，坑底大部分较平整，南部略有凹陷。长3.16、宽1.14、深0.36米。坑内为褐色红烧土与暗黄色沙性土相混合的杂土，堆积较疏松，颗粒较粗，包含大量的瓦砾，出土物以泥质灰

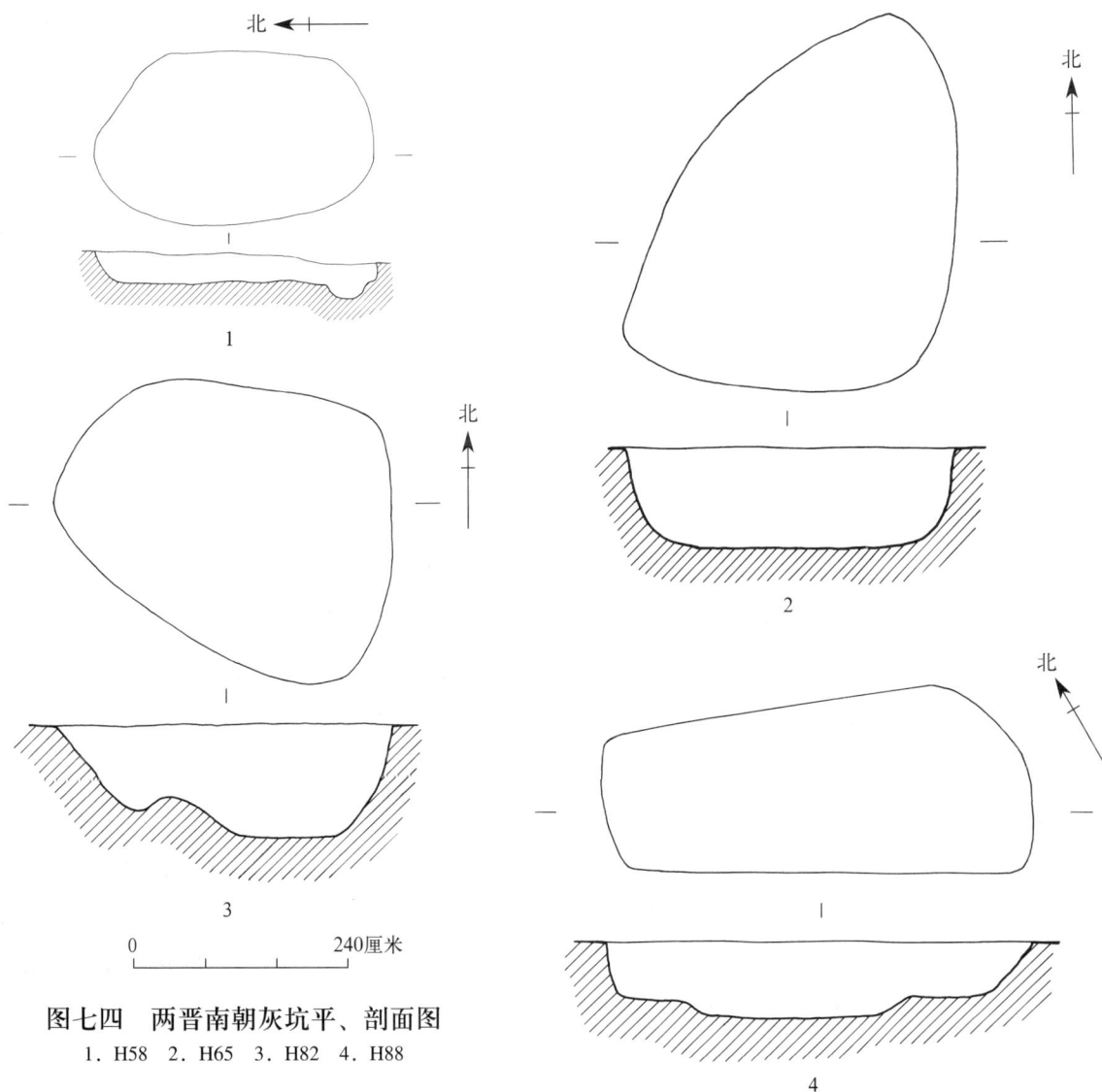

图七四　两晋南朝灰坑平、剖面图
1. H58　2. H65　3. H82　4. H88

陶和褐陶器为主，器形可辨碗、盏、盆、盘口壶等，另有少量的青瓷碗、盏残片和铜钱。

10．H65

位于TN01W03和TN01W02内（图七四，2），南面一部分延伸至探方外。叠压于第⑥层下，打破第⑦、⑧层和F2，开口局部被晚期坑打破。揭露部分的坑口平面呈扇形，长3.50、宽3.00、深1.10米。坑壁斜弧内收，坑底部较平整，填土呈灰褐色，带一定沙性，包含大量的建筑瓦砾和烧土块，建筑瓦砾以绳纹板瓦和筒瓦的残片为主，另见有零星的陶钵和青瓷器残片。

11．H82

位于TS01W04、TS01W05、TN01W04和TN01W05交界处（图七四，3）。坑口被施工破坏，叠压层位不明，打破第⑦层、F2和生土。平面呈不规则形状，斜直壁，坑壁西部斜坡较平缓，坑壁东部斜坡较陡，坑底起伏不平。长3.90、宽3.04、深1.22米。坑内为黑灰色与暗黄色相混合色杂土，堆积较疏松，土质较黏，颗粒较粗，含较多的灰烬、炭屑和少量红烧土块。出土物有泥质灰陶器和青瓷器两类，器形可辨碗、盏、罐、盆、瓮等，另有少量的绳纹板瓦、筒瓦和瓦当残片。

12．H88

位于S01W03西南部（图七四，4），坑口被施工破坏，叠压层位不明，打破第⑦层、F2和生土。平面呈不规则形状，斜直壁，坑壁西部斜坡较陡，坑壁东部斜坡较平缓，坑底较平整，中部略凹陷。长4.90、宽1.46～2.06、深0.82米。坑内为黑灰色填土，堆积较疏松，稍带黏性，颗粒较粗，包含灰烬和红烧土块，出土物以泥质灰陶器为主，器形可辨碗、盏、盘口壶、瓮等，另有少量的青瓷碗残片。

13．H90

位于TS01W06西北部（图七五，1），坑口被施工破坏，叠压层位不明，打破第⑥、⑦层和H91、G10。揭露部分平面近似扇形，其余部分延伸至探方外。斜直壁，坑壁坡度较陡，坑底凹陷。长3.14、宽2.10、深1.30米。坑内为黑褐色填土，堆积较紧密，带细沙，颗粒较粗，包含灰烬和红烧土块，出土物较少，有陶盆、陶罐、陶釜、青瓷罐、支钉和火照等。

14．H91

位于TS01W06中部（图七五，2），坑口被施工破坏，叠压层位不明，局部被H81、H83和H90打破，打破第⑦层、生土和F2、G10。揭露部分平面为不规则形状，坑壁不完整，坑底较平整，东部略有凹陷。长10.20、宽2.30～3.80、深1.55米。坑内为黑灰色填土，稍带沙性，堆积较疏松，颗粒较粗，包含大量灰烬、炭屑和瓦砾，出土物有青瓷盏、青瓷砚台和火照等。

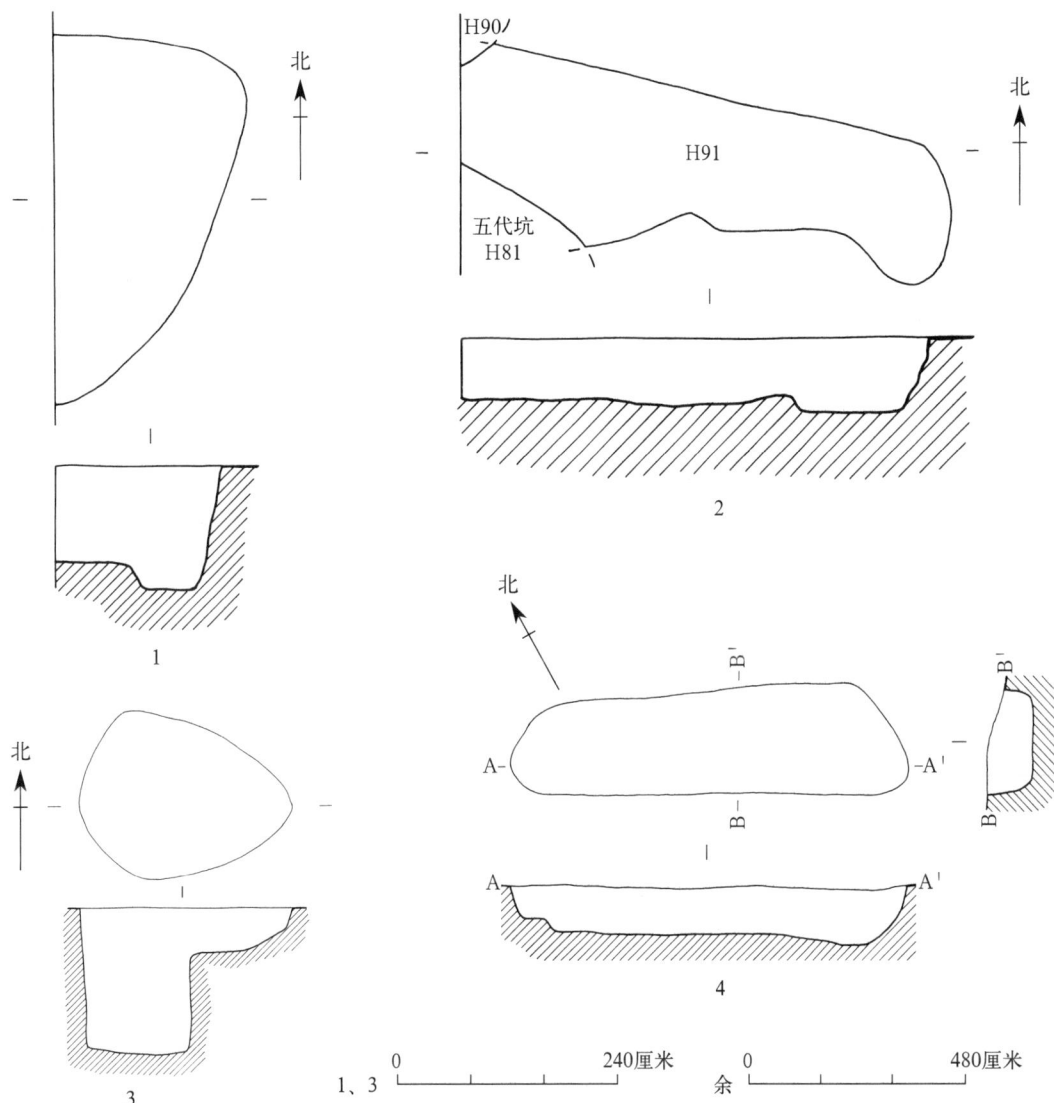

图七五　两晋南朝灰坑平、剖面图

1. H90　2. H91　3. H92　4. H97

15．H92

位于TS01W06中部偏北（图七五，3），坑口被施工破坏，叠压层位不明，打破第⑦层、生土和F2、G10。平面近似卵形，坑壁西部较垂直，东壁上部斜内收，略带弧度，下部较垂直，坑底较平整。长2.30、宽1.80、深1.54米。坑内为黑灰色淤泥土，堆积较紧密，出土物只见有泥质灰陶罐。

16．H97

位于TS01W04中部（图七五，4），坑口被施工破坏，叠压层位不明，打破第⑦层、生土和F2，坑体东北部被H103打破。平面近似椭圆形，坑壁斜内收，略带弧度，坑底略有起伏。长8.75、宽2.00～2.35、深1.15米。坑内为黑褐色填土，堆积较紧密，带黏性，包含灰烬、炭屑和少量红烧土块，出土物以泥质灰陶器为主，器形可辨盆、碗、盏等，另有少量的青瓷碗残片。

17．H100

位于TN01W06东北部和TN01W05南部（图七六，1），坑口被施工破坏，叠压层位不明，打破第⑦层、生土和G10、F2，局部被J9打破。平面近似刀状，坑壁南部斜直内收，坡度较陡，坑壁北部斜内收略带弧度，坑底起伏不平。长14.80、宽1.25～3.60、深1.05米。坑内为黑褐色填土，堆积较紧密，土质较黏，颗粒较粗，包含大量的瓦砾和灰烬、炭屑，出土物有青瓷碗、陶釜、陶盘口壶、陶碗等。

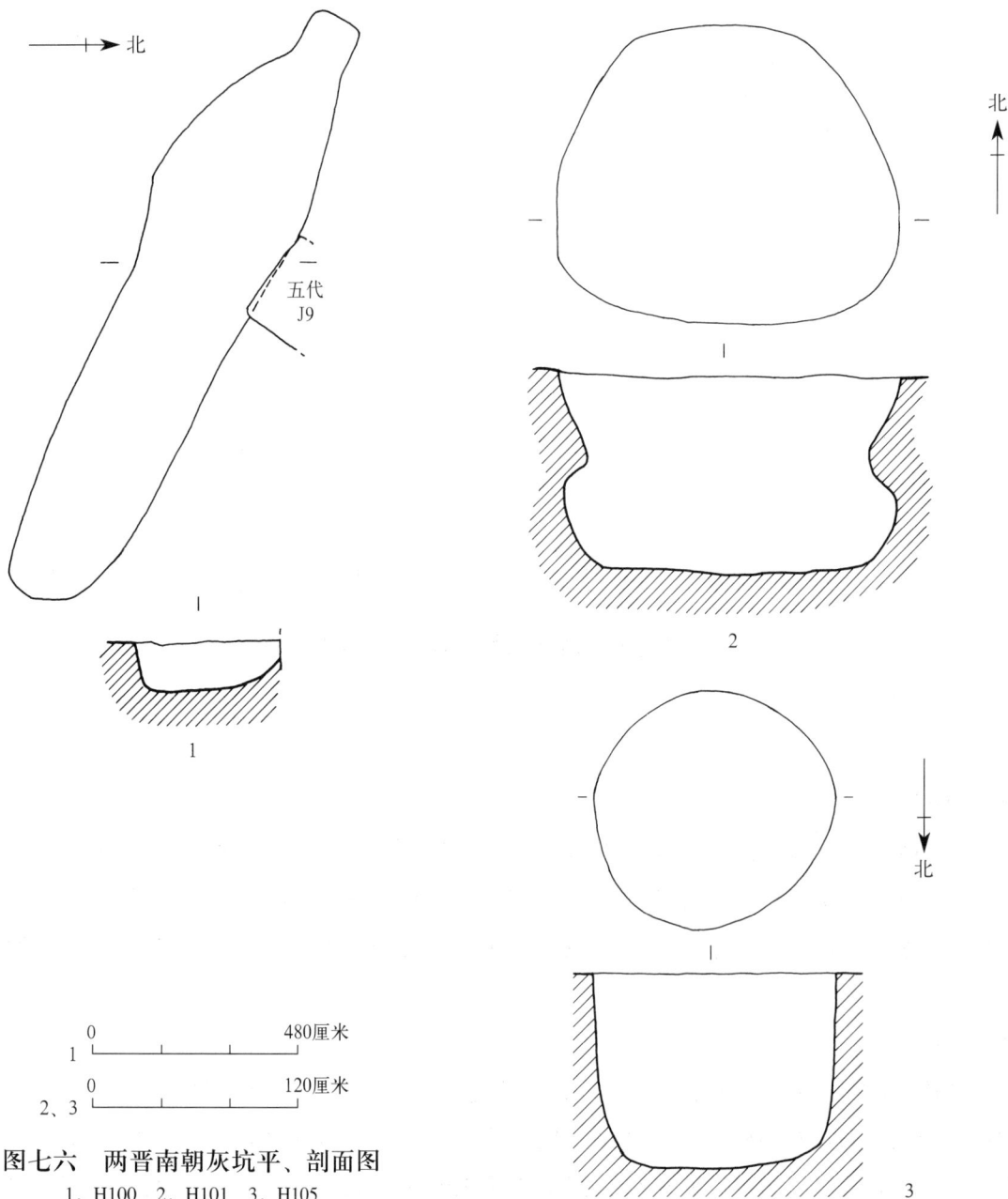

图七六　两晋南朝灰坑平、剖面图

1．H100　2．H101　3．H105

18. H101

位于TN01W04南部（图七六，2），坑口被施工破坏，叠压层位不明，打破第⑦层、生土和F2。揭露部分平面为半圆形，剖面呈袋状，坑底较平整。长1.95、宽1.30、深1.12米。坑内为黑灰色填土，堆积较紧密，带黏性，颗粒较粗，包含较多的灰烬、红烧土块和瓦砾，出土物有青瓷碗、青瓷器盖、陶罐等。

19. H105

位于TN03W02东北部（图七六，3），叠压于第⑤层下，打破第⑥层。揭露部分平面为半圆形，其余部分延伸至探方东隔梁内，未清理，坑壁较垂直，内收，坑底为缓坡状，长1.36、宽0.80、深1.10米。坑内为黑灰色填土，堆积较紧密，土质稍黏，含炭屑、灰烬和红烧土块，出土物以泥质灰陶器为主，可辨碗、盏、罐、盆、瓮、盘口壶等。

三　灰沟

3条。编号G3、G9和G10。

1. G3

位于发掘区中部（图七七，2），分布于TN01W02中部和TN02W02东南部，东北—西南走向，叠压于第⑤层下，打破第⑥层，中部被H2打破，往东北方向延伸被H5打破。揭露部分平面呈长条形，斜直壁，底部起伏不平。残长13.10、宽0.65、深0.62～0.74米。沟内填土呈黑灰色，堆积较松，夹杂较多的烧土块和砖瓦，出土物较少，可辨陶盆、陶罐、陶碗和青瓷碗等。

2. G10

位于发掘区西部（图七七，1；彩版一六，1），分布于TS01W06、TN01W06、TN02W06、TN01W05、TN02W05和TN03W05内，东北—西南走向，叠压于第⑥层下，打破第⑦层、生土和F2，被H13、H81、H90、H91、H92和H100打破。揭露部分平面呈长条形，沟壁上部较垂直，下部斜直内收，沟底略有起伏。长36.80、宽3.10～3.80、深1.45米。沟内填土堆积较紧密，自上而下可分作8层：第①层为灰褐色土，包含少量瓦砾和红烧土块，厚0.10～0.30米；第②层为灰褐色土，夹杂青灰色淤泥，包含少量红烧土块，厚0.25～0.60米；第③层为灰褐色土，夹杂青灰色淤泥，较纯净，厚0.10～0.30米；第④层为青灰色淤泥，较纯净，厚0.05～0.10米；第⑤层为红烧土，夹杂青灰色淤泥，包含少量瓦砾，厚0.05～0.10米；第⑥层为灰色沙土，较纯净，厚0.05～0.10米；第⑦层为青灰色淤泥，夹杂褐色土，包含少量瓦砾，厚0.10～0.25米；第⑧层为青黄色沙土，较纯净，厚0.05～0.15米。出土物以绳纹瓦和云纹瓦当为主，另有零星的青瓷碗残片。

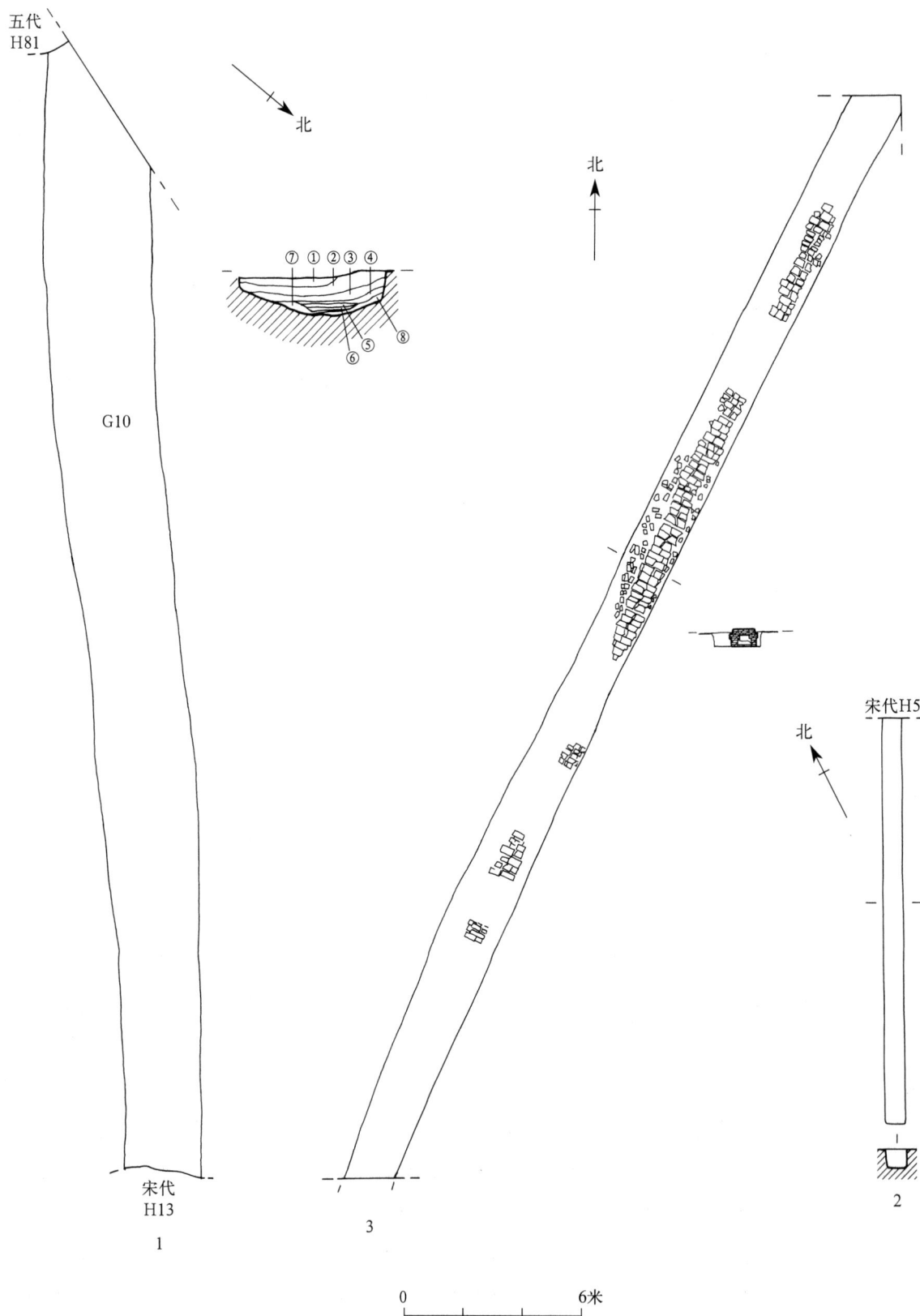

图七七　两晋南朝灰沟与排水沟平、剖面图
1. 灰沟G10　2. 灰沟G3　3. 排水沟G2

四　排水沟

1条。编号G2。

G2

位于发掘区中部（图七七，3；彩版一六，2，一七，1～3），分布于TS01W02、TS02W02、TN01W01、TN01W02、TN02W01、TN03W01和TN03E01内，东北—西南走向，方向24°。叠压于第⑤层下，打破第⑥层，被G4打破，为土圹砖砌暗沟。沟圹部分平面呈长条形，长39.60、宽1.42～1.68、深0.48米，斜直壁，圹底较平整，沟圹内填灰褐色土，包含大量的砖瓦残块及少量卵石。沟体部分砖砌，宽0.46、深0.40米，沟底铺平砖1层，沟壁铺平砖5层，其上覆盖2～3层平砖封闭。用砖多呈青灰色和红褐色，规格较杂乱，多为长方形砖和梯形砖，厚度0.05～0.07米，有的梯形砖一侧残存榫孔，有的砖侧面有模印的菱形纹。沟内填土分上、下两层，上层为灰褐色土，包含较多的灰烬、炭屑和红烧土块，厚0.22米，出土物较少，以泥质灰陶器和青瓷器为主，器形可辨碗、盏、器盖、罐、盆、唾壶等，另有零星的瓦当残片；下层为青灰色淤泥，较纯净，厚0.18米。

第二节　遗物

出土遗物数量多，类型丰富，可分陶器、瓷器、铜器、石器几类，绝大部分遗物出土于两晋南朝地层和遗迹单位内，其余虽出土于两晋南朝以后的地层和遗迹单位内，但仅占少数，属于后世人为活动破坏年代较早的文化堆积后扰入的遗物，且由于它们的时代特征较为明显，故整理过程中也将其挑选出一并做类型划分。

一　陶器

陶质类遗物有陶器和建筑构件两类。

（一）陶器

泥质陶的比例很高，少量为夹砂陶，以灰陶和褐陶为主。器表常饰黑色陶衣，少纹饰，以素面居多，器形可辨陶碗、盏、盆、甑、罐、盘口壶、瓮、釜、砚台、灯、器盖等。

1．陶碗

57件。根据口、腹、底部形态的差异分四型。

A型　32件。圆唇，口沿外刻划一周弦纹，斜腹，腹部略带弧度。根据口部形态的差异分两亚型。

Aa型　13件。敞口或直口。根据腹、底部形态的变化分三式。

　　Aa型Ⅰ式　4件。腹部较浅，平底。

　　标本TN02W02⑥：11，泥质灰陶。口径16.4、底径8.0、高6.2厘米（图七八，1；彩版一八，1）。标本J1：4，泥质灰陶。口径14.8、底径7.4、高5.9厘米（图七八，2）。

　　Aa型Ⅱ式　6件。腹部较Ⅰ式加深，平底。

　　标本H52：6，泥质灰陶。口径13.4、底径7.2、高7.0厘米（图七八，3）。标本H106：3，泥质灰陶。口径15.0、底径7.8、高7.5厘米（图七八，4）。标本H36：2，泥质灰陶。口径16.0、底径8.0、高7.0厘米（图七八，5）。标本H33：5，泥质灰陶。口径16.4、底径7.6、高8.2厘米（图七八，6）。

　　Aa型Ⅲ式　3件。底部出现宽矮的饼足。

　　标本H88：7，泥质灰陶，器表饰黑色陶衣。口径14.8、底径9.0、高7.5厘米（图七八，7）。标本H25：2，泥质灰陶，器表饰黑色陶衣。口径14.0、底径8.2、高6.3厘米（图七八，8）。

　　Ab型　19件。敛口。根据腹、底部形态的变化分三式。

　　Ab型Ⅰ式　1件。腹部较浅，平底。

　　标本J1：1，泥质灰陶。口径15.4、底径8.2、高5.6厘米（图七九，1）。

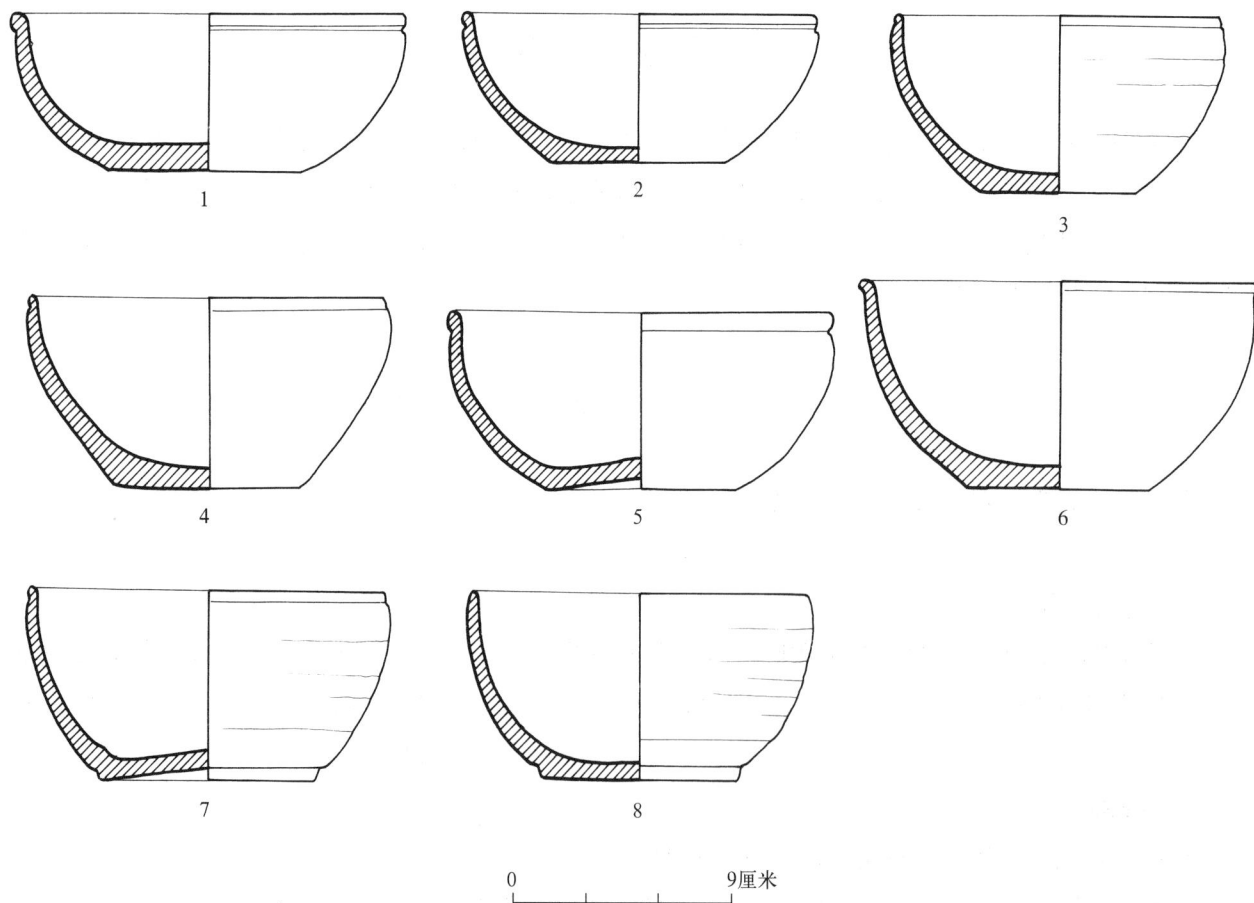

图七八　陶碗

1、2. Aa型Ⅰ式TN02W02⑥：11、J1：4　3～6. Aa型Ⅱ式H52：6、H106：3、H36：2、H33：5　7、8. Aa型Ⅲ式H88：7、H25：2

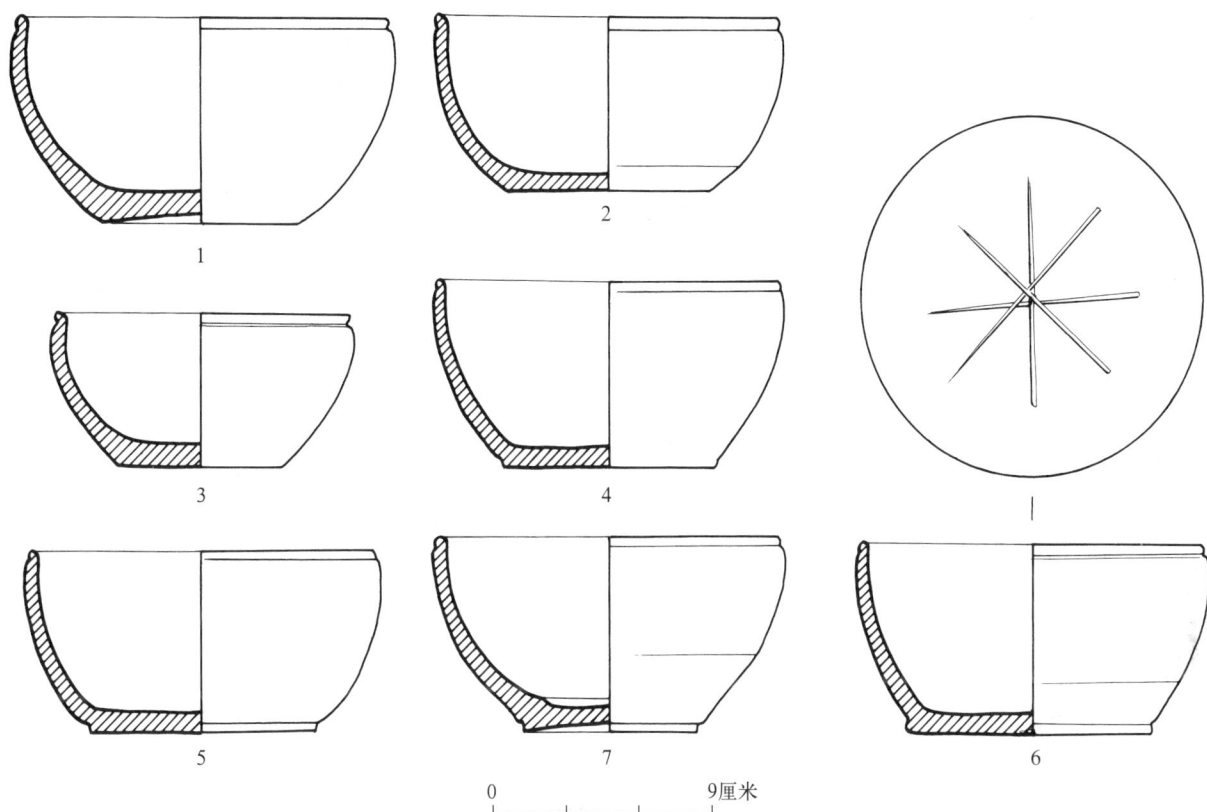

图七九　陶碗

1. Ab型Ⅰ式J1：1　2、3. Ab型Ⅱ式H97：13、H33：8　4～7. Ab型Ⅲ式H88：2、TN03W01⑥：33、TN03W01⑥：78、H33：12

Ab型Ⅱ式　12件。腹部较Ⅰ式加深，平底。

标本H97：13，泥质灰陶。口径14.0、底径8.4、高6.8厘米（图七九，2）。标本H33：8，泥质灰陶。口径12.0、底径6.8、高6.0厘米（图七九，3；彩版一八，2）。

Ab型Ⅲ式　6件。底部出现宽矮的饼足。

标本H88：2，泥质灰陶。口径14.4、底径8.8、高7.4厘米（图七九，4）。标本TN03W01⑥：33，泥质灰陶，内壁涂朱。口径14.4、底径9.4、高7.2厘米（图七九，5）。标本TN03W01⑥：78，泥质灰陶，内底刻划细线纹。口径14.4、底径10.0、高7.5厘米（图七九，6）。标本H33：12，泥质灰陶，器表饰黑色陶衣。口径14.4、底径7.2、高7.7厘米（图七九，7）。

B型　15件。基本形制与A型碗接近，口沿外无弦纹。根据口部形态的差异分两亚型。

Ba型　10件。敞口或直口。

标本H105：13，泥质灰陶，器表饰黑色陶衣。口径15.2、底径7.0、高7.5厘米（图八〇，1）。标本H33：1，泥质灰陶，器表饰黑色陶衣。口径15.0、底径8.0、高8.0厘米（图八〇，2）。标本H40：5，泥质灰陶，器表饰黑色陶衣。口径14.0、底径7.0、高7.3厘米（图八〇，3）。标本H58：2，泥质灰陶，器表饰黑色陶衣。口径12.8、底径6.6、高7.7厘米（图八〇，4）。标本H31：4，泥质灰陶。口径14.4、底径6.0、高6.5厘米（图八〇，5）。

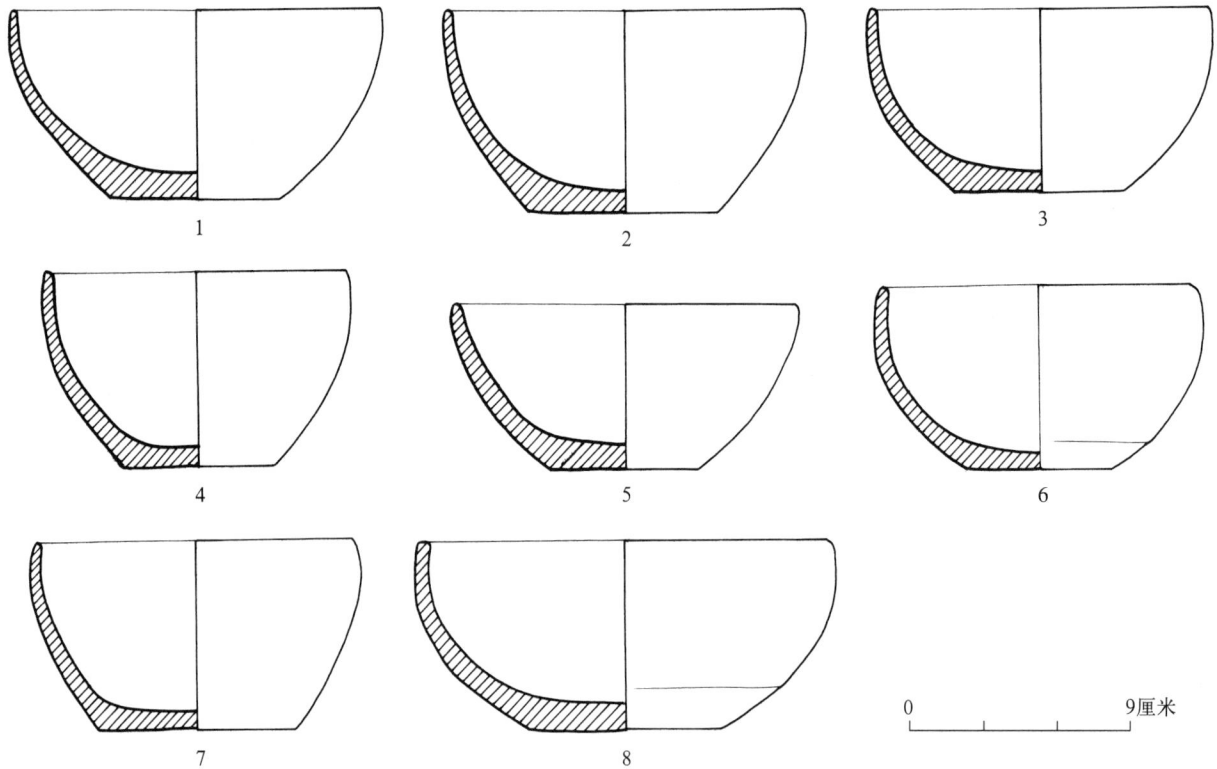

图八〇　陶碗

1~5. Ba型H105：13、H33：1、H40：5、H58：2、H31：4　6~8. Bb型H42：21、H35：1、H48：4

Bb型　5件。敛口。

标本H42：21，泥质灰陶，器表饰黑色陶衣。口径12.9、底径5.7、高7.5厘米（图八〇，6）。标本H35：1，泥质灰陶，器表饰黑色陶衣。口径12.9、底径8.1、高7.5厘米（图八〇，7）。标本H48：4，泥质褐陶，器表饰黑色陶衣。口径17.6、底径8.0、高7.5厘米（图八〇，8）。

C型　8件。尖唇，圆弧腹，腹部较深，饼足。根据足部形态的变化分两式。

C型Ⅰ式　2件。饼足宽矮。

标本H25：6，泥质灰陶，器表饰黑色陶衣。口径14.4、底径7.0、高7.5厘米（图八一，1）。标本TN03W03⑥：5，泥质灰陶，器表饰黑色陶衣。口径11.40、底径6.2、高6.0厘米（图八一，2）。

C型Ⅱ式　6件。饼足较Ⅰ式变小，足部增高，足底内凹。

标本H40：24，泥质灰陶，器表饰黑色陶衣。口径13.0、底径5.2、高7.5厘米（图八一，3）。标本TS01W04⑥：61，泥质灰陶，器表饰黑色陶衣。口径13.8、底径7.0、高7.7厘米（图八一，4）。标本TN02W02⑥：4，泥质灰陶，器表饰黑色陶衣。口径13.6、底径5.2、高7.5厘米（图八一，5）。标本TN01W01⑥：4，泥质灰陶。口径13.9、底径6.2、高7.3厘米（图八一，6；彩版一八，3）。

D型　2件。斜直腹，底部带矮喇叭形圈足。

标本H46：2，泥质灰陶。底径6.4、残高4.6厘米（图八一，7）。标本H100：7，泥质褐陶。口径12.9、底径8.0、高6.8厘米（图八一，8；彩版一八，4）。

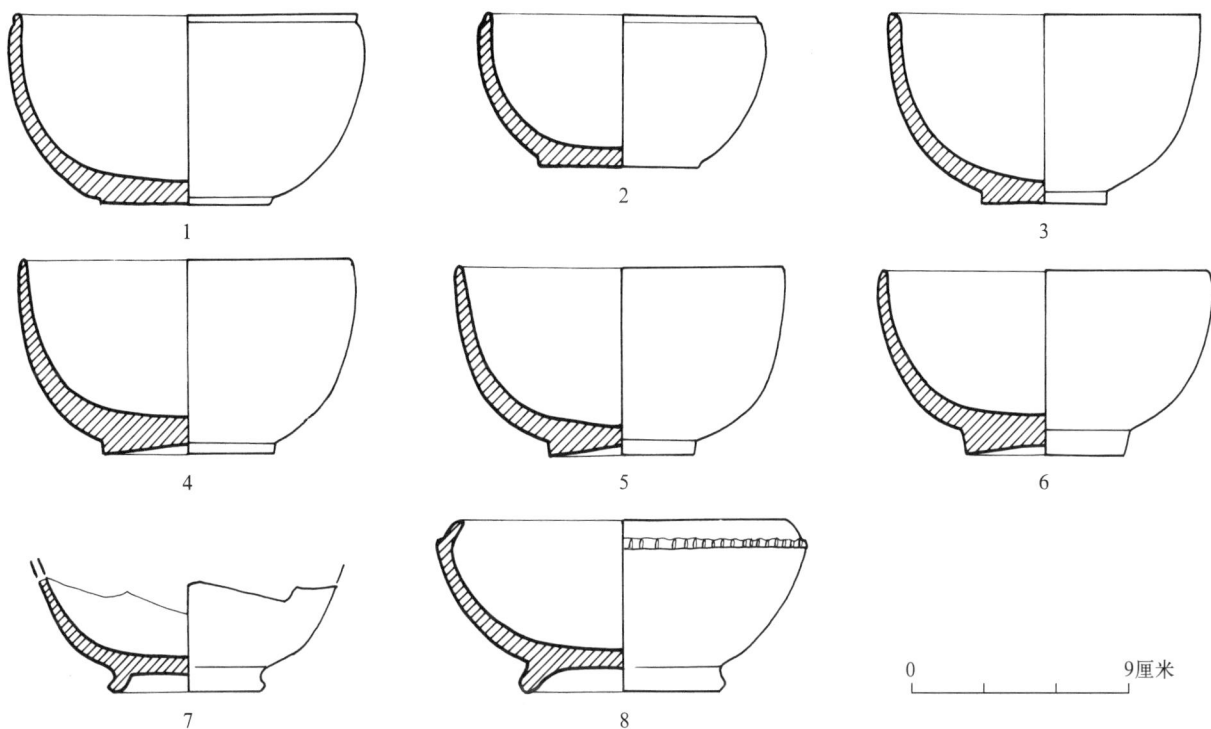

图八一　陶碗

1、2. C型 I 式H25：6、TN03W03⑥：5　3～6. C型 II 式H40：24、TS01W04⑥：61、TN02W02⑥：4、TN01W01⑥：4　7、8. D型 H46：2、H100：7

2. 陶盏

72件。均为圆唇，浅斜腹，根据口部形态的差异分两型。

A型　32件。口沿外刻划一周弦纹。根据底部形态的差异分两亚型。

Aa型　26件。平底。

标本TN02W02⑥：22，泥质灰陶。口径9.4、底径6.0、高4.0厘米（图八二，1）。标本TS02W03⑥：1，泥质灰陶，器表饰黑色陶衣。口径8.5、底径4.5、高3.5厘米（图八二，2）。标本H40：11，泥质灰陶。口径7.5、底径4.8、高3.3厘米（图八二，3）。标本H82：6，泥质灰陶。口径7.0、底径3.8、高3.8厘米（图八二，4）。标本H97：6，泥质灰陶，器表饰黑色陶衣。口径8.7、底径4.0、高3.5厘米（图八二，5）。标本H88：3，泥质灰陶。口径7.2、底径5.2、高3.1厘米（图八二，6）。

Ab型　6件。饼足。

标本TN01W01⑥：5，泥质灰陶，器表饰黑色陶衣。口径6.8、底径3.5、高3.0厘米（图八二，7）。标本H40：10，泥质灰陶。口径7.6、底径4.8、高3.5厘米（图八二，8）。

B型　40件。口沿外无弦纹。根据底部形态的差异分两亚型。

Ba型　7件。平底。

标本H52：4，泥质灰陶，器表饰黑色陶衣。口径7.8、底径4.3、高3.2厘米（图八三，1）。标本H105：2，泥质灰陶。口径7.4、底径4.2、高3.4厘米（图八三，2）。标本TS01W02⑥：2，泥质灰

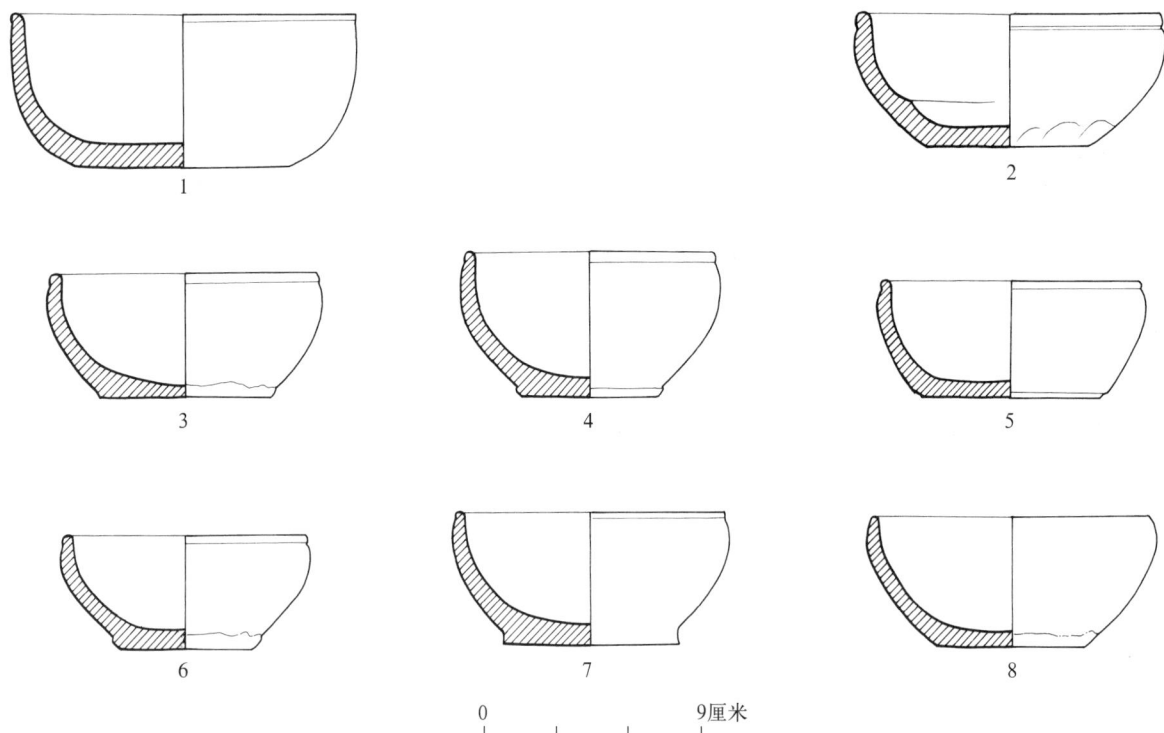

图八二　陶盏

1~6. Aa型TN02W02⑥：22、TS02W03⑥：1、H40：11、H82：6、H97：6、H88：3　7、8. Ab型TN01W01⑥：5、H40：10

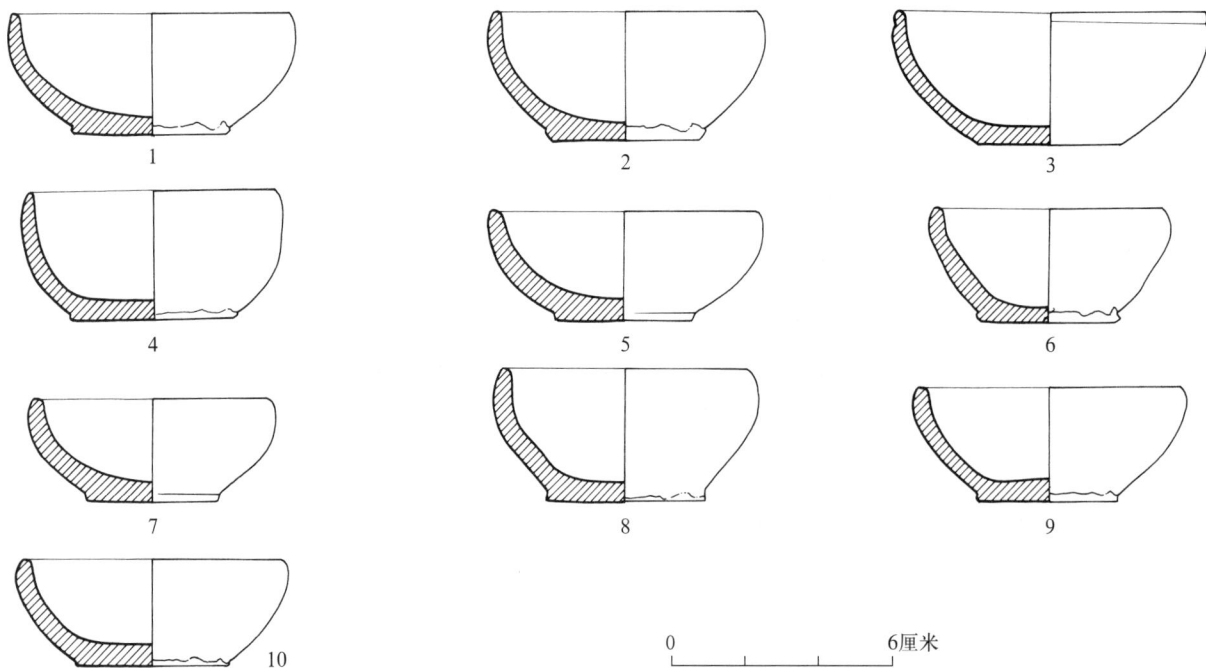

图八三　陶盏

1~4. Ba型H52：4、H105：2、TS01W02⑥：2、H40：1　5~10. Bb型H56：6、H36：1、TN03W03⑥：2、H30：7、H42：15、H105：4

陶。口径8.0、底径4.1、高3.4厘米（图八三，3）。标本H40：1，泥质灰陶，器表饰黑色陶衣。口径7.0、底径4.2、高3.4厘米（图八三，4）。

Bb型　33件。饼足。

标本H56：6，泥质灰陶。口径7.5、底径3.7、高2.9厘米（图八三，5）。标本H36：1，泥质灰陶，器表饰黑色陶衣。口径6.4、底径3.8、高3.0厘米（图八三，6）。标本TN03W03⑥：2，泥质褐陶。口径6.6、底径3.6、高2.7厘米（图八三，7）。标本H30：7，泥质灰陶，器表饰黑色陶衣。口径6.8、底径4.5、高3.4厘米（图八三，8）。标本H42：15，泥质褐陶。口径7.4、底径3.8、高3.0厘米（图八三，9）。标本H105：4，泥质灰陶。口径7.2、底径4.2、高2.9厘米（图八三，10）。

3. 陶盆

45件。均为平底，根据口、腹部形态的差异分四型。

A型　18件。圆唇，敛口，斜直腹，腹部较浅，平底。根据沿部形态的差异分两亚型。

Aa型　17件。沿部外卷。

标本H97：14，泥质灰陶。口径34.0、底径25.0、高7.5厘米（图八四，1）。标本H40：9，泥质灰陶。口径26.4、底径17.5、高8.0厘米（图八四，2）。标本TN02W02⑥：30，泥质灰陶。口径24.0、底径13.8、高8.0厘米（图八四，3）。标本H97：15，泥质灰陶。口径27.0、底径16.0、高7.2厘米（图八四，4）。

Ab型　1件。沿部平折。

标本TS02W01⑥：5，泥质灰陶，器表饰黑色陶衣，内壁刻划波浪纹。口径30.0、残高6.0厘米（图八四，5）。

B型　11件。圆唇，敛口，斜直腹，腹部较深，平底。

标本H25：10，泥质灰陶。口径33.0、底径15.0、高18.0厘米（图八四，6）。标本H48：5，泥质灰陶。口径37.0、底径20.2、高20.7厘米（图八四，7；彩版一八，5）。

C型　1件。圆唇，敞口，沿部平折，斜直腹，腹部较浅，平底。

标本TS02W02⑥：5，泥质灰陶，器表饰黑色陶衣，内壁刻划弦纹。口径40.0、底径21.5、高11.0厘米（图八四，8）。

D型　14件。圆唇，侈口，口沿外侧一周内束，上腹部刻划弦纹，平底。

标本H23：3，泥质灰陶，器表饰黑色陶衣。口径19.6、底径10.6、高10.2厘米（图八五，1）。标本TN02W02⑥：7，泥质灰陶。口径22.4、底径10.6、高11.4厘米（图八五，2）。标本H30：1，泥质灰陶，器表饰黑色陶衣。口径18.5、底径8.5、高9.6厘米（图八五，3）。标本H25：1，泥质灰陶。口径20.5、底径10.0、高10.0厘米（图八五，4；彩版一八，6）。标本H42：8，泥质灰陶。口径20.0、底径8.8、高9.6厘米（图八五，5）。标本H40：8，泥质灰陶。口径21.0、底径11.2、高9.6厘米（图八五，6）。

E型　1件。圆唇，侈口，斜直腹，平底。

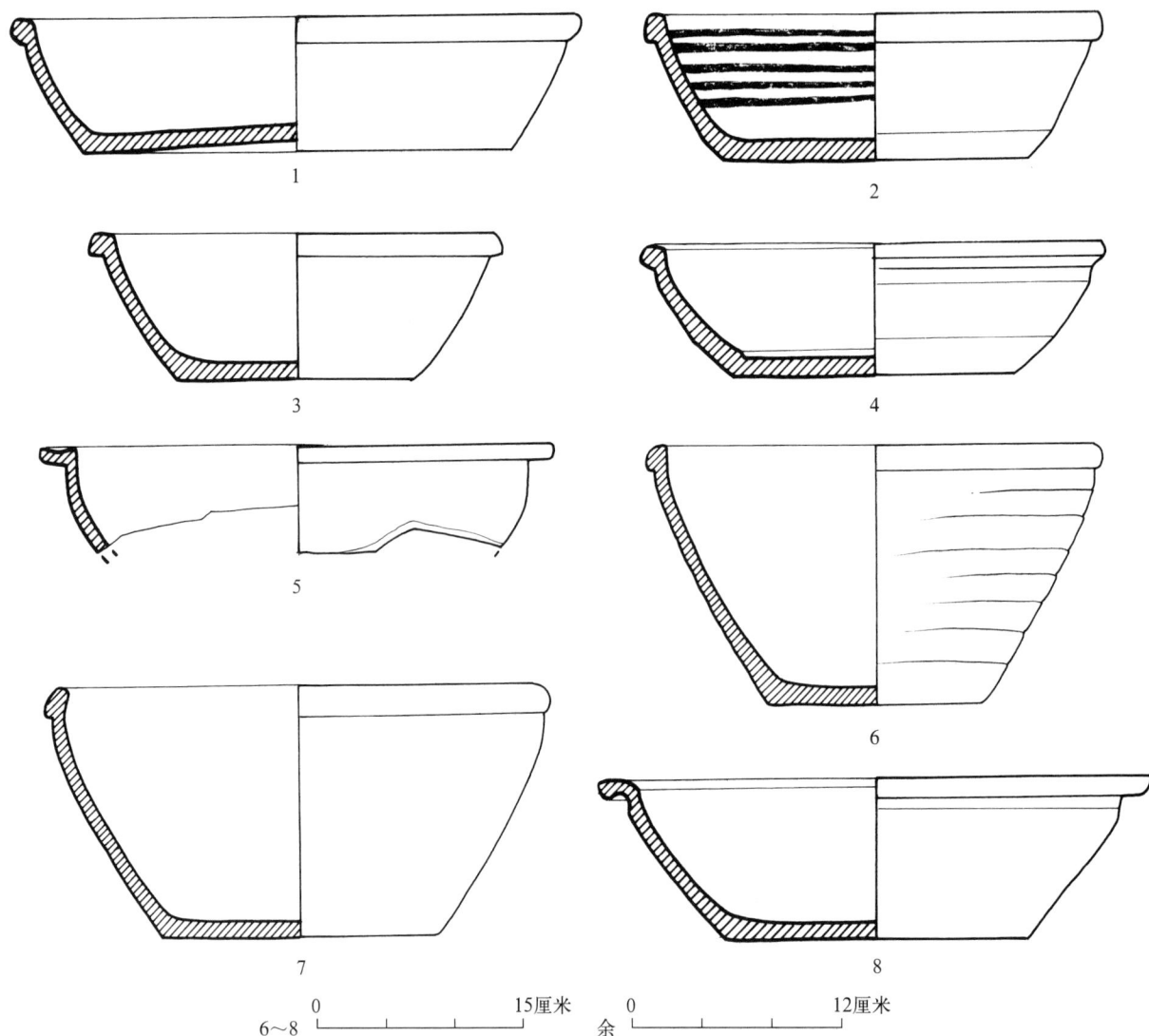

图八四　陶盆

1～4. Aa型H97：14、H40：9、TN02W02⑥：30、H97：15　5. Ab型TS02W01⑥：5　6、7. B型H25：10、H48：5　8. C型
TS02W02⑥：5

标本H56：15，泥质灰陶。口径17.0、底径13.4、高7.5厘米（图八五，7）。

4. 陶罐

21件。根据口、颈、腹部形态的差异分两型。

A型　20件。圆唇，敛口，无颈，丰肩，斜直腹，平底。根据肩部有无系分两式。

A型Ⅰ式　2件。肩部无系。

标本J1：3，泥质灰陶，器表饰黑色陶衣，肩部刻划波浪纹。口径20.2、底径17.2、高22.3厘米
（图八六，1）。标本G9：1，泥质灰陶，器表饰黑色陶衣。口径22.0、底径16.8、高29.2厘米（图
八六，2；彩版一九，1）。

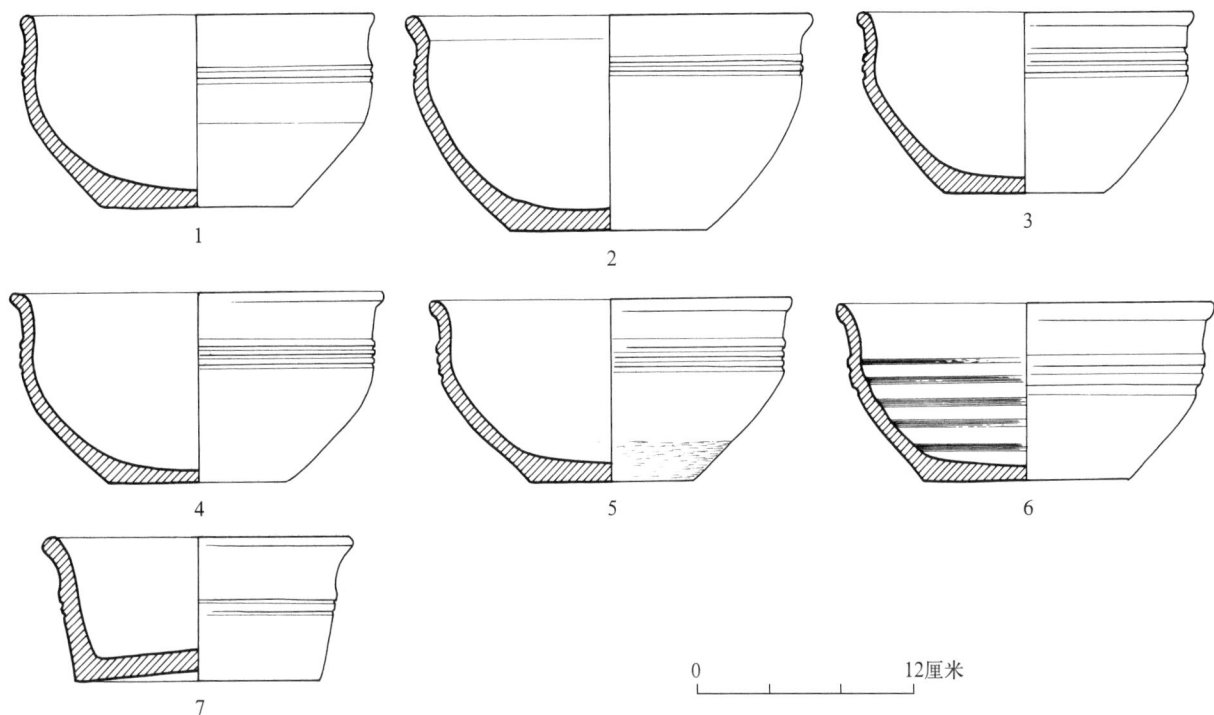

图八五　陶盆

1～6. D型H23：3、TN02W02⑥：7、H30：1、H25：1、H42：8、H40：8　7. E型H56：15

A型Ⅱ式　18件。肩部带双系。

标本TN03W01⑥：4，泥质褐陶，器表饰黑色陶衣。口径12.8、底径10.0、高12.6厘米（图八六，3）。标本H26：3，泥质灰陶，器表饰黑色陶衣，肩部刻划波浪纹。口径15.2、底径12.3、高16.6厘米（图八六，4；彩版一九，2）。标本H82：10，泥质灰陶，器表饰黑色陶衣。口径17.0、底径12.5、高16.5厘米（图八六，5）。标本H92：1，泥质灰陶，器表饰黑色陶衣，腹部刻划弦纹。口径12.0、底径11.5、高16.6厘米（图八六，6）。标本H92：2，泥质褐陶，器表饰黑色陶衣。口径16.0、底径12.0、高17.6厘米（图八六，7；彩版一九，3）。标本H101：2，泥质灰陶。口径15.0、底径12.3、高17.0厘米（图八六，8）。

B型　1件。圆唇，直口，短颈，丰肩，肩部带系。

标本H24：6，泥质褐陶，器表饰黑色陶衣。口径12.0、残高8.0厘米（图八六，9）。

5. 陶瓮

19件。分两型。

A型　18件。圆唇，敛口，丰肩，鼓腹，外壁模印数周方孔钱纹。

标本H48：9，泥质灰陶，器表饰黑色陶衣。口径40.0、残高15.0厘米（图八七，1）。标本H105：9，泥质灰陶，器表饰黑色陶衣。口径25.0、残高8.8厘米（图八七，2）。标本H33：17，泥质灰陶，器表饰黑色陶衣。口径24.9、残高14.0厘米（图八七，3；彩版一九，4）。标本TN01W03⑥：

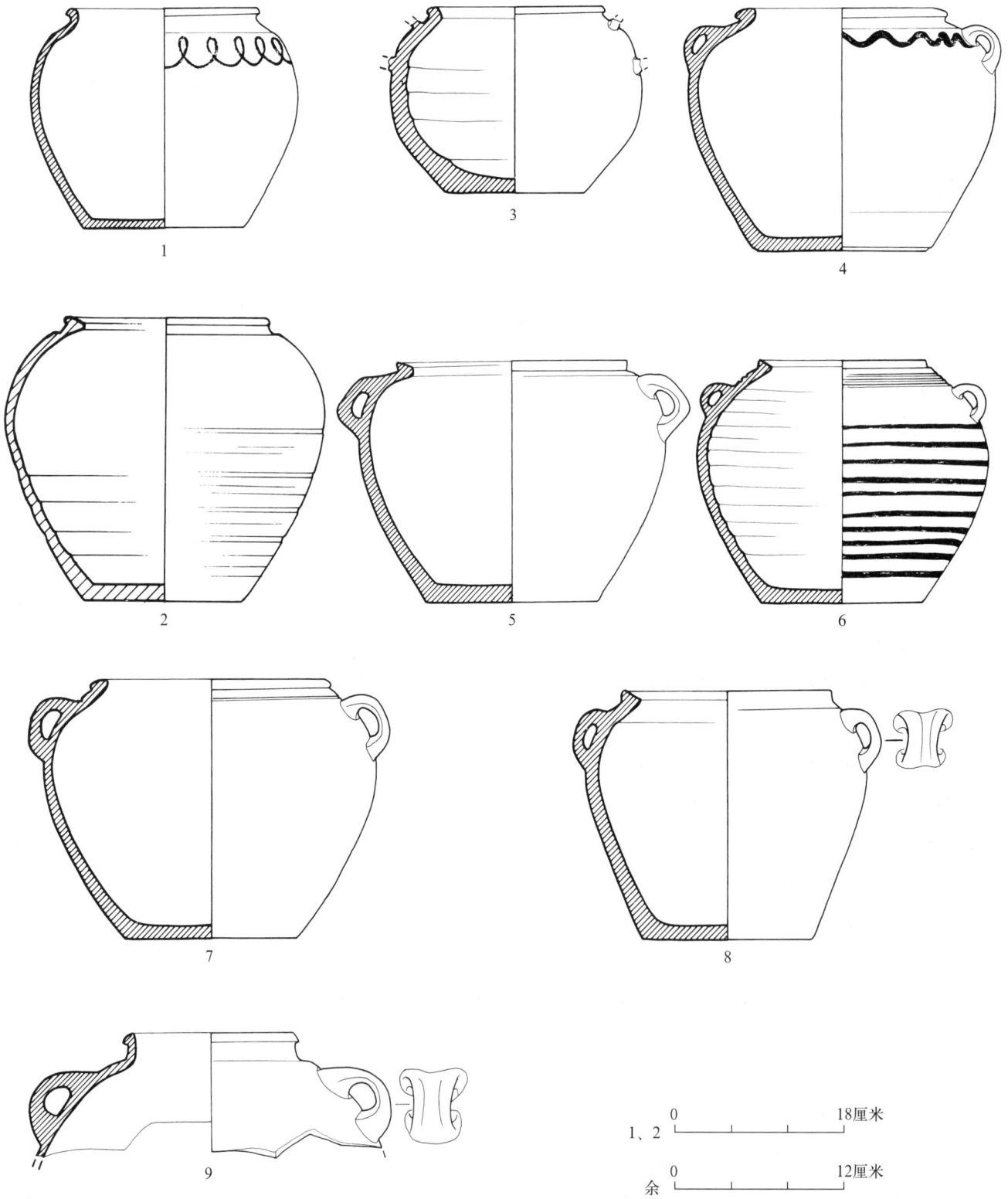

图八六　陶罐

1、2. A型Ⅰ式J1：3、G9：1　3～8. A型Ⅱ式TN03W01⑥：4、H26：3、H82：10、H92：1、H92：2、H101：2　9. B型H24：6

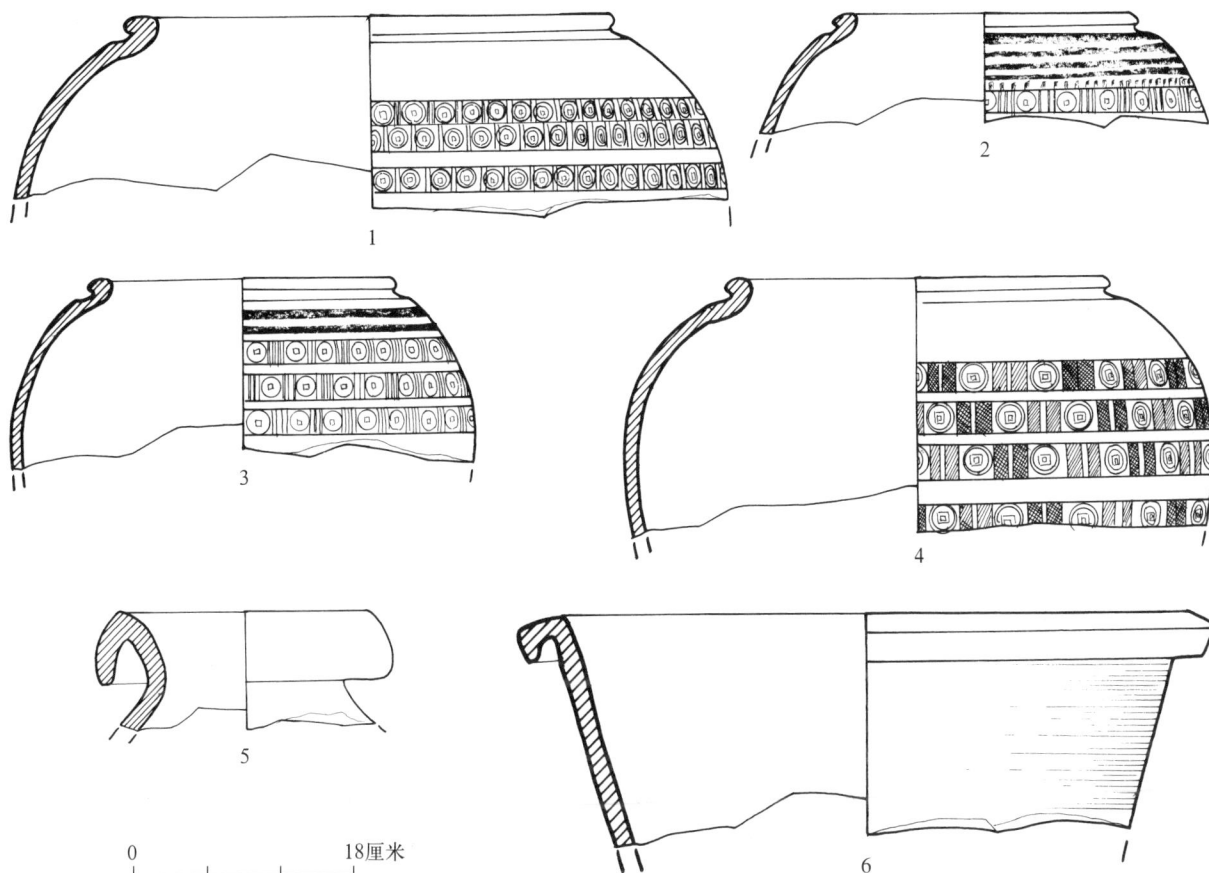

图八七　陶瓮与陶缸

1～4. A型陶瓮H48：9、H105：9、H33：17、TN01W03⑥：4　5. B型陶瓮TS02W01⑥：8　6. 陶缸TN03W03⑥：17

4，泥质灰陶。口径32.0、残高20.0厘米（图八七，4）。

B型　1件。方唇，唇部较厚，侈口，短束颈。

标本TS02W01⑥：8，泥质灰陶，器表饰黑色陶衣。口径24.6、残高9.3厘米（图八七，5）。

6. 陶缸

2件。方唇，敞口，沿面外卷，直腹，腹部较深。

标本TN03W03⑥：17，泥质灰陶，器表饰黑色陶衣。口径57.0、残高17.4厘米（图八七，6）。

7. 陶盘口壶

18件。圆唇，盘口，短束颈，丰肩，肩部带系。

标本H58：11，泥质灰陶。口径14.0、残高11.0厘米（图八八，1）。标本H42：11，泥质灰陶，器表饰黑色陶衣。口径10.5、残高7.5厘米（图八八，2）。标本TN03W01⑥：94，泥质灰陶，器表饰黑色陶衣。口径11.0、残高9.0厘米（图八八，3）。标本H74：5，泥质灰陶。口径12.0、残高6.0厘米

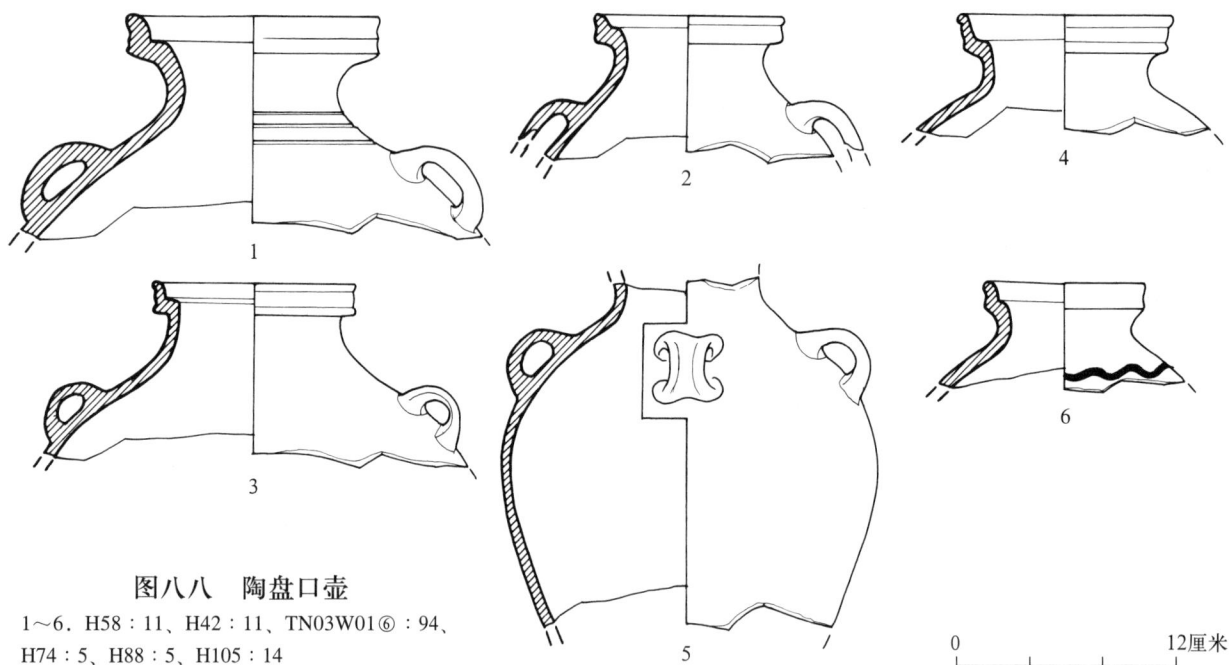

图八八　陶盘口壶

1～6. H58：11、H42：11、TN03W01⑥：94、
H74：5、H88：5、H105：14

（图八八，4）。标本H88：5，泥质灰陶。腹径21.0、残高18.4厘米（图八八，5）。标本H105：14，泥质灰陶，器表饰黑色陶衣，肩部刻划波浪纹。口径9.0、残高5.7厘米（图八八，6）。

8. 陶釜

18件。圆唇，敞口，折沿，鼓腹，圜底，根据沿部形态的差异，可以分两型。

A型　13件。沿面较宽。

标本H100：8，泥质灰陶。口径30.0、残高14.1厘米（图八九，1）。标本TN03W01⑥：91，泥质褐陶，器表饰黑色陶衣。口径38.0、残高16.0厘米（图八九，2）。标本H23：1，泥质灰陶。口径30.0、残高14.5厘米（图八九，3）。标本H90：1，泥质灰陶。口径32.0、残高18.5厘米（图八九，4；彩版一九，5）。

B型　5件。沿面较窄。

标本TN02W03⑥：16，泥质灰陶。口径22.0、残高6.0厘米（图八九，5）。标本TS01W03⑥：47，泥质褐陶。口径28.0、残高10.0厘米（图八九，6）。标本TN02W02⑥：16，泥质灰陶。口径23.0、残高7.0厘米（图八九，7）。

9. 陶甑

6件。斜直腹，平底，底部带数个气孔。

标本H37：1，泥质灰陶。底径14.4、残高10.5厘米（图九〇，1）。标本H26：4，泥质灰陶。底径18.0、残高9.9厘米（图九〇，2）。标本TN01W02⑥：12，泥质灰陶。底径14.5、残高3.0厘米（图

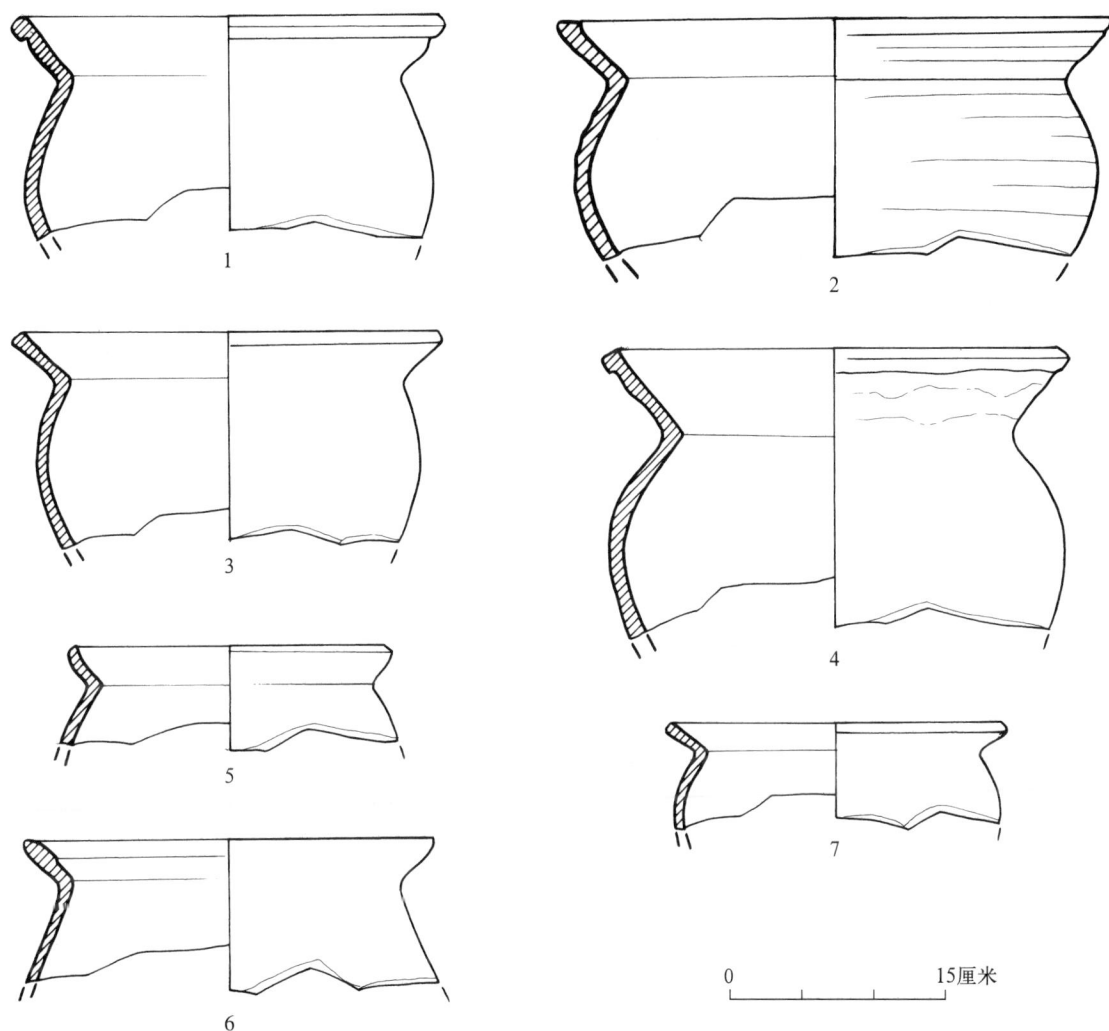

图八九　陶釜

1～4. A型H100：8、TN03W01⑥：91、H23：1、H90：1　5～7. B型TN02W03⑥：16、TS01W03⑥：47、TN02W02⑥：16

九〇，3）。

10．陶灯

1件。底座呈喇叭形，上接圆柱，中部带两层灯盘。

标本H40：3，泥质褐陶，器表饰黑色陶衣。残高16.5厘米（图九〇，7）。

11．陶砚台

4件。通体呈圆盘形，底部带蹄形足。

标本TS01W04⑥：60，泥质灰陶，器表饰黑色陶衣。口径31.5、底径29.4、残高5.5厘米（图九〇，4）。标本TN02W02⑥：24，泥质灰陶，器表饰黑色陶衣。口径26.0、底径21.0、残高2.9厘米（图九〇，5）。

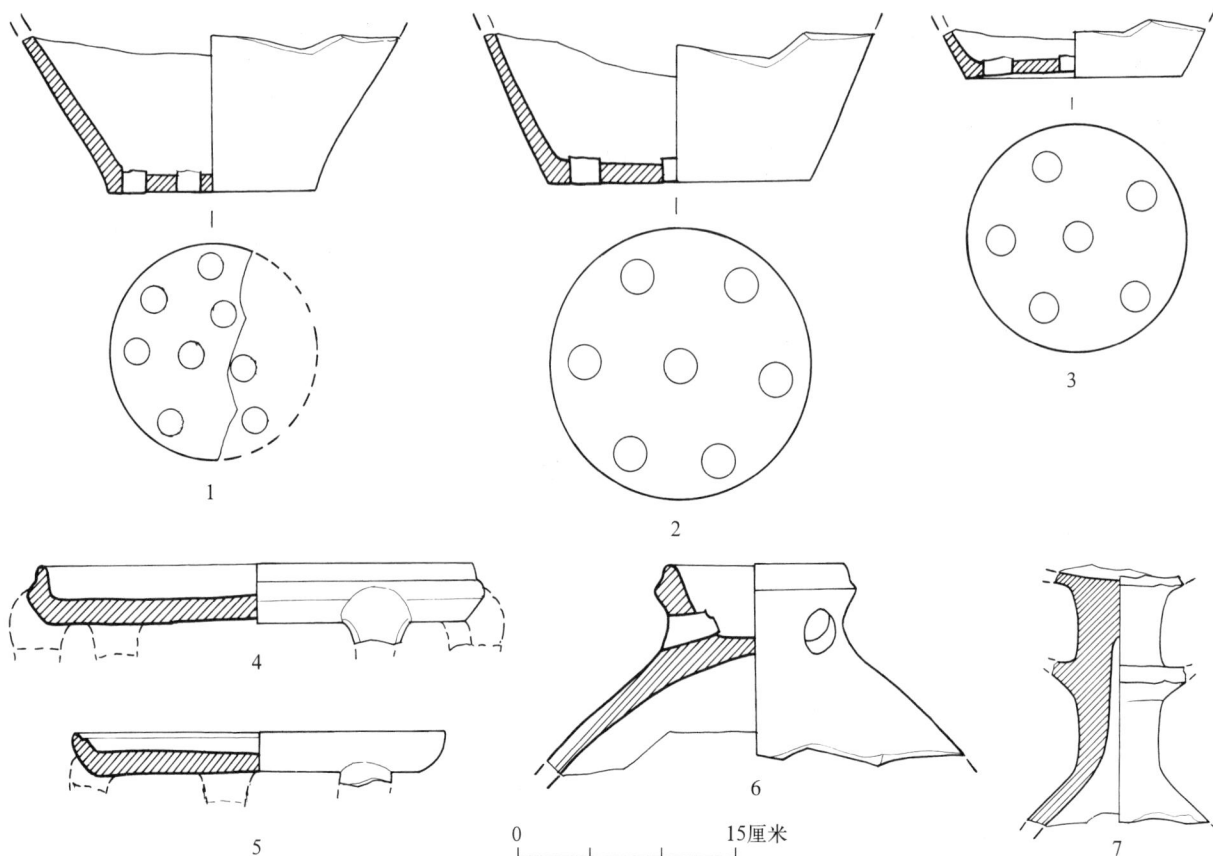

图九〇　陶器

1~3. 陶甑H37：1、H26：4、TN01W02⑥：12　4、5. 陶砚台TS01W04⑥：60、TN02W02⑥：24　6. 陶器盖TN03W02⑥：6　7. 陶灯H40：3

12. 陶器盖

1件。斜直壁，顶部带圆纽。

标本TN03W02⑥：6，泥质灰陶。口径13.5、残高12.5厘米（图九〇，6）。

（二）建筑构件

主要为瓦当。瓦当皆为圆形，数量较多，类型根据纹饰图案的内容划分，有云纹瓦当、莲花纹瓦当、几何纹瓦当等几类。整体制作比较规整，火候较高，几乎都为泥质陶，其中灰陶所占的比例很高，其余为褐陶，有的瓦当表面带黑色陶衣。

1. 云纹瓦当

2件。当心外绕一周弦纹，弦纹两侧对称饰一朵云纹，云纹之间饰短线纹。

标本TN03W02⑥：16，灰陶，底面残留拇指按压痕。直径11.6、边轮宽0.9~1.2、厚2.2厘米（图九一，1）。标本TN01W01⑥：9，褐陶，底面残留拇指按压痕。直径13.0、边轮宽0.9~1.3、厚1.5厘米（图九一，2；彩版二〇，1）。

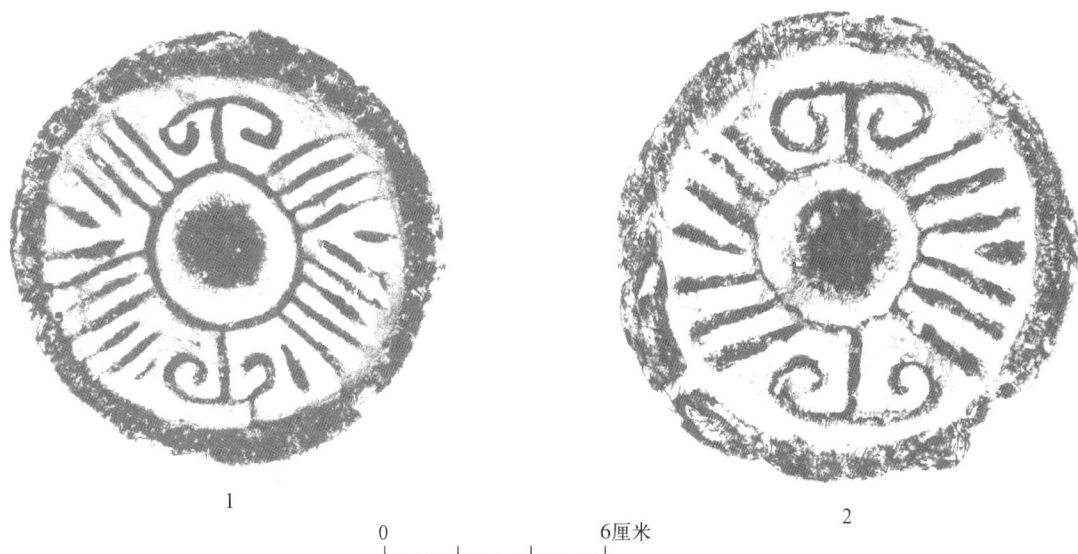

图九一　云纹瓦当拓片

1、2. TN03W02⑥：16、TN01W01⑥：9

2．莲花纹瓦当

16件。分六型。

A型　6件。当心为一莲蓬，外绕椭圆形莲瓣，瓣体两端较尖，莲瓣之间以"T"形纹间隔。

标本TN02W03⑥：7，灰陶，底面残留拇指按压痕。直径11.2、边轮宽0.7～1.4、厚1.2厘米（图九二，1）。标本TS01W04⑥：26，褐陶，底面残留拇指按压痕。直径12.2、边轮宽1.1～1.7、厚1.3厘米（图九二，2）。标本TS01W04⑥：18，灰陶，底面残留拇指按压痕。边轮宽1.3、厚1.1厘米。标本G2：5，灰陶，器表带黑色陶衣，底面残留拇指按压痕。直径11.4、边轮宽1.7、厚1.1厘米（图九二，3；彩版二〇，2）。标本H52：19，灰陶，底面残留拇指按压痕。直径11.8、边轮宽0.6、厚1.2厘米。

B型　3件。当心为一莲蓬，外绕椭圆形莲瓣，瓣体两端较尖，莲瓣之间以三角形图案作间隔。

标本H48：12，灰陶，底面残留拇指按压痕。直径12.3、边轮宽1.6～2.0、厚1.7厘米。标本G2：11，灰陶，底面残留拇指按压痕。直径11.8、边轮宽1.3～1.6、厚2.0厘米（图九二，4）。标本TN01W01⑤：92，灰陶，底面残留拇指按压痕。直径11.7、边轮宽1.7～2.1、厚1.2厘米（图九二，5）。

C型　1件。莲瓣为内、外两重，瓣体呈椭圆形，两端较尖，外侧一周莲瓣之间以三角形图案作间隔。

标本TN02W02⑥：41，灰陶，底面残留拇指按压痕。直径12.4、边轮宽1.0～1.2、厚1.2厘米（图九三，1）。

D型　3件。当心为一莲蓬，外绕椭圆形莲瓣，瓣体两端较尖，边轮饰一周缠枝花卉纹。

标本TS01W03⑥：66，灰陶，底面残留拇指按压痕。直径13.2、边轮宽0.6、厚1.2厘米（图九三，2）。标本TN03E02⑥：6，灰陶，底面残留拇指按压痕。边轮宽0.3、厚1.2厘米。标本H48：11，灰陶，底面残留拇指按压痕。直径12.4、边轮宽2.0、厚1.5厘米（图九三，3；彩版二〇，3）。

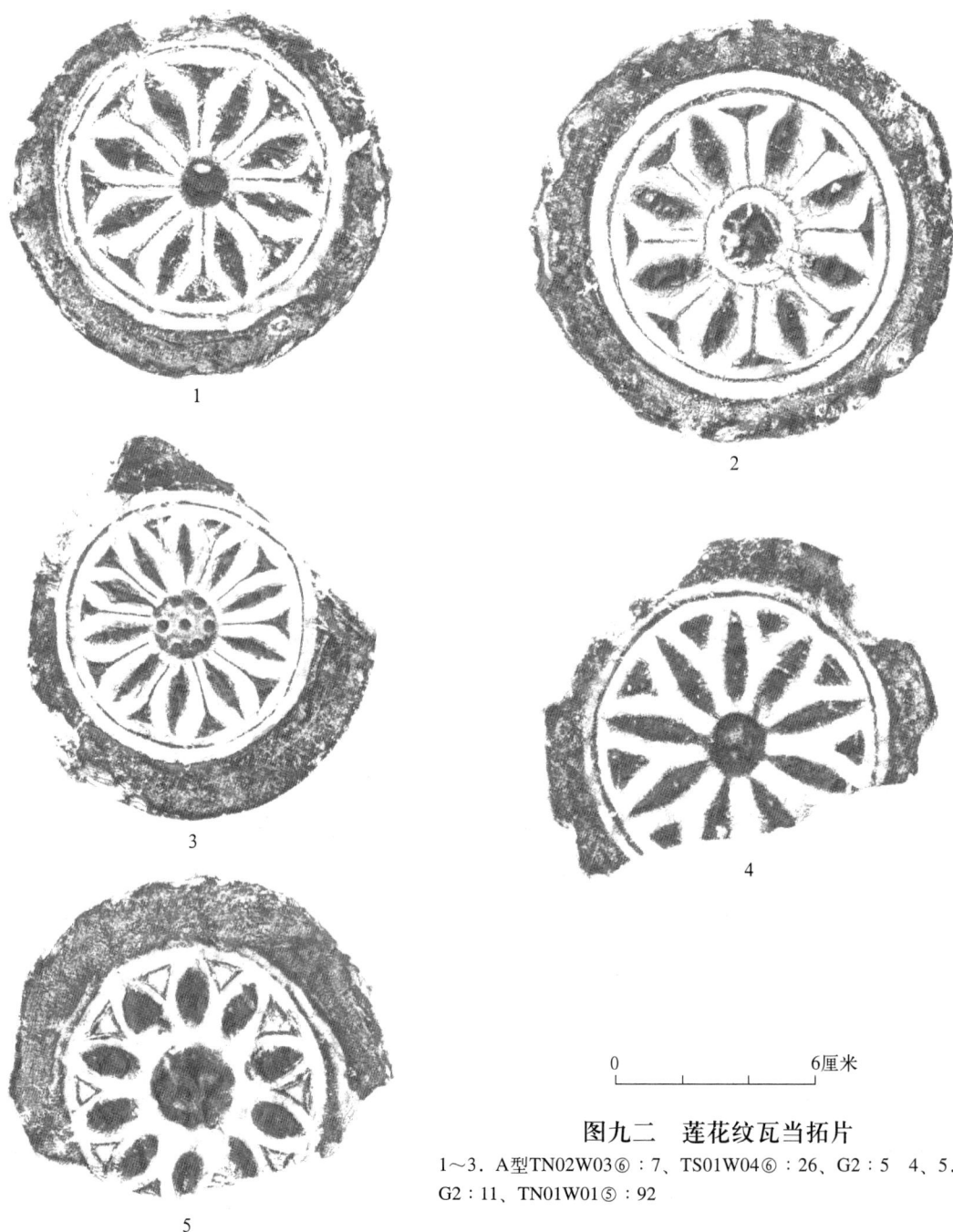

图九二　莲花纹瓦当拓片

1～3. A型TN02W03⑥：7、TS01W04⑥：26、G2：5　4、5. B型
G2：11、TN01W01⑤：92

　　E型　1件。当心为一莲蓬，外绕椭圆形莲瓣，瓣体较长，边轮饰一周联珠纹。

　　标本H82：16，灰陶，底面残留拇指按压痕。直径 12.8、边轮宽0.6～1.2、厚1.6厘米（图九三，4；彩版二〇，4）。

　　F型　2件。当心为一圆点，外绕箭头形莲瓣，莲瓣之间以"Y"形纹作间隔，边轮饰一周联珠纹。

　　标本TN02W03⑥：4，灰陶，底面残留拇指按压痕。直径13.2、边轮宽1.6、厚1.4厘米（图九三，5）。标本H49：18，灰陶，器表带黑色陶衣，底面残留拇指按压痕。直径13.2、边轮宽1.6、厚1.8厘米（图九三，6）。

图九三　莲花纹瓦当拓片

1. C型TN02W02⑥：41　2、3. D型TS01W03⑥：66、H48：11　4. E型H82：16　5、6. F型TN02W03⑥：4、H49：18

3. 几何纹瓦当

8件。分三型。

A型　3件。当心为一圆纽，当面饰草叶、文字、短线等，外绕一周弦纹。

标本TN01W01⑥：3，灰陶，器表带黑色陶衣，底面残留拇指按压痕。直径12.1、边轮宽0.4～0.7、厚1.8厘米（图九四，1；彩版二〇，5）。标本TN01W01⑥：14，灰陶，器表带黑色陶衣，

图九四　几何纹瓦当拓片

1～3. A型TN01W01⑥：3、TN01W01⑥：14、G3：6　4、5. B型TN02W02⑥：13、TN03W02⑥：15　6. C型H40：13

底面残留拇指按压痕。直径12.0、边轮宽0.4～0.6、厚1.9厘米（图九四，2）。标本G3：6，灰陶，器表带黑色陶衣，底面残留拇指按压痕。边轮宽0.5～0.7、厚1.4厘米（图九四，3）。

B型　3件。当心为一圆纽，当面饰草叶、云纹、莲瓣、短线等，布局杂乱无章，外绕一周弦纹。

标本TN02W02⑥：13，灰陶，器表带黑色陶衣，底面残留拇指按压痕。直径11.5、边轮宽0.8～1.0、厚1.2厘米（图九四，4）。标本TN03W02⑥：15，灰陶，器表带黑色陶衣，底面残留拇指按压痕。直径11.4、边轮0.9～1.2、厚1.3厘米（图九四，5）。

C型　2件。当心为一圆纽，当面饰短线纹。

标本TN02E02⑥：9，灰陶，底面残留拇指按压痕。直径10.7、边轮宽0.5、厚1.4厘米。标本H40：13，灰陶，器表带黑色陶衣，底面残留拇指按压痕。直径11.7、边轮宽0.5～0.7、厚1.8厘米（图九四，6）。

二　瓷器

瓷器均为青瓷，器形可辨碗、盏、盘、罐、钵、盘口壶、唾壶、鸡首壶、砚台、器盖、器座等，根据胎釉特征、装烧方式及纹样装饰的不同，可大致区分为本地窑口、外地窑口两类。

（一）本地窑口

以成都青羊宫窑为代表。该组约占出土总量的五分之一，器形单一，以碗、盏为主，另有罐、盘口壶、砚台、器座、器盖、瓮等。瓷器的变形率较高，胎体一般呈灰色或灰黑色，个别呈红褐色，不挂化妆土，施釉均不及底。青釉发色较深，偏黑或偏酱色，釉面厚薄不均，玻璃质感不强，脱釉现象较为常见，仅个别可见冰裂纹的开片，部分碗的内底残留有圆点状或方形的支烧痕。器表以素面居多，少数盏的外壁装饰刻划的莲瓣图案。

1. 碗

11件。根据口部、腹部及底足部形态的差异分两型。

A型　4件。敞口，唇部圆钝，斜直腹，平底。

标本H58：3，灰黑胎，青釉偏黑，有脱釉现象，内底残留一周支烧痕。口径16.8、底径10.5、高6.2厘米（图九五，1）。标本TN02W01⑥：1，灰黑胎，釉面脱落，内底残留一周支烧痕。口径13.6、底径8.5、高6.1厘米（图九五，2）。标本H82：5，灰黑胎，青灰釉。口径16.9、底径9.0、高7.1厘米（图九五，3）。标本H25：7，灰褐胎，青釉偏黑，脱釉现象较严重，内底残留一周支烧痕。口径12.6、底径7.0、高5.6厘米（图九五，4）。

B型　7件。直口，圆弧腹，小饼足，足底内凹。根据腹部高低分两亚型。

Ba型　3件。腹部较浅。

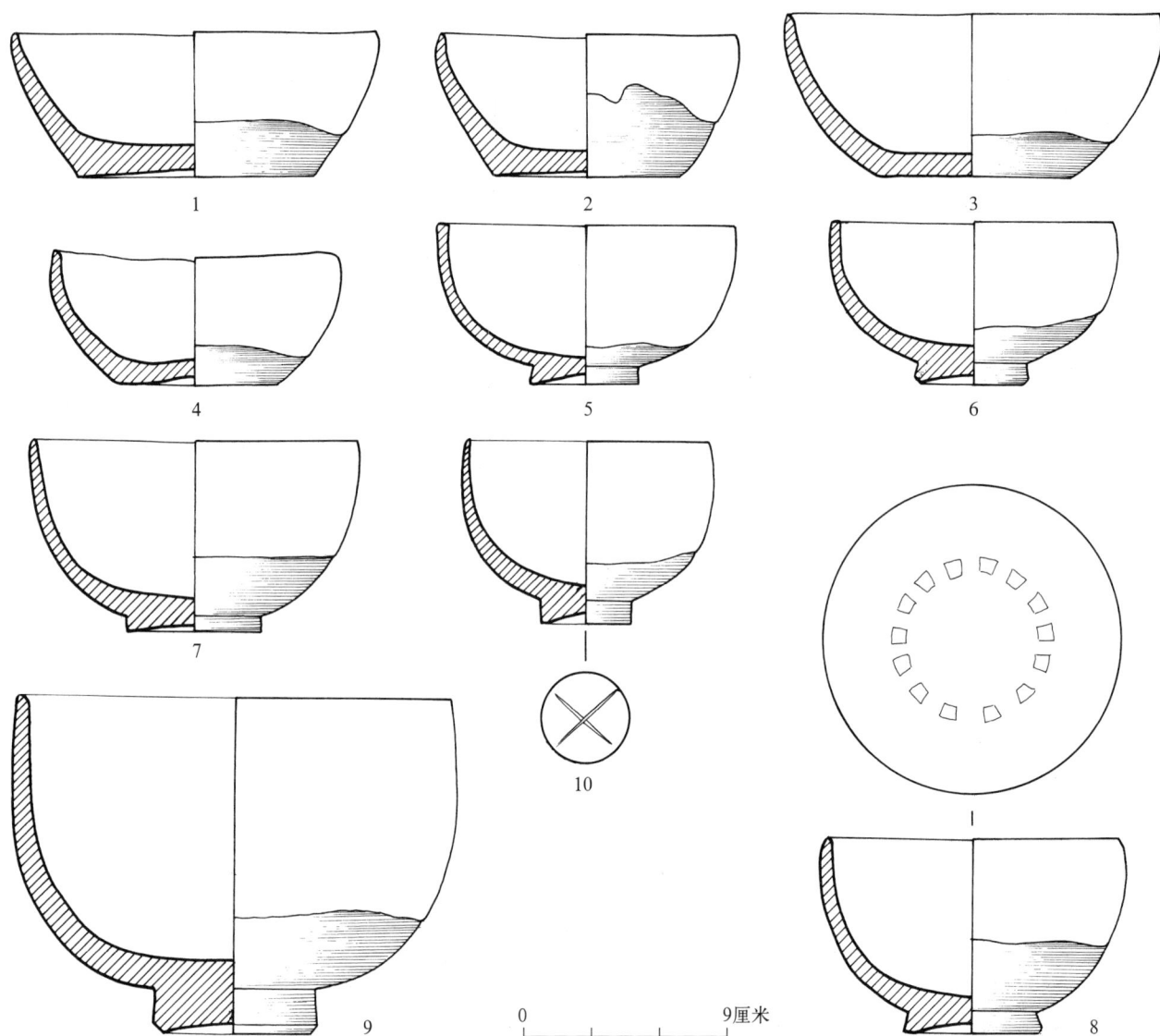

图九五　瓷碗

1～4. A型H58：3、TN02W01⑥：1、H82：5、H25：7　5、6. Ba型TN03W03⑥：4、TN02W02⑤：3　7～10. Bb型TN01W02⑥：13、TN02W02⑤：4、H40：2、H66：1

　　标本TN03W03⑥：4，灰胎，青釉偏灰，内底残留一周支烧痕。口径13.2、底径4.8、高6.8厘米（图九五，5）。标本TN02W02⑤：3，灰胎，釉面脱落，内底残留一周支烧痕。口径12.8、底径4.5、高7.0厘米（图九五，6）。

　　Bb型　4件。腹部较深。

　　标本TN01W02⑥：13，灰胎，青灰釉，内底残留一周支烧痕。口径14.8、底径6.0、高8.2厘米（图九五，7）。标本TN02W02⑤：4，灰胎，青绿釉，内底残留一周支烧痕。口径12.8、底径6.0、高8.4厘米（图九五，8）。标本H40：2，红胎，挂灰白色化妆土，釉面脱落。口径19.2、底径7.2、高14.4厘米（图九五，9）。标本H66：1，灰胎，青釉，釉面有冰裂纹，足底刻划"×"字符号。口径11.2、底径4.0、高7.8厘米（图九五，10）。

2．盏

10件。根据底部形态的差异分两型。

A型　9件。底部带饼足。根据腹部及足部形态的变化分三式。

A型Ⅰ式　1件。腹部较浅，饼足宽而低矮。

标本TN01W05⑥：5，褐胎，青灰釉。口径7.6、底径5.2、高4.0厘米（图九六，1）。

A型Ⅱ式　1件。腹部加深，饼足变小，足墙增高。

标本TS01W02⑥：27，褐胎，棕色釉。口径9.4、底径3.8、高4.5厘米（图九六，2）。

A型Ⅲ式　7件。腹部进一步加深，小饼足，足墙较高，足底内凹。

标本TN03W03⑥：63，灰胎，釉面脱落，外壁刻划莲瓣纹。口径8.4、底径3.2、高6.0厘米（图九六，3；彩版二一，1）。标本TN02W05⑥：23，灰胎，青绿釉。口径10.1、底径3.2、高7.0厘米（图九六，4）。标本TN03W03⑥：3，灰胎，青灰釉。口径8.6、底径3.4、高6.5厘米（图九六，5）。标本H16：2，灰胎，青灰釉。口径10.4、底径3.6、高6.7厘米（图九六，6）。

B型　1件。平底。

标本TN03W03④b：1，灰胎，青灰釉。口径8.0、底径3.5、高4.9厘米（图九六，7）。

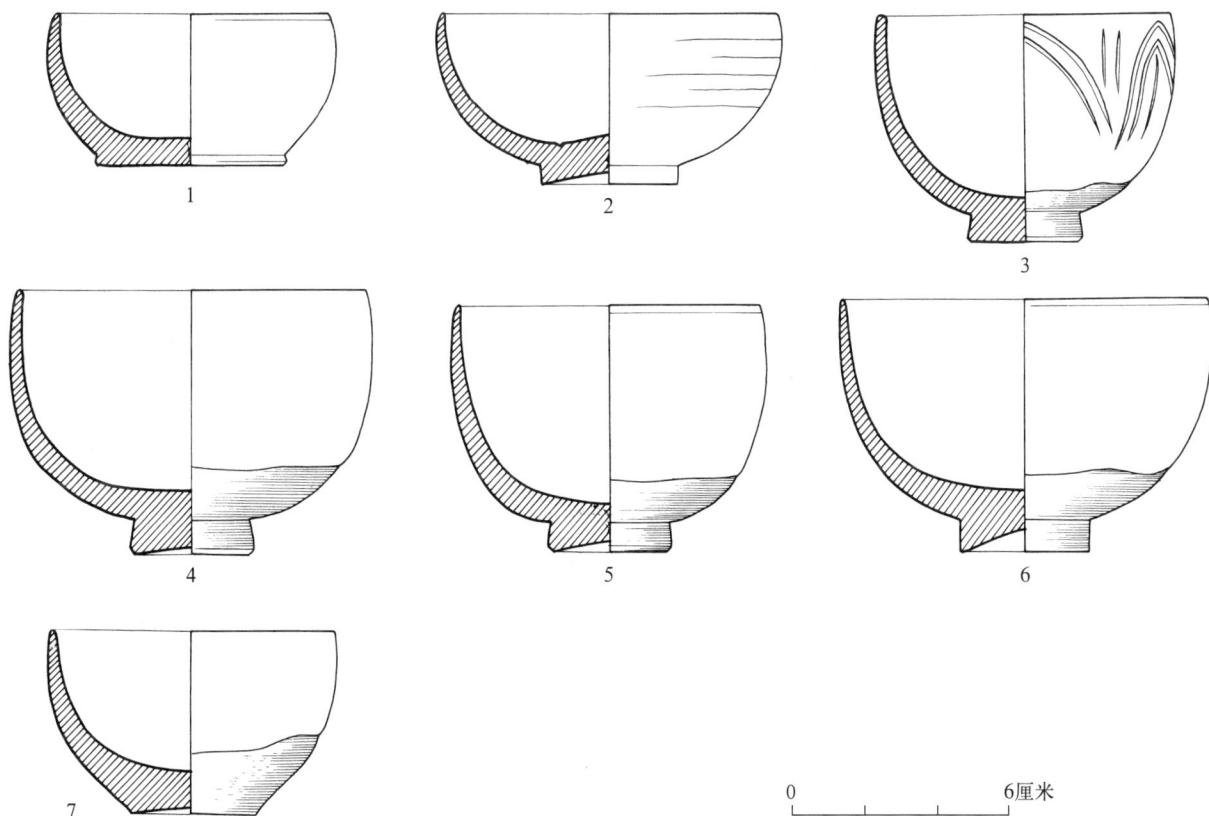

0　　　　　　6厘米

图九六　瓷盏

1. A型Ⅰ式TN01W05⑥：5　2. A型Ⅱ式TS01W02⑥：27　3～6. A型Ⅲ式TN03W03⑥：63、TN02W05⑥：23、TN03W03⑥：3、H16：2　7. B型TN03W03④b：1

3．盘口壶

2件。侈口，口沿以下内束。

标本TS02W02⑥：4，棕胎，酱青釉。口径14.0、残高11.0厘米（图九七，1）。标本TS01W02⑥：8，灰胎，酱青釉。口径16.0、残高5.0厘米（图九七，2）。

4．罐

1件。直口，短颈，溜肩，肩部带方桥系。

标本H90：2，灰胎，釉面脱落。口径4.5、残高5.8厘米（图九七，3）。

5．瓮

1件。圆唇，敛口，丰肩。

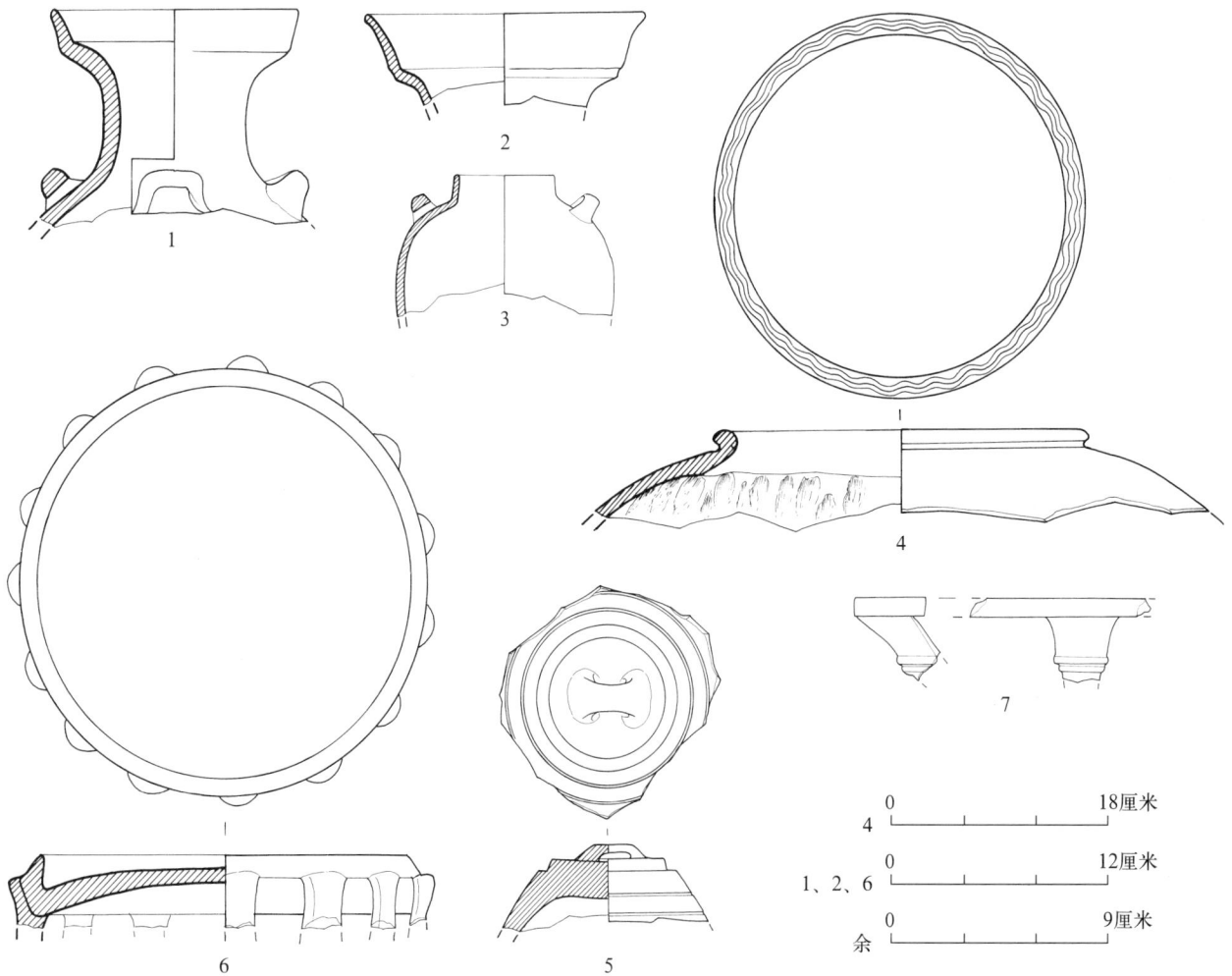

图九七　瓷器

1、2．盘口壶TS02W02⑥：4、TS01W02⑥：8　3．罐H90：2　4．瓮TS01W06⑥：10　5．器盖TN01W05⑥：17　6．砚台H91：4　7．器座 TN03E01⑥：10

标本TS01W06⑥：10，红褐胎，青灰釉，口沿部刻划波浪纹。口径31.2、残高6.5厘米（图九七，4）。

6. 器盖

1件。平顶，斜直壁，顶部中央带方桥纽。

标本TN01W05⑥：17，褐胎，釉面脱落。残高3.1厘米（图九七，5）。

7. 砚台

1件。沿面中间高，四周低，呈辟雍形，底部一周环绕蹄形足。

标本H91：4，灰胎，酱青釉。残高4.0厘米（图九七，6）。

8. 器座

1件。平面呈圆环形，底部带蹄形足。

标本TN03E01⑥：10，褐胎，挂乳白色化妆土，淡青釉。残高3.4厘米（图九七，7）。

（二）外地窑口

以长江中游的洪州窑、湘阴窑为代表。该组约占出土总量的五分之四，器形有碗、盏、盏托、盘、罐、唾壶、盘口壶、鸡首壶、砚台、器盖、钵等。瓷器制作规整，变形率很低，胎体一般呈灰白色或浅灰色，不挂化妆土，施釉较均匀，大多不及底，少数碗为满釉。青釉发色较淡，偏黄或灰白色，釉面晶莹光亮，带有细小的冰裂纹开片，部分碗的内底残留有圆点状或长条状的支烧痕。少数标本的器表有装饰，手法有剔刻、刻划、篦划、点彩四种，纹样题材以莲花图案为主。

1. 碗

42件。根据腹部形态的差异分两型。

A型　5件。斜直腹。根据口部和底部形态的变化分两式。

A型Ⅰ式　3件。口沿外无弦纹或刻划一周细弦纹，平底。

标本H97：12，浅灰胎，淡青釉。口径18.0、底径10.5、高6.5厘米（图九八，1）。标本H97：11，浅灰胎，淡青釉，口沿一周饰褐釉点彩，内底残留支钉痕。口径16.5、底径11.0、高6.0厘米（图九八，2；彩版二一，2）。标本TN01W03⑤：7，浅灰胎，淡青釉，内底残留支钉痕。口径16.0、底径9.5、高5.5厘米（图九八，3）。

A型Ⅱ式　2件。口沿外刻划一周较宽、较深的弦纹，底部出现饼足。

标本TN01W03⑥：1，灰胎，淡青釉，内底残留支钉痕。口径16.0、底径9.7、残高5.8厘米（图九八，4）。标本G10：4，灰胎，淡青釉。口径20.0、残高4.5厘米（图九八，5）。

B型　37件。弧腹，底部带饼足。根据腹部和足部形态的变化分四式。

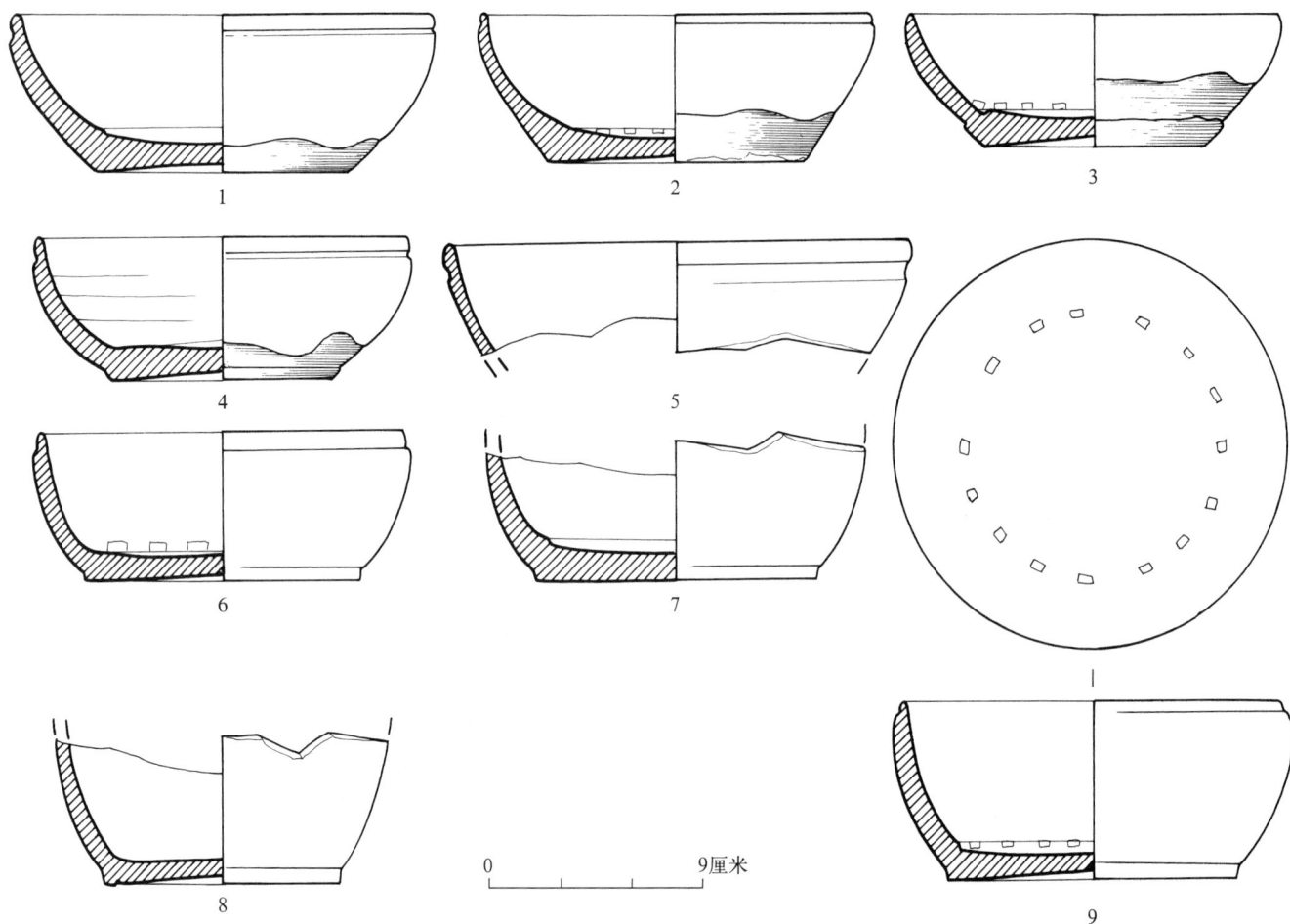

图九八　瓷碗

1～3. A型Ⅰ式H97：12、H97：11、TN01W03⑤：7　4、5. A型Ⅱ式TN01W03⑥：1、G10：4　6～9. B型Ⅰ式TN02W02⑥：5、H46：1、H97：5、TN03W01⑥：37

B型Ⅰ式　8件。斜弧腹，大饼足。

标本TN02W02⑥：5，灰胎，满釉，釉色青绿，内、外底残留支钉痕。口径15.8、底径11.8、高6.0厘米（图九八，6）。标本H46：1，灰胎，满釉，釉色青黄，内、外底残留支钉痕。底径12.0、残高5.0厘米（图九八，7）。标本H97：5，灰胎，满釉，釉色青灰，内、外底残留支钉痕。底径10.0、残高6.0厘米（图九八，8）。标本TN03W01⑥：37，灰胎，满釉，釉色青灰，内、外底残留支钉痕。口径16.0、底径12.0、高7.2厘米（图九八，9）。

B型Ⅱ式　4件。腹部较Ⅰ式加深，大饼足。

标本TS01W05⑥：7，灰胎，青灰釉，内底残留支钉痕。口径16.0、底径10.0、高7.4厘米（图九九，1）。标本TS01W05⑥：20，浅灰胎，淡青釉，内底残留支钉痕。口径15.7、底径9.7、高6.8厘米（图九九，2；彩版二一，3）。标本TS01W03⑥：21，灰胎，青灰釉，内底残留支钉痕。口径16.0、底径10.0、高6.4厘米（图九九，3）。标本TN03W01⑥：40，灰白胎，淡青釉，内底残留支钉痕。口径15.0、底径9.0、高7.0厘米（图九九，4）。

　　B型Ⅲ式　11件。深弧腹，饼足变小。

　　标本TS01W04⑥：44，灰白胎，淡青釉。口径14.6、底径6.8、高7.4厘米（图一〇〇，1）。标本H52：5，灰胎，青绿釉，内底残留支钉痕。口径12.0、底径5.5、高5.8厘米（图一〇〇，2）。标本H100：1，浅灰胎，青绿釉。口径14.4、底径6.6、高7.0厘米（图一〇〇，3；彩版二一，4）。标本TN01E01⑥：5，灰白胎，淡青釉，内底残留支钉痕。口径11.4、底径5.4、高6.4厘米（图一〇〇，

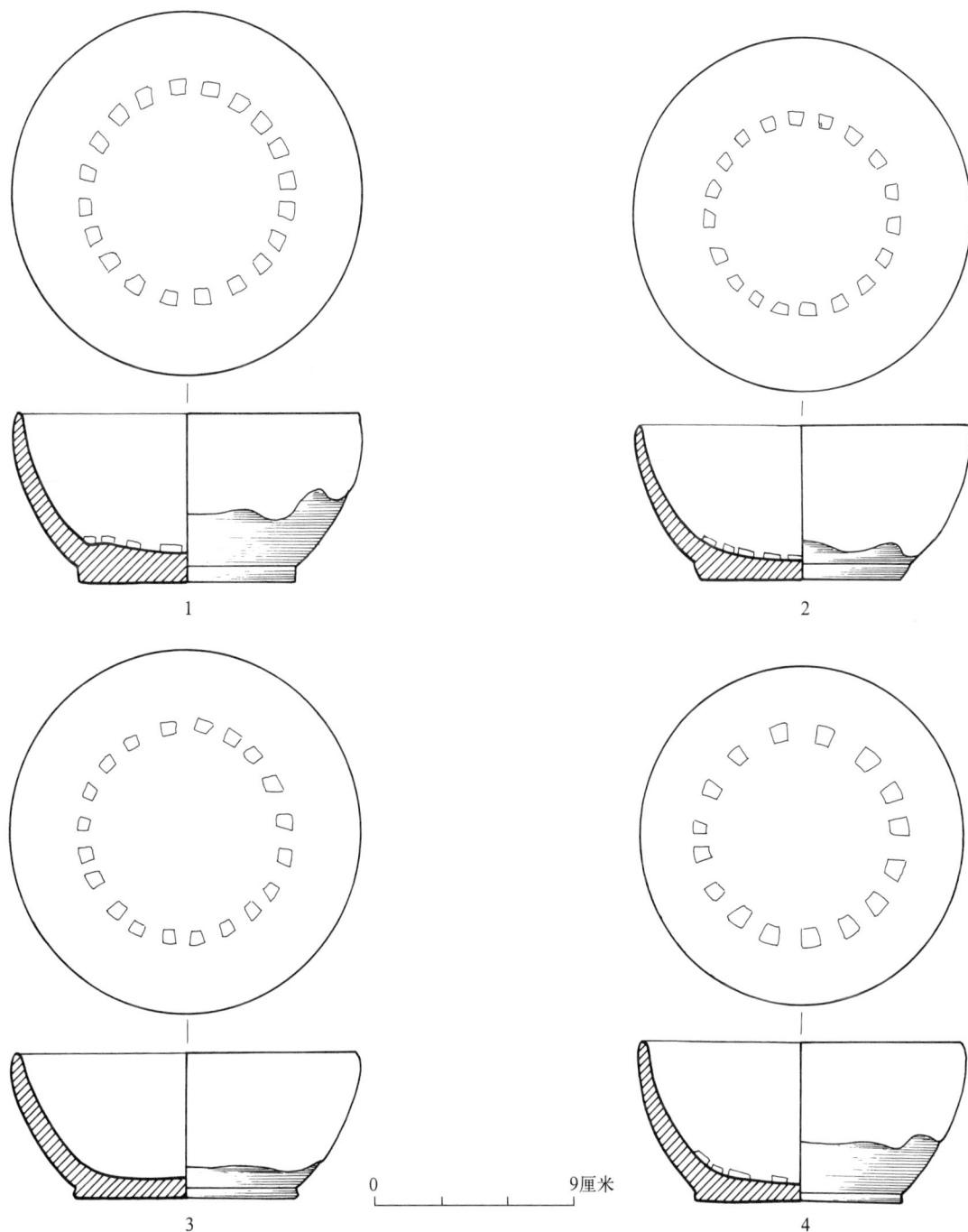

图九九　瓷碗

1～4．B型Ⅱ式TS01W05⑥：7、TS01W05⑥：20、TS01W03⑥：21、TN03W01⑥：40

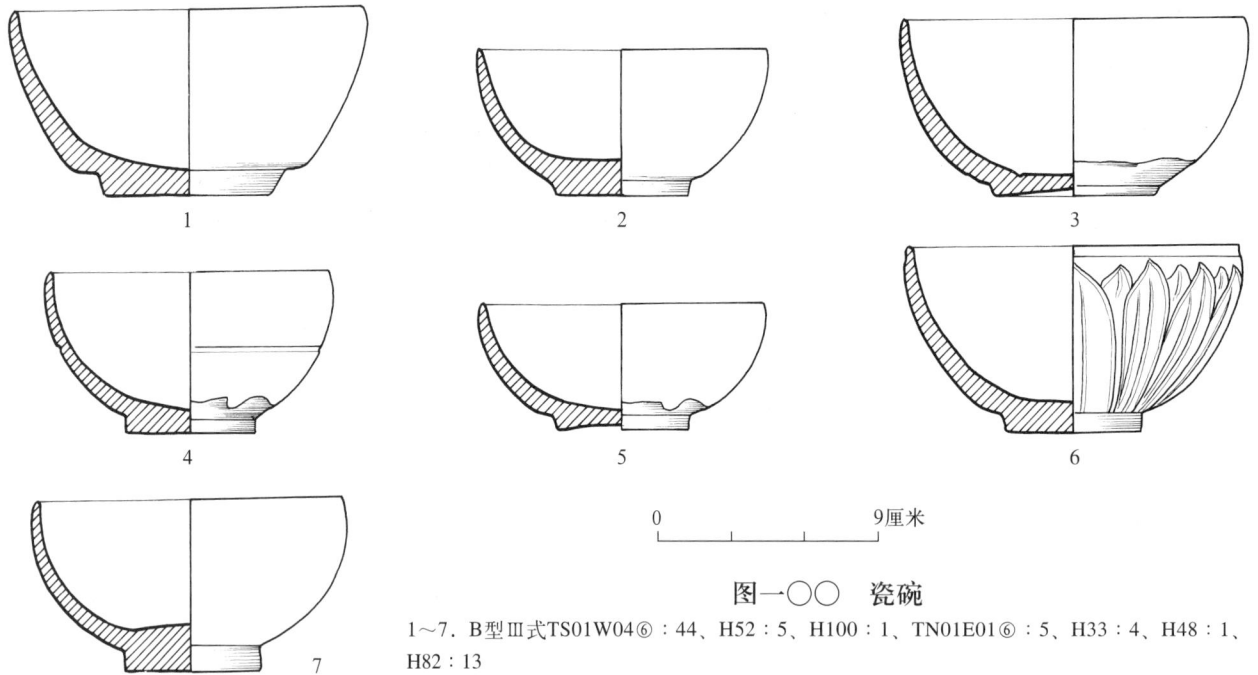

图一〇〇　瓷碗

1～7. B型Ⅲ式TS01W04⑥：44、H52：5、H100：1、TN01E01⑥：5、H33：4、H48：1、H82：13

4）。标本H33：4，灰白胎，青釉偏黄，内底残留支钉痕。口径12.0、底径5.5、高5.0厘米（图一〇〇，5）。标本H48：1，灰白胎，青釉偏黄，外壁刻划莲瓣纹。口径14.0、底径5.8、高7.5厘米（图一〇〇，6）。标本H82：13，灰胎，青绿釉，内底残留支钉痕。口径12.0、底径5.6、高6.8厘米（图一〇〇，7）。

B型Ⅳ式　15件。腹部进一步加深，小饼足，足墙较高，足底面刻划一周凹槽。

标本TS01W03⑥：27，灰胎，青灰釉。口径12.8、底径4.8、高8.5厘米（图一〇一，1）。标本H58：4，灰胎，青黄釉。口径12.0、底径4.8、高8.5厘米（图一〇一，2）。标本H91：20，灰胎，淡青釉。口径11.2、底径4.0、高8.2厘米（图一〇一，3）。标本H97：2，灰胎，青黄釉。口径12.0、底径3.8、高8.4厘米（图一〇一，4）。标本TS01W03⑥：1，灰胎，青黄釉。口径12.0、底径4.0、高8.8厘米（图一〇一，5）。标本H82：9，灰胎，青黄釉。口径13.2、底径4.4、高7.8厘米（图一〇一，6）。标本H101：1，灰胎，淡青釉。口径13.0、底径4.6、高7.6厘米（图一〇一，7；彩版二一，5）。标本TS01W03⑥：39，灰胎，淡青釉。口径14.0、底径4.4、高7.0厘米（图一〇一，8）。

2．盏

32件。尖唇，敞口，弧腹，底部带饼足。根据腹部和足部形态的变化分三式。

Ⅰ式　4件。腹部较浅，大饼足。

标本H74：2，灰胎，满釉，釉色青灰。口径9.5、底径5.6、高5.1厘米（图一〇二，1）。标本TN03W01⑥：10，灰胎，满釉，釉色淡青。口径8.8、底径6.0、高3.7厘米（图一〇二，2）。标本TN01W01⑥：7，灰胎，满釉，釉色淡青。口径8.7、底径5.0、高4.0厘米（图一〇二，3）。标本

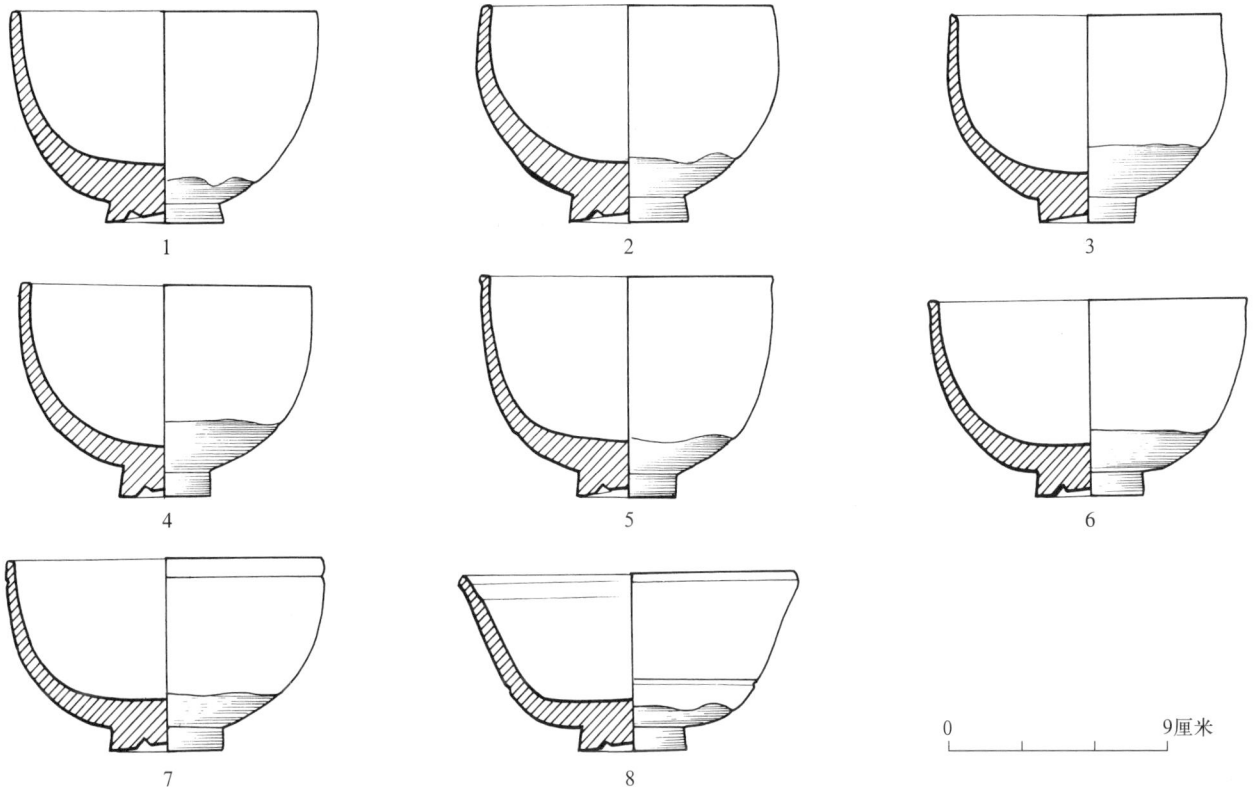

图一〇一 瓷碗

1~8. B型Ⅳ式TS01W03⑥：27、H58：4、H91：20、H97：2、TS01W03⑥：1、H82：9、H101：1、TS01W03⑥：39

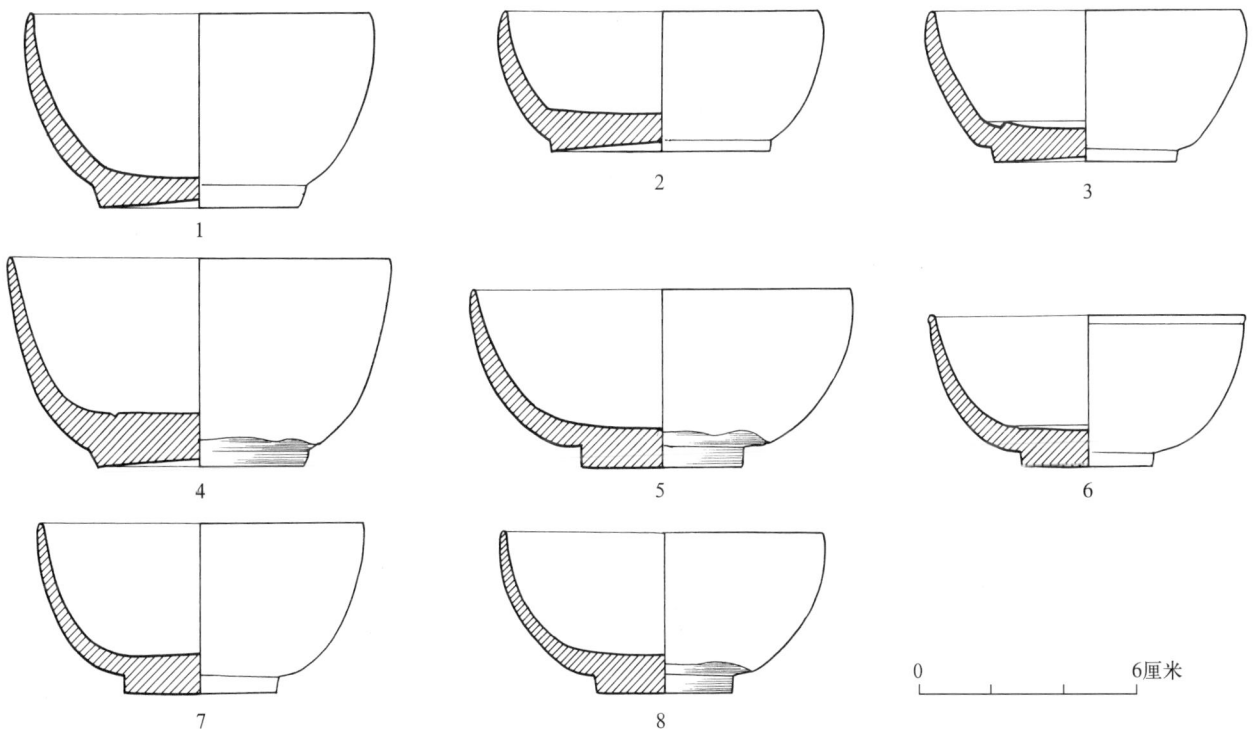

0　　　　　　　　9厘米

图一〇二 瓷盏

1~4. Ⅰ式H74：2、TN03W01⑥：10、TN01W01⑥：7、TN03W01⑥：62　5~8. Ⅱ式TS01W05⑥：14、G2：3、TN01W06⑥：12、H100：3

0　　　　　　　6厘米

TN03W01⑥：62，灰胎，淡青釉，内底残留支钉痕。口径11.2、底径5.6、高5.5厘米（图一〇二，4）。

Ⅱ式　6件。饼足较Ⅰ式变小。

标本TS01W05⑥：14，灰白胎，青黄釉，底部残留垫烧痕。口径10.7、底径4.5、高4.7厘米（图一〇二，5）。标本G2：3，灰白胎，淡青釉。口径8.8、底径3.7、高4.0厘米（图一〇二，6）。标本TN01W06⑥：12，灰胎，淡青釉。口径9.0、底径4.2、高4.5厘米（图一〇二，7）。标本H100：3，灰白胎，青绿釉。口径9.0、底径3.8、高4.2厘米（图一〇二，8）。

Ⅲ式　22件。

标本TN01W03⑥：2，浅灰胎，青绿釉。口径8.8、底径3.3、高6.2厘米（图一〇三，1）。标本

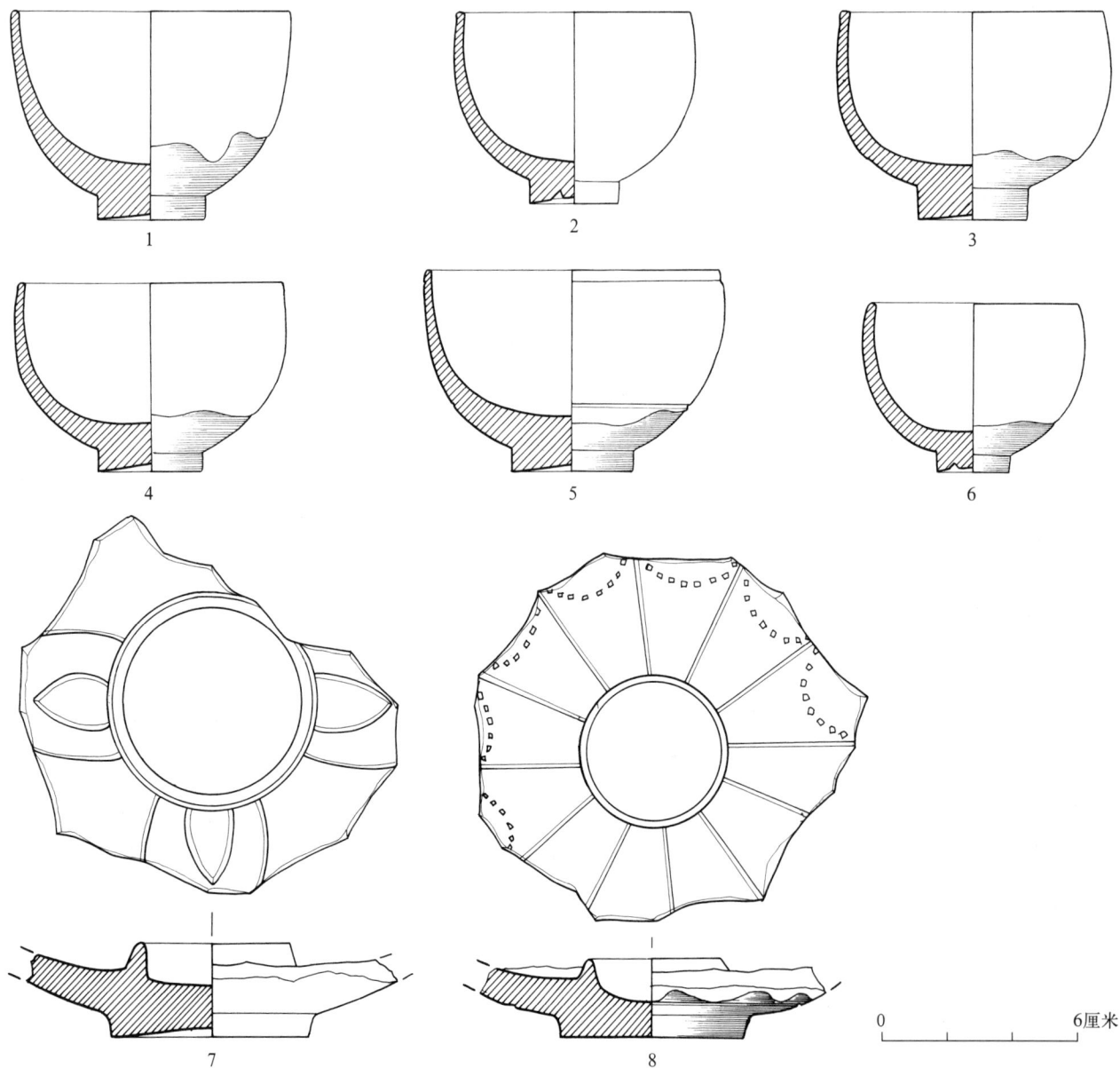

图一〇三　瓷盏与盏托

1～6. Ⅲ式瓷盏TN01W03⑥：2、H82：2、H91：1、TS01W03⑥：2、H101：5、H12：1　7、8. 盏托TN03W03⑥：9、H64：29

H82：2，灰胎，青黄釉。口径7.4、底径2.8、高5.7厘米（图一〇三，2）。标本H91：1，灰胎，青绿釉。口径8.3、底径3.4、高6.2厘米（图一〇三，3）。标本TS01W03⑥：2，灰白胎，淡青釉。口径8.2、底径3.2、高5.6厘米（图一〇三，4）。标本H101：5，灰胎，青黄釉。口径9.4、底径3.8、高6.0厘米（图一〇三，5）。标本H12：1，灰胎，青黄釉。口径6.6、底径2.2、高5.0厘米（图一〇三，6）。

3．盏托

2件。通体似盘，饼足，内底中部带托圈。

标本TN03W03⑥：9，浅灰胎，淡青釉，内壁带刻划纹和点戳。底径5.8、残高2.0厘米（图一〇三，8）。标本H64：29，浅灰胎，淡青釉，内壁刻划莲瓣纹。底径6.0、残高2.8厘米（图一〇三，7）。

4．盘

5件。尖唇，敞口，浅弧腹。根据底部形态的差异分两型。

A型　2件。平底。

标本H100：4，浅灰胎，青绿釉。口径15.2、底径10.0、高2.7厘米（图一〇四，1）。标本TS01W02⑥：26，灰白胎，淡青釉，内底刻划莲花纹。底径6.8、残高2.0厘米（图一〇四，2；彩版二二，1）。

B型　3件。底部带饼足。

标本TN02E03⑤：1，米黄胎，青黄釉。口径8.9、底径4.4、高3.2厘米（图一〇四，3）。标本H107：1，浅灰胎，淡青釉，内底模印莲蓬纹。口径12.8、底径4.6、高3.8厘米（图一〇四，4；彩版二二，2）。标本H119：4，浅灰胎，淡青釉，内底残留支钉痕。口径9.4、底径4.6、高3.2厘米（图一〇四，5）。

5．钵

1件。

标本TN01W06⑥：14，圆唇，敛口，鼓腹。灰胎，青黄釉，腹部剔刻莲瓣纹。口径16.0、残高6.5厘米（图一〇五，1）。

6．盘口壶

3件。

标本TS01W04⑥：27，浅灰胎，青绿釉。残高8.0厘米（图一〇五，2）。标本TS01W03⑥：64，束颈较细，肩部带方桥系。浅灰胎，青绿釉。残高8.0厘米（图一〇五，3）。标本TN02W02⑥：13，盘口较深。浅灰胎，青绿釉。口径20.0、残高12.7厘米（图一〇五，4）。

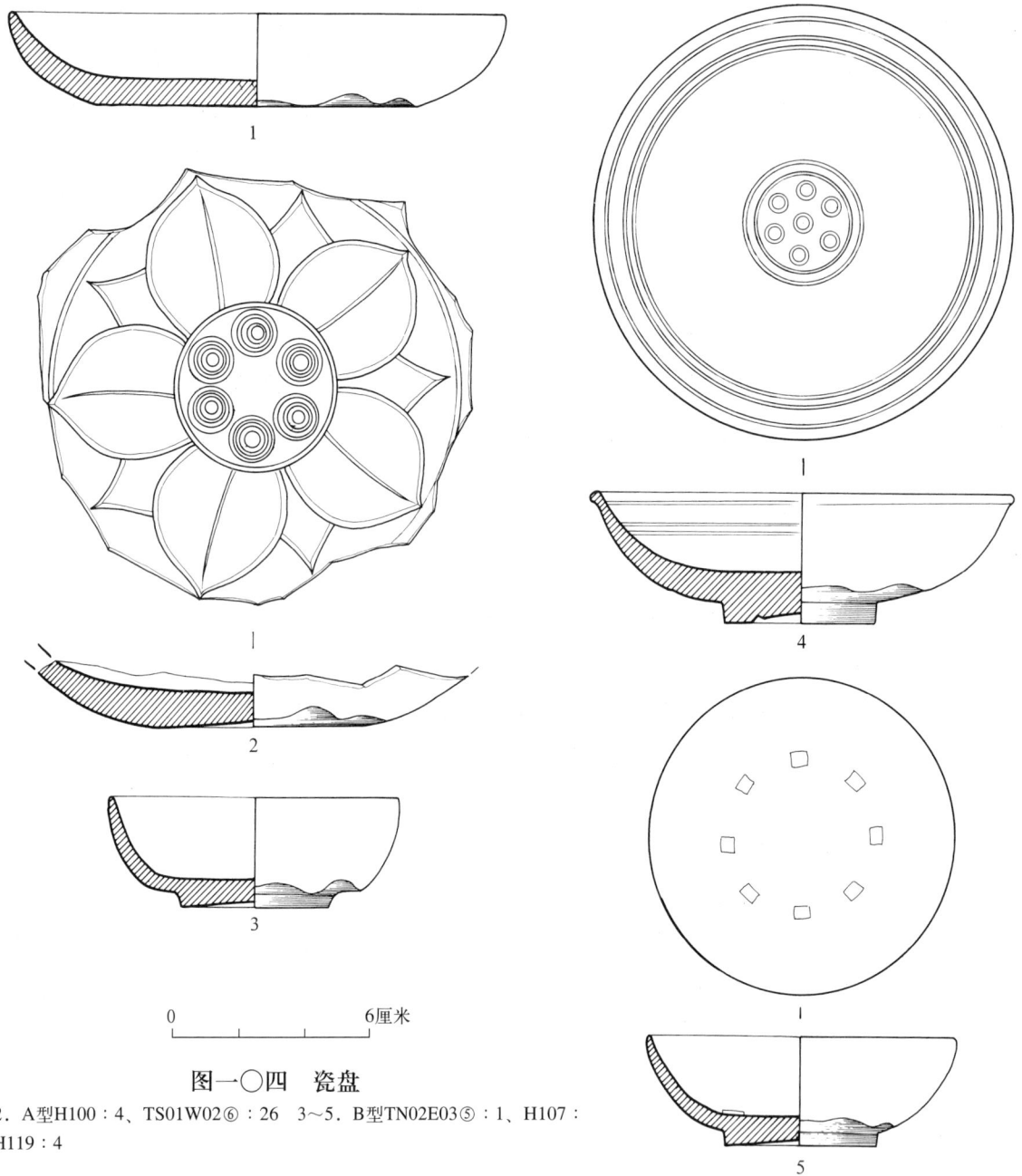

图一〇四　瓷盘

1、2．A型H100：4、TS01W02⑥：26　3～5．B型TN02E03⑤：1、H107：
1、H119：4

7．鸡首壶

1件。

标本H82：3，鸡首残件。浅灰胎，淡青釉。残高5.6厘米（图一〇六，1）。

8．唾壶

3件。

标本TS01W04⑥：1，盘口。灰胎，青灰釉。口径18.0、残高2.5厘米（图一〇五，5）。标本G2：
6，垂腹。灰白胎，淡青釉。残高8.2厘米（图一〇五，6）。

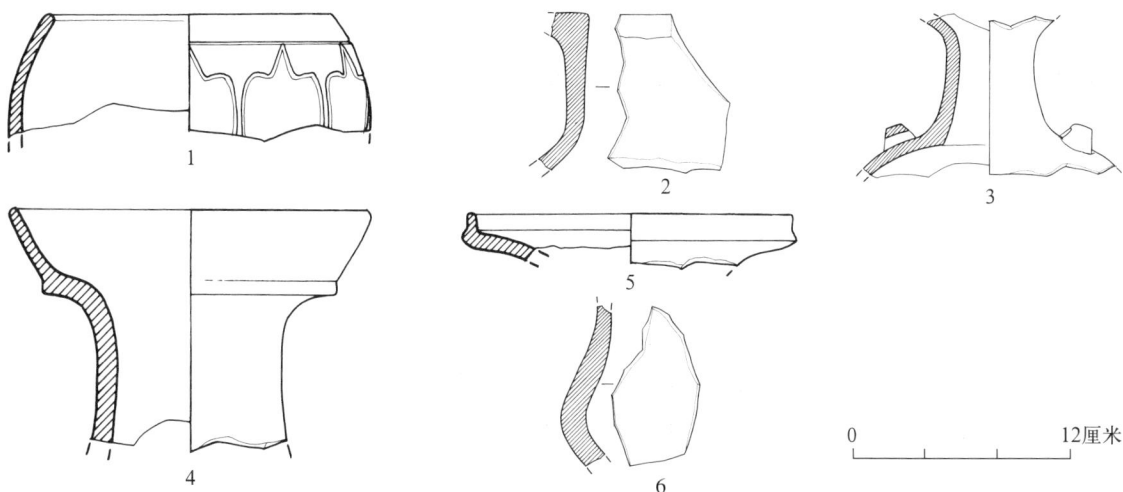

图一〇五　瓷器

1. 钵TN01W06⑥：14　2～4. 盘口壶TS01W04⑥：27、TS01W03⑥：64、TN02W02⑥：13　5、6. 唾壶TS01W04⑥：1、G2：6

9．罐

6件。根据口部和颈部形态的差异分两型。

A型　5件。单唇，颈部较短，圆肩，肩部带穿系。根据穿系的变化分两式。

A型Ⅰ式　2件。条形纵系。

标本TN03W02⑥：46，浅灰胎，青灰釉。口径22.0、残高6.0厘米（图一〇八，2）。标本TN01W01⑥：2，浅灰胎，青灰釉。残高10.7厘米（图一〇六，3；彩版二二，3）。

A型Ⅱ式　3件。桥形横系。

标本TS01W02⑥：16，灰胎，青灰釉。残高5.0厘米（图一〇六，4）。

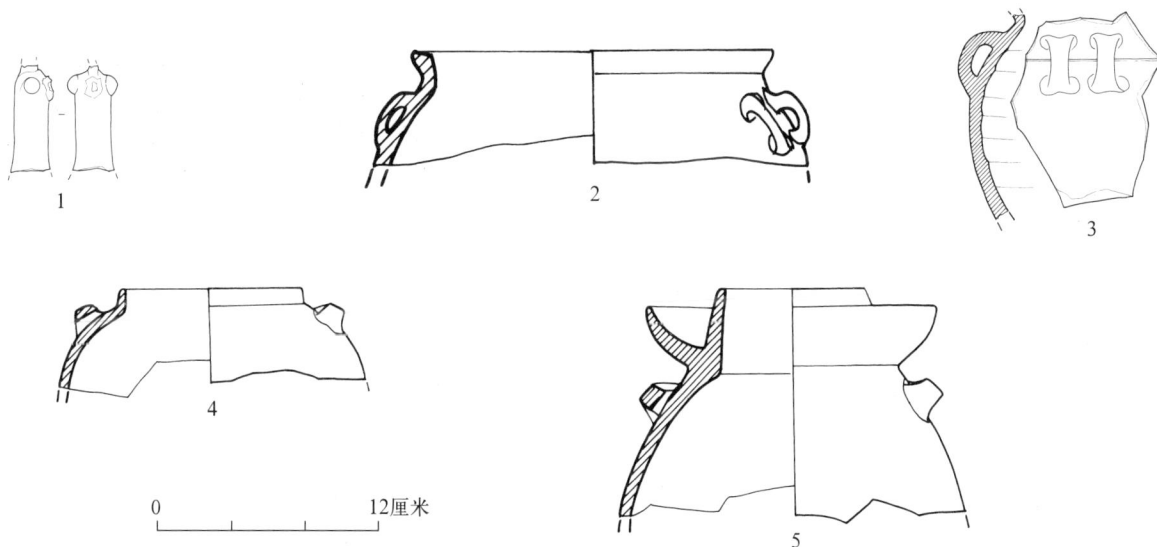

图一〇六　瓷器

1. 鸡首壶H82：3　2、3. A型Ⅰ式罐TN03W02⑥：46、TN01W01⑥：2　4. A型Ⅱ式罐TS01W02⑥：16　5. B型罐TN01W06⑥：11

B型　1件。双唇，颈部较高。溜肩，肩部带穿系。

标本TN01W06⑥：11，浅灰胎，青釉偏黄。口径8.0、残高12.0厘米（图一〇六，5；彩版二二，4）。

10．器盖

4件。均为子口。根据盖面形态的差异分两型。

A型　2件。斜直壁，平顶，顶部带桥形纽。

标本H56：1，浅灰胎，淡青釉。口径3.0、直径9.0、高3.5厘米（图一〇七，1）。标本G2：1，浅灰胎，淡青釉。口径4.2、直径8.0、高2.7厘米（图一〇七，2）。

B型　2件。弧壁，顶面拱起。

标本H101：3，灰白胎，青黄釉，盖面剔刻莲瓣纹。口径5.0、直径13.0、高2.9厘米（图一〇七，

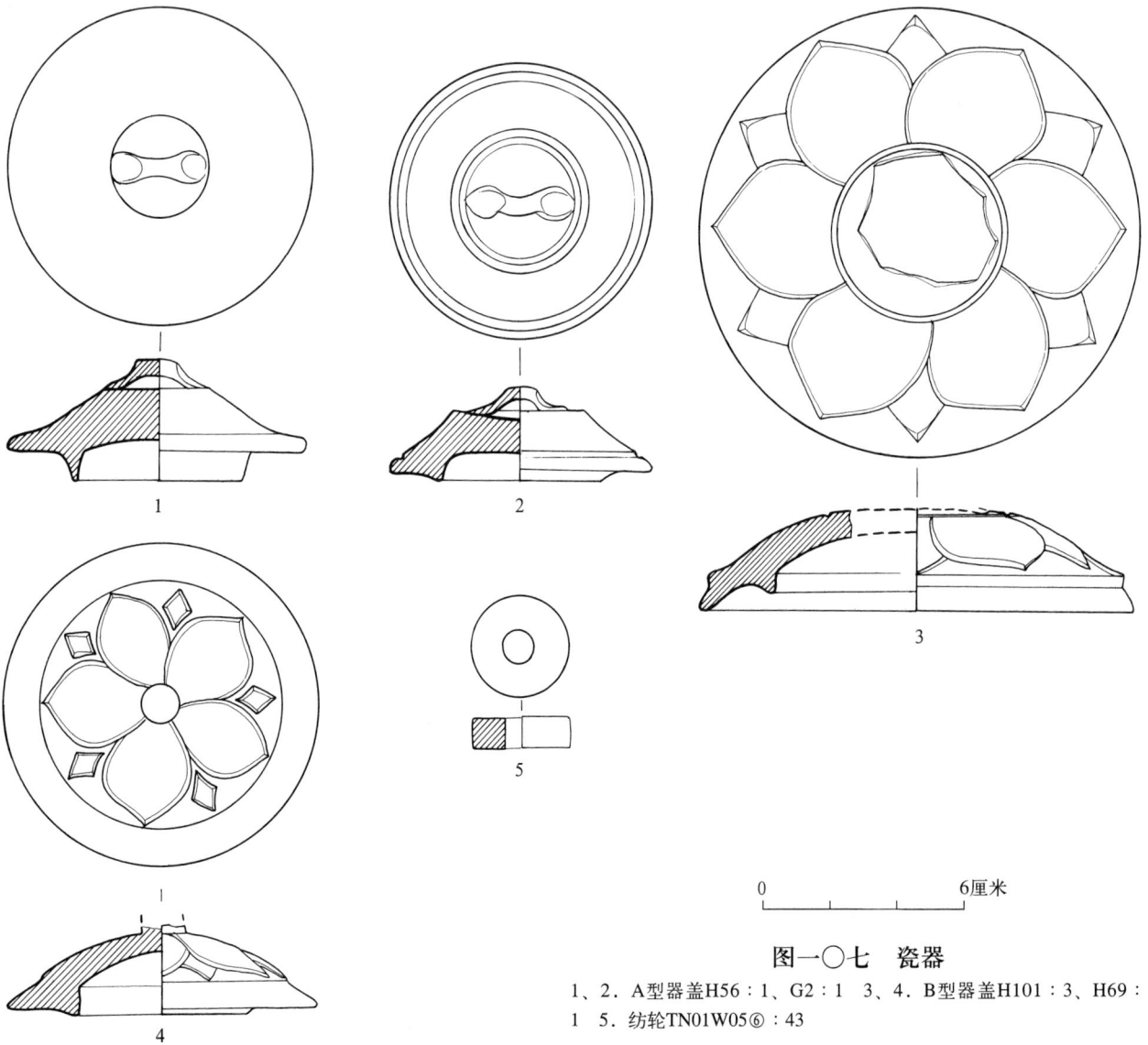

图一〇七　瓷器

1、2．A型器盖H56：1、G2：1　3、4．B型器盖H101：3、H69：1　5．纺轮TN01W05⑥：43

3）。标本H69：1，浅灰胎，青灰釉，盖面剔刻莲瓣纹。口径1.2、直径9.4、高2.5厘米（图一〇七，4）。

11．纺轮

1件。

标本TN01W05⑥：43，浅灰胎，淡青釉。直径3.0、厚0.9厘米（图一〇七，5）。

12．砚台

3件。通体似圆盘，砚面拱起，四周环以水槽，即所谓"辟雍砚"，腹部一周带兽蹄形足。

标本H56：8，浅灰胎，青绿釉，底部残留一周支烧痕。直径20.0、残高4.5厘米（图一〇八，1）。标本TN03W02⑤：30，灰白胎，淡青釉，底部残留一周支烧痕。直径20.0、残高5.0厘米（图一〇八，2；彩版二一，6）。标本TS01W03⑥：14，灰白胎，淡青釉。残高7.7厘米（图一〇八，3）。

13．器座

1件。通体似圆盘。

标本TS01W05⑥：10，浅灰胎，淡青釉，内底刻划莲花图案。口径28.8、底径26.8、高4.2厘米（图一〇八，4；彩版二二，5）。

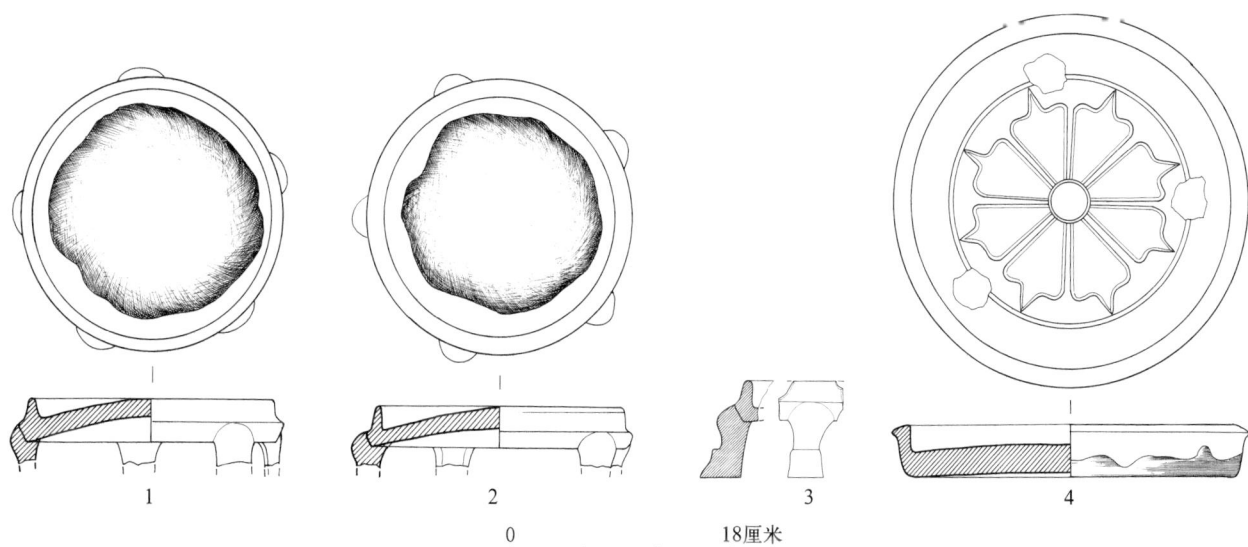

图一〇八　瓷器

1～6．砚台H56：8、TN03W02⑤：30、TS01W03⑥：14　4．器座TS01W05⑥：10

（三）窑具

窑具数量不多，可辨火照、窑柱、支钉等。

1．支钉

1件。

标本H90：7，器表呈褐色。直径8.0、高3.5厘米（图一〇九，1；彩版二二，6）。

2．窑柱

1件。

标本TN03W01⑥：61，灰陶。高12.5厘米（图一〇九，2）。

3．火照

4件。

标本H90：5，红陶。高11.3厘米（图一〇九，3）。标本H91：2，褐陶。高9.3厘米（图一〇九，4）。

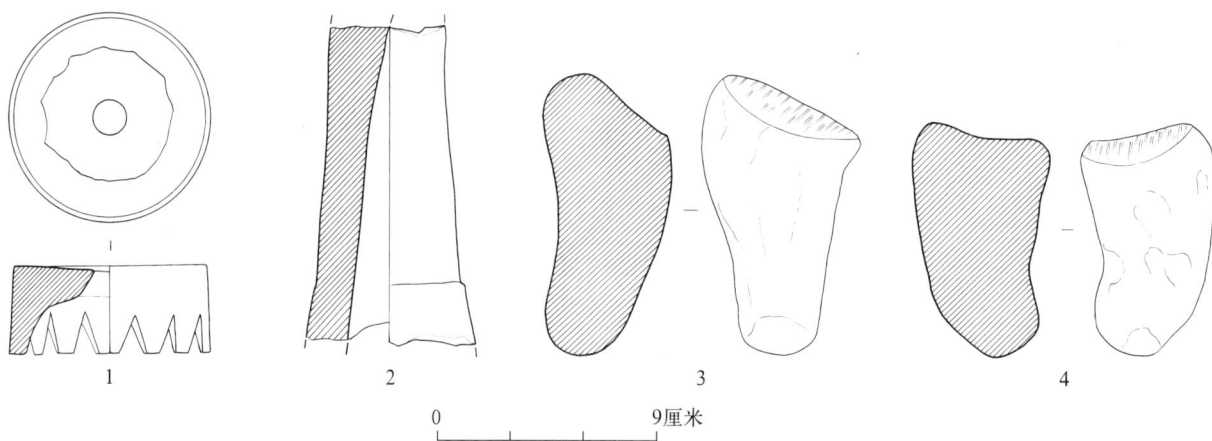

0　　　　　　　　　9厘米

图一〇九　窑具

1．支钉H90：7　2．窑柱TN03W01⑥：61　3、4．火照H90：5、H91：2

三　铜器

数量较少，大多出土于地层内，可辨铜环、铜条、铜镜、铜灯、铜镞、铜箸和铜钱等。铜钱大多出土于地层内，少量出土于灰坑，以五铢和货泉为主，另见有零星的汉兴钱，个别铜钱面文不清未辨识。

1．铜镜

1件。

标本TN01W02⑥：1，边缘饰三角纹和短斜线纹。厚0.2～0.5厘米（图一一〇，1）。

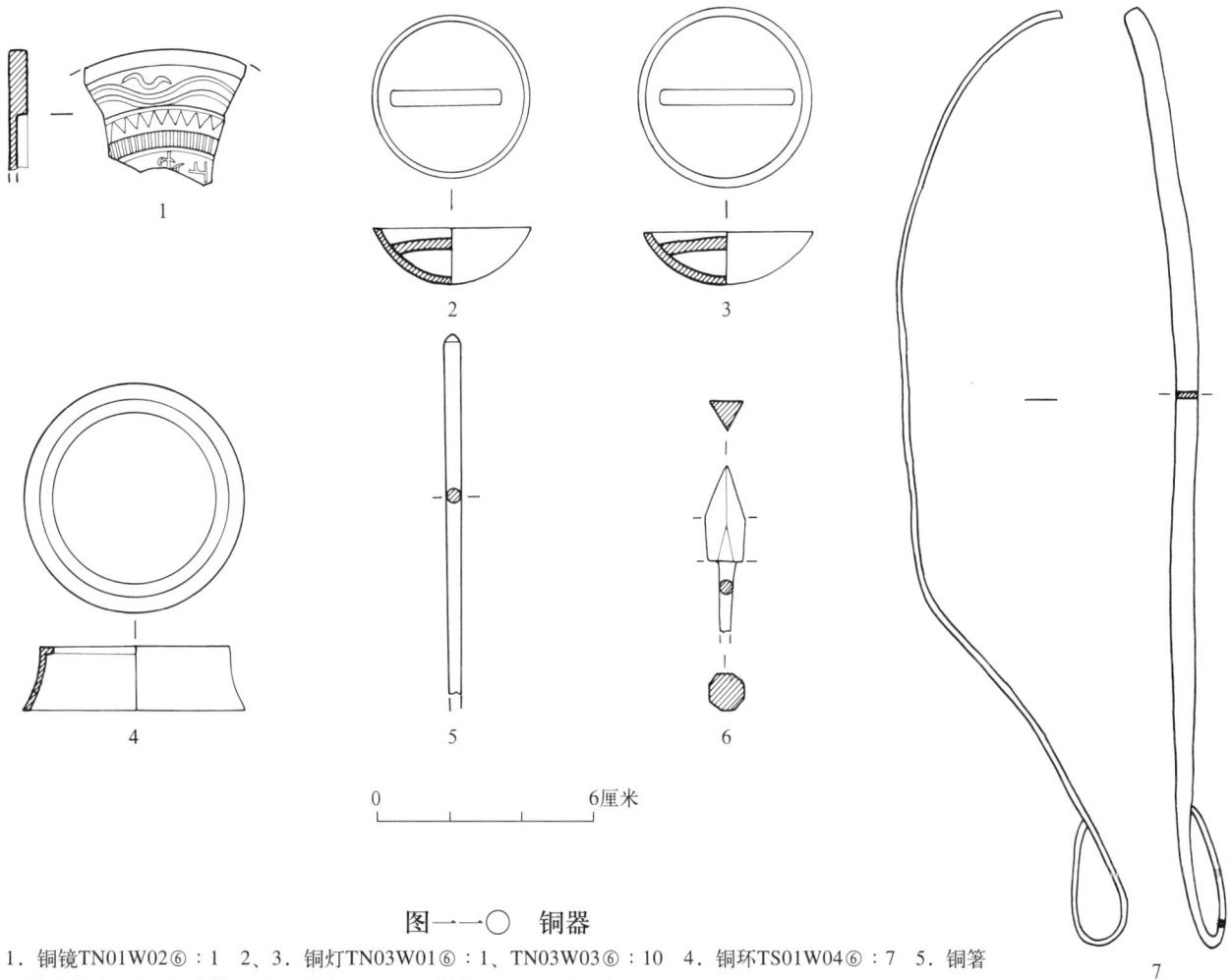

图一一○ 铜器

1. 铜镜TN01W02⑥：1 2、3. 铜灯TN03W01⑥：1、TN03W03⑥：10 4. 铜环TS01W04⑥：7 5. 铜箸
TN01W02⑥：3 6. 铜镞TN01W02⑥：10 7. 铜条TN01W01⑥：8

2. 铜灯

2件。通体似盏，圆口，圜底，内壁带灯柱。

标本TN03W01⑥：1，口径4.4、高1.5厘米（图一一○，2）。标本TN03W03⑥：10，口径4.8、高
1.4厘米（图一一○，3）。

3. 铜环

1件。

标本TS01W04⑥：7，顶径5.3、底径6.2、高1.7厘米（图一一○，4）。

4. 铜箸

1件。

标本TN01W02⑥：3，残长9.6、厚0.4厘米（图一一○，5）。

5．铜镞

1件。

标本TN01W02⑥：10，残长4.5厘米（图一一〇，6）。

6．铜条

1件。

标本TN01W01⑥：8，长25.3、宽0.2～0.7、厚0.2厘米（图一一〇，7）。

7．五铢

11枚。根据面文不同分三型。

A型　8枚。直径较大，轮廓清晰，钱文笔画工整、完好，"五"字饱满，交股弯曲。

标本TN02W02⑥：8，直径2.6、穿宽1.0厘米（图一一一，1）。标本H58：9，直径2.3、穿宽1.0厘米（图一一一，2）。标本H58：7，直径2.5、穿宽1.0厘米（图一一一，3）。标本H58：6，直径2.5、穿宽1.0厘米（图一一一，4）。

B型　2件。直径较A型略小，轮廓清晰，"铢"字模糊不清，"五"字较瘦，交股较直。

标本H58：1，直径2.3、穿宽0.9厘米（图一一一，5）。标本H23：4，直径2.4、穿宽1.1厘米（图一一一，6）。

C型　1件。直径更小，轮廓清晰，"铢"字模糊不清，"五"字较瘦，交股较直。

标本TN02W02⑥：19，直径2.1、穿宽0.8厘米（图一一一，7）。

8．货泉

9枚。根据面文不同分两型。

A型　2枚。钱文笔画工整、完好，有内郭。

标本TN03W01⑥：12，直径2.2、穿宽0.7厘米（图一一一，8）。标本TN02W02⑥：6，直径2.2、穿宽0.8厘米（图一一一，9）。

B型　7枚。钱文笔画工整、完好，无内郭。

标本TN02W03⑥：6，直径2.2、穿宽0.7厘米（图一一一，10）。标本TN02W02⑥：9，直径2.2、穿宽0.8厘米（图一一一，11）。标本TN01W02⑥：2，直径2.3、穿宽0.8厘米（图一一一，12）。

9．汉兴

1枚。直径较小，钱文模糊不清，在穿上下，有内郭。

标本TS02W06⑥：1，直径1.7、穿宽0.7厘米（图一一一，14）。

10．未辨识钱

1枚。剪边，无内郭。

标本H30∶2，直径1.6、穿宽0.9厘米（图一一一，13）。

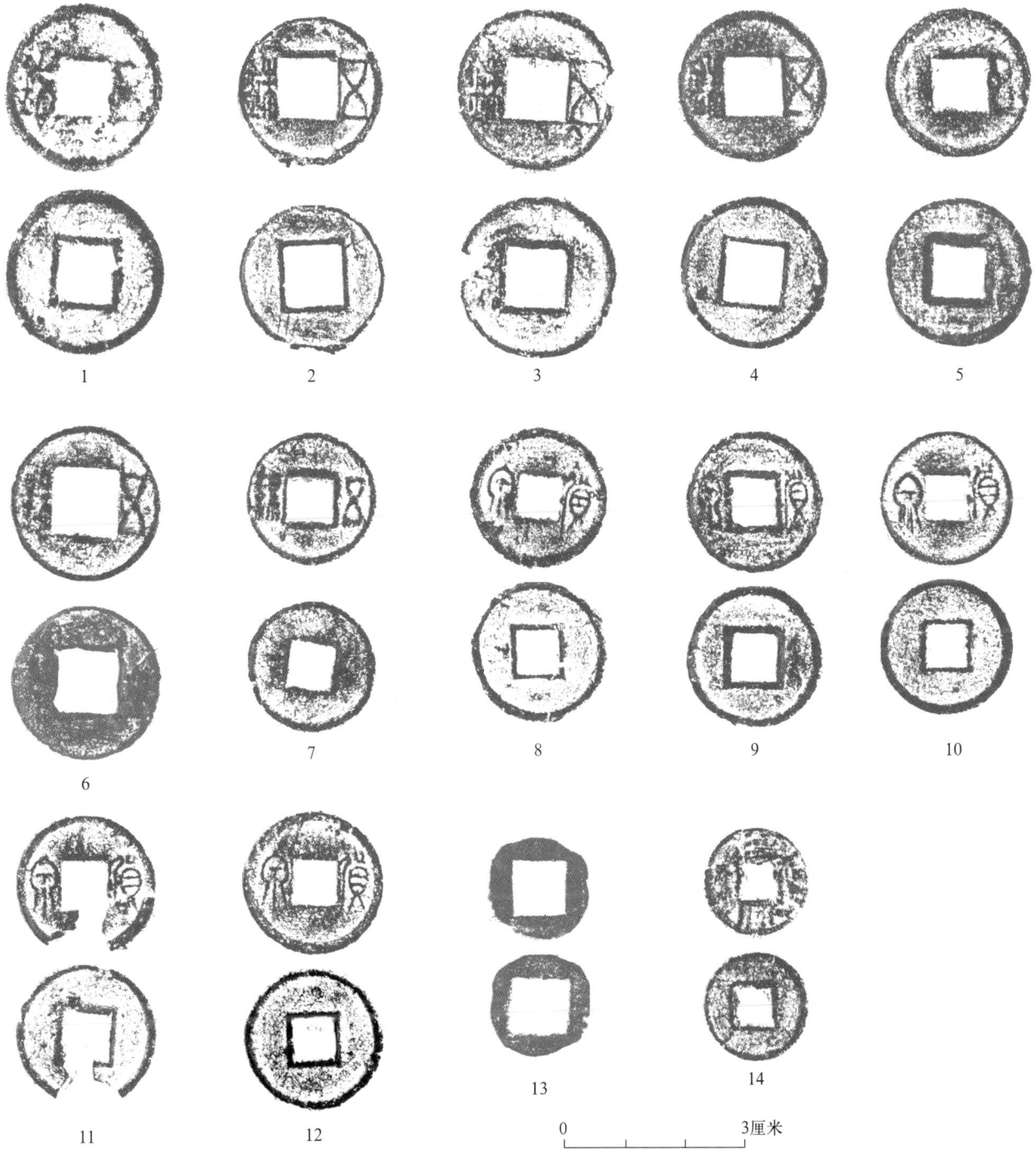

图一一一　铜钱拓片

1～4. A型五铢TN02W02⑥∶8、H58∶9、H58∶7、H58∶6　5、6. B型五铢H58∶1、H23∶4　7. C型五铢TN02W02⑥∶19　8、9. A型货泉TN03W01⑥∶12、TN02W02⑥∶6　10～12. B型五铢TN02W03⑥∶6、TN02W02⑥∶9、TN01W02⑥∶2　13. 未辨识钱H30∶2　14. 汉兴TS02W06⑥∶1

四　石器

仅1件石碓。

石碓

1件。

标本TS01W02⑥：38，红砂石质，内、外壁有凿刻痕。口径21.6、底径14.6、高14.0厘米（图一一二）。

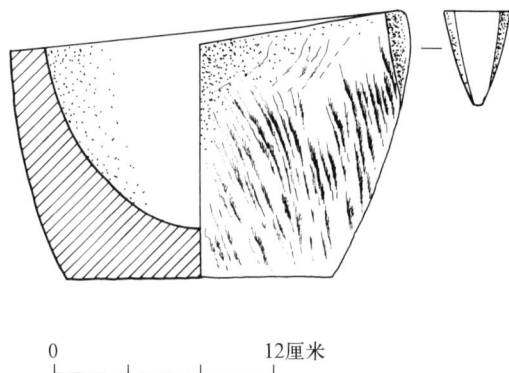

图一一二　石碓TS01W02⑥：38

第三节　分期与年代

根据地层与遗迹之间的层位关系和出土遗物的材质、类型、纹饰及组合等因素反映的年代特征综合分析，可以将两晋南朝遗存分为三期。

第一期：无地层，遗迹单位只有H65、J1和G10，均叠压于第⑥层下。出土物数量较少，除见于上述3个遗迹单位外，还出土于其他形成年代较晚的地层和灰坑内，以泥质灰陶器和青瓷器为主。陶器的类型有Aa型Ⅰ式碗、Ab型Ⅰ式碗、A型Ⅰ式罐，本地窑口瓷器的类型有A型Ⅰ式碗、A型Ⅱ式碗、器盖，外地窑口瓷器的类型有A型Ⅰ式碗、A型Ⅱ式碗、A型Ⅰ式罐和A型器盖等。瓦当的数量很少，以A、B型几何纹瓦当为代表。

上述出土物中以外地窑口瓷器的时代特征最为明确，其中的A型Ⅰ式碗为斜直腹，平底，口沿外刻划一周细弦纹，与四川什邡虎头山崖墓M4出土的青瓷碗相同，发掘者认为墓内与青瓷碗共存的长舌镇墓俑与成都和西昌等地出土的成汉俑都具有相同的特征和风格，故墓葬年代约为成汉时期[1]，相当于西晋末至东晋前期。A型Ⅱ式碗的口沿外刻划一周较宽、较深的弦纹，底部出现饼足，与之可进行对比的材料较多，如江苏南京郭家山东晋咸和元年（公元326年）M3出土的青瓷碗[2]、江西南昌皇殿侧东晋墓出土的青瓷碗[3]等。外地窑口瓷器中有的A型Ⅱ式碗口沿一周装饰密集的褐釉点彩，这种做法主要流行于东晋时期[4]，如江苏南京甘家巷东晋墓M31[5]、南京五塘村东晋墓出土的青瓷褐斑碗[6]。器盖为斜直壁，平顶，顶部带桥形纽，与江西南昌京家山西晋墓出土的青瓷罐盖[7]相同。此外，陶器的类型虽少，但Aa型Ⅰ式陶碗的腹部斜直，平底，口沿外刻划一周细弦纹，与广元鞍子梁

　　[1]　德阳市文物考古研究所、什邡市文物保护管理所：《四川什邡市虎头山成汉至东晋时期崖墓群》，《考古》2007年第10期。

　　[2]　南京市博物馆：《南京北郊郭家山东晋墓葬发掘简报》，《文物》1981年第12期。

　　[3]　陈定荣、许智范：《南昌市区清理一座东晋墓》，《考古》1984年第4期。

　　[4]　谢明良：《综述六朝青瓷褐斑装饰——兼谈唐代长沙窑褐斑及北齐铅釉二彩器彩饰来源问题》，《六朝陶瓷论集》，（台北）台湾大学出版中心，2006年，第282页。

　　[5]　南京博物院、南京市文物保管委员会：《南京栖霞山甘家巷六朝墓群》，《考古》1976年第5期。

　　[6]　南京市博物馆考古组：《南京郊区三座东晋墓》，《考古》1983年第4期。

　　[7]　江西省博物馆：《江西南昌市郊的两座晋墓》，《考古》1981年第6期。

西晋崖墓出土的陶钵[1]也完全相同。B型几何纹瓦当的当面布局杂乱无章，这类瓦当也见于成都金沙村廊桥遗址汉晋河道淤积层，年代下限约在两晋时期[2]。

据以上分析推测，第一期的年代约相当于西晋至东晋前期。

第二期：无地层，遗迹单位只有H46，叠压于第⑥层下。出土物数量较少，除见于H46外，还见于其他形成年代较晚的地层和灰坑内，有泥质陶器和青瓷器两类。陶器的类型有D型碗，青瓷器的类型有本地窑口A型Ⅰ式盏，外地窑口B型Ⅰ式碗、B型Ⅱ式碗、Ⅰ式盏。外地窑口瓷器中的B型Ⅰ式碗、B型Ⅱ式碗和Ⅰ式盏均为斜弧腹，底部带大饼足，具有明显的时代特征，此式碗的对比材料有江苏南京富贵山东晋晚期帝陵[3]、湖北武昌周家大湾刘宋孝建二年（公元455年）墓[4]和重庆忠县崖脚刘宋末年墓DM2[5]出土的青瓷碗、盏等。

据以上分析推测，第二期的年代约相当于东晋后期至南朝前期。

第三期：地层为第⑥层，遗迹单位较多，以H25、H26、H33、H40、H42、H48、H56、H58、H82、H88、H90、H91、H92、H97、H100、H101、H105、G2等为代表。出土物数量多，类型丰富，以泥质灰陶器和青瓷器为主。陶器的类型有Aa型Ⅱ式碗、Aa型Ⅲ式碗、Ab型Ⅱ式碗、Ab型Ⅲ式碗、B型碗、C型碗、A型盏、B型盏、盘口壶、盆、A型Ⅱ式罐、B型罐、甑、灯、砚台、器盖、釜、瓮、缸等，本地窑口瓷器的类型有B型碗、A型Ⅱ式盏、A型Ⅲ式盏、罐、盘口壶、砚台等，外地窑口瓷器的类型有B型Ⅲ式碗、B型Ⅳ式碗、Ⅱ式盏、Ⅲ式盏、盘、盏托、A型Ⅱ式罐、B型罐、B型器盖、盘口壶、钵、唾壶、砚台、器座等。瓦当的数量较多，以莲花纹最常见。

外地窑口瓷器B型Ⅲ式碗有的外腹壁剔刻莲瓣纹，与江西吉安长圹公社南齐永明十 年（公元493年）墓[6]、江西赣县官村营南齐建武四年（公元497年）墓[7]出土的青瓷莲瓣碗相同。外地窑口瓷器的B型Ⅳ式碗、Ⅲ式盏和本地窑口瓷器的Bb型碗、A型Ⅲ式盏大多为直口，圆弧腹，腹部较深，底部带小饼足，与江西宁都石山公社梁大同七年（公元541年）墓[8]、江西清江经楼镇陈至德二年（公元584年）墓[9]和成都北郊驷马桥化工厂隋墓[10]出土的青瓷碗、盏相同。外地窑口瓷器的A型盘内底剔刻莲花纹，莲蓬部分饰多个重圈纹，与四川绵阳园艺乡南朝齐、梁年间砖室墓[11]、绵阳西山六朝崖墓[12]和江西吉安长圹公社南齐永明十一年（公元493年）墓[13]出土的青瓷刻花盘相同。陶器方面，C型

[1] 广元市文物管理所：《四川广元鞍子梁西晋崖墓的清理》，《文物》1991年第8期。

[2] 成都文物考古研究所：《成都市青羊区金沙村汉代廊桥遗址发掘简报》，《成都考古发现（2008）》，科学出版社，2010年，第249～270页。

[3] 南京博物院：《南京富贵山东晋发掘报告》，《考古》1966年第4期。

[4] 湖北省博物馆：《武汉地区四座南朝纪年墓》，《考古》1965年第4期。

[5] 北京大学考古文博学院三峡考古队、重庆市忠县文物管理所：《忠县崖脚墓地发掘报告》，《重庆库区考古报告集（1998卷）》，科学出版社，2003年，第722页。

[6] 平江、许智范：《江西吉安县南朝齐墓》，《文物》1980年第2期。

[7] 赣州市博物馆：《江西赣县南齐墓》，《考古》1984年第4期。

[8] 唐昌朴：《江西宁都发现南朝梁墓》，《文物》1973年第11期。

[9] 清江县博物馆：《江西清江经楼南朝纪年墓》，《文物》1987年第4期。

[10] 罗伟先：《成都化工厂隋墓清理简报》，《四川文物》1986年第4期。

[11] 绵阳博物馆：《四川绵阳市园艺乡发现南朝墓》，《考古》1996年第8期。

[12] 绵阳博物馆：《四川绵阳西山六朝崖墓》，《考古》1990年第11期。

[13] 平江、许智范：《江西吉安县南朝齐墓》，《文物》1980年第2期。

Ⅱ式碗的形制与外地窑口瓷器的B型Ⅲ式碗、B型Ⅳ式碗相同，应出于对瓷器的仿烧，故年代相近。盘口壶为短束颈，丰肩，肩部带系，与西山六朝崖墓出土的B型和C型陶壶相同；A型Ⅱ式罐为敛口，丰肩，肩部带双系，D型盆的口沿外侧一周内束，上腹部刻划弦纹，这两类陶器都见于四川三台后底山[1]、果园山[2]等地的南朝晚期至隋代崖墓。

据以上分析推测，第三期的年代主要在南朝后期，下限至隋代。

---

[1] 四川省文物考古研究院、三台县文物管理所：《绵遂高速公路（三台段）后底山隋代崖墓群发掘简报》，《四川文物》2013年第5期。

[2] 四川省文物考古研究院、三台县文物管理所：《绵遂高速公路（三台段）果园山崖墓发掘简报》，《四川文物》2014年第4期。

第五章　唐宋文化遗存

第一节　遗迹现象

唐宋时期的遗迹有房址、井、道路、灰坑、排水沟（图一一三）。

一　房址

3座。编号F3、F4和F5。

1. F3

位于TS01W01北部（图一一四），方向28°。叠压于第⑤层下，打破第⑥层，被G5和H67打破，保存情况较差，由垫土和砖墙两部分组成。垫土为浅黄色土与深褐色土混杂的花土，堆积紧密，带一定的黏性，夹杂较多的烧土块，平面分布范围略呈长方形，南北长4.48、东西宽6.16、厚0.24米。垫土东部和南部各残存丁砖一道，均打破垫土，相交形成直角，属于房址的墙体基础，砖体为长方形，规格为37×18－5厘米。

2. F5

位于发掘区东北角（图一一五；彩版二三，1～3），分布于TN03E03、TN02E03内，方向32°。叠压于第④B层下，打破第⑤层，保存情况较好，属于房屋院落的天井部分，由垫土、天井、道路、散水和排水沟等部分组成。垫土可分为2层，第1层为灰褐色土夹杂烧土块，厚0.24～0.28米；第2层为灰黄色土夹杂砖石瓦砾，厚0.18～0.24米。垫土层内出土少量瓷器，釉色有青釉、绿釉、酱釉等，器形可辨盘、盏、罐等。天井平面呈长方形，转角处折出两个钝角，长7.50、宽6.40米，边缘用长方形砖丁砌一层。道路位于天井中部，方向32°，长4.50、宽2.25米，路面略微凸出，高出天井地面0.04米。路基用褐色土夹杂细卵石夯筑，厚0.12米，路面用长方形砖和卵石混筑，可分为东、中、西3段，中段宽1.54米，用长方形砖丁砌为菱形和三角形网格状，大部分网格内镶嵌卵石，卵石构筑为放射状的团花图案，局部网格内以丁砖填实。东、西两端宽0.62～0.67米，砌筑方式大致相同，用长方形砖丁砌为三角形网格状，网格内镶嵌卵石，卵石构筑为放射状的团花图案。路面有明显的修补

北 ←

未 发 掘

F5

H113
H116 H117
J14
H109
H118

12米

0

G7
J5
J4
H68
H64
H78
G6
H66
J7
H52
H55

H106
H7
H27
H11
H21
H22
H53
H6
F3
H67
H80
H15
H14
H41
H28
H17
H12
H9
H107
H39
L1
G1
H1
H2
J3
H16
H75
H35
J2
H3
H86
H5
H4
H10
H8
H18
H60
H87
H19
H20
H103
H13
H95
J8
J12
H96
H89
H84
J9
G8
J10
H104
H81

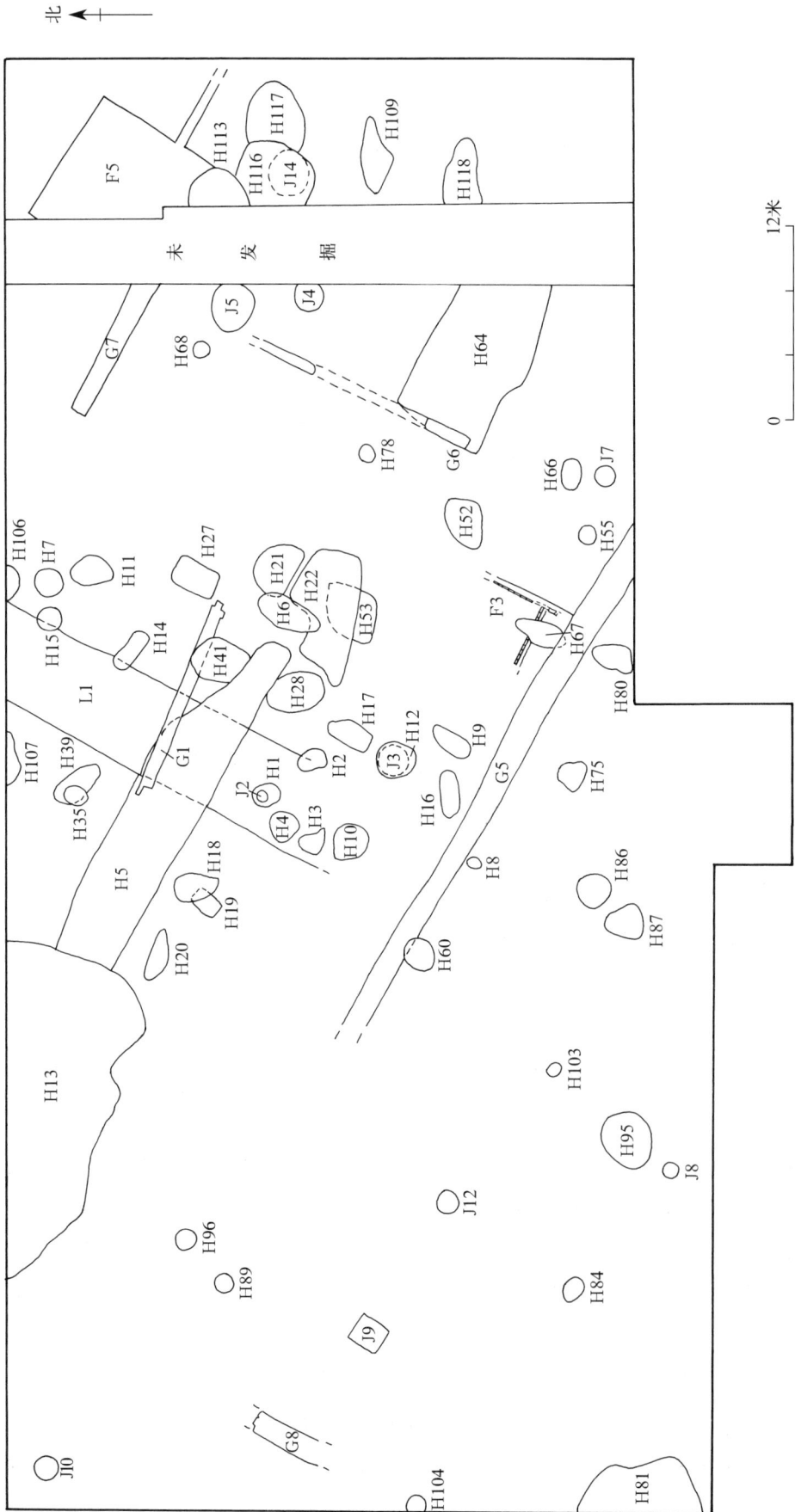

图一一三 唐宋时期遗迹平面分布图

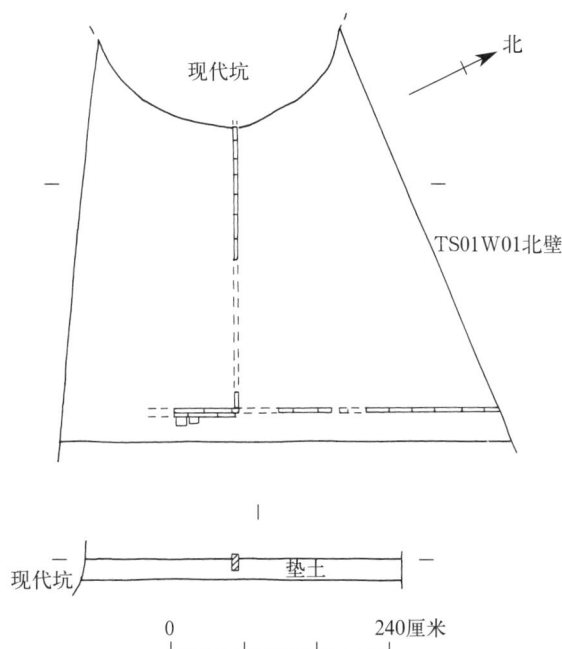

图一一四 唐宋时期房址F3平面图

痕迹，多个卵石缺损处用残砖瓦铺垫。散水围绕于天井外，用长方形砖平铺砌筑，宽0.68～0.90米。东侧散水中部偏南处连接有1条小型排水沟，长3.90、外宽0.40、内宽0.17、深0.12米，沟壁用长方形砖纵向平铺，沟底用长方形砖横向平铺一层。该建筑用砖规格有3种，分别为32×16.5-3.5、30×9-3.5和30.5×8.5-3.5厘米。

二 井

10座。编号J2、J3、J4、J5、J7、J8、J9、J10、J12和J14。

1. J2

位于TN02W02中部偏南（图一一六，1；彩版二四，1），北距探方北壁4.45、东距探方东壁3.90米。井口被H1打破，叠压层位不明，打破F2。为土圹砖井，由井圹和井圈两部分组成。井圹平面近圆形，直径1.74、深2.06米，填土呈黑灰色，黏性较重，夹杂细碎的瓦砾；井圈为砖砌，外圈近圆形，使用厚约4.0厘米的残砖平铺，直径1.18、深2.08米，内圈残存3层，平面呈八边形，边长0.34、深1.02米，使用截面呈梯形的青砖丁砌，砖体规格为（31～32)×34-5.5厘米。井圈底部在砂石层上开挖有一个圆筒形坑，直径0.88、深0.38米。井内为黑灰色淤泥，黏性重，略含沙，堆积较紧密。井圈内出土物以瓷器、陶器和铜器为主，可辨碗、盘、罐、瓶、釜、缸等，另有少量的瓦当、筒瓦、花纹砖残块。

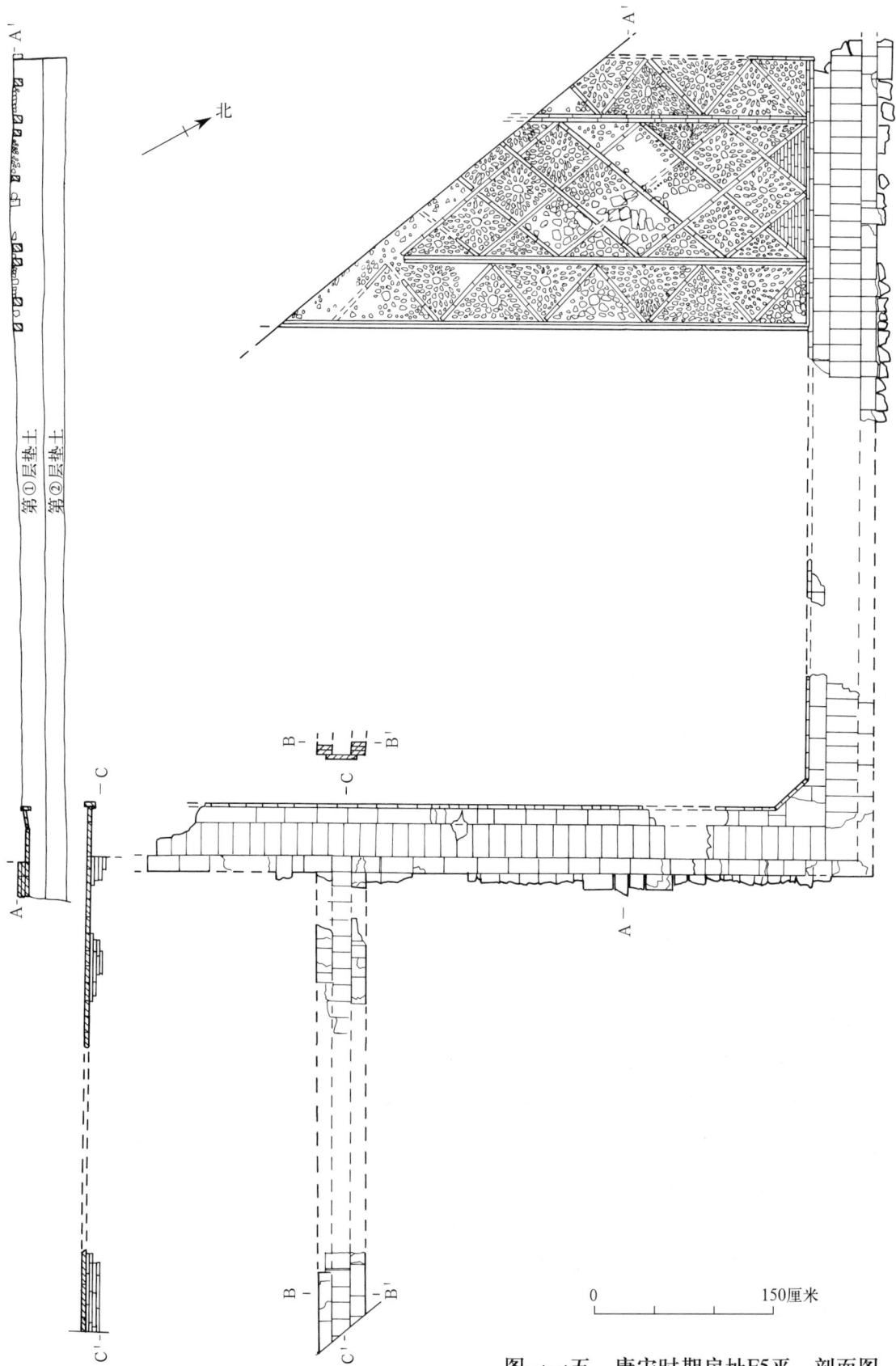

图一一五　唐宋时期房址F5平、剖面图

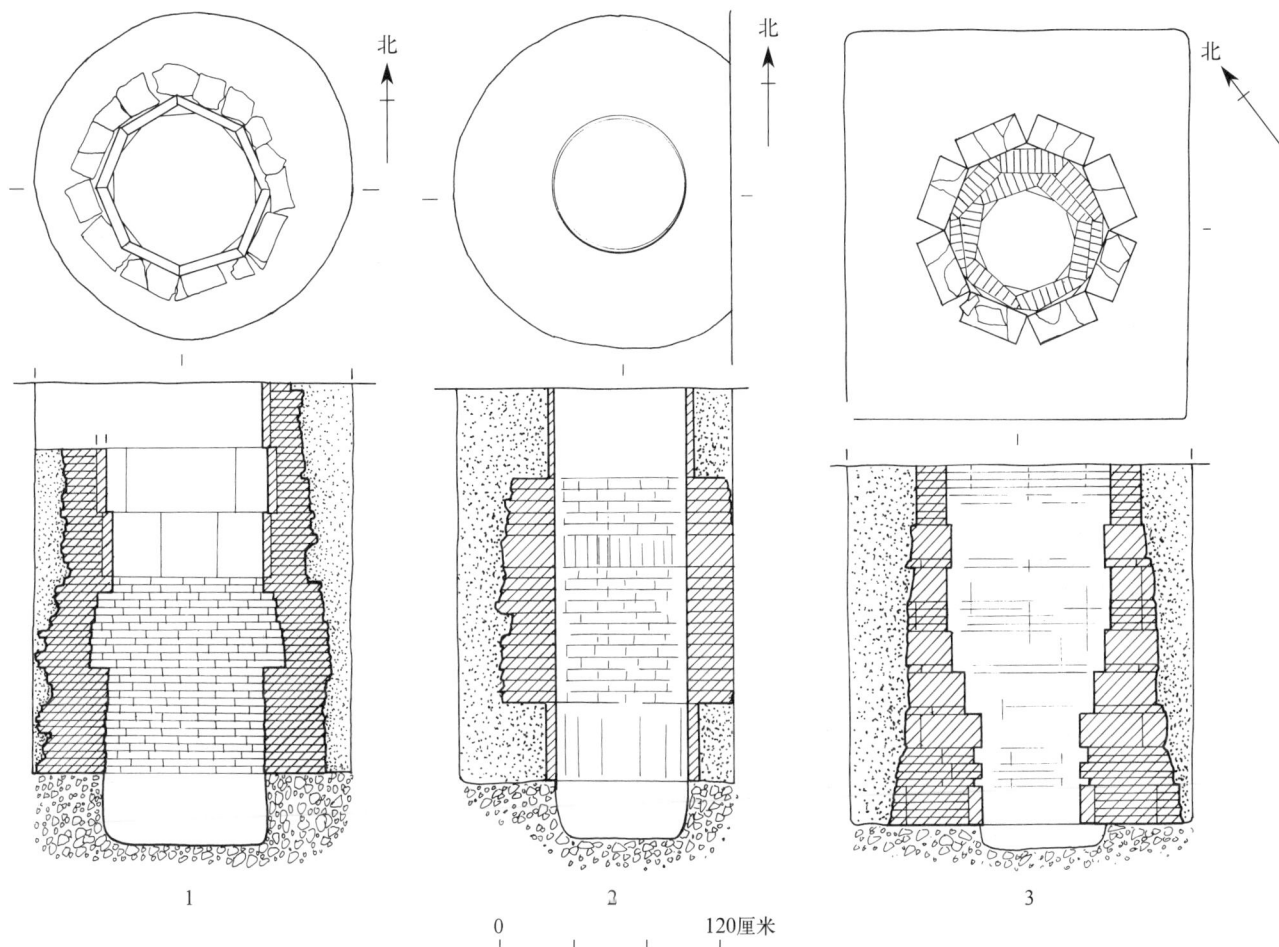

图一一六　唐宋时期水井平、剖面图
1. J2　2. J4　3. J9

2. J4

位于TN02E02东南部（图一一六，2；彩版二四，2），局部延伸至探方外，北距探方北壁7.50、西距探方西壁4.50米。井口被Q1打破，叠压层位不明，打破第⑦层。为土圹砖井，由井圹和井圈两部分组成。井圹平面近圆形，直径1.79、深2.10米，填土为青黄色，夹杂黑灰色土，土质较黏，包含物很少；井圈主体为砖砌，平面呈圆形，内径0.73、深2.09米，最底部用长方形砖丁砌1层，其上用长方形砖错缝平铺12层，丁砌1层后再错缝平铺5层，用砖规格为42×21－6厘米。最上部用陶制井圈套接1层，高48、厚2厘米。井圈底部在砂石层上开挖有一个圆筒形坑，直径0.72、深0.31米。井圈内填土呈黑灰色，黏性较重，堆积较紧密，包含大量瓦砾，出土物以瓷器为主，釉色有青釉、酱釉、绿釉等，器形可辨瓶、碗、盏、炉等，另有少量的泥质陶器残片。

3. J9

位于TN01W05西北部（图一一六，3；彩版二五，1），局部延伸至探方外，北距探方北壁0.80、东距探方东壁6.85米。井口被施工破坏，叠压层位不明，打破第⑦层和H100、F2。为土圹砖井，由井圹和井圈两部分组成。井圹平面近方形，边长1.91～2.05、深1.90米，填土呈黑灰色，夹杂灰黄色土，堆积较疏松，土质较黏，包含较多瓦砾；井圈为砖砌，井口内径0.92、井底内径0.54、深1.91米，自上而下可分为8层：第1～4层平面呈八边形，其中第1层为8层平砖，第2、4层为一丁一平，第3层为一丁四平；第5层平面呈七边形，为一丁一平；第6层及以下平面均呈六边形，其中第6层为一丁二平，第7层为3层平砖，第8层内壁为1层丁砖，外侧为5层平砖。井圈底部在砂石层上开挖有一个锅底状坑，直径0.70、深0.13米。井圈内填土为黑灰色淤泥，黏性较重，堆积较紧密，包含大量瓦砾和卵石，出土物以瓷器为主，釉色有青釉、酱釉、黄釉等，器形可辨碗、盆、盏等，另有少量的泥质陶器和筒瓦残片。

4. J10

位于TN03W06西北部（图一一七，1；彩版二五，2），北距探方北壁0.90、东距探方东壁5.70米。井口被施工破坏，叠压层位不明，打破第⑦层。为土圹砖井，由井圹和井圈两部分组成。井圹平面近圆形，直径1.55～1.68、深2.05米，内填大量卵石和泥沙。井圈为砖砌，井口内径0.86、井底内径0.60、深2.05米，自上而下共残存8层：第1～7层均为一平一丁，其中第1～5层平面呈七边形，第6～7层平面呈五边形，第8层用红砂石板作井底，红砂石平面呈正方形，截面呈梯形，边长48～53、厚16厘米，中心带一直径5～10厘米的穿孔，红砂石外砌筑4层平砖。井圈用砖有长方形和梯形两种，共3个规格，分别为30×16－4、（34～38）×16－4和（38～42）×42－5厘米。井圈内填土为黑灰色淤泥，黏性较重，堆积较紧密，出土物以瓷器为主，釉色有青釉、酱釉、黑釉等，器形可辨瓶、罐、盆等，另有少量的陶缸残片。

5. J12

位于TN01W05东南部（图一一七，2），北距探方北壁6.40、西距探方西壁8.40米。井口被施工破坏，叠压层位不明，打破第⑦层和F2。为土圹砖井，由井圹和井圈两部分组成。井圹平面近圆形，直径1.51～1.62、深2.27米，内填灰黄色土夹杂大量卵石。井圈为砖砌，井口内径0.78、井底内径0.80、深2.27米，平面呈六边形，井圈上半部采用横纵交错的方法丁砌，下半部采用平丁交错的方法砌筑，用砖规格主要有长方形和梯形两种，规格分别为33.5×16－3.5和（40～45）×23－6厘米。井圈底部用长方形木条作基础，木条规格为（45～60）×16－8厘米。其下在砂石层上开挖有一个锅底状坑，直径0.86、深0.18米。井圈内填土为黑灰色淤泥，黏性较重，堆积较紧密，出土物较多，以青釉、酱釉瓷器为主，器形可辨碗、盆、瓶、罐、注壶等，另有少量的陶盆和板瓦残片。

6. J14

位于TN02E03西南部（图一一七，3；彩版二六，1、2），北距探方北壁5.80、东距探方东壁4.40米。井口被H116打破，叠压层位不明，打破第⑦层。为土圹砖井，由井圹和井圈两部分组成。井圹平面近圆形，直径2.72～2.94、深3.38～3.94米，内填灰黄色土夹杂大量卵石和瓦砾。井圈为砖

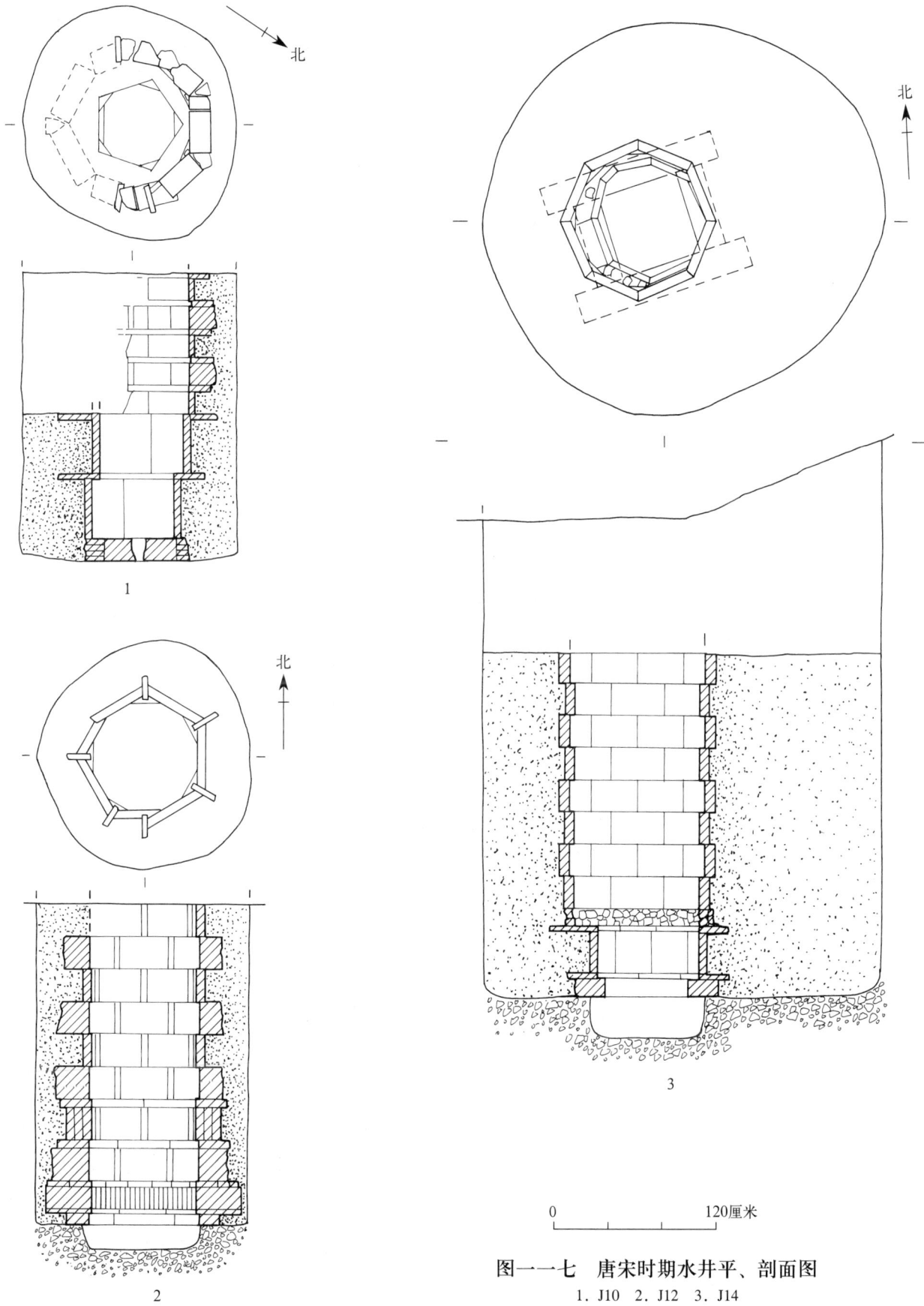

图一一七　唐宋时期水井平、剖面图

1. J10　2. J12　3. J14

砌，井口内径1.00、井底内径0.62、深2.42米，平面呈八边形，自上而下共残存13层：第1～8层均使用梯形砖丁砌，用砖规格为（39～42）×22.5－6.9厘米。第9层为卵石铺筑层，第10、12层用残破的长方形砖平砌，砖体厚3厘米。第12层为梯形砖丁砌，用砖规格为（31～34）×31－4.5厘米。第13层为井圈底部，使用长方形木条构筑为榫卯结构的基础，木条规格为（60～132）×20－12厘米。其下在砂石层上开挖有一个锅底状坑，直径0.84、深0.28米。井圈内填土为黑灰色淤泥，黏性较重，堆积较紧密，夹杂大量瓦砾，出土物较多，以瓷器为主，釉色有青釉、酱釉、绿釉、白釉、天青釉等，器形可辨碗、盏、盆、罐等，另有少量的陶盆、陶瓮和绿釉筒瓦残片。

三　道路

1条。编号L1。

L1

位于发掘区中部（图一一八），分布于TN02W02和TN03W02内，方向28°。叠压于第④B层下，打破第⑤层，被H1、H2、H3、H4和H5打破，保存情况较差。为砖、土混筑，由垫土和排水沟两部分组成，长28.4、宽5.50～6.00米。垫土可分为2层，第1层为深褐色土，带黏性，经过夯筑，堆积紧密，包含较多的瓦砾，瓦砾散布在整个路面，厚0.04～0.13米；第2层为黑灰色土，堆积不及第1层紧密，包含大量瓦砾和烧土块，厚0～0.18米。道路东、西两个各附设1条排水沟，东侧排水沟长2.70、宽0.78米，修筑相对简陋，先开挖深约0.20米的沟圹，再填黑灰色土，沟体由3排砖构成，中间一排平铺，两侧内底外高倾斜铺筑，深0.06～0.08米；西侧排水沟长14.30、宽1.50米，保存相对完好，做工较为讲究。先开挖深约0.37米的沟圹，沟圹内填紧密的黄色沙土，底部由4排砖平铺，东侧丁砌两排砖作沟壁，再铺平砖与路面相连，与沟底形成阶梯状排列，西侧平铺砖作沟壁，残存3层。用砖规格有4种，分别为34×17－5.5、37×19－4、31×16－3.5和31×16－4厘米。

四　灰坑

55个。有圆形、椭圆形、半圆形、半椭圆形、刀形和不规则形等几种。

1. H1

位于TN02W02中部（图一一九，1），南距探方南壁2.65、北距探方北壁4.55米。叠压于第④A层下，打破第④B层、L1和J2。坑口平面近椭圆形，长1.80、宽1.46、深2.42米。坑壁北部较垂直，坑壁南部斜直内收，坑底部较平整，填土为黑灰色，颗粒较粗，土质较黏，含较多的烧土块和炭屑，出土遗物以瓷器为主，釉色有青釉、天青釉、酱釉、青白釉、白釉等，器形可辨碗、盘、钵、盏、罐等，另见有少量的陶盆和陶盏残片。

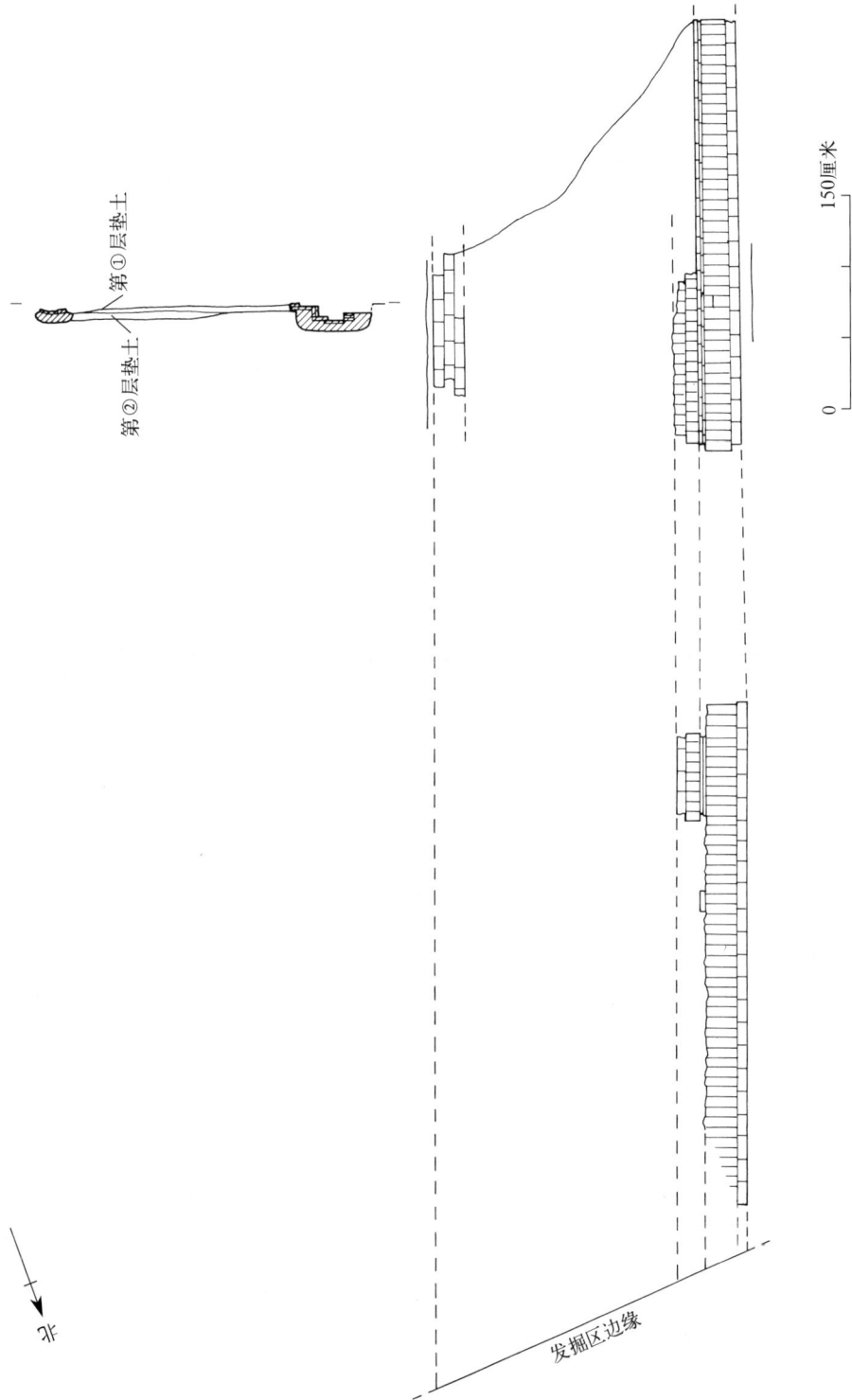

图一一八　唐宋时期路L1平、剖面图

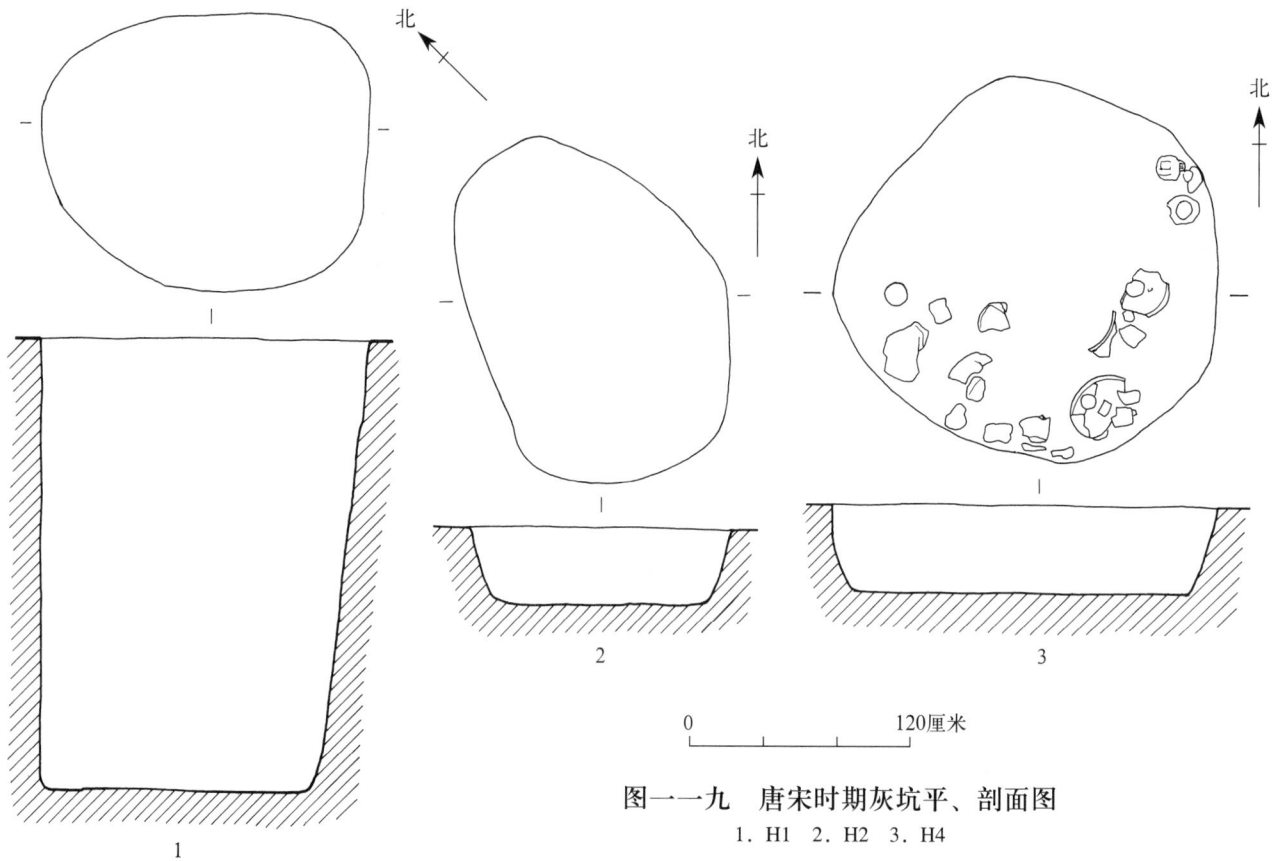

图一一九　唐宋时期灰坑平、剖面图
1. H1　2. H2　3. H4

2. H2

位于TN02W02东南部（图一一九，2），局部延伸至探方外，北距探方北壁7.52、东距探方东壁1.75米。叠压于L1下，打破第⑤层。坑口平面形状不规则，长1.46～1.86、宽1.38、深0.42米。坑壁斜直内收，坑底部较平整，填土为黑灰色，夹杂青褐色土，颗粒较粗，土质较黏，含较多的烧土块和炭屑，出土遗物以青釉瓷器为主，器形可辨碗、钵、唾壶、罐等，另见有少量的陶盆残片。

3. H4

位于TN02W02西南部（图一一九，3；彩版二七，1），南距探方南壁0.48、西距探方西壁0.50米。叠压于L1下，打破第⑤层。坑口平面近圆形，直径2.08～2.14、深0.46米。坑壁斜直内收，坑底部较平整，填土为黑灰色，夹杂青褐色土，颗粒较粗，土质较黏，含少量烧土和炭屑，出土遗物以瓷器为主，釉色有青釉、酱釉、绿釉等，器形可辨碗、盘、钵、盏、罐、炉、盂、器盖等，另见有少量的铜钱、陶盆和黄釉、绿釉筒瓦残片。

4. H5

位于TN03W02、TN03W03、TN02W01、TN02W02内（图一二〇，1），南距TN02W01南壁0.74、北距TN03W03北壁0.82米。叠压于第④A层下，打破H41、H49、H51、H58、G3、G4和L1，

被G1和H13打破。坑口平面近刀形，长23.30、宽5.10、最深处1.75米。坑壁斜直内收，略带弧度，坑底部较平整，坑内填土堆积较紧密，自上而下可分作4层：第①层为黄、褐色花土，土质较黏，厚0～1.40米；第②层为褐色土，带黏性，厚0～1.30米；第③层为黄色沙性土，较纯净，厚0～0.70

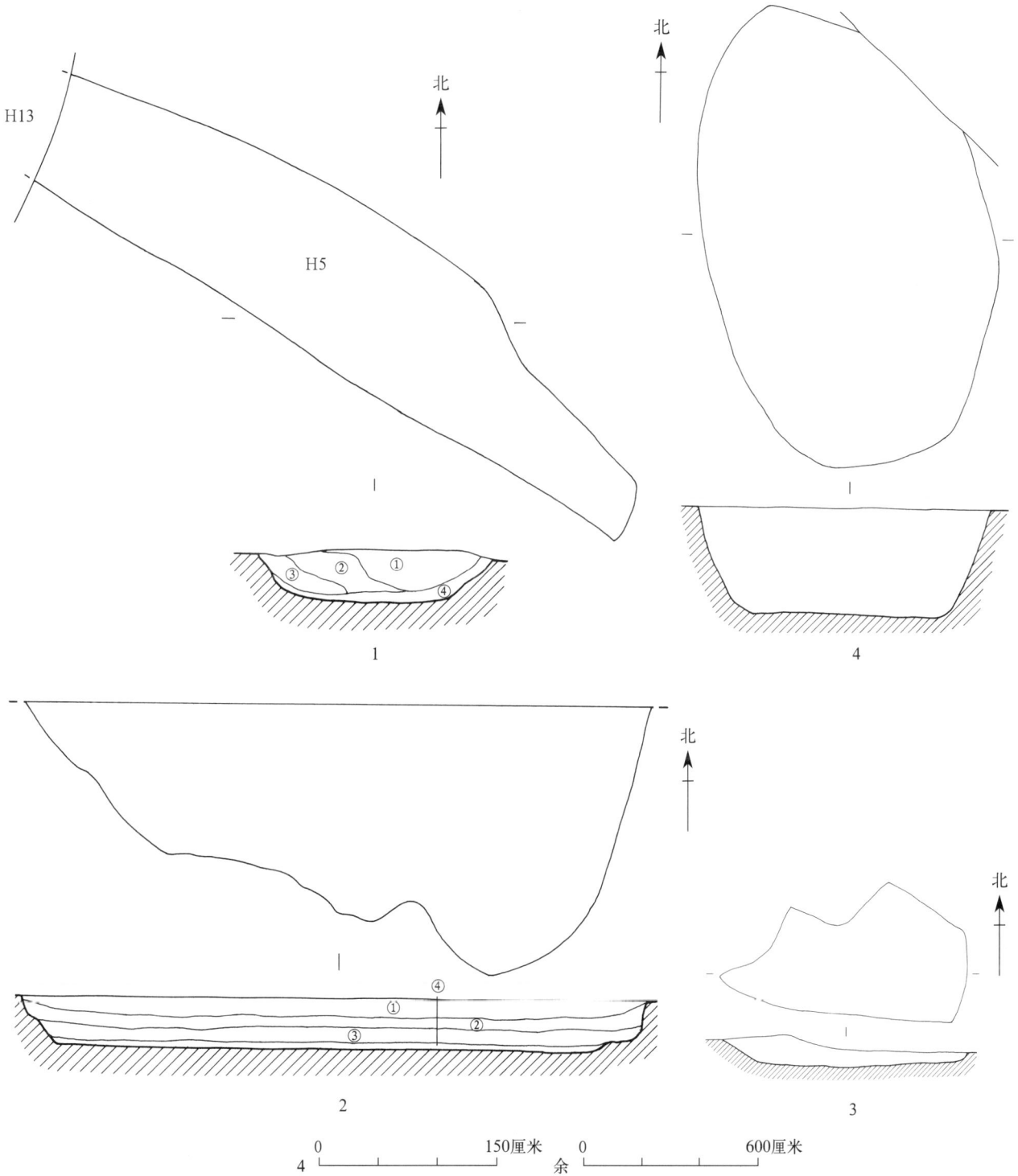

图一二〇　唐宋时期灰坑平、剖面图
1. H5　2. H13　3. H22　4. H28

米；第④层为黑褐色土，带黏性，厚0～0.45米。出土遗物以瓷器为主，釉色有青釉、绿釉等，器形可辨碗、盏、罐、器盖等，陶器有泥质灰陶和釉陶器两类，器形可辨盆、盏、砚台、炉等，另有少量的铜钱和绿釉筒瓦残片。

5．H13

位于TN03W03、TN03W04和TN03W05内（图一二〇，2），往北延伸至发掘区外，南距TN03W03南壁0.46、东距TN03W03东壁1.58米。坑体东部保存较好，西部被施工破坏严重，叠压于第④A层下，打破第④B层和H5、H77、G10、F2。揭露部分平面形状不规则，直径2.08～2.14、深0.46米。坑壁斜直内收，略带弧度，坑底部较平整，填土似经过夯筑，堆积紧密硬实，自上而下可分为4层：第①层为黑色淤积土，包含较多细碎的瓦砾和烧土块，厚0～0.65米；第②层为黑灰色淤积土，包含较多细碎的瓦砾和烧土块，厚0.2～0.65米；第③层为黑灰色淤积土，瓦砾和烧土块较少，厚0～0.70米；第④层为褐色土，瓦砾和烧土块较少，厚0～0.15米。出土遗物以瓷器为主，釉色有天青釉、青釉、青白釉、绿釉、酱釉、黑釉、天青釉、白釉红绿彩等，器形可辨碗、盏、罐、盒、器盖等，另有少量的陶盆口沿残片。

6．H22

位于TN02W01南部和TN01W01北部（图一二〇，3），南距TN01W01南壁7.35、北距TN02W01北壁6.95米。叠压于第④A层下，打破第④B层和G4、G2，被H6打破。坑口平面形状不规则，长8.00、宽3.35～4.50、深0.35～0.85米。坑壁斜直内收，坑底部凹凸不平，填土为黑灰色，颗粒较粗，土质较黏，堆积较紧密，含少量烧土和炭屑。出土遗物以瓷器为主，釉色有天青釉、青釉、青白釉等，器形可辨碗、盘、盏、罐、注壶等，另有少量的陶器残片，均为泥质灰陶，器形可辨罐、碗、盆、缸、盏等。

7．H28

位于TN02W01西南部（图一二〇，4），局部延伸至探方外，北距探方北壁5.50、东距探方东壁7.00米。叠压于第⑤层下，打破第⑥层和H57，被H5打破。坑口平面近椭圆形，长3.90、宽2.40、深0.88米。坑壁斜直内收，坑底部较平整，填土为黄褐色，夹杂黑灰色土，颗粒较粗，土质较黏，堆积较紧密，含少量烧土块和炭屑。出土遗物较少，有青釉瓷碗、陶盏等。

8．H39

位于TN03W02中部（图一二一，1；彩版二七，2），北距探方北壁1.90、东距探方东壁2.75米。叠压于第⑤层下，打破第⑥层和H30，被H35打破。坑口平面近椭圆形，长3.58、宽1.64、深0.34～0.44米。坑壁北部斜直内收，略带弧度，坑壁南部较垂直，坑底部较平整，填土为灰褐色，颗粒较粗，土质较黏，堆积较疏松，含较多的烧土和炭屑。出土遗物以瓷器为主，釉色有青釉和酱釉

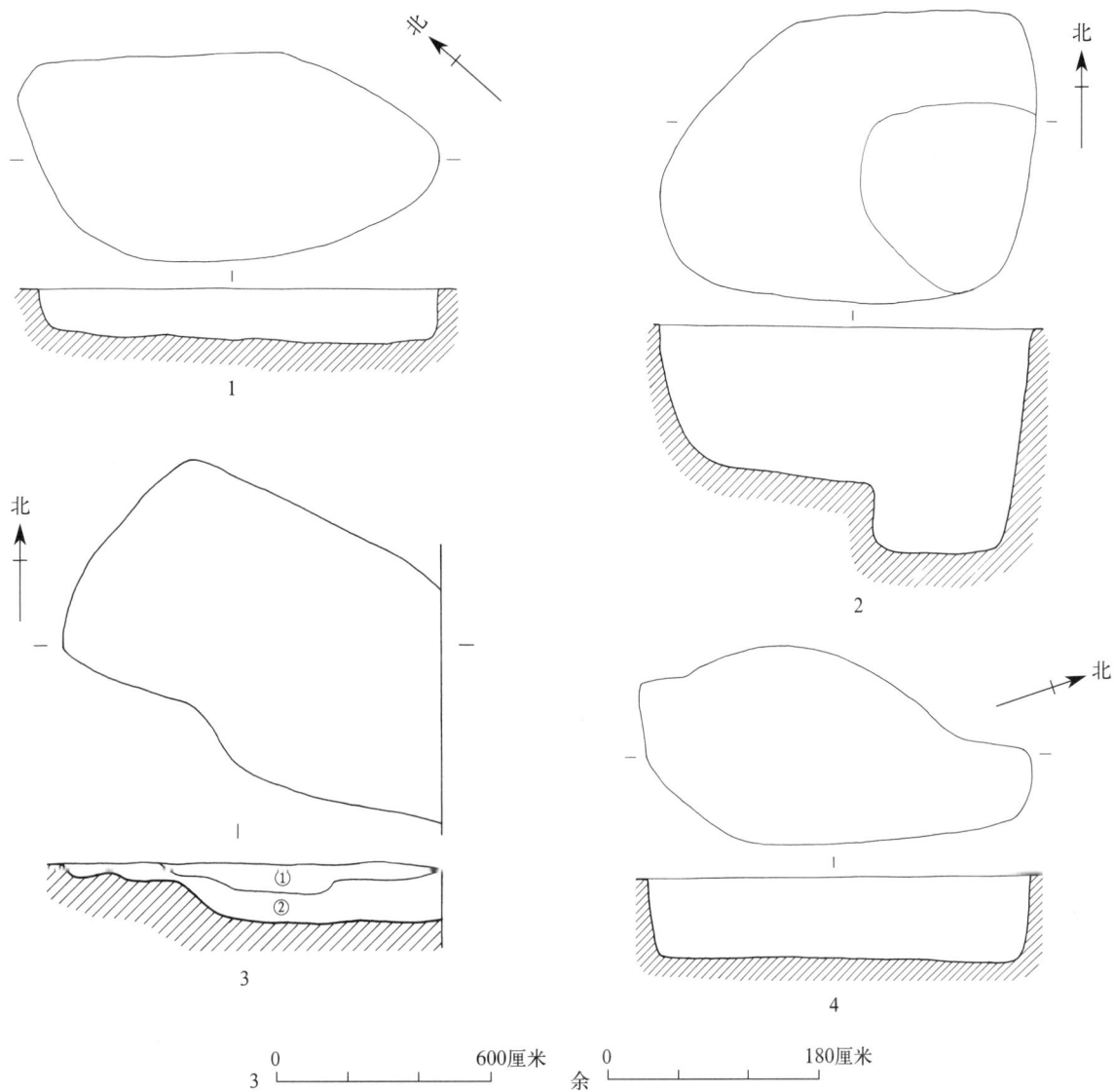

图一二一　唐宋时期灰坑平、剖面图
1. H39　2. H52　3. H64　4. H67

两种，器形可辨碗、盘、盏、注壶、急须、罐、盘口壶等，另有少量的泥质灰陶器残片，可辨碗、盏、缸、釜等。

9. H52

位于TN01W01西南部（图一二一，2），局部延伸至探方外，北距探方北壁7.10、东距探方东壁6.25米。叠压于第⑤层下，打破第⑥层。揭露部分平面形状不规则，长3.48、宽2.34、深1.14～1.84米。坑壁斜直内收，坑底呈二层台式，落差0.54米，底部较平整。填土为灰褐色，夹杂少量的青黄色土，颗粒较粗，土质较黏，堆积较紧密，含较多的烧土块和炭屑。出土遗物以泥质灰陶器为主，器形多为盆、罐等，另有少量的青釉瓷器，可辨碗、盏、杯等，另出土了较多的铜钱。

10．H64

位于TN01E01、TN01E02、TS01E01、TS01E02内（图一二一，3），局部延伸至探方外，南距TS01E02南壁5.20、北距TN01E01北壁3.95米。坑口被Q1、G6打破，叠压层位不明，打破第⑥层。揭露部分平面形状不规则，长10.60～12.10、宽6.30、深0.25～1.55米。坑壁斜直内收，略带弧度，坑底呈二层台式，落差1.30米，底部较平整。坑内填土可分为2层：第1层为黑灰色，堆积较紧密，含较多的烧土块和细碎砖瓦，厚0～0.75米；第②层为黑灰色土与青黄色土混杂的花土，颗粒较粗，土质较黏，堆积较紧密，厚0～1.30米。出土大量青釉瓷器，器形可辨碗、盏、杯、盘、盘口壶、盆、罐、盏托、钵等，另有少量的泥质灰陶器和支钉等窑具。

11．H67

位于TS01W01中部偏北（图一二一，4），北距探方北壁1.50、东距探方东壁3.70米。叠压于第⑤层下，打破第⑥层和F3。揭露部分平面形状不规则，长3.42、宽1.62、深0.68米。坑壁斜直内收，坑底部较平整。填土为黑灰色土，混杂少量的青黄色土，颗粒较粗，土质较黏，堆积较紧密，含大量的烧土块和炭屑。出土遗物以瓷器为主，釉色有青釉、酱釉、绿釉、黄釉、白釉等，器形可辨碗、盘、盏、罐、注壶、穿带瓶、盆、器座、器盖等，另有少量的陶盆、陶罐、陶瓮和瓦当残片。

12．H81

位于TS01W06西南部和TS02W06西北部（图一二二，1），局部延伸至发掘区外，北距TS01W06北壁5.15、东距TS02W06东壁5.50米。坑口被施工破坏，叠压层位不明，打破第⑦层和H91、G10。揭露部分平面形状不规则，长8.20、宽3.00～3.52、深1.42米。南部坑壁呈斜坡状，带明显的弧度，内收为平底，北部坑壁呈袋状，底部凹凸不平。填土为褐色，夹杂青灰色土，颗粒较粗，土质较黏，堆积较紧密，含大量的烧土块和细碎砖瓦。出土遗物以青釉瓷器为主，器形可辨碗、盘、罐、盆、注壶、盘口壶等，另出土1件红砂石质的石造像。

13．H86

位于TS01W03东南部（图一二二，2），局部延伸至探方外，北距探方北壁5.45、西距探方西壁7.20米。叠压于第⑤层下，打破第⑥层。揭露部分平面呈半椭圆形，长2.08、宽2.28、深1.64米。坑壁呈斜坡状，带明显的弧度，内收为平底。填土为黑灰色土，颗粒较粗，土质较黏，堆积较紧密，含大量的烧土块和炭屑。出土遗物以青釉和酱釉瓷器为主，器形可辨碗、盆、盏、罐、炉、钵、盘、注壶、盘口壶等，另有少量的陶盆、陶鼎足、陶釜和陶缸残片。

14．H104

位于TN01W06西部居中（图一二二，3），局部延伸至发掘区外，北距探方北壁4.50、东距探方东壁7.85米。坑口被施工破坏，叠压层位不明，打破第⑦层。揭露部分平面近圆形，直径1.40、深1.94米。坑壁斜直内收，坑底部呈圜底状。填土为黑灰色土，夹杂青黄色土和青黑色淤泥，颗粒较粗，土质较黏，堆积较疏松，含少量烧土块和炭屑。出土遗物以青釉瓷器为主，器形可辨盆、注壶、盘口壶等，另有少量的陶盏、陶珠和花纹砖残块。

15. H113

位于TN02E03西北部（图一二二，4），局部延伸至探方外，北距探方北壁0.65、东距探方东壁5.50米。叠压于第③层下，打破第④A层，被F4打破。揭露部分平面呈半圆形，直径3.86、深0.56～1.06米。坑壁斜直内收，坑底南高北低，落差0.34米。填土为黑灰色土，颗粒较粗，土质较黏，堆积较疏松，含大量的烧土、炭渣和细碎砖瓦。出土大量瓷器，釉色有白釉、酱釉、天青釉、青白釉等，器形以碗、盏为主，另有少量的盘、盆残片。

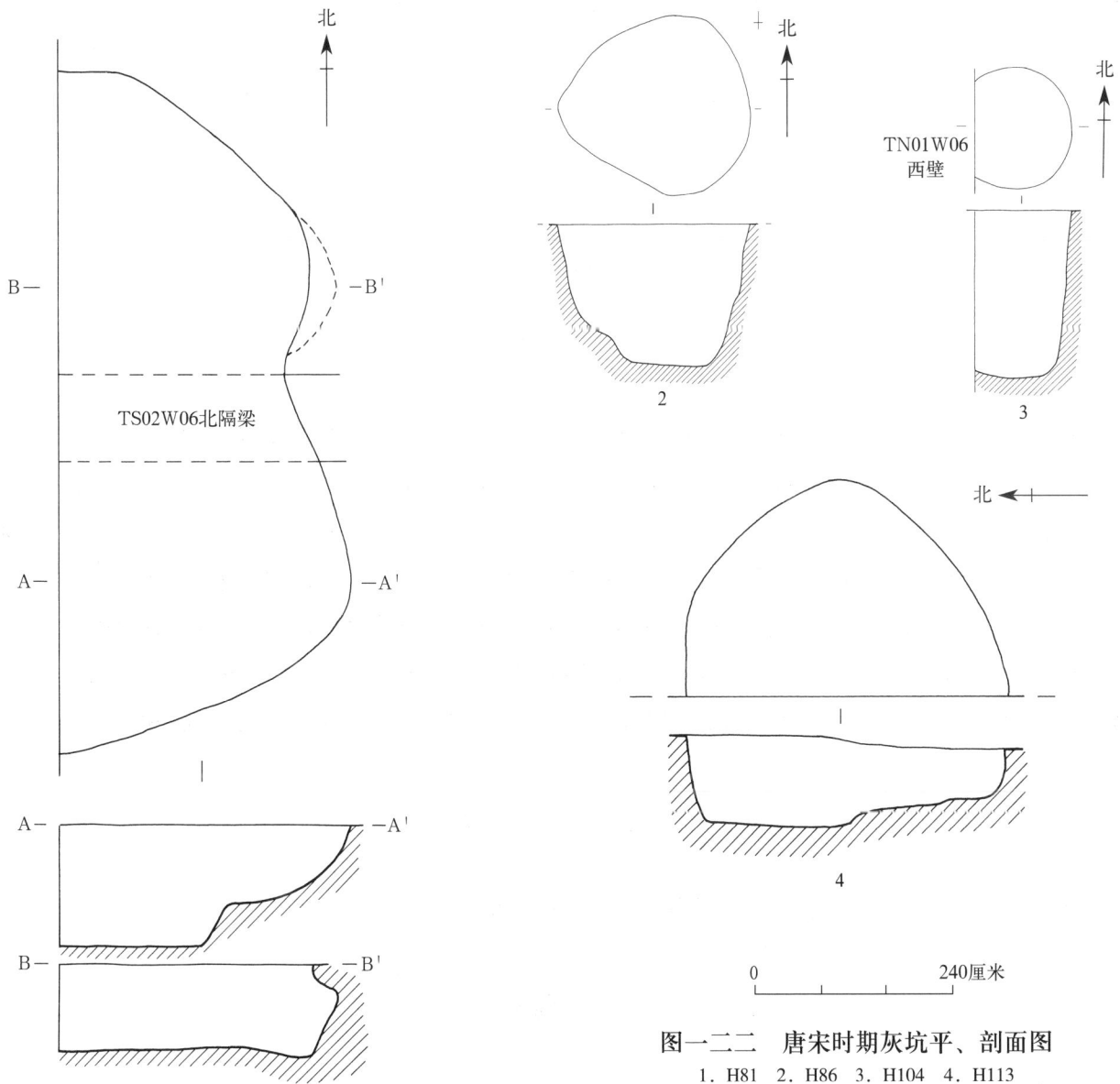

图一二二　唐宋时期灰坑平、剖面图
1. H81　2. H86　3. H104　4. H113

五　排水沟

5条。编号G1、G5、G6、G7、G8。

1. G1

位于发掘区中部偏北（图一二三；彩版二八，1），分布于TN02W01、TN02W02、TN03W02内，西北—东南走向，方向112°。叠压于第④A层下，打破第④B层和H5。为土圹砖砌的排水沟，由沟圹和沟体两部分组成。沟圹截面略呈漏斗状，宽0.74、深0.20米，内填黑灰色土，带沙性，夹杂较多瓦砾。沟体两壁各砌丁砖一层，沟壁外侧铺平砖一层盖于沟圹之上，沟底横铺平砖一层，内宽0.36、深0.14米，用砖规格有3种，分别为32×17－3.5、32×17－4和36×22－4厘米。沟内填土呈黑灰色，堆积较紧密，带黏性，出土较多的陶缸残片和零星的瓷罐残片。

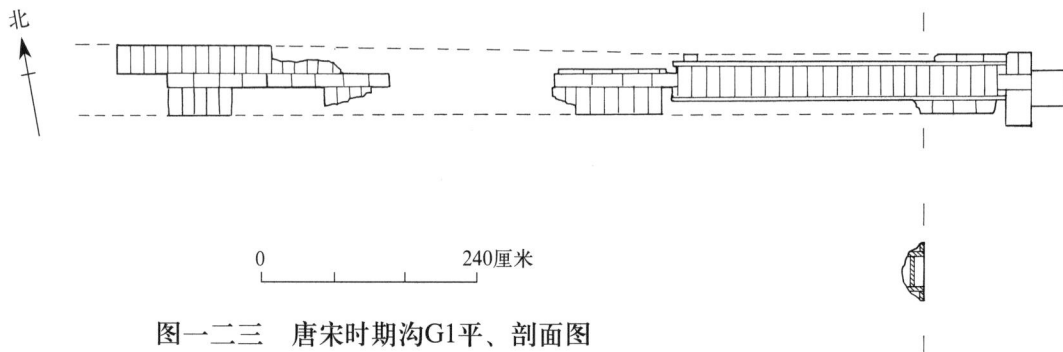

图一二三　唐宋时期沟G1平、剖面图

2. G5

位于发掘区中部偏南（图一二四；彩版二八，2、3），分布于TN01W03、TN01W02、TS01W02、TS01W01、TS02W01、TS01E01和TS02E01内，西北—东南走向，方向125°，局部延伸至发掘区外。叠压于第④A层下，打破第④B层，被H8打破。为土圹砖砌的排水沟，由沟圹和沟体两部分组成。沟圹揭露部分平面呈长条形，长47.00、宽1.25～1.95、深0.44米，内填青灰色花土，堆积紧密，夹杂少量碎石瓦砾。沟体部分使用大量残砖砌筑，为错缝平铺，内宽0.66、残高0.20～0.45米，砖厚3.5～4.0厘米。沟内填土可分为2层，第1层为灰褐色土，厚0.28米，第2层为青灰色土，厚0.16～0.18米，均带有一定的沙性。出土遗物较少，可辨青釉、白釉、酱釉瓷碗、盆和板瓦残片等。

第二节　遗物

出土遗物有陶器、瓷器、铜器、玉石器、骨器等几类。

一　陶器

陶质类遗物有陶器和建筑构件两类。

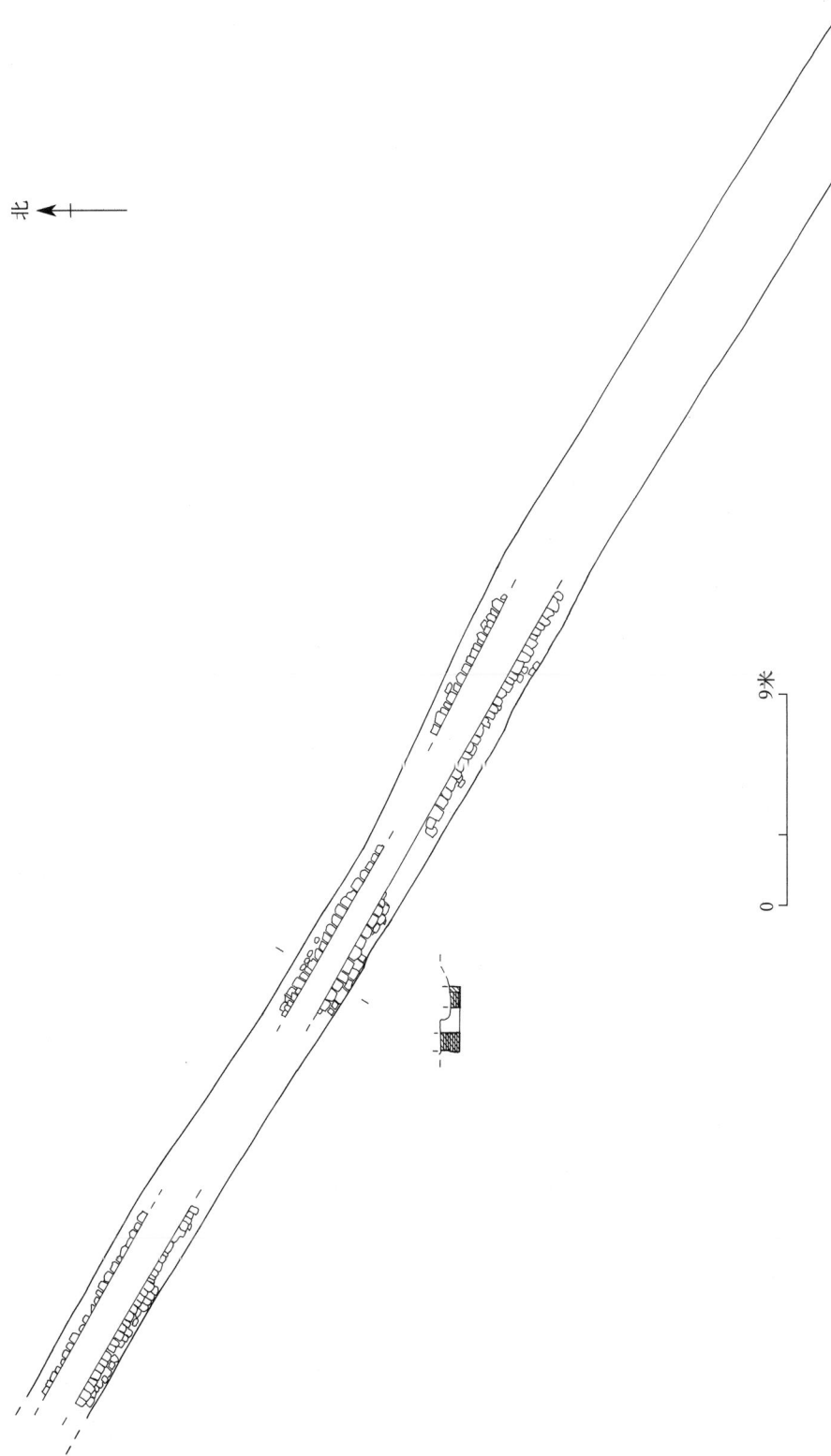

图一二四 唐宋时期沟G5平、剖面图

（一）陶器

数量较少，泥质陶的比例很高，陶色有黑、灰、红、黄褐等，部分施低温绿釉，均为生活日用器具，器形可辨碗、盘、盏、罐、灯、提梁杯、盆、瓷、釜、瓶、炉、弹珠、器柄等。

1．陶碗

1件。弧腹，圈足，足墙外侈。

标本TN03E02⑤：19，红陶。底径8.6、残高3.9厘米（图一二五，1）。

2．陶盏

6件。根据口沿和腹部形态的差异分两型。

A型　3件。敛口，圆唇，弧腹。

标本TN03W02⑤：1，饼足。灰陶。口径7.8、底径4.4、高4.1厘米（图一二五，2）。

B型　3件。敞口，圆唇，斜直腹，腹部较浅。根据唇部和足部形态的差异，分两亚型。

Ba型　2件。唇部较薄，平底。

标本TN01E01⑤：1，黑陶。口径7.0、底径4.0、高2.1厘米（图一二五，3）。

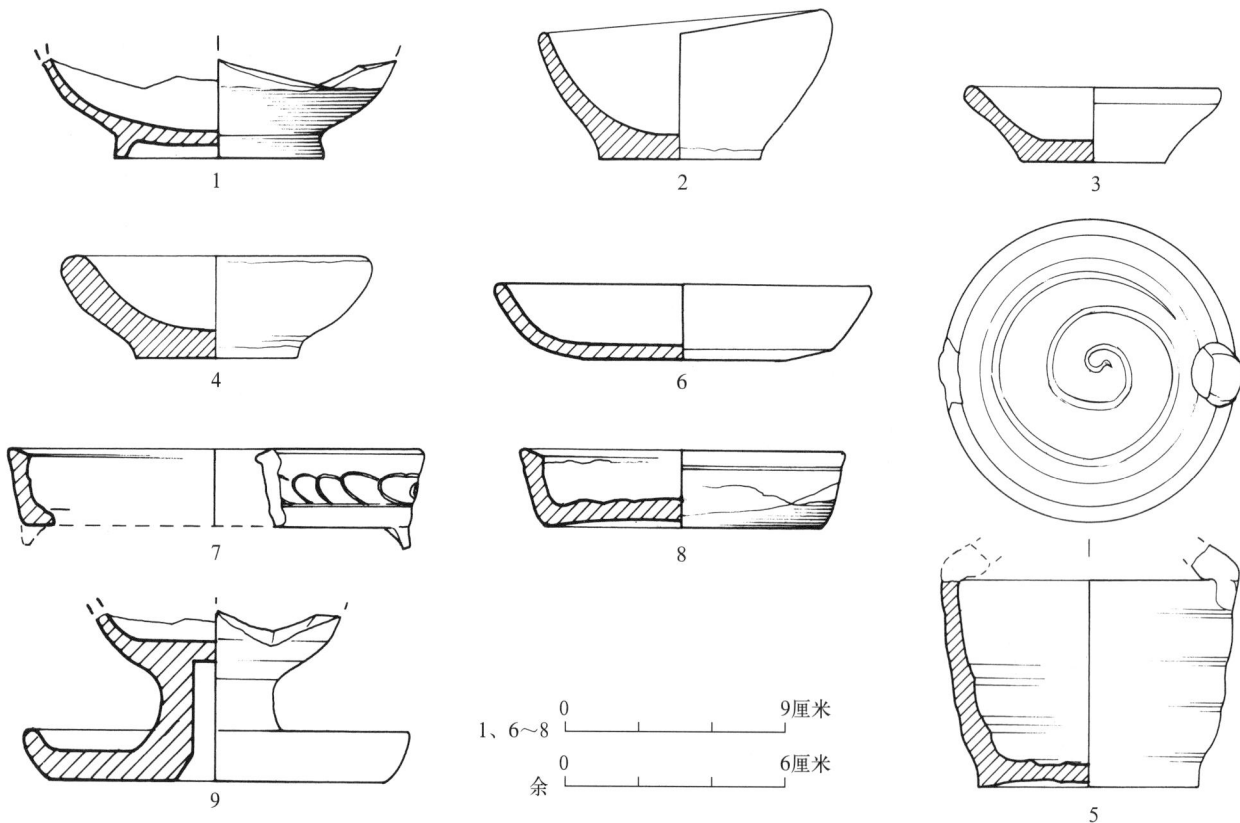

图一二五　陶器

1. 陶碗TN03E02⑤：19　2．A型陶盏TN03W02⑤：1　3．Ba型陶盏TN01E01⑤：1　4．Bb型陶盏TN02W03⑤：5　5．陶提梁杯H104：1　6．陶盘TN03W01⑤：11　7．A型陶炉TN01W01④A：34　8．B型陶炉G4：10　9．陶灯H117：2

Bb型　1件。唇部较厚，饼足。

标本TN02W03⑤：5，黑陶。口径8.6、底径4.4、高2.2厘米（图一二五，4）。

3．陶提梁杯

1件。直口，方唇，口沿两侧接提梁，筒腹，平底。

标本H104：1，灰陶。口径8.1、底径5.8、残高6.4厘米（图一二五，5）。

4．陶盘

1件。敞口，斜直腹，腹部较浅，平底。

标本TN03W01⑤：11，黄褐陶。口径15.5、足径12.5、高3.3厘米（图一二五，6）。

5．陶盆

6件。根据照口沿形态的差异，分三型。

A型　4件。敞口，圆唇，折沿，沿面下翻。斜直腹，平底。

标本TN01E03④B：41，灰陶。口径39.4、底径23.6、高14.6厘米（图一二六，1）。标本J12：4，

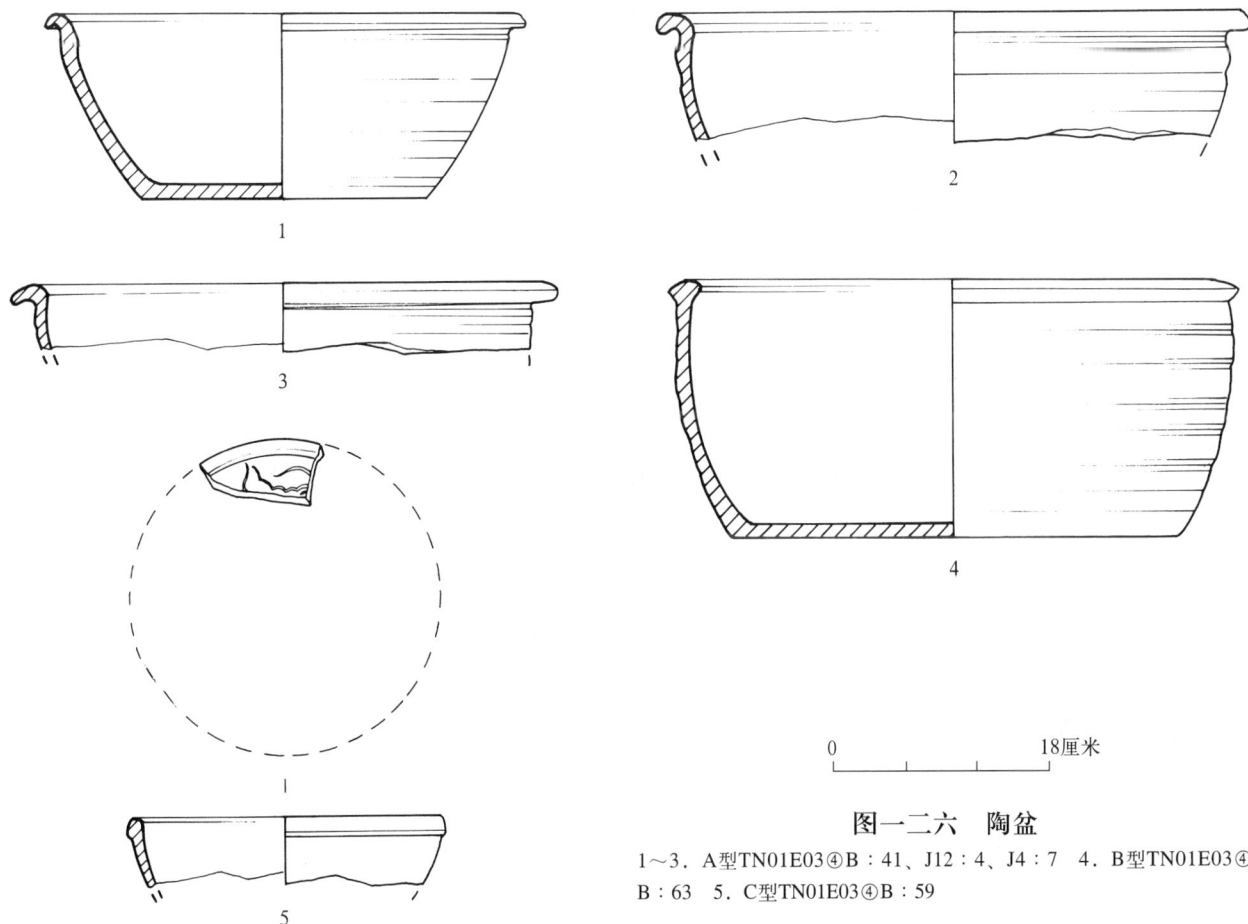

0　　　　　　　　　　18厘米

图一二六　陶盆

1～3．A型TN01E03④B：41、J12：4、J4：7　4．B型TN01E03④
B：63　5．C型TN01E03④B：59

灰陶。口径49.2、残高10.3厘米（图一二六，2）。标本J4∶7，黄褐陶。口径45.2、残高4.8厘米（图一二六，3）。

B型　1件。敛口，方唇，折沿，椭圆腹，腹部较深，平底。

标本TN01E03④B∶63，灰陶。口径48.0、底径37.2、高20.2厘米（图一二六，4）。

C型　1件。敞口，方唇，折沿。斜弧腹。

标本TN01E03④B∶59，红陶，陶质较粗疏，低温绿釉，内壁有划花装饰。口径25.2、残高5.3厘米（图一二六，5）。

6．陶罐

6件。分两型。

A型　5件。敛口，圆唇，肩部有带状双系，鼓腹。

标本J3∶1，肩部有刻划几何纹装饰。灰陶，带黑色陶衣，陶质较粗疏。口径18.0、残高13.0厘米（图一二七，1）。标本J8∶3，灰陶，有黑色陶衣，陶质较粗疏。口径28.2、残高16.0厘米（图一二七，2）。标本TN03W02⑤∶9，黄褐陶，陶质粗疏。口径22.0、残高13.5厘米（图一二七，3）。

B型　1件。双唇口，尖唇，肩部有耳形系。

标本TN02W05⑤∶6，罐残件，红陶，陶质坚实，局部有施釉痕迹。口径12.0、残高10.2厘米（图一二七，4）。

7．陶瓮

1件。敛口，圆唇，唇部外翻。

标本J14∶1，灰陶。口径64.4、残高14.1厘米（图一二七，7）。

8．陶瓶

1件。

标本TN02W02④A∶30，圈足。红陶，陶质较粗疏，低温绿釉。底径7.8、残高5.0厘米（图一二七，5）。

9．陶釜

3件。敛口，折沿，沿部宽。

标本TN01W02⑤∶8，红陶，夹砂。口径33.2、残高10.0厘米（图一二七，6）。

10．陶炉

4件。敛口，方唇，直腹，腹部较浅。根据足部形态的差异，分两型。

A型　3件。条状足。

标本TN01W01④A：34，红陶，陶质较粗疏，低温绿釉，外壁有划花装饰。口径17.2、底径15.8、高3.9厘米（图一二五，7）。

B型　1件。平底。

标本G4：10，红陶，陶质较粗疏，低温绿釉。口径13.4、底径11.4、高3.2厘米（图一二五，8）。

11．陶灯

1件。敞口，弧腹，腹部很浅，平底下有圆柱，下接浅盘。

标本H117：2，黑陶。底径14.0、残高6.7厘米（图一二五，9）。

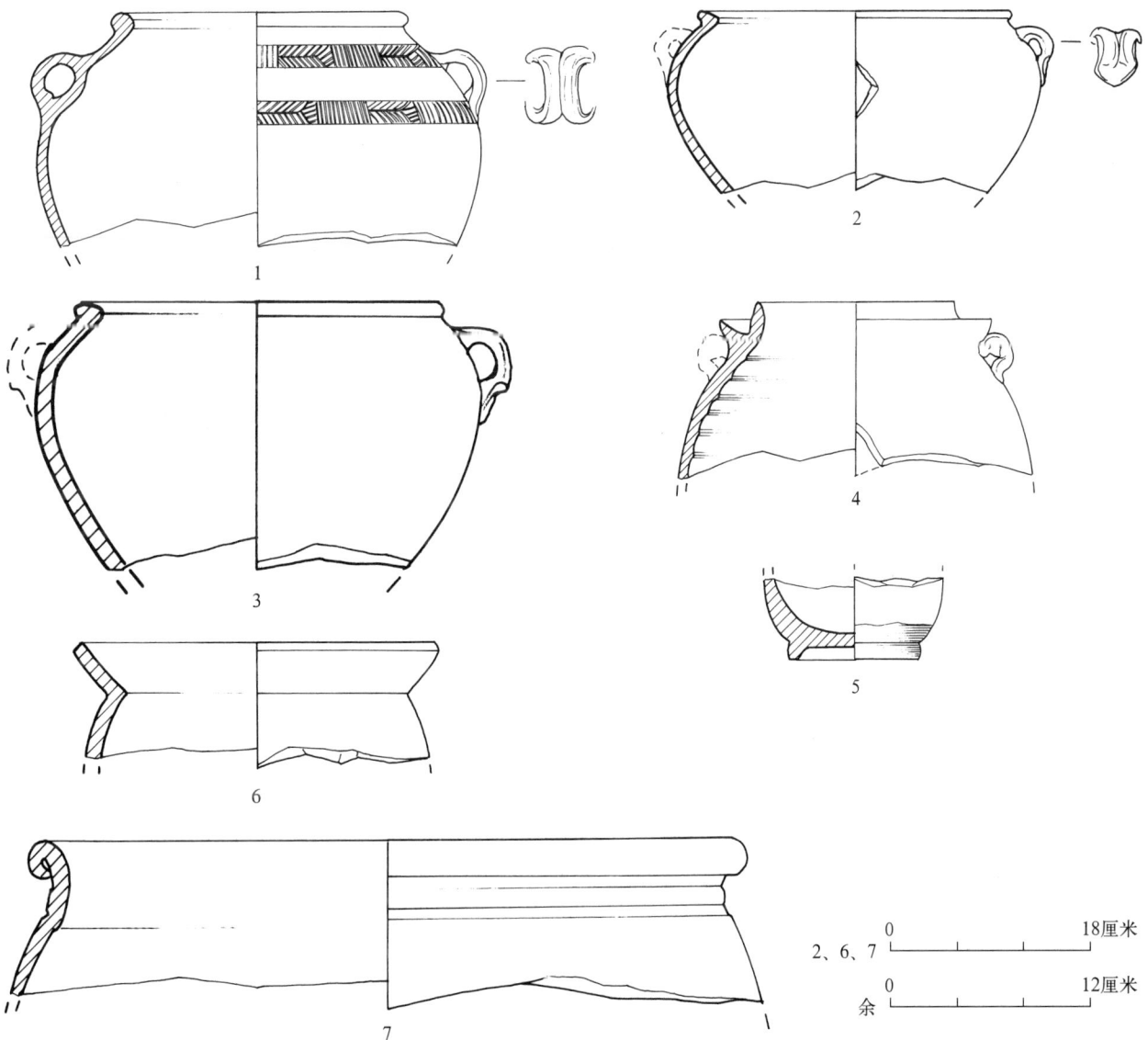

图一二七　陶器

1～3．A型陶罐J3：1、J8：3、TN03W02⑤：9　4．B型陶罐TN02W05⑤：6　5．陶瓶TN02W02④A：30　6．陶釜TN01W02⑤：8　7．陶瓮J14：1

12. 陶纺轮

1件。

标本TN02W03⑤：35，灰陶。直径4.1、高2.4厘米（图一二八，1）。

13. 陶弹珠

2件。红陶。

标本H104：3，直径2.4厘米（图一二八，2）。标本H104：4，直径2.2厘米（图一二八，3）。

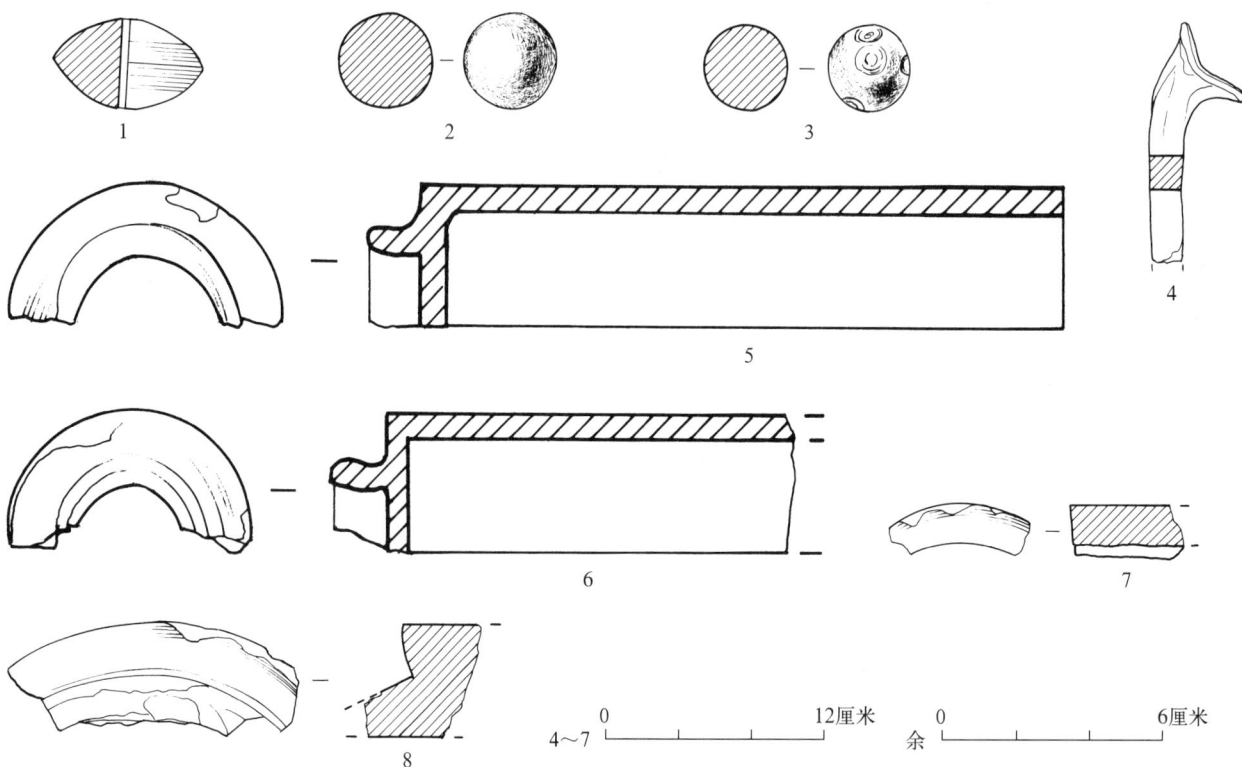

图一二八　陶器与筒瓦

1. 陶纺轮TN02W03⑤：35　2、3. 陶弹珠H104：3、H104：4　4. 陶器柄TN02W02⑤：8　5～8. 筒瓦TN02W03⑤：15、TN01W01④B：5、H4：3、H5：2

14. 陶器柄

1件。

标本TN02W02⑤：8，灰陶。截面呈方形，实心。残长13.0厘米（图一二八，4）。

（二）建筑构件

数量较多，分作瓦当和筒瓦两类。瓦当28件。瓦当皆为圆形，数量较多，主要流行莲花纹，次为兽面纹。整体制作比较规整，火候较高，几乎都为泥质灰陶。

1. 莲花纹瓦当

26件。当心为一圆纽，圆纽外莲瓣呈放射状分布，外绕弦纹和联珠纹。分两型。

A型　24件。莲瓣不分叉。分三亚型。

Aa型　11件。单个莲瓣之间有"T"状间隔线。分三式。

Aa型Ⅰ式　3件。莲瓣饱满，呈剑状，"T"状间隔线几乎相接。

标本H84：13，直径12.9、边轮宽1.3、厚1.3厘米。标本TN03W03④A：2，直径13.7、边轮宽0.9、厚1.3厘米（图一二九，1；彩版二九，1）。

Aa型Ⅱ式　5件。莲瓣不甚饱满，"T"状间隔线分离。

标本H64：81，直径10.0、边轮宽0.7、厚1.0厘米。标本TN01W02⑤：10，直径14.0、边轮宽1.5、

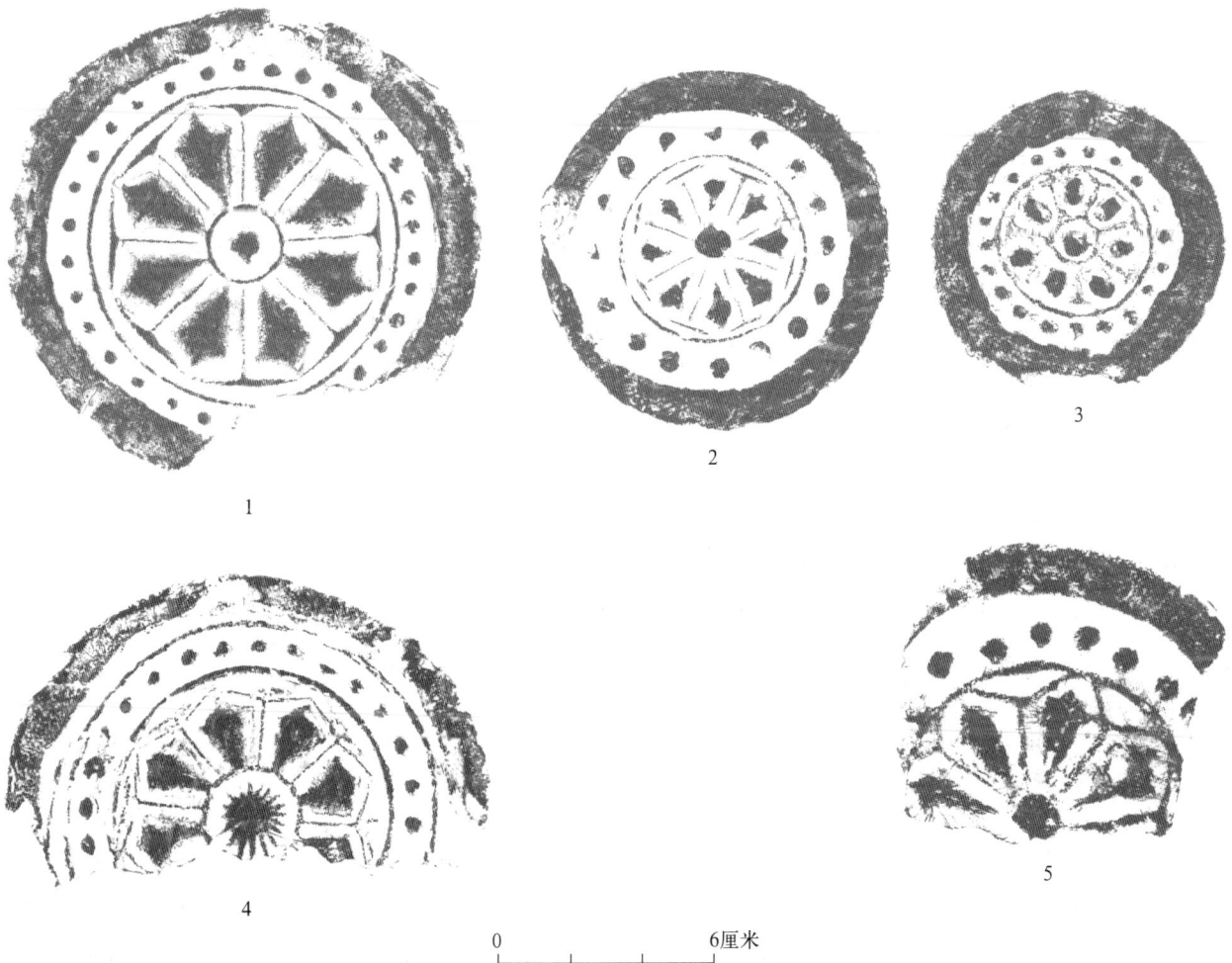

图一二九　莲花纹瓦当拓片

1. Aa型Ⅰ式TN03W03④A：2　2. Aa型Ⅱ式TN01W02⑤：13　3. Aa型Ⅲ式TN02W02⑤：19　4. Ab型Ⅰ式TN02W02⑤：15　5. Ab型Ⅱ式H64：80

厚1.5厘米。标本TN01W02⑤：13，直径9.5、边轮宽1.0、厚0.9厘米（图一二九，2）。

Aa型Ⅲ式　3件。莲瓣变得小而短，"T"状间隔线分离。

标本TN01W01④A：1，直径8.0、边轮宽1.2、厚0.5厘米。标本TN02W02⑤：19，直径8.0、边轮宽1.2、厚1.4厘米（图一二九，3）。

Ab型　7件。单个莲瓣之间有"Y"状间隔线。分三式。

Ab型Ⅰ式　1件。莲瓣饱满，呈剑状，"Y"状间隔线几乎相接。

标本TN02W02⑤：15，直径13.3、边轮宽1.1、厚1.5厘米（图一二九，4）。

Ab型Ⅱ式　3件。莲瓣饱满，呈剑状，"Y"状间隔线分离。

标本H53：5，边轮宽1.3、厚1.3厘米。标本H64：80，直径13.1、边轮宽1.3、厚1.2厘米（图一二九，5）。

Ab型Ⅲ式　3件。莲瓣不甚饱满，"Y"状间隔线分离。

标本TN02W03⑤：31，直径12.8、边轮宽1.2、厚1.2厘米（图一三〇，1）。标本TN02W03⑤：36，直径12.6、边轮宽1.3、厚1.2厘米（图一三〇，2；彩版二九，2）。

Ac型　2件。单个莲瓣之间无分隔线。

标本TN02E02⑤：4，边轮宽1.4、厚1.0厘米（图一三〇，3）。

B型　7件。莲瓣分叉。分两亚型。

Ba型　5件。单个莲瓣之间有"T"状间隔线。

标本TN01W01⑤：10，直径13.3、边轮宽1.6、厚1.2厘米（图一三〇，4）。标本TN03W03⑤：19，直径12.4、边轮宽1.5、厚1.4厘米（图一三〇，5）。

Bb型　2件。单个莲瓣之间有单线间隔。

标本TN02E01⑤：7，边轮宽1.1～1.7、厚1.5厘米（图一三〇，6）。

2. 兽面纹瓦当

2件。兽面外绕一周联珠纹，构图线条化，口部呈元宝状。

标本H27：2，直径13.2、边轮宽2.0、厚1.6厘米（图一三一，1）。标本TN03E03⑤：9，直径15.0、边轮宽0.4、厚2.3厘米（图一三一，2；彩版二九，3）。

3. 筒瓦

7件。

标本TN02W03⑤：15，灰陶。长38.4、宽14.4、厚1.6厘米（图一二八，5）。标本TN01W01④B：5，低温黄、绿釉。残长25.6、残宽13.2、厚1.3厘米（图一二八，6）。标本H4：3，低温黄、绿釉。残长6.2、残宽7.6、厚2.2厘米（图一二八，7）。标本H5：2，低温绿釉。残长3.1、残宽7.9、厚3.0厘米（图一二八，8）。

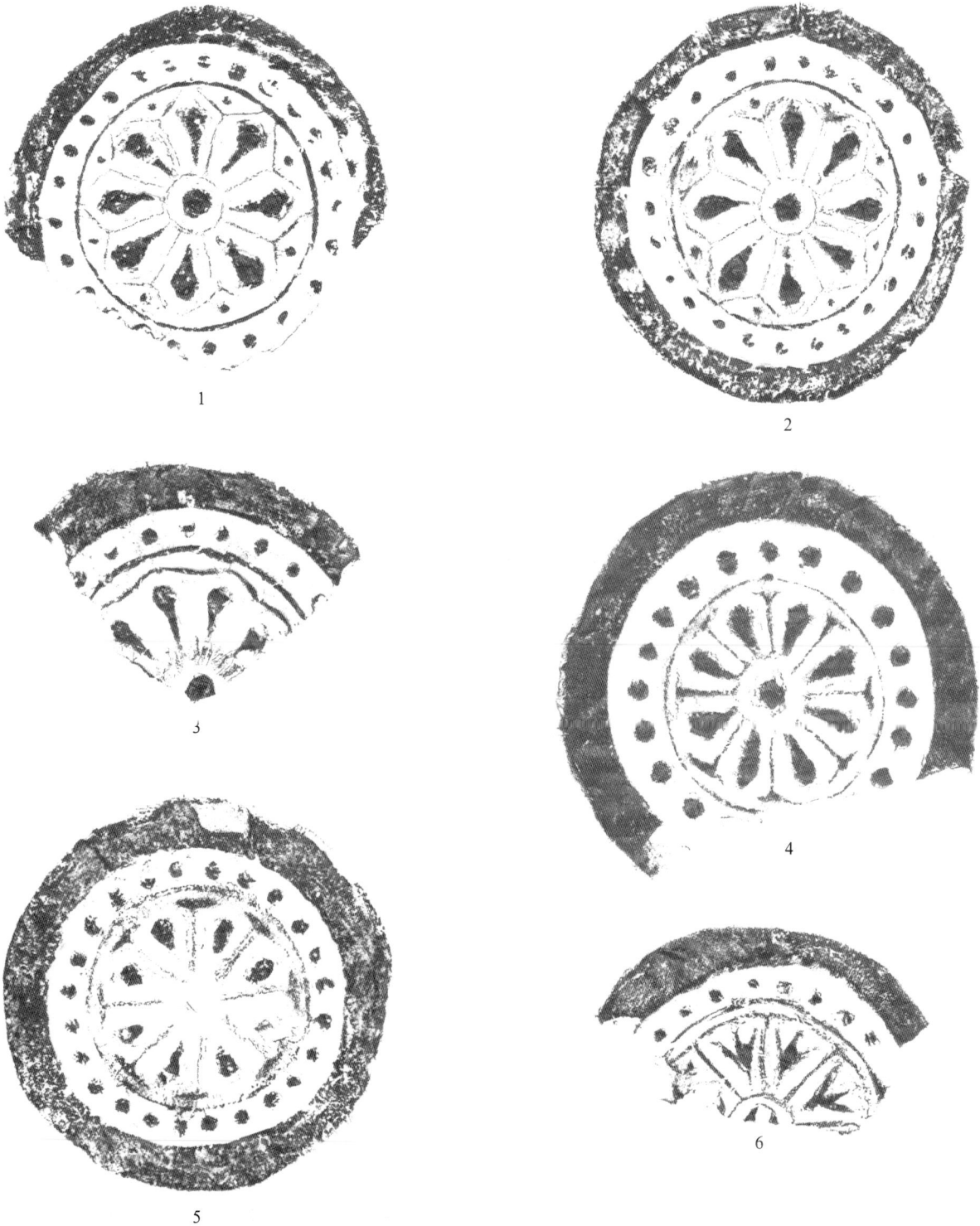

图一三〇　莲花纹瓦当拓片

1、2. Ab型Ⅲ式TN02W03⑤：31、TN02W03⑤：36　3．Ac型TN02E02⑤：4　4、5. Ba型TN01W01⑤：10、TN03W03⑤：19　6. Bb型TN02E01⑤：7

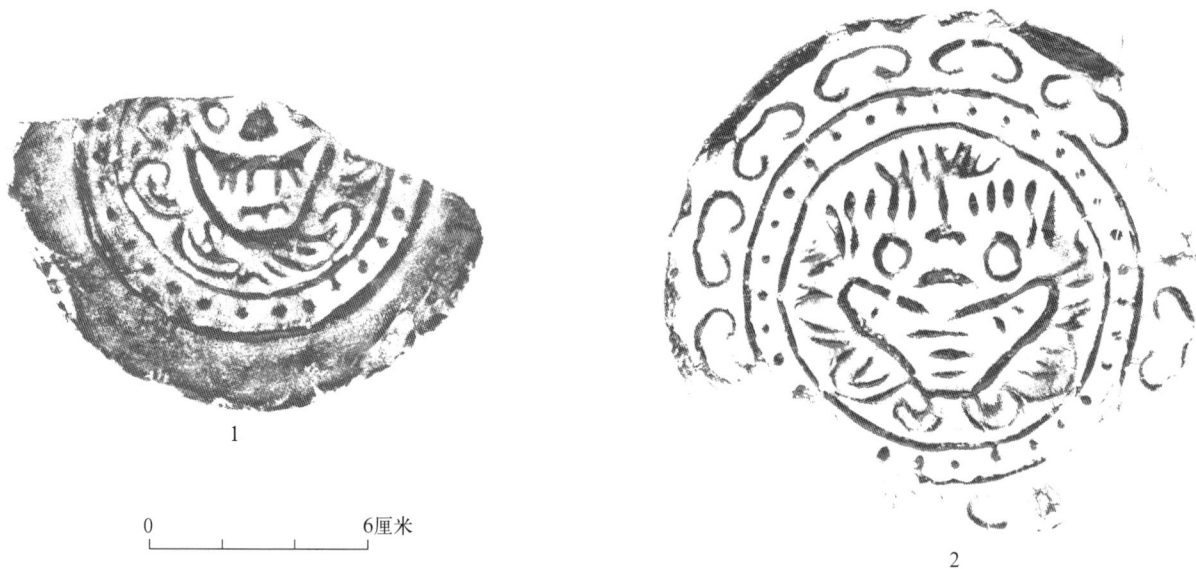

图一三一　兽面纹瓦当拓片
1、2. H27：2、TN03E03⑤：9

二　瓷器

出土遗物以瓷器的数量最多，类型丰富，可辨碗、盘、盏、杯、碟、罐、钵、盆、注壶、盘口壶、唾壶、急须、炉、盒、瓶、灯、水盂、研磨器、器盖、器座、塑像、砚台等，其中生活日用器具的比例很高。这些瓷器的窑口组合较复杂，绝大多数为本地的青羊宫窑、邛窑、琉璃厂窑、磁峰窑、金凤窑产品，外地窑口可见邢（定）窑、越窑、景德镇窑、龙泉窑、耀州窑、磁州窑、钧窑、建窑、吉州窑、广元窑等，还有少量瓷器的窑口暂时无法确定。

（一）青羊宫窑

数量较多，以青釉为主，器形可辨碗、盏、杯、盘、钵、瓶、盆、罐、盘口壶、器盖、砚台等。

1. 碗

103件。根据口沿及腹部形态的差异，分五型。

A型　76件。敞口，鼓腹，饼足较小，足底内凹，足端斜削一刀成折面。根据腹壁高低的差异，分两式。

A型Ⅰ式　5件。腹壁较高。

标本G4：1，碗心有支钉痕。灰胎，胎质坚硬细腻，青灰釉，釉层较薄。口径14.2、底径5.2、高7.7厘米（图一三二，1）。标本TN03W03⑤：33，碗心有支钉痕。灰胎，胎质坚硬细腻，黄釉，釉层较薄。口径12.0、底径4.4、高6.6厘米（图一三二，2）。

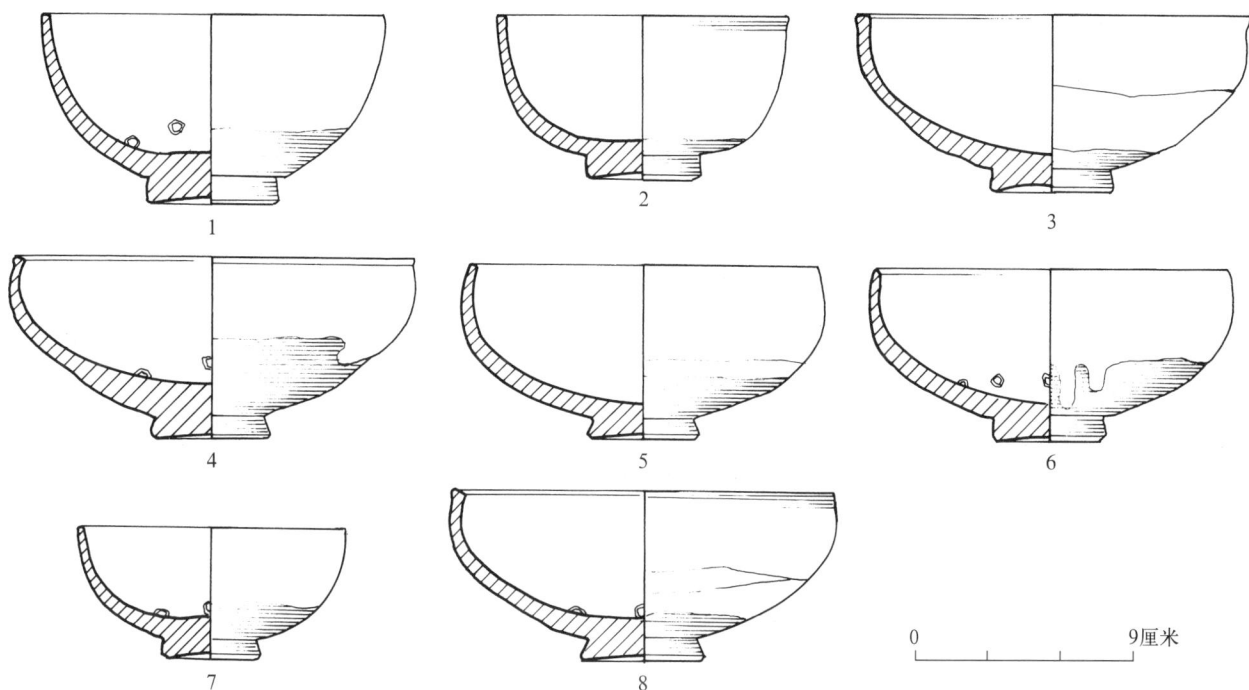

图一三二　青羊宫窑瓷碗

1、2．A型Ⅰ式G4∶1、TN03W03⑤∶33　3～8．A型Ⅱ式H64∶12、TN02W03⑤∶13、H64∶4、TN02W05⑤∶1、TN03W03⑤∶3、H64∶7

A型Ⅱ式　71件。腹壁相对变矮，足与口直径比例变小。

标本H64∶12，碗心有支钉痕。灰胎，胎质坚硬细腻，青黄釉，釉面粗糙，有脱釉现象，釉层较薄。口径15.9、底径4.8、高7.2厘米（图一三二，3；彩版三〇，1）。标本TN02W03⑤∶13，碗心有支钉痕。灰胎，胎质坚硬细腻，青黄釉，挂棕黄色化妆土，釉层较薄。口径16.5、底径4.6、高7.3厘米（图一三二，4）。标本H64∶4，碗心有支钉痕。灰胎，胎质坚硬细腻，青黄釉，挂棕红色化妆土，釉层较薄。口径14.3、底径4.3、高6.8厘米（图一三二，5）。标本TN02W05⑤∶1，碗心有支钉痕。灰胎，胎质坚硬细腻，青黄釉，有细密开片，挂棕红色化妆土，釉层较薄。口径14.7、底径4.2、高6.8厘米（图一三二，6）。标本TN03W03⑤∶3，碗心有支钉痕。灰胎，胎质坚硬细腻，青黄釉，挂棕红色化妆土，釉层较薄。口径11.0、底径4.0、高5.2厘米（图一三二，7）。标本H64∶7，碗心有支钉痕。红褐胎，青釉，挂棕红色化妆土，釉层薄。口径15.6、底径4.6、高7.0厘米（图一三二，8）。

B型　8件。侈口，圆弧腹较深，饼足，足底内凹，足端斜削一刀成折面。

标本H2∶7，碗残件，碗心有支钉痕。红褐胎，青黄釉，釉面粗糙，挂灰白色化妆土，釉层薄。口径15.0、底径5.0、高8.6厘米（图一三三，1）。标本TN02W03⑤∶21，碗心有支钉痕。灰胎，胎质坚硬细腻，青黄釉，釉面粗糙，釉层较薄。口径14.4、底径5.6、高8.9厘米（图一三三，2）。标本H64∶18，碗心有支钉痕。红褐胎，青黄釉，釉面粗糙，挂灰白色化妆土，釉层薄。口径14.6、底径4.9、高8.2厘米（图一三三，3）。

C型　16件。直口，圆弧腹较浅。根据足部的差异，分两亚型。

Ca型　6件。饼足。

标本TN01E01⑤：4，碗心有支钉痕。红褐胎，白釉，釉面粗糙，釉层薄。口径15.0、底径7.7、高5.9厘米（图一三三，4）。标本TN01W02⑤：6，碗心有支钉痕。红褐胎，青黄釉，釉面粗糙，釉层薄。口径15.7、底径7.8、高5.8厘米（图一三三，5）。

Cb型　10件。玉璧足。

标本TN03W03⑤：5，碗心有支钉痕。红褐胎，黄釉，釉面粗糙，釉层薄，表面有局部鼓包。口径15.9、底径8.2、高6.0厘米（图一三三，6）。标本H28：2，碗心有支钉痕。红褐胎，青黄釉，釉面粗糙，釉层薄。口径15.0、底径7.9、高5.9厘米（图一三三，7）。标本H52：28，碗心有支钉痕。红褐胎，青黄釉，釉层薄。口径14.8、底径8.8、高6.2厘米（图一三三，8）。

D型　1件。侈口，折腹，上腹壁内曲，下腹壁斜直内收，大饼足。

标本TN02W01⑤：2，碗心有支钉痕。灰黑胎，青黄釉，釉面粗糙，釉层薄。口径15.2、底径7.7、高4.8厘米（图一三三，9）。

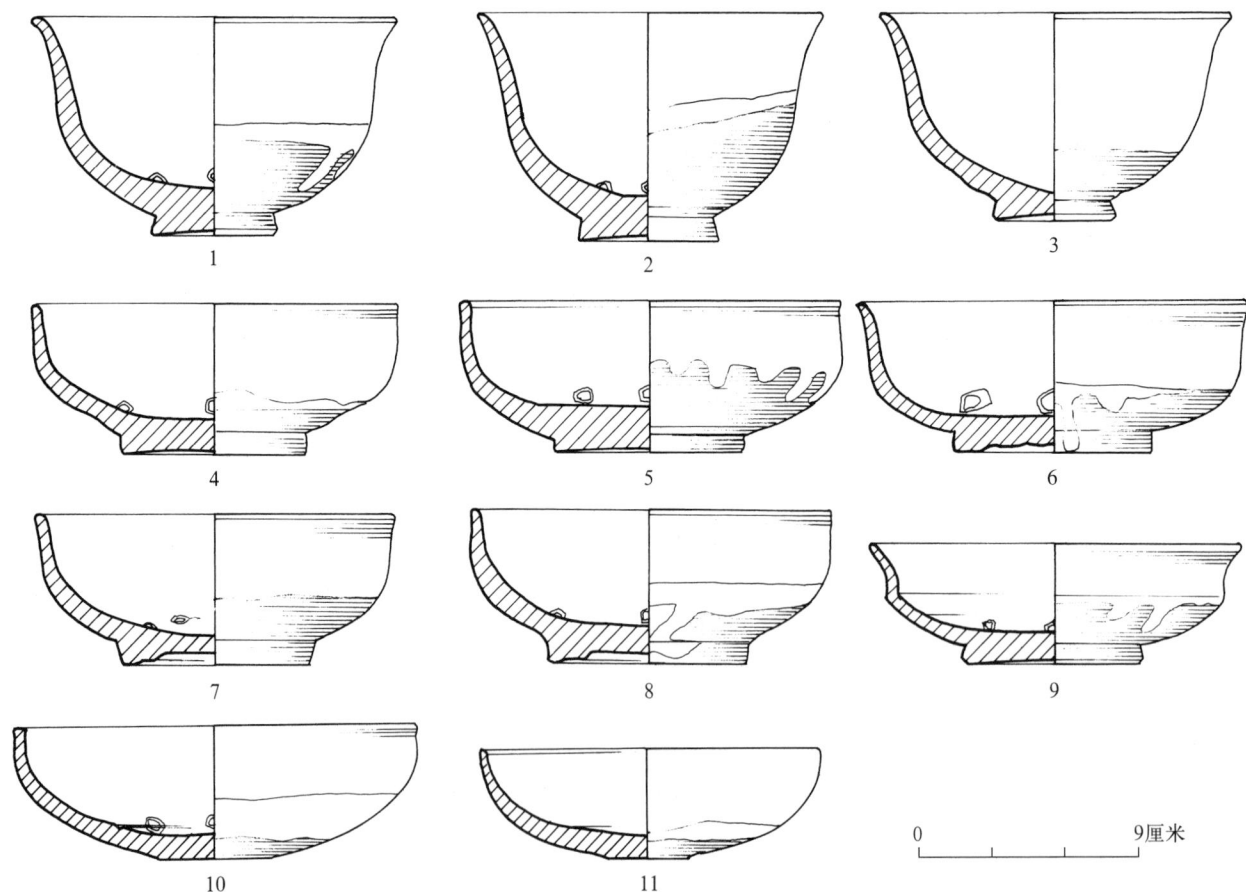

图一三三　青羊宫窑瓷碗

1～3. B型H2：7、TN02W03⑤：21、H64：18　4、5. Ca型TN01E01⑤：4、TN01W02⑤：6　6～8. Cb型TN03W03⑤：5、H28：2、H52：28　9. D型TN02W01⑤：2　10、11. E型TS02W03⑤：1、H64：25

E型　2件。敛口，斜弧腹，平底。

标本TS02W03⑤：1，碗心有支钉痕。红褐胎，青釉，釉层薄。口径16.5、底径4.4、高5.2厘米（图一三三，10）。标本H64：25，碗心有支钉痕。红褐胎，黄釉，釉层薄。口径14.0、底径3.6、高4.4厘米（图一三三，11）。

2．盏

17件。根据口沿及腹部形态的差异，分三型。

A型　9件。敞口，鼓腹，饼足较小，部分足底内凹，足端斜削一刀成折面。根据腹壁高低的差异，分两式。

A型Ⅰ式　4件。腹壁较高。

标本H64：17，红褐胎，青黄釉，釉层较薄。口径11.6、底径4.5、高5.1厘米（图一三四，1）。标本TN01W03④A：21，灰胎，胎质坚硬细腻，青黄釉，釉层薄。口径9.6、底径3.5、高5.7厘米（图一三四，2）。

A型Ⅱ式　5件。腹壁相对变矮，足与口直径比例变小。

标本H64：70，红褐胎，青黄釉，釉层较薄。口径12.0、底径4.4、高6.0厘米（图一三四，3）。标本G4：2，红褐胎，青黄釉，釉层较薄。口径12.4、底径3.4、高5.6厘米（图一三四，4）。标本TN02W03⑤：17，红褐胎，青黄釉，釉层较薄。口径10.6、底径3.7、高5.1厘米（图一三四，5）。

B型　2件。侈口，弧腹，饼足。根据腹壁形态的差异，分两式。

B型Ⅰ式　1件。腹部圆弧。

标本TN02W03⑤：6，灰胎，胎质坚硬细腻，青黄釉，釉层较薄。口径7.6、底径3.9、高3.1厘米（图一三四，6）。

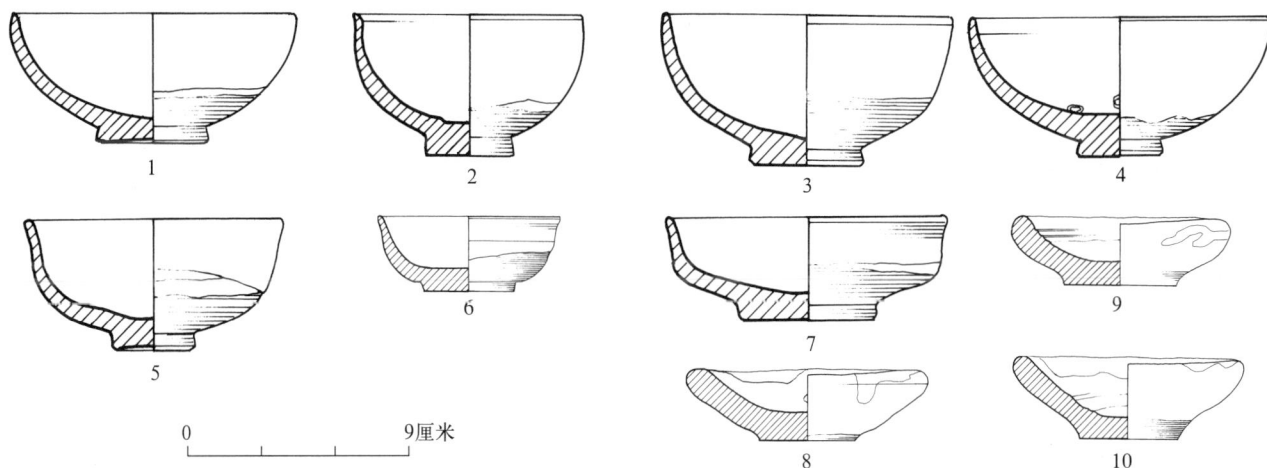

图一三四　青羊宫窑瓷盏

1、2．A型Ⅰ式H64：17、TN01W03④A：21　3～5．A型Ⅱ式H64：70、G4：2、TN02W03⑤：17　6．B型Ⅰ式TN02W03⑤：6　7．B型Ⅱ式TN03W01⑤：1　8～10．C型TN01E03⑤：60、TN01W01⑤：8、TN03E01⑤：3

B型Ⅱ式　1件。腹部鼓凸。

标本TN03W01⑤：1，灰胎，胎质坚硬细腻，青黄釉，釉面有细密开片，鼓包严重，釉层较薄。口径11.6、底径5.2、高4.2厘米（图一三四，7）。

C型　6件。敞口，圆唇，唇部及盏壁较厚，拉坯不规整，普遍存在变形，腹部较浅，平底。

标本TN01E03⑤：60，红褐胎，仅盏心局部施黄釉，脱釉严重，釉层薄。口径10.0、底径4.1、高3.0厘米（图一三四，8）。标本TN01W01⑤：8，红褐胎，仅盏心局部施青黄釉，釉层薄。口径9.0、底径4.7、高2.7厘米（图一三四，9）。标本TN03E01⑤：3，红褐胎，仅盏心局部施青黄釉，釉层薄。口径9.2、底径4.1、高3.6厘米（图一三四，10）。

3. 杯

共7件。根据口沿、腹部及底足的差异，分三型。

A型　3件。直口，圆弧腹，腹部较深，小饼足，足底内凹，足端斜削一刀成折面。

标本TN03W03⑤：32，灰胎，胎质坚硬细腻，青黄釉，釉层较薄。口径8.8、底径2.9、高5.5厘米（图一三五，1）。标本TS01W02④A：4，灰胎，胎质坚硬细腻，青釉，杯内饰有划花莲花纹，釉层薄。底径3.5、残高6.1厘米（图一三五，2）。

B型　3件。侈口，圆弧腹，腹部较深，小饼足，足底内凹，足端斜削一刀成折面。

标本H64：1，灰胎，胎质坚硬细腻，白釉，釉层较薄。口径7.6、底径2.6、高5.4厘米（图一三五，3）。

C型　1件。侈口，弧腹，腹部较浅，平底带有喇叭状高圈足。

标本H52：2，灰胎，胎质坚硬细腻，青黄釉，釉面粗糙，脱釉严重，釉层较薄。口径8.6、底径4.8、高6.2厘米（图一三五，4）。

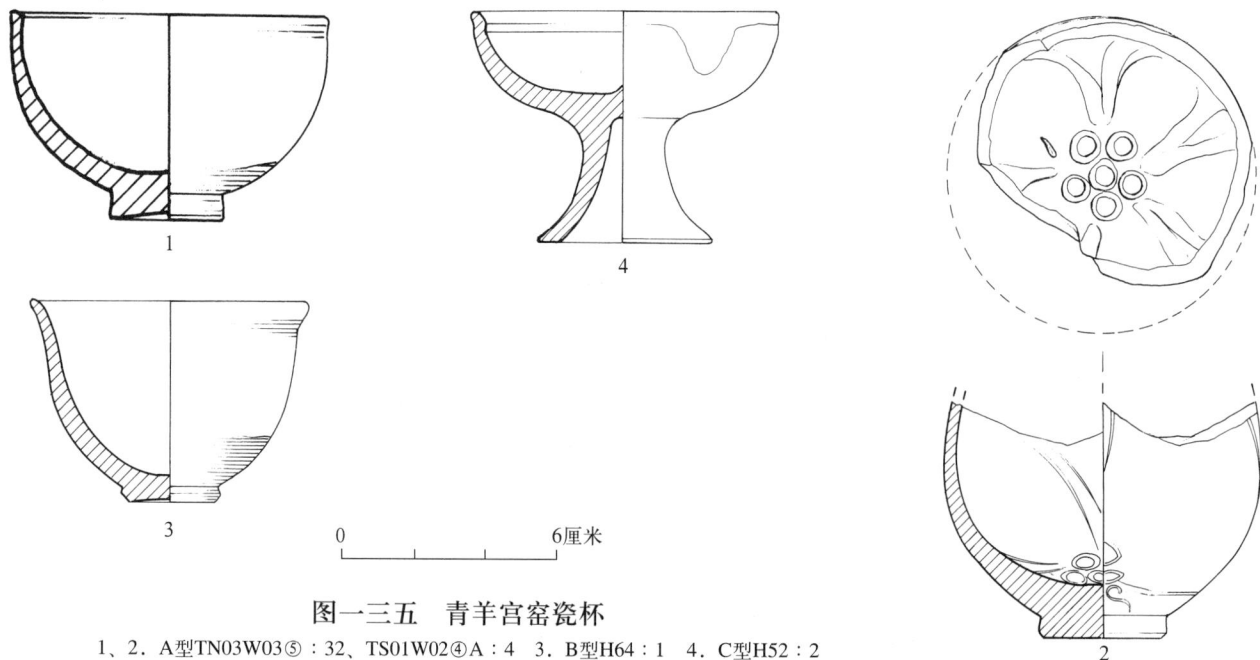

0　　　　　　　　6厘米

图一三五　青羊宫窑瓷杯

1、2. A型TN03W03⑤：32、TS01W02④A：4　3. B型H64：1　4. C型H52：2

4．盘

14件。根据足部形态的差异，分两型。

A型 2件。平底。直口，斜弧腹，腹部较浅。

标本H64：54，红褐胎，乳浊状黄釉，釉层较薄。口径18.2、底径6.2、高2.8厘米（图一三六，1）。

B型 12件。平底带喇叭状圈足。侈口或敞口，折腹，上腹壁内曲，下腹壁斜直内收。根据圈足高矮的差异，分两亚型。

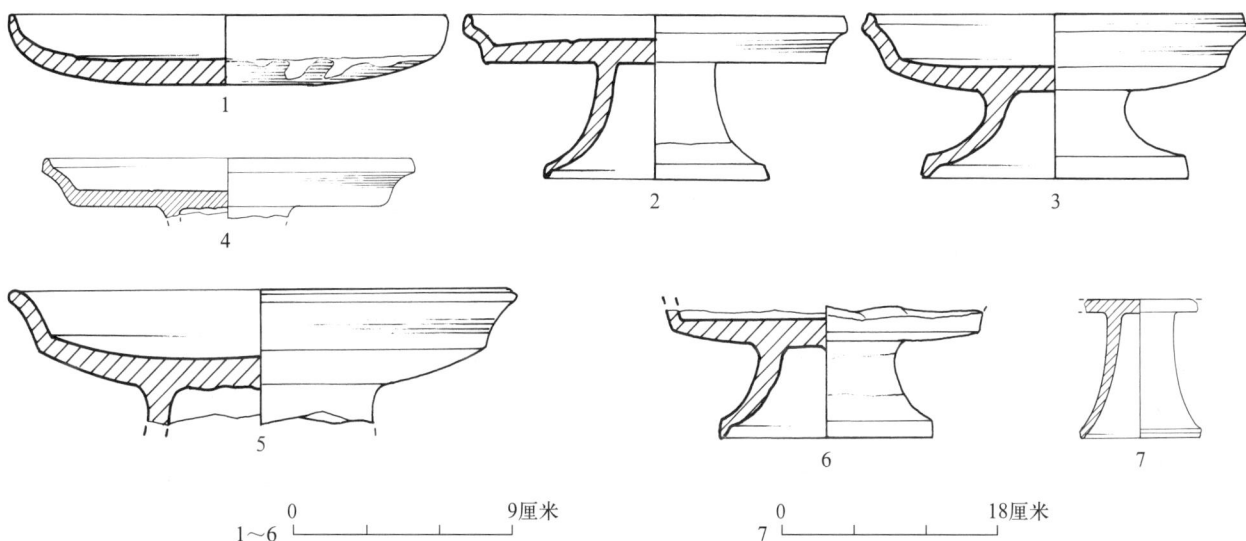

图一三六 青羊宫窑瓷盘

1．A型H64：54 2～6．Ba型TN03W03⑤：11、H64：19、TN03W02⑤：22、TN01E03⑤：8、H64：26 7．Bb型H64：65

Ba型 11件。圈足较矮。

标本TN03W03⑤：11，盘心有支钉痕。红褐胎，乳浊状黄釉，釉层较薄。口径15.3、底径9.3、高6.5厘米（图一三六，2）。标本H64：19，盘心有支钉痕。红褐胎，乳浊状青黄釉，釉层较薄。口径15.8、底径11.2、高6.7厘米（图一三六，3；彩版三〇，2）。标本TN03W02⑤：22，盘心有支钉痕。红褐胎，乳浊状黄釉，釉层较薄。口径15.5、残高2.8厘米（图一三六，4）。标本TN01E03⑤：8，盘心有支钉痕。红褐胎，乳浊状黄釉，釉层较薄。口径21.0、残高5.7厘米（图一三六，5）。标本H64：26，盘心有支钉痕。红褐胎，乳浊状黄釉，釉层较薄。底径8.7、残高5.1厘米（图一三六，6）。

Bb型 1件。圈足较高。

标本H64：65，盘心有支钉痕。红褐胎，乳浊状黄釉，釉层较薄。底径10.0、残高10.7厘米（图一三六，7）。

5．钵

6件。根据口沿形态的差异，分两型。

A型　1件。敛口，口沿外翻，鼓腹，腹部最大径居中。

标本H27:1，红褐胎，乳浊状黄釉，挂灰白色化妆土，釉层薄。口径20.2、残高12.3厘米（图一三七，1）。

B型　5件。敛口，圆唇，鼓腹，腹部最大径居中。

标本H64:32，红褐胎，乳浊状黄釉，肩腹部饰有褐色圆形连珠纹，釉层薄。口径18.0、残高10.8厘米（图一三七，2；彩版三一，1）。标本H64:30，红褐胎，黄釉，肩腹部饰有褐色圆形连珠纹，釉面有细密开片，釉层较薄。口径17.0、残10.0厘米（图一三七，3）。

6. 盆

3件。敛口，唇部外侈有凸棱，斜弧腹。

标本TN02W03⑤:47，灰胎，胎质坚硬细密，酱黄釉，挂棕红色化妆土，釉层薄。肩部饰有三道阳弦纹，腹部饰有莲瓣纹。口径22.2、残高8.0厘米（图一三七，4）。

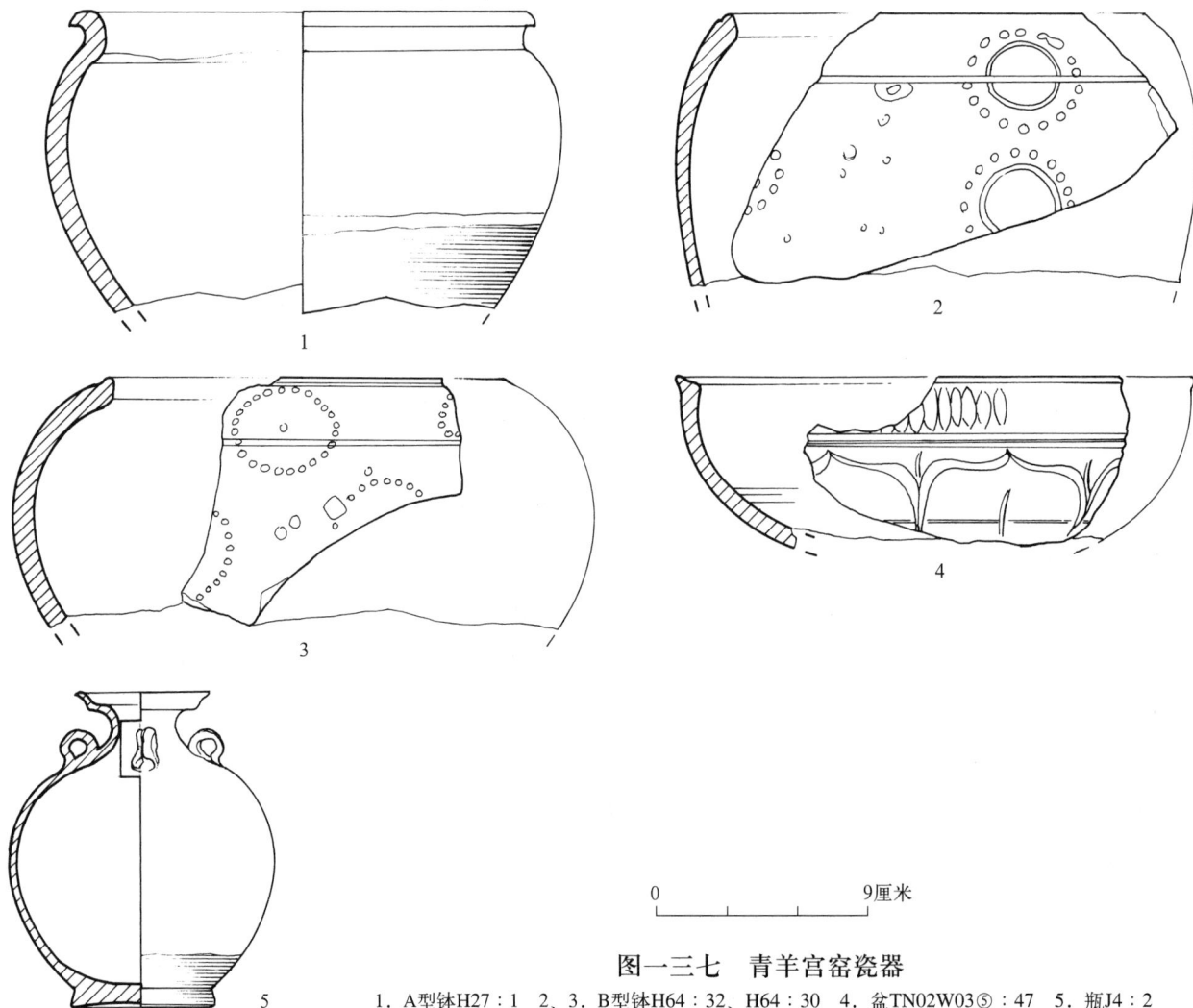

0　　　　　　　9厘米

图一三七　青羊宫窑瓷器

1. A型钵H27:1　2、3. B型钵H64:32、H64:30　4. 盆TN02W03⑤:47　5. 瓶J4:2

7．瓶

2件。小盘口外侈明显，束颈较短，肩部有四桥形系，椭圆腹，饼足。

标本J4：2，黄褐胎，乳浊状黄釉，釉层薄。肩腹部各饰一道阴弦纹。口径5.8、底径6.1、高13.1厘米（图一三七，5；彩版三一，2）。

8．盘口壶

6件。根据口沿形态的差异，分两式。

Ⅰ式　5件。盘口外侈。

标本TS02W03⑤：13，唇部厚，颈部饰有四道阴弦纹。红褐胎，酱黄釉，釉面粗糙，有鼓包，釉层薄。口径15.0、残高8.0厘米（图一三八，1）。标本TN02W03⑤：18，唇部薄，颈部饰有三条明显凸棱。红褐胎，酱黄釉，釉面粗糙，釉层薄。口径13.4、残高10.1厘米（图一三八，2）。

Ⅱ式　1件。盘口微敛。

标本TN02W05⑤：19，唇部厚，颈部饰有三条凸棱。红褐胎，酱黄釉，釉面粗糙，釉层薄。口径19.0、残高8.6厘米（图一三八，3）。

9．罐

7件。根据口沿形态的差异，分两型。

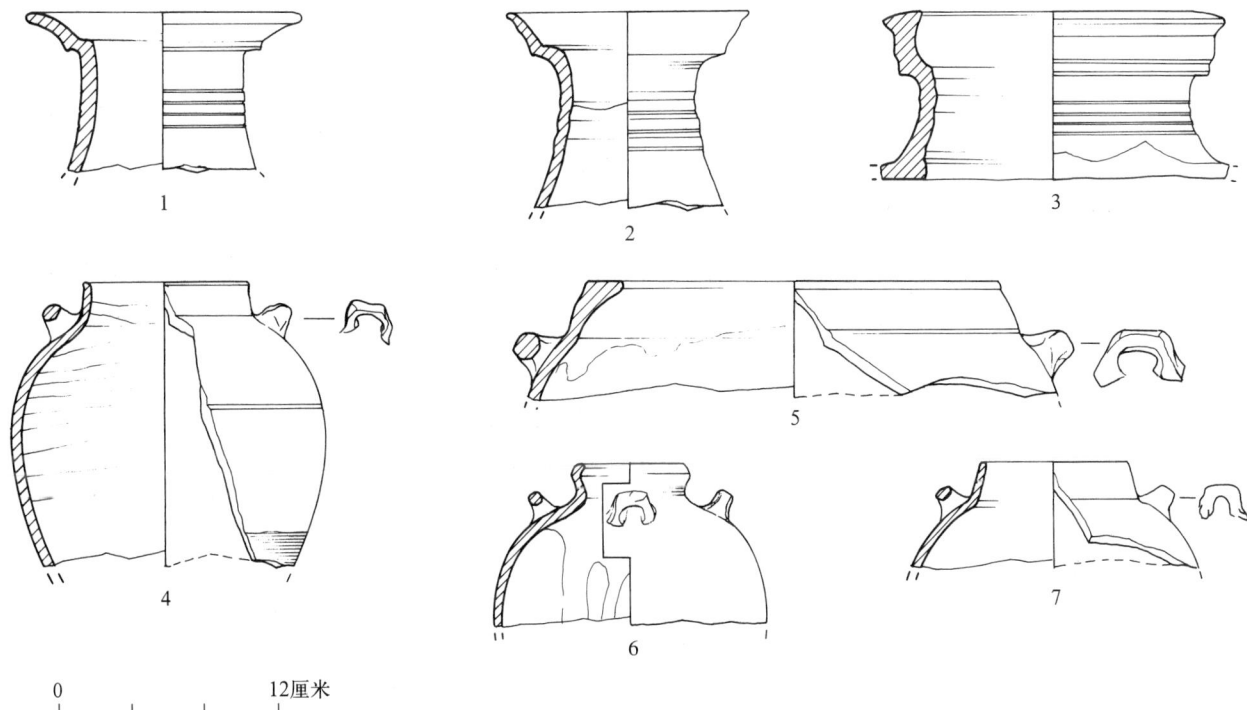

图一三八　青羊宫窑瓷器

1、2．Ⅰ式盘口壶TS02W03⑤：13、TN02W03⑤：18　3．Ⅱ式盘口壶TN02W05⑤：19　4、5．Aa型罐TN02W03⑤：7、H64：24　6．Ab型罐TN01W02④A：12　7．B型罐TN03W02⑤：13

A型　6件。敛口，口沿外有凸棱，颈部较短，肩部有四桥形系。根据颈部形态的差异，分两亚型。

Aa型　5件。颈部斜直。

标本TN02W03⑤：7，椭圆腹。灰胎，胎质坚硬细密，黄釉，挂棕黄色化妆土，釉层薄。腹部饰有三道阳弦纹。口径9.0、残高14.6厘米（图一三八，4）。标本H64：24，红褐胎，酱黄釉，釉层薄。口径23.0、残高6.0厘米（图一三八，5）。

Ab型　1件。束颈。

标本TN01W02④A：12，唇部较厚。红褐胎，青釉，釉层薄。口径6.4、残高8.0厘米（图一三八，6）。

B型　1件，直口，口沿无凸棱，直颈较短，肩部有桥形系。

标本TN03W02⑤：13，灰胎，青釉，釉层薄。口径8.0、残高5.5厘米（图一三八，7）。

10. 器盖

1件。直口，盖顶为斜直面。

标本H64：55，子口。红褐胎，乳浊状黄釉，釉层薄。直径14.3、残高2.7厘米（图一三九，1）。

11. 砚台

6件。根据足部形态的差异，分两型。

A型　4件。多蹄足，足部较高。

标本采：4，形制即所谓的"辟雍砚"，直口，尖唇。红褐胎，酱黄釉，有细密开片，釉层薄。砚面较平坦，细腻光滑，不施釉。直径26.8、残高3.5厘米（图一三九，2）。

B型　2件。水滴足，足部低矮。

标本TS02W03⑤：20，直口，尖唇。红褐胎，酱釉，釉层薄。砚面凸起，高于口沿，细腻光滑，不施釉。直径18.0、高2.9厘米（图一三九，3）。

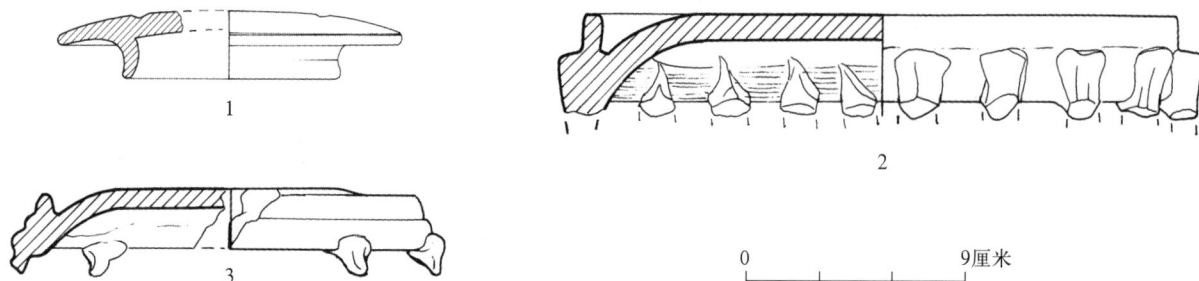

图一三九　青羊宫窑瓷器

1. 器盖H64：55　2. A型砚台采：4　3. B型砚台TS02W03⑤：20

　　（二）邛窑

　　数量较多，有青釉、酱釉、黄釉、绿釉等，器形可辨碗、盘、盏、罐、钵、注壶、器盖、盆、碟、瓶、盒、唾壶、急须、盂、炉、灯、塑像等。

　　碗　41件。根据口沿装饰的差异，分圆口碗和花口碗二类。

1. 圆口碗

　　26件。根据腹部形态的差异，分五型。

　　A型　8件。鼓腹。根据腹部和足部形态的差异，分五式。

　　A型Ⅰ式　2件。腹部较深，饼足，足部较小且内凹。

　　标本TN02W01⑤：2，直口，碗心有支钉痕。灰胎，胎质坚硬细腻，乳浊状青黄釉，釉质粗糙，釉层薄。口径14.6、底径6.6、高8.3厘米（图一四〇，1）。

　　A型Ⅱ式　3件。腹部较圆，饼足或玉璧足，足部较宽大。

　　标本TN01E01⑤：3，敞口，唇部较厚，碗心有支钉痕，玉璧足。红褐胎，乳浊状青黄釉，釉质粗糙，表面鼓包严重，釉层薄。口径17.0、底径8.7、高6.7厘米（图一四〇，2）。标本TN03E01⑤：2，敞口，唇部较厚，碗心有支钉痕。灰胎，胎质坚硬细腻，乳浊状青釉，釉质粗糙，釉层薄。口径

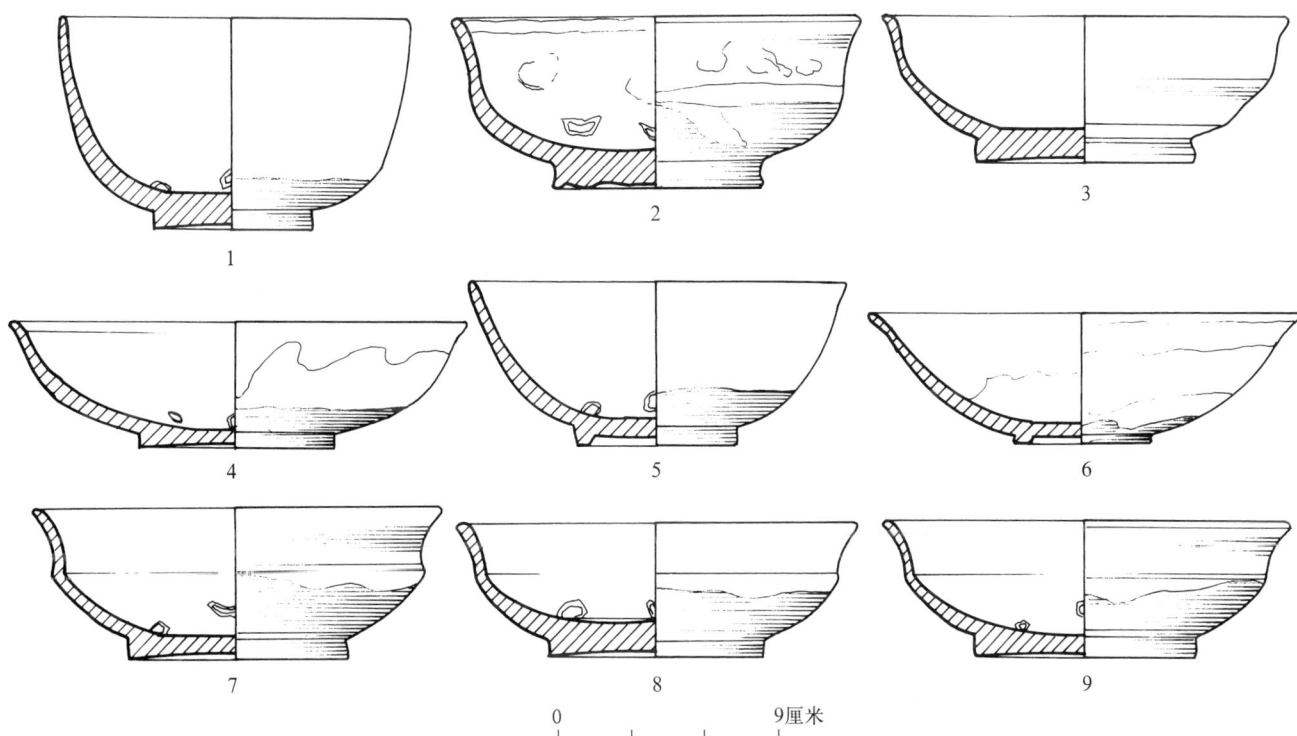

图一四〇　邛窑圆口碗

1. A型Ⅰ式TN02W01⑤：2　2、3. A型Ⅱ式TN01E01⑤：3、TN03E01⑤：2　4. A型Ⅲ式TS01W03⑤：4　5. A型Ⅳ式TN03W02④A：32　6. A型Ⅴ式TN01E03④B：32　7~9. B型TN02W05⑤：25、TN01E03⑤：53、TN02W03⑤：8

16.8、底径8.9、高5.7厘米（图一四〇，3）。

A型Ⅲ式　1件。腹部较圆，碗面相对平坦，饼足。

标本TS01W03⑤：4，侈口，尖唇，碗心有支钉痕。红褐胎，乳浊状青黄釉，釉质粗糙，釉层薄。口径19.0、底径8.0、高5.1厘米（图一四〇，4）。

A型Ⅳ式　1件。腹部斜鼓，圈足，足墙较高。

标本TN03W02④A：32，敞口，圆唇，碗心有支钉痕。黄褐胎，乳浊状青釉，釉层薄。口径15.8、底径6.7、高6.6厘米（图一四〇，5）。

A型Ⅴ式　1件。腹部斜鼓，碗面相对平坦，圈足，足墙较矮。

标本TN01E03④B：32，敞口，尖唇。灰胎，窑变釉形成蓝兔毫纹，釉层较厚。口径18.0、底径5.6、高5.3厘米（图一四〇，6）。

B型　3件。折腹。上腹部内曲，下腹部斜直内收。

标本TN02W05⑤：25，敞口，圆唇，唇部较厚，大饼足。灰胎，乳浊状青黄釉，釉层薄。口径17.0、底径9.0、高6.0厘米（图一四〇，7）。标本TN01E03⑤：53，敞口，圆唇，唇部较厚，大饼足。灰胎，乳浊状青黄釉，釉层薄。口径16.6、底径8.8、高5.4厘米（图一四〇，8）。标本TN02W03⑤：8，侈口，圆唇，大饼足。黄褐胎，乳浊状黄釉，釉层薄。口径16.7、底径9.1、高5.4厘米（图一四〇，9）。

C型　13件。斜直腹。根据足部形态的差异，分三亚型。

Ca型　3件。饼足。根据口沿和足部形态的差异，分两式。

Ca型Ⅰ式　2件。敞口，折沿，唇部较厚，饼足，足部较宽大。

标本H39：14，碗心有支钉痕。黄褐胎，乳浊状黄釉，釉层薄。口径18.7、底径8.5、高6.2厘米（图一四一，1）。

Ca型Ⅱ式　1件。敞口，尖唇，唇部较薄，饼足，足部较小。

标本TN03E03⑤：5，黄褐胎，黄釉，釉面有细密开片，釉层薄。口径15.4、底径4.9、高5.0厘米（图一四一，2）。

Cb型　4件。玉璧足。根据足部大小的差异，分两式。

Cb型Ⅰ式　1件。足部宽大。

标本TN02W03⑤：70，敞口，尖唇，碗心有支钉痕。黄褐胎，黄釉，釉层较薄。口径21.4、底径9.0、高7.2厘米（图一四一，3）。

Cb型Ⅱ式　3件。足部较小。

标本TN02E01⑤：4，敞口，尖唇，碗心有支钉痕。灰胎，窑变釉，釉层较薄。口径19.4、底径7.2、高7.1厘米（图一四一，4）。

Cc型　6件。圈足。根据足部大小的差异，分三式。

Cc型Ⅰ式　2件。足部宽大，足墙矮。

标本TS02W06⑤：5，敞口，尖唇。灰胎，乳浊状青釉，釉层较薄。口径22.4、底径9.2、高6.0厘

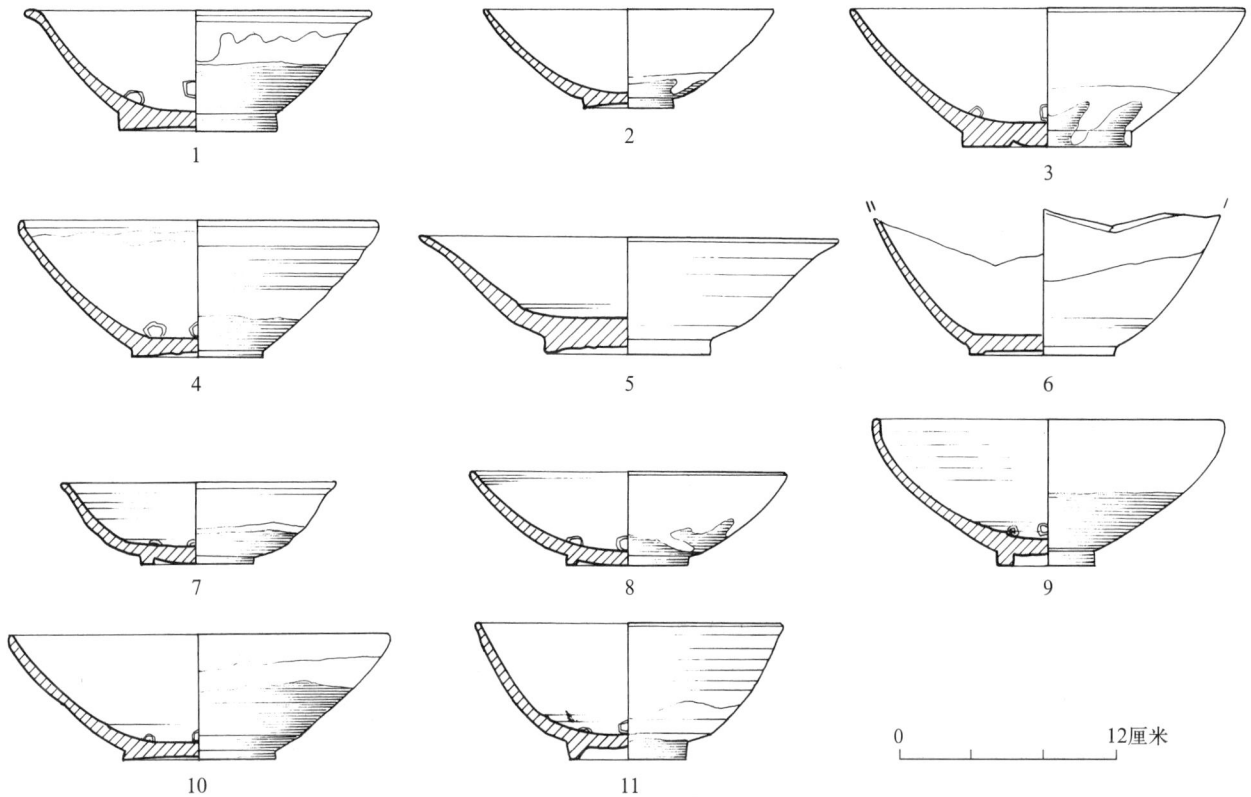

图一四一 邛窑圆口碗

1. Ca型Ⅰ式H39：14 2. Ca型Ⅱ式TN03E03⑤：5 3. Cb型Ⅰ式TN02W03⑤：70 4. Cb型Ⅱ式TN02E01⑤：4 5、6. Cc型Ⅰ式 TS02W06⑤：5、TN03W01⑤：40 7、8. Cc型Ⅱ式TN02W03④B：25、F5垫：2 9. Cc型Ⅲ式H22：5 10. D型Ⅰ式TN01E01④B： 13 11. D型Ⅱ式TN03W02④A：30

米（图一四一，5）。标本TN03W01⑤：40，灰胎，胎质坚硬细腻，青黄釉，釉面有细密开片，釉层薄。底径7.8、残高7.4厘米（图一四一，6）。

Cc型Ⅱ式 2件。足部变小，足墙增高。

标本TN02W03④B：25，侈口，尖唇，碗心有支钉痕。黄褐胎，乳浊状青釉，釉层薄。口径14.8、底径6.1、高4.2厘米（图一四一，7）。标本F5垫：2，敛口，圆唇，碗心有支钉痕。红褐胎，乳浊状青釉，釉层薄。口径16.8、底径6.5、高4.2厘米（图一四一，8）。

Cc型Ⅲ式 2件。足部进一步变小，足墙更高，有挖足过肩现象。

标本H22：5，敛口，圆唇，碗心有支钉痕。灰胎，胎质坚硬细腻，乳浊状青釉，釉层薄。口径19.0、底径5.3、高7.6厘米（图一四一，9）。

D型 2件。斜直腹，腹部近底处向内折收。根据足部形态的差异，分两式。

D型Ⅰ式 1件。饼足。

标本TN01E01④B：13，敛口，圆唇，碗心有支钉痕。红褐胎，乳浊状黄釉，釉层薄。口径20.3、底径8.2、高6.8厘米（图一四一，10）。

D型Ⅱ式 1件。圈足。

标本TN03W02④A：30，敞口，尖唇，碗心有支钉痕。红褐胎，乳浊状青釉，釉层薄。口径16.4、底径6.9、高7.0厘米（图一四一，11）。

2．花口碗

15件。根据腹部和足部形态的差异，分五型。

A型　3件。斜弧腹，腹部较平坦，圈足。根据口沿形态的差异，分两亚型。

Aa型　2件。敞口。

标本H4：19，灰胎，乳浊状青釉，釉层薄。口径18.8、底径7.9、高6.1厘米（图一四二，1）。

Ab型　1件。侈口。

标本H4：14，灰胎，胎质坚硬细腻，乳浊状青黄釉，釉层薄。口径20.2、底径7.9、高6.6厘米

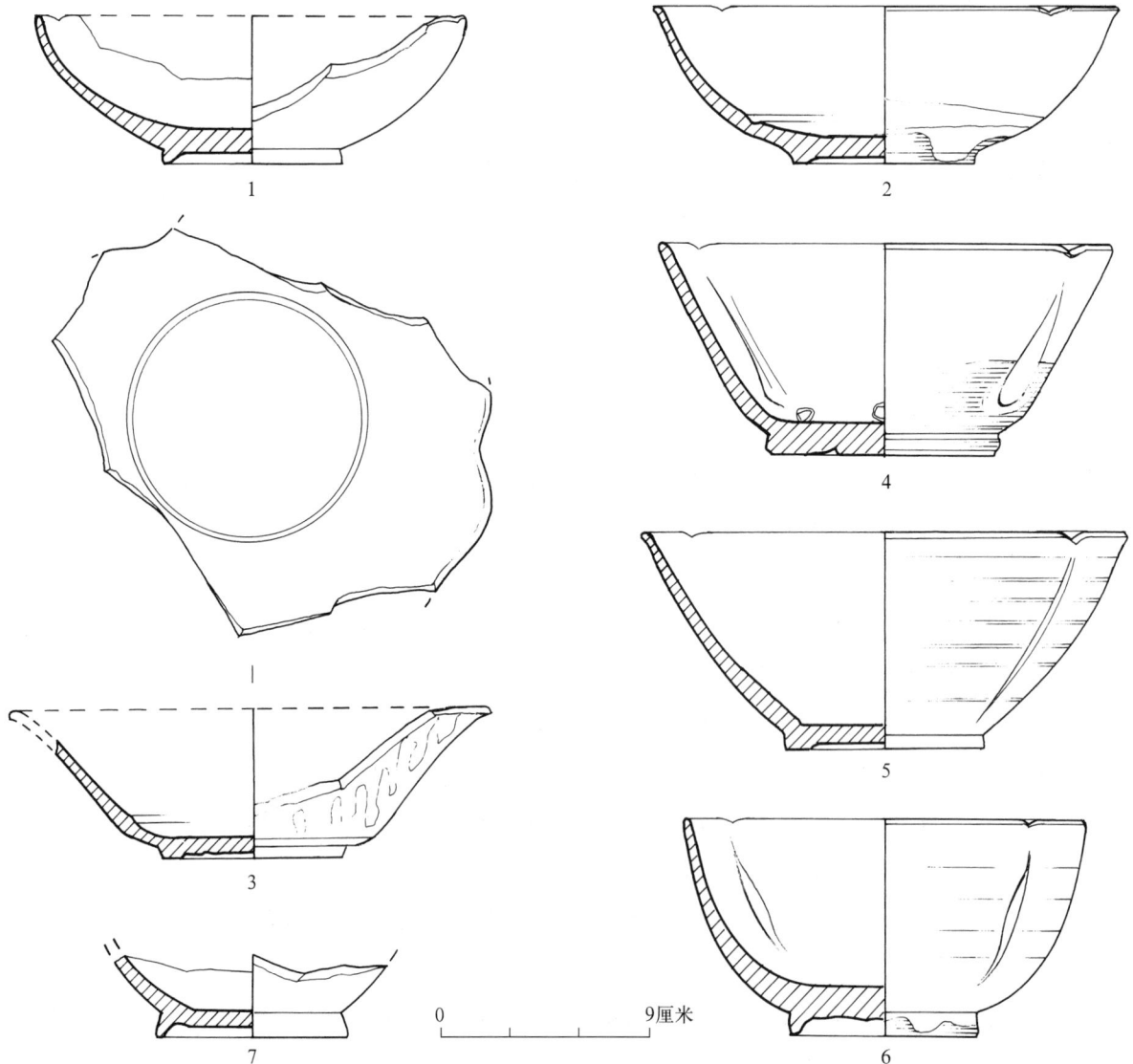

0　　　　　　　　　9厘米

图一四二　邛窑花口碗

1．Aa型H4：19　2．Ab型H4：14　3．B型H67：10　4．Ca型H39：12　5．Cb型TS01W01⑤：14　6、7．Cc型TN01W01④A：2、J9：3

（图一四二，2）。

B型 1件。侈口，斜直腹，腹部较平坦，近底处斜直内收，圈足。

标本H67：10，黄褐胎，乳浊状青黄釉，釉面有细密开片，釉层薄。口径21.0、底径7.2、高6.2厘米（图一四二，3）。

C型 5件。斜直腹，腹部较深。根据足部形态的差异，分三亚型。

Ca型 1件。玉璧足。

标本H39：12，敞口，圆唇，碗心有支钉痕。黄褐胎，青釉，釉面有细密开片，釉层薄。口径19.8、底径9.5、高9.0厘米（图一四二，4）。

Cb型 2件。圈足，足墙矮。

标本TS01W01⑤：14，敞口，尖唇，外壁有阴刻出筋装饰。灰胎，乳浊状青釉，釉层薄。口径20.7、底径8.4、高9.0厘米（图一四二，5；彩版三二，1）。

Cc型 2件。圈足，足墙较高且有明显外侈。

标本TN01W01④A：2，敞口，尖唇，外壁有阴刻出筋装饰。灰胎，乳浊状青釉，釉层薄。口径17.4、底径7.7、高9.0厘米（图一四二，6）。标本J9：3，红褐胎，黄釉，釉面光洁莹润，有细密开片，釉层较薄。底径8.6、残高3.2厘米（图一四二，7）。

D型 1件。斜直腹，腹部较深，腹部近底处斜直内收。

标本TS01W01⑤：8，敞口，尖唇，外壁有阴刻出筋装饰。黄褐胎，乳浊状黄釉，釉层薄。口径20.4、底径8.5、高8.3厘米（图一四三，1）。

E型 5件。斜直腹，饼足或圈足，足部较小。

标本H4：3，敞口，尖唇，圈足。黄褐胎，乳浊状黄釉，釉层薄。口径16.6、底径5.9、高6.0厘米（图一四三，2）。标本TS01W01⑤：16，敞口，尖唇，圈足。黄褐胎，乳浊状青蓝釉，釉层薄。

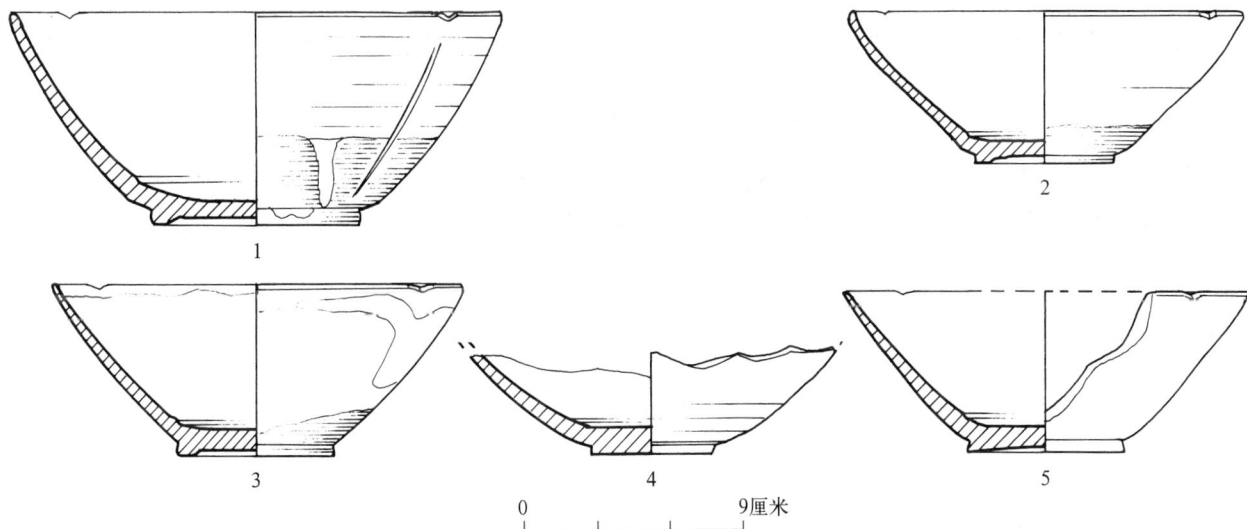

图一四三 邛窑花口碗

1. D型TS01W01⑤：8 2~5. E型H4：3、TS01W01⑤：16、H81：4、H17：4

口径17.0、底径6.5、高6.7厘米（图一四三，3）。标本H81∶4，敞口，尖唇，圈足。灰胎，乳浊状青釉，釉层薄。口径17.0、底径6.6、高6.1厘米（图一四三，5）。标本H17∶4，饼足。黄褐胎，青釉，釉层较薄。底径5.0、残高4.8厘米（图一四三，4）。

3．盏

14件。根据腹部形态的差异，分四型。

A型　6件。斜直腹。根据口沿和足部的差异，分两亚型。

Aa型　5件。敞口，折沿，饼足。

标本H39∶11，盘心有支钉痕。红褐胎，乳浊状青黄釉，挂灰白色化妆土，釉层较薄。口径13.8、底径6.0、高4.5厘米（图一四四，1）。标本H86∶3，内底有支钉痕。灰胎，乳浊状青黄釉，釉层较薄。口径14.0、底径6.6、高4.3厘米（图一四四，2）。

Ab型　1件。敞口，圆唇，玉璧足。

标本TN03W02⑤∶5，红褐胎，乳浊状青黄釉，釉面有细密开片，挂灰白色化妆土，釉层较薄。口径14.6、底径5.7、高4.7厘米（图一四四，3）。

B型　2件。弧腹。根据足部形态的差异，分两亚型。

Ba型　1件。玉璧足。

标本H4∶21，敞口，圆唇。灰胎，乳浊状青黄釉，釉层较薄。口径12.8、底径5.1、高4.9厘米（图一四四，4）。

Bb型　1件。圈足，足墙外侈。

标本TS01W02⑤∶6，侈口，尖唇。灰胎，乳浊状青黄釉，釉层较薄。口径10.9、残高4.0厘米（图一四四，5）。

C型　1件。折腹。

标本TN03W01④A∶20，敞口，圆唇，玉璧足。黑灰胎，胎质较粗，乳浊状青黄釉，口沿施蓝

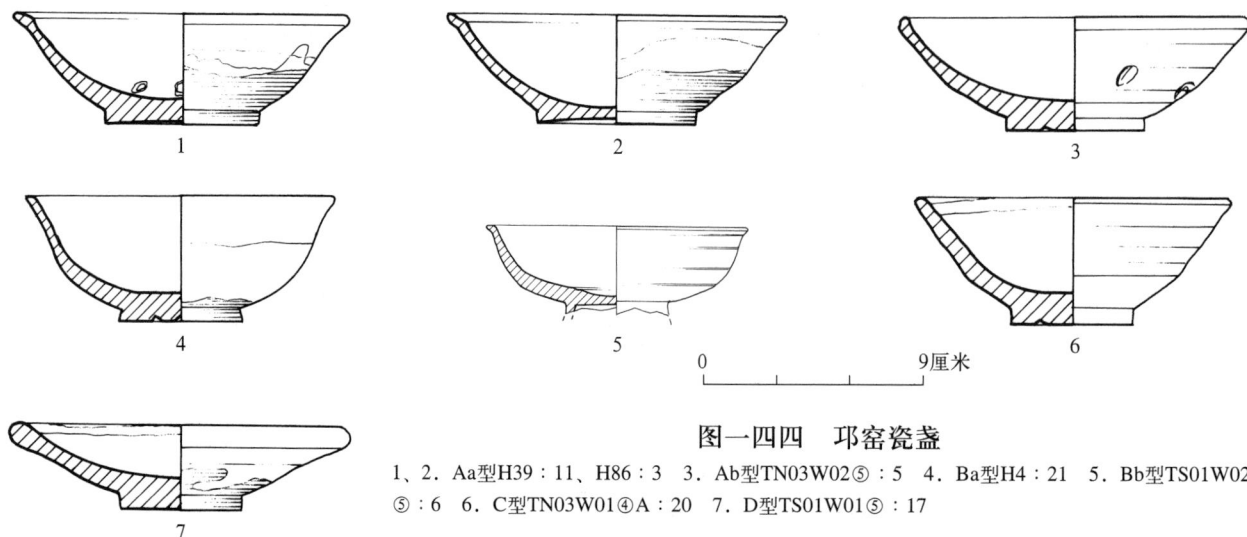

图一四四　邛窑瓷盏

1、2．Aa型H39∶11、H86∶3　3．Ab型TN03W02⑤∶5　4．Ba型H4∶21　5．Bb型TS01W02⑤∶6　6．C型TN03W01④A∶20　7．D型TS01W01⑤∶17

釉，釉层较薄。口径13.0、底径5.3、高5.0厘米（图一四四，6）。

D型　5件。斜直腹，腹部较浅。

标本TS01W01⑤：17，圆唇，唇部较厚，饼足。灰胎，酱黄釉，口沿施乳浊状青黄釉，釉层较薄。口径14.0、底径4.9、高3.8厘米（图一四四，7）。

盘　11件。根据口沿装饰的差异，分圆口盘和花口盘二类。

4．圆口盘

3件。根据腹部和足部形态的差异，分两型。

A型　2件。折腹，上腹壁略侈，下腹部斜直内收，饼足。

标本H4：17，敞口，圆唇，盘心有支钉痕。黄褐胎，乳浊状青黄釉，釉面有细密开片，釉层较薄。口径15.8、底径6.9、高3.2厘米（图一四五，1）。标本TN03W02⑤：13，敞口，圆唇，盘心有支钉痕。红褐胎，乳浊状青黄釉，釉面有细密开片，釉层较薄。口径17.0、底径5.9、高3.8厘米（图一四五，2）。

B型　1件。斜直腹，玉璧足。

标本TS01W01⑤：4，敞口，尖唇，盘心有支钉痕。灰胎，乳浊状青黄釉，釉层较薄。口径20.0、底径5.7、高4.9厘米（图一四五，3）。

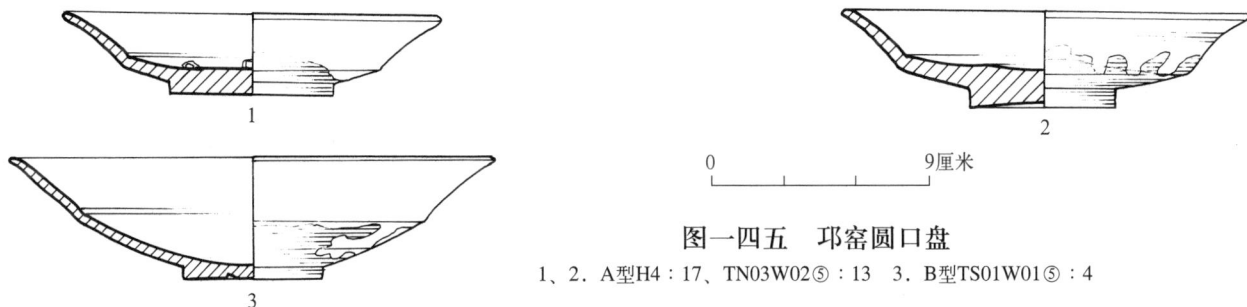

图一四五　邛窑圆口盘
1、2．A型H4：17、TN03W02⑤：13　3．B型TS01W01⑤：4

5．花口盘

8件。根据腹部形态的差异，分三型。

A型　5件。斜直腹。根据口沿形态的差异，分两亚型。

Aa型　1件。敛口。

标本TN02W05⑤：7，尖唇，饼足，盘心有支钉痕。灰胎，乳浊状青黄釉，釉层较薄。口径19.0、底径7.4、高5.0厘米（图一四六，1）。

Ab型　4件。敞口。

标本H67：2，尖唇，玉璧足，盘心有支钉痕。灰胎，乳浊状青黄釉，釉层较薄。口径21.2、底径6.3、高5.2厘米（图一四六，2）。标本H4：11，尖唇，饼足，盘心有支钉痕。灰胎，乳浊状青黄

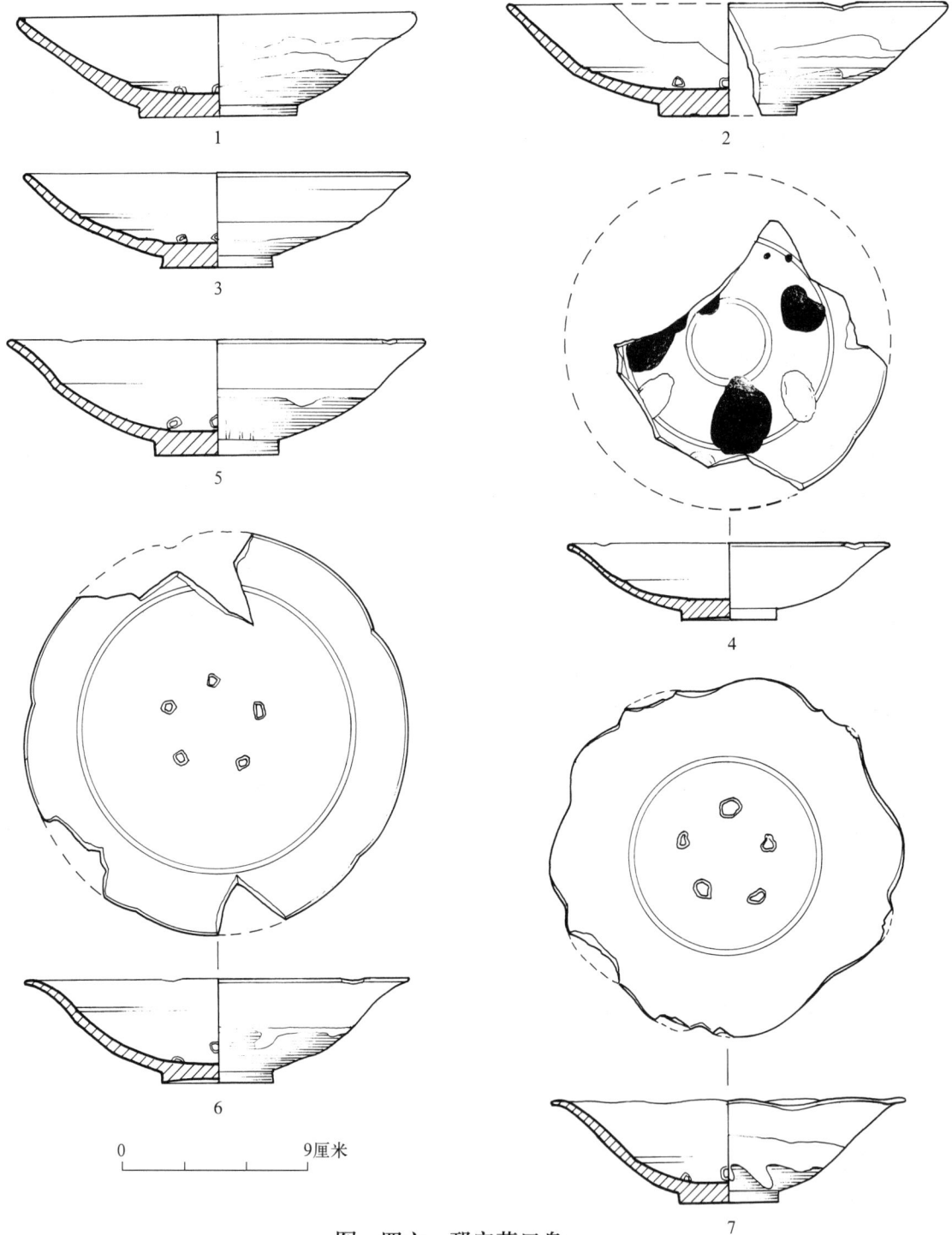

图一四六　邛窑花口盘

1. Aa型TN02W05⑤：7　2~4. Ab型H67：2、H4：11、TN02W02⑤：36　5、6. B型H67：3、TN01W02⑤：9　7. C型TS01W01⑤：46

釉，釉层较薄。口径18.8、底径5.4、高4.3厘米（图一四六，3）。标本TN02W02⑤：36，圆唇，饼足。红褐胎，低温釉瓷器，釉面有黄、褐、绿三色，釉层较薄。口径15.4、底径4.5、高3.4厘米（图一四六，4；彩版三二，2）。

B型　2件。折腹，弯折处偏上。

标本H67：3，敞口，尖唇，饼足，盘心有支钉痕。灰胎，乳浊状青釉，釉层较薄。口径20.2、底径6.2、高5.3厘米（图一四六，5）。标本TN01W02⑤：9，敞口，尖唇，饼足，盘心有支钉痕。灰胎，乳浊状青釉，釉层较薄。口径18.5、底径5.4、高4.6厘米（图一四六，6）。

C型　1件。折腹，弯折处偏下。

标本TS01W01⑤：46，敞口，尖唇，饼足，盘心有支钉痕。灰胎，乳浊状青釉，釉层较薄。口径16.9、底径4.8、高4.7厘米（图一四六，7；彩版三二，3）。

6. 碟

1件。

标本H13：2，敞口，尖唇，腹部很浅，内平底，饼足很矮。黄褐胎，乳浊状蓝釉，釉面粗糙，外壁至底未施釉，釉层薄。底径5.6、高4.6厘米（图一四七，1）。

7. 钵

8件。根据口沿和腹部形态的差异，分三型。

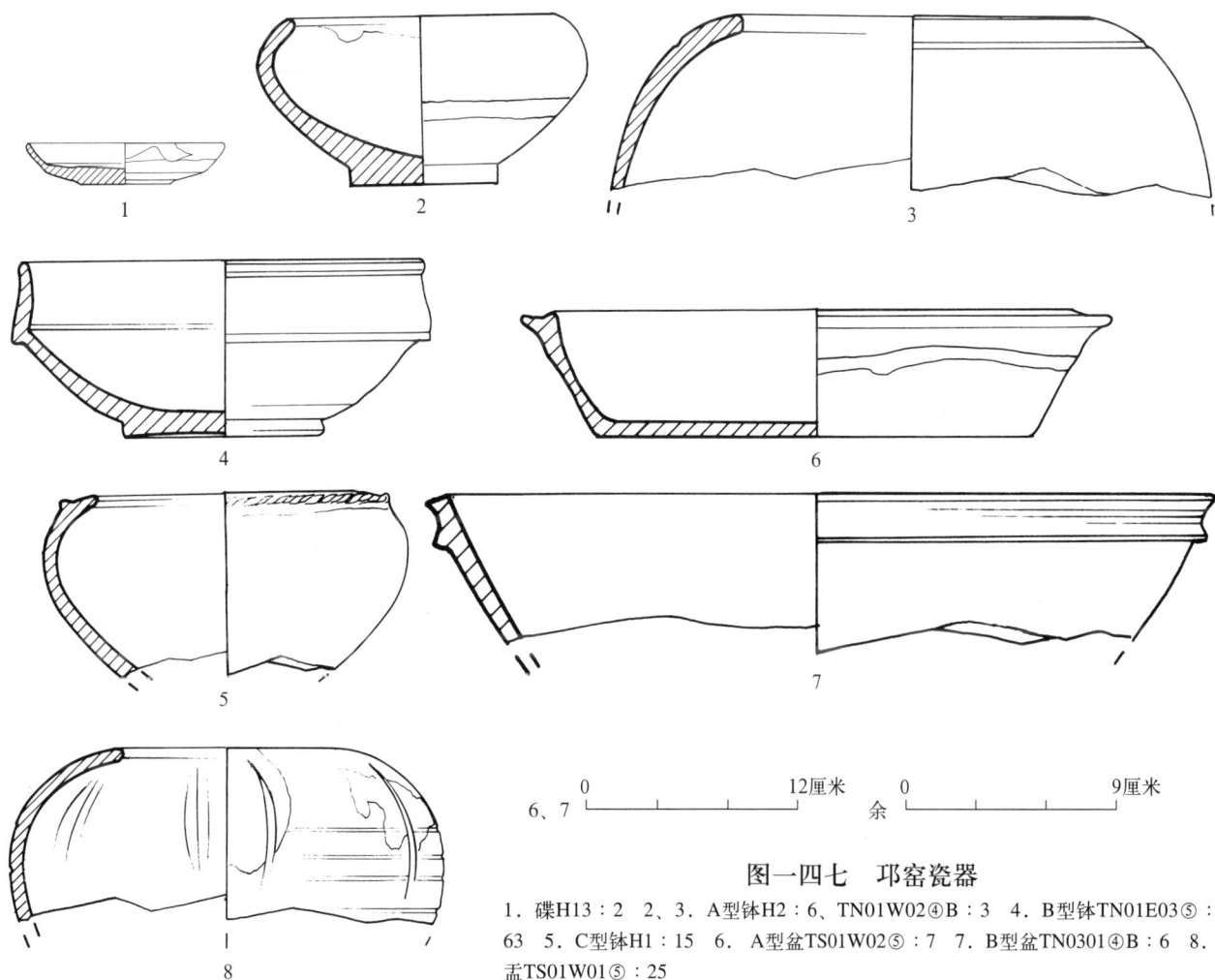

图一四七　邛窑瓷器

1．碟H13：2　2、3．A型钵H2：6、TN01W02④B：3　4．B型钵TN01E03⑤：63　5．C型钵H1：15　6．A型盆TS01W02⑤：7　7．B型盆TN0301④B：6　8．盂TS01W01⑤：25

A型　4件。敛口，圆唇，鼓腹。

标本H2：6，饼足。黄褐胎，乳浊状青黄釉，挂灰白色化妆土，釉层薄。口径11.4、底径6.8、高6.8厘米（图一四七，2；彩版三三，1）。标本TN01W02④B：3，灰胎，乳浊状黄釉，肩部饰有绿色简笔彩绘，釉层薄。口径15.0、残高8.4厘米（图一四七，3）。

B型　2件。直口，圆唇，折腹。

标本TN01E03⑤：63，饼足。红褐胎，乳浊状黄釉，肩部饰有酱黄色及蓝色简笔彩绘，挂灰白色化妆土，釉层薄。口径17.1、底径8.6、高7.3厘米（图一四七，4；彩版三三，2）。

C型　2件。敛口，圆唇，唇部饰有凸棱，鼓腹。

标本H1：15，灰胎，乳浊状青黄釉，釉层薄。口径11.0、残高7.4厘米（图一四七，5）。

8．盆

2件。根据肩部有无凸棱，分两型。

A型　1件。无凸棱。

标本TS01W02⑤：7，敛口，圆唇外侈明显，斜直腹，平底。红褐胎，乳浊状青釉，釉层薄。口径33.9、高6.7厘米（图一四七，6）。

B型　1件。有凸棱。

标本TN0301④B：6，直口，圆唇外侈，斜直腹。红褐胎，乳浊状青黄釉，釉面有细密开片，釉层薄。口径45.2、残高9.0厘米（图一四七，7）。

9．盂

1件。

标本TS01W01⑤：25，敛口，圆唇，斜弧腹。低温釉瓷器，红褐胎，釉面呈黄、褐、绿三色，釉层较薄。口径9.0、残高3.1厘米（图一四七，8）。

10．瓶

1件。

标本TN03E03④A：7，敞口，尖唇外翻，肩部有桥形系。红褐胎，蓝釉，釉层薄。口径3.9、残高6.3厘米（图一四八，1）。

11．唾壶

1件。

标本H2：5，宽展沿，束颈较短，鼓腹，大饼足。黄褐胎，青黄釉，釉面光洁，有细密开片，釉层薄。口径16.3、底径7.2、高9.1厘米（图一四八，2；彩版三三，3）。

12．急须

1件。

标本H39：15，敞口，圆唇，口部有流，直腹，腹部中央有一柄状把柄。红褐胎，乳浊状青黄釉，釉层薄。口径15.1、残高11.6厘米（图一四八，3）。

13．注壶

5件。形制相似，喇叭口，长颈，倒卵形腹，曲流细长。根据腹部装饰的差异，分两型。

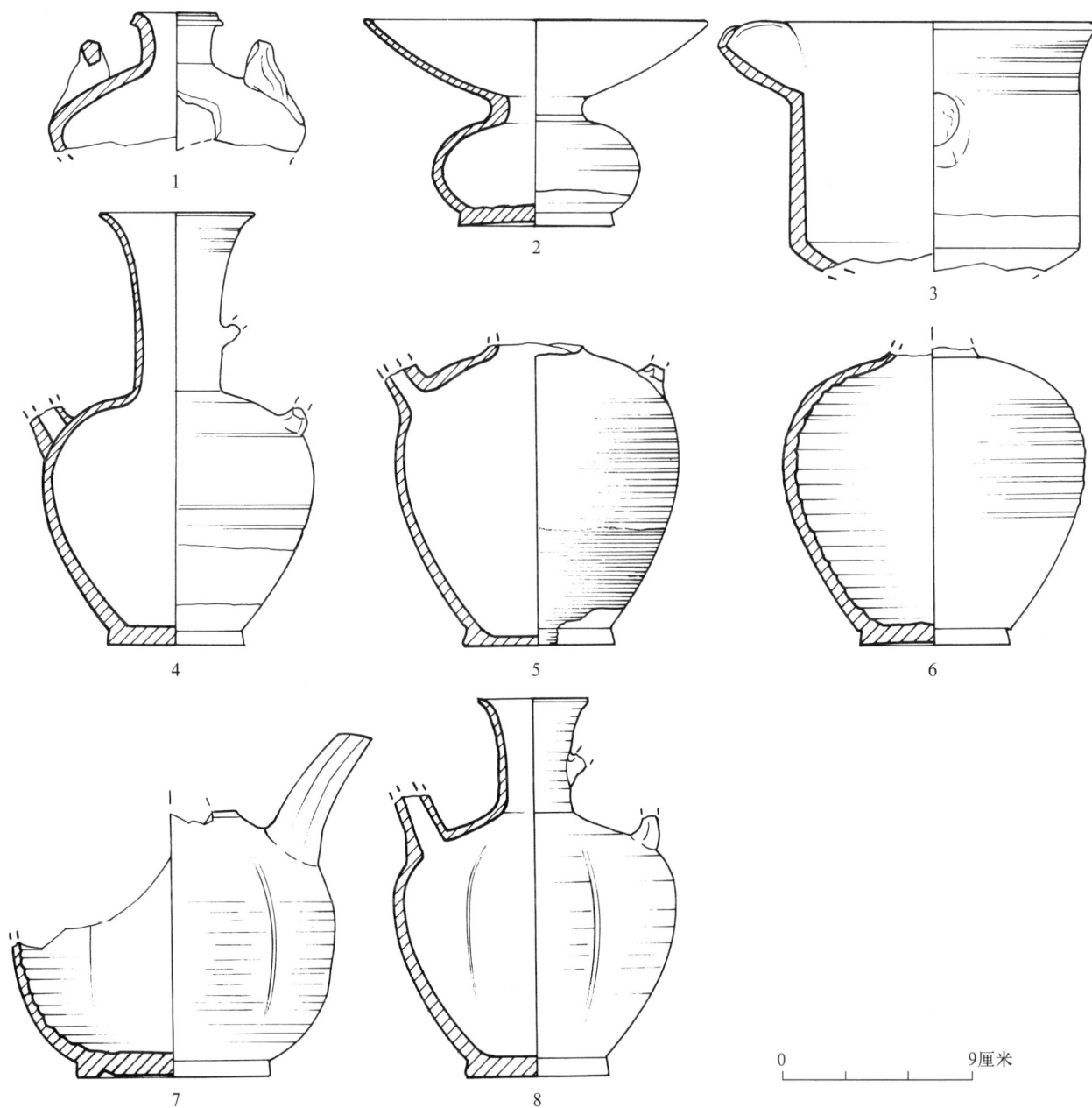

图一四八　邛窑瓷器

1．瓶TN03E03④A：7　2．唾壶H2：5　3．急须H39：15　4～6．A型注壶H104：5、H86：8、TS01W01⑤：45
7、8．B型注壶TN03W02⑤：4、H67：10

A型　3件。无瓜棱装饰，部分饰有凸弦纹。

标本H104∶5，饼足。黄褐胎，乳浊状青釉，挂灰白色化妆土，釉层薄。口径7.1、底径6.6、高19.7厘米（图一四八，4；彩版三四，1）。标本H86∶8，饼足。黄褐胎，乳浊状青黄釉，挂灰白色化妆土，釉层薄。底径7.1、残高13.7厘米（图一四八，5）。标本TS01W01⑤∶45，饼足。黄褐胎，乳浊状青釉，釉层薄。底径7.0、残高20.6厘米（图一四八，6）。

B型　2件。有瓜棱装饰。

标本TN03W02⑤∶4，圈足。黄褐胎，青釉，釉面有细密开片，釉层薄。底径9.0、残高15.0厘米（图一四八，7）。标本H67∶10，饼足。黄褐胎，乳浊状青釉，釉层薄。口径5.0、底径6.6、高17.1厘米（图一四八，8）。

14．罐

10件。根据体型大小和颈部形态的差异，分两型。

A型　5件。短颈，丰肩，肩部有系，体型较大。根据颈部有无凸棱，分两亚型。

Aa型　3件。颈部无凸棱。根据口沿和颈部形态的差异，分两式。

Aa型Ⅰ式　1件。敞口，颈部斜直。

标本J7∶1，鼓腹，大饼足。黄褐胎，乳浊状黄釉，肩部有黑褐色点彩装饰，釉层薄。口径8.4、底径10.0、高14.3厘米（图一四九，1；彩版三五，1）。

Aa型Ⅱ式　2件。敞口，折沿，颈部垂直。

标本J7∶5，鼓腹。红褐胎，酱黄釉，釉面粗糙，釉层薄。口径16.4、残高11.0厘米（图一四九，2）。

Ab型　2件。颈部有凸棱。

标本TN01E03④B∶49，敞口，折沿。黄褐胎，乳浊状青黄釉，釉层薄。口径10.0、残高9.2厘米（图一四九，3）。标本TN02W01④A∶33，敞口，折沿。黄褐胎，乳浊状黄釉，颈部有褐色简笔彩绘，釉层薄。口径9.3、残高7.8厘米（图一四九，4）。

B型　5件。直颈，肩部有系，体型较小。根据颈部和腹部形态的差异，分两式。

B型Ⅰ式　3件。颈部较长，丰肩。

标本TS01W01⑤∶22，敞口，方唇，肩部有双系，圆弧腹，肩腹部饰有凸棱，饼足。灰胎，乳浊状青釉，釉层薄。口径6.1、底径4.5、高8.7厘米（图一四九，5；彩版三五，2）。标本H4∶30，敞口，方唇，肩腹部有双系，圆弧腹，肩部饰有凸棱。灰胎，乳浊状青釉，釉层薄。口径6.1、残高8.2厘米（图一四九，6）。标本H2∶4，敞口，方唇，椭圆腹，颈肩腹部饰有凸棱。灰胎，乳浊状青釉，釉层薄。口径6.0、残高7.0厘米（图一四九，7）。

B型Ⅱ式　2件。颈部变短，椭圆腹。

标本TN01E03④B∶53，敞口，尖唇，肩部有双系，平底。灰胎，乳浊状青釉，釉面粗糙，釉层薄。口径4.0、底径4.2、高7.2厘米（图一四九，8）。

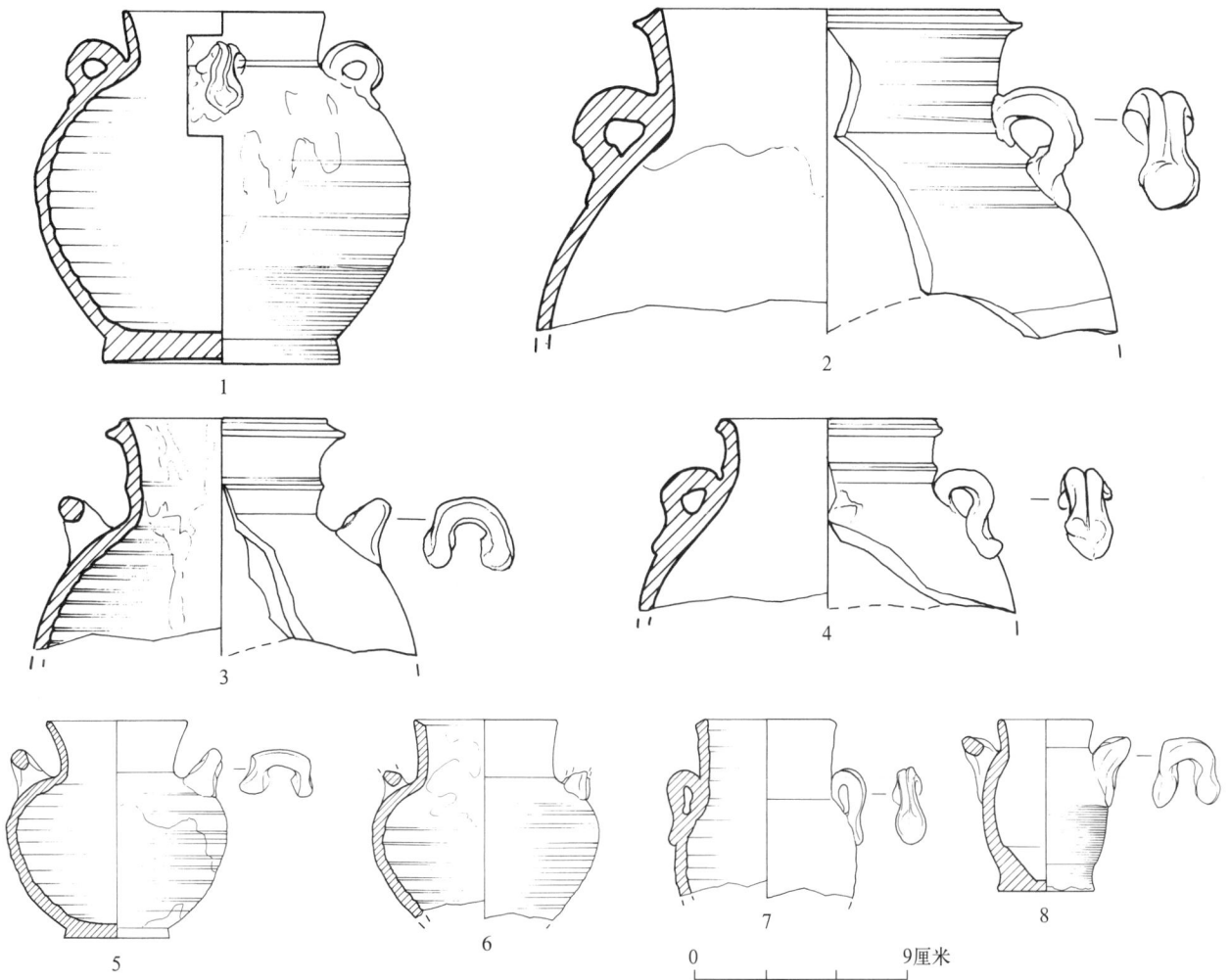

图一四九　邛窑瓷罐

1. Aa型Ⅰ式J7∶1　2. Aa型Ⅱ式J7∶5　3、4. Ab型TN01E03④B∶49、TN02W01④A∶33　5～7. B型Ⅰ式TS01W01⑤∶22、H4∶30、H2∶4　8. B型Ⅱ式TN01E03④B∶53

15．盒

2件。

标本H4∶25，子口微敞，折腹，圈足。黄褐胎，青黄釉，釉层薄。口径13.2、残高4.0厘米（图一五〇，1）。标本J4∶3，子口微敛，折腹，腹部饰有瓜棱装饰。灰胎，乳浊状青黄釉，釉层薄。口径10.5、残高4.8厘米（图一五〇，2）。

16．器盖

4件。根据口沿及盖面形态的差异，分三型。

A型　2件。母口，盖面拱起，平顶无纽。

标本H39∶8，黄褐胎，乳浊状黄釉，釉层薄。直径18.6、高4.0厘米（图一五〇，3）。标本H4∶13，黄褐胎，乳浊状黄釉，釉层薄。直径10.7、高2.4厘米（图一五〇，4）。

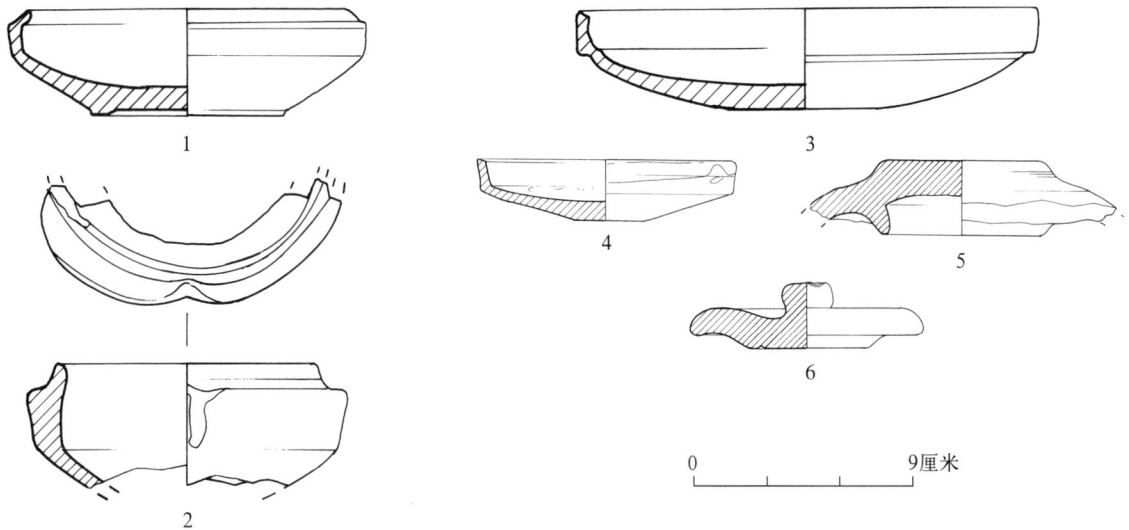

图一五〇　邛窑瓷器

1、2. 盒H4∶25、J4∶3　3、4. A型器盖H39∶8、H4∶13　5. B型器盖J7∶2　6. C型器盖TN03W01⑤∶12

B型　1件。子口，盖面斜直凸起，平顶无纽。

标本J7∶2，红褐胎，胎厚，青黄釉，釉层薄。高3.0厘米（图一五〇，5）。

C型　1件。子口，盖面弧起，顶部内凹有球形纽。

标本TN03W01⑤∶12，红褐胎，胎厚，青黄釉，釉层薄。直径9.7、高2.3厘米（图一五〇，6）。

17. 炉

5件。

标本TS01W01⑤∶16，炉残件，敞口，尖唇外翻，斜直腹，平底有五长足。灰胎，窑变花釉，釉层较薄。口径12.7、残高4.8厘米（图一五一，1）。标本H86∶2，炉残件，敞口，尖唇外翻，斜直腹，平底有长足。灰胎，窑变花釉，釉层较薄。残高4.3厘米（图一五一，2）。标本H4∶23，炉残件，平底有支钉痕，残件可看出有雕刻盘腿状装饰。米黄胎，胎质粗疏，低温绿釉，釉面有细密开片，釉层薄，炉内未施釉。底径9.8、残高3.5厘米（图一五一，3；彩版三四，2）。标本J4∶16，炉足残件，足部较长。黄褐胎，窑变花釉，釉层薄。残长5.0厘米（图一五一，4）。标本TS01W02⑤∶5，炉足残件，足部较长，刻有兽头装饰。红褐胎，低温绿釉，釉层薄。残长4.2厘米（图一五一，5）。

18. 灯

1件。

标本T01W03④A∶12，敞口，圆唇，唇部厚，斜弧腹部，腹部较浅，灯芯塑有一"乌龟"形象，"龟壳"上开两孔洞，玉璧足。黄褐胎、窑变花釉，釉层较薄。高4.5、底径5.7厘米（图一五一，6；彩版三四，3）。

19．塑像

3件。

标本TN01E03⑤：11，龟残件，头部残缺，龟壳刻花较为细致。米黄胎，胎质粗疏，低温绿釉。高2.3厘米（图一五一，7）。标本TS01W06⑤：11，人物残件，坐姿，双手做合十状，有长方形底座。黄褐胎，窑变花釉，釉层薄。残高4.3厘米（图一五一，8）。标本TN03W02④A：1，人物残件，做交手状。米黄胎，胎质疏松，低温绿釉。残高4.8厘米（图一五一，9）。

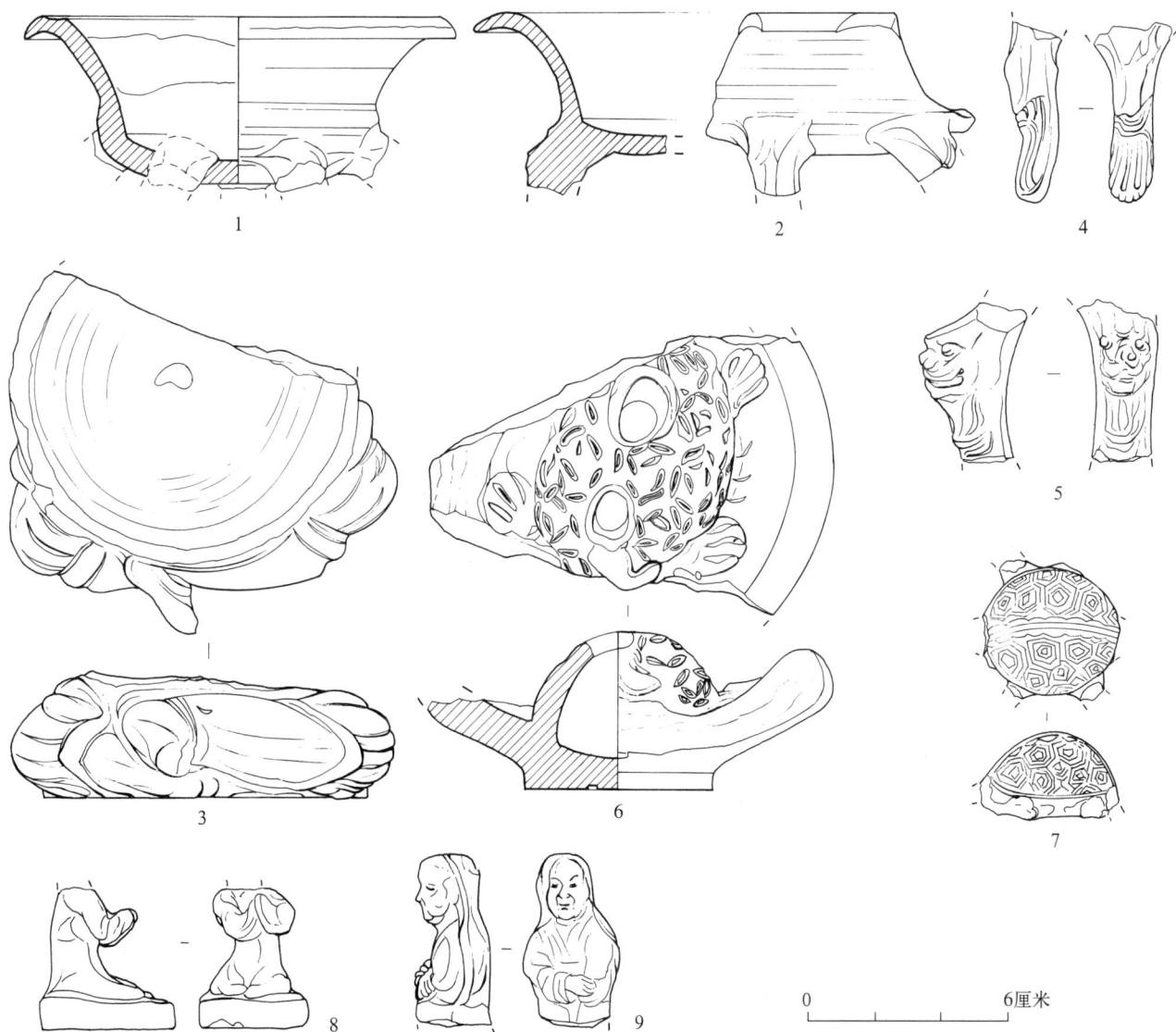

图一五一　邛窑瓷器

1～5．炉TS01W01⑤：16、H86：2、H4：23、J4：16、TS01W02⑤：5　6．灯T01W03④A：12　7～9．塑像TN01E03⑤：11、TS01W06⑤：11、TN03W02④A：1

　　（三）琉璃厂窑

　　数量较多，有青釉、酱釉、棕红釉、黑釉、白釉等，器形可辨碗、盘、盏、罐、钵、注壶、研磨器、急须、盂、器座、盘口壶、瓶、盆、器盖、炉等。

　　1．碗

　　98件。根据腹部和口沿形态的差异，分四型。

　　A型　34件。斜弧腹。根据底足形态的差异，分三式。

　　A型Ⅰ式　25件。侈口，饼足。

　　标本H84：5，碗心有支钉痕。红褐胎，乳浊状青黄釉，釉层薄。口径18.7、底径7.6、高5.0厘米（图一五二，1）。标本TS01W01⑤：11，碗心有支钉痕。红褐胎，乳浊状黄釉，釉层薄。口径18.6、底径7.2、高5.6厘米（图一五二，2）。标本H4：16，碗心有支钉痕。红褐胎，乳浊状青黄釉，釉层薄。口径13.5、底径5.7、高3.8厘米（图一五二，3）。标本H96：3，碗心有支钉痕。红褐胎，乳浊状黄釉，釉层薄。口径18.2、底径7.2、高5.3厘米（图一五二，4）。标本H84：1，碗心有支钉痕。灰黑胎，乳浊状青黄釉，釉层薄。口径17.3、底径7.2、高5.5厘米（图一五二，5）。标本H67：5，碗心有支钉痕。红褐胎，乳浊状黄釉，釉层薄。口径18.2、底径7.6、高5.2厘米（图一五二，6）。

　　A型Ⅱ式　1件。侈口，圈足，足墙较高。

　　标本TN02W02④B：2，碗心有支钉痕。红褐胎，乳浊状青黄釉，釉层薄。口径18.0、高7.2、底径5.8厘米（图一五二，7）。

　　A型Ⅲ式　8件。侈口或敞口，圈足，足墙变矮。

　　标本TN01E03④B：67，碗心有支钉痕，圈足内有一菱形戳印。红褐胎，乳浊状青黄釉，口沿施酱釉，釉层薄。口径17.4、底径5.8、高5.5厘米（图一五二，8）。标本H19：7，碗心有支钉痕。红褐胎，乳浊状黄釉，碗内饰有青色彩绘草叶纹，釉层薄。口径13.6、底径4.7、高3.8厘米（图一五二，9）。标本H5：15，碗心有支钉痕。红褐胎，乳浊状青黄釉，碗内饰有青色彩绘草叶纹，釉层薄。口径13.6、底径4.9、高3.5厘米（图一五二，10）。

　　B型　16件。斜直腹，近底部折收。根据口沿形态的差异分两亚型。

　　Ba型　9件。敛口，饼足。

　　标本TS01W01⑤：9，碗心有支钉痕。红褐胎，乳浊状青黄釉，釉层薄。口径20、底径7.9、高6.0厘米（图一五三，1）。标本H67：4，碗心有支钉痕。红褐胎，乳浊状青黄釉，釉层薄。口径20.0、底径8.0、高6.8厘米（图一五三，2）。标本H81：3，碗心有支钉痕。红黄胎，乳浊状黄釉，釉层薄。口径18.0、底径8.2、高6.3厘米（图一五三，3）。标本H89：1，碗心有支钉痕。红褐胎，乳浊状青黄釉，釉层薄。口径19.9、底径8.5、高6.4厘米（图一五三，4）。

　　Bb型　7件。侈口或敞口。根据底足形态的差异，分两式。

　　Bb型Ⅰ式　2件。饼足。

　　标本TS01W01⑤：21，碗心有支钉痕。红褐胎，棕黑釉，釉层薄。口径19.2、底径7.7、高6.1厘

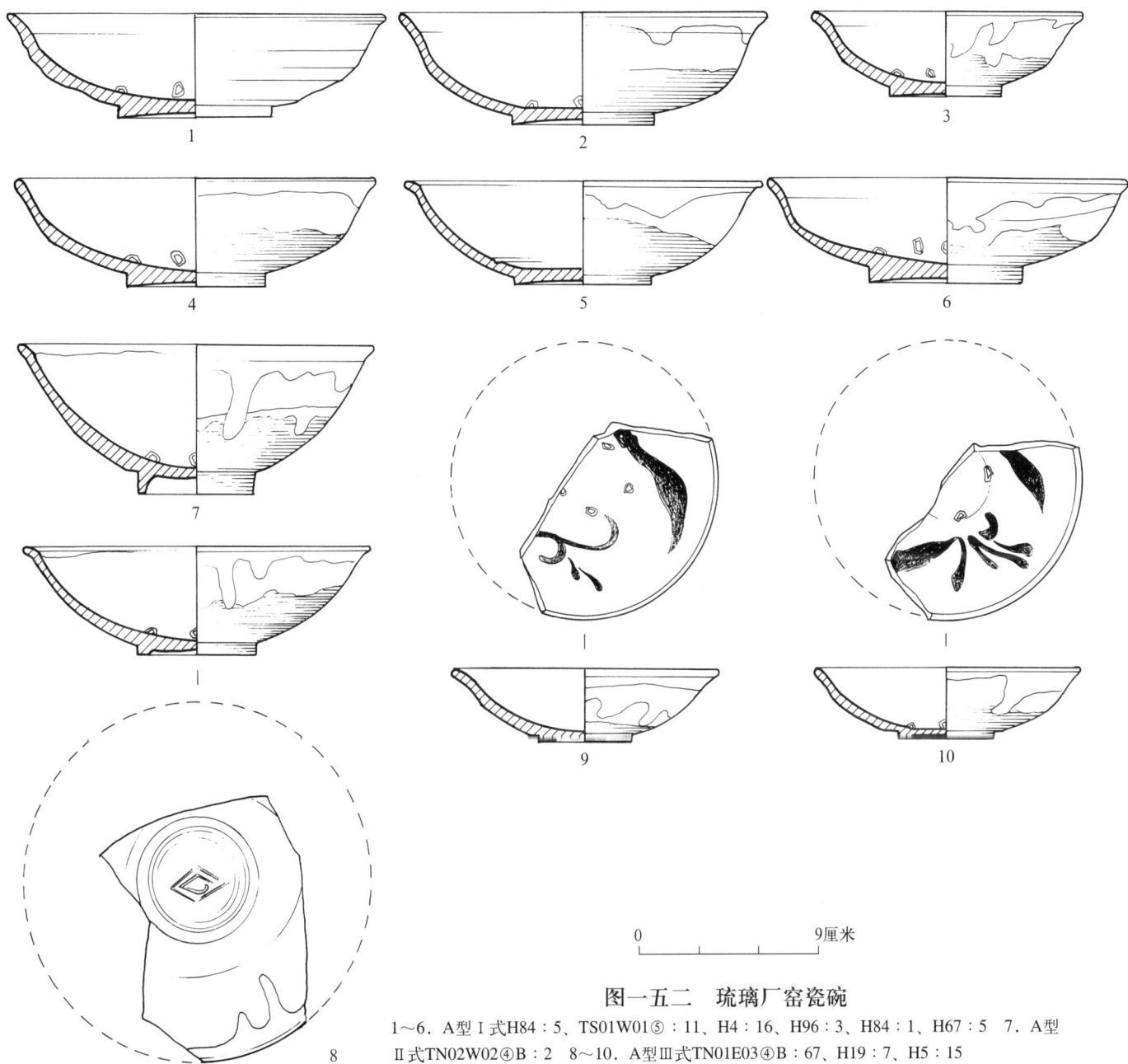

图一五二 琉璃厂窑瓷碗

1～6. A型 I 式H84：5、TS01W01⑤：11、H4：16、H96：3、H84：1、H67：5 7. A型
Ⅱ式TN02W02④B：2 8～10. A型Ⅲ式TN01E03④B：67、H19：7、H5：15

米（图一五二，5）。标本TN03W03⑤：20，碗心有支钉痕。红褐胎，棕黑釉，釉层薄。口径20.4、底径7.8、高6.6厘米（图一五三，6）。

Bb型Ⅱ式 5件。圈足。

标本TN01E03④B：31，红褐胎，白釉，口沿施青釉，釉层薄。口径16.6、底径5.7、高4.2厘米（图一五三，7）。标本TN01E03④B：23，圈足内模印重菱纹。红褐胎，白釉，口沿施青釉，釉层薄。口径16.6、底径5.6、高3.9厘米（图一五三，8）。标本TN01E03④B：70，红褐胎，棕红釉，口沿施酱釉，碗内饰有酱色彩绘草叶纹，釉层薄。口径4.0、底径4.8、高4.0厘米（图一五三，9）。

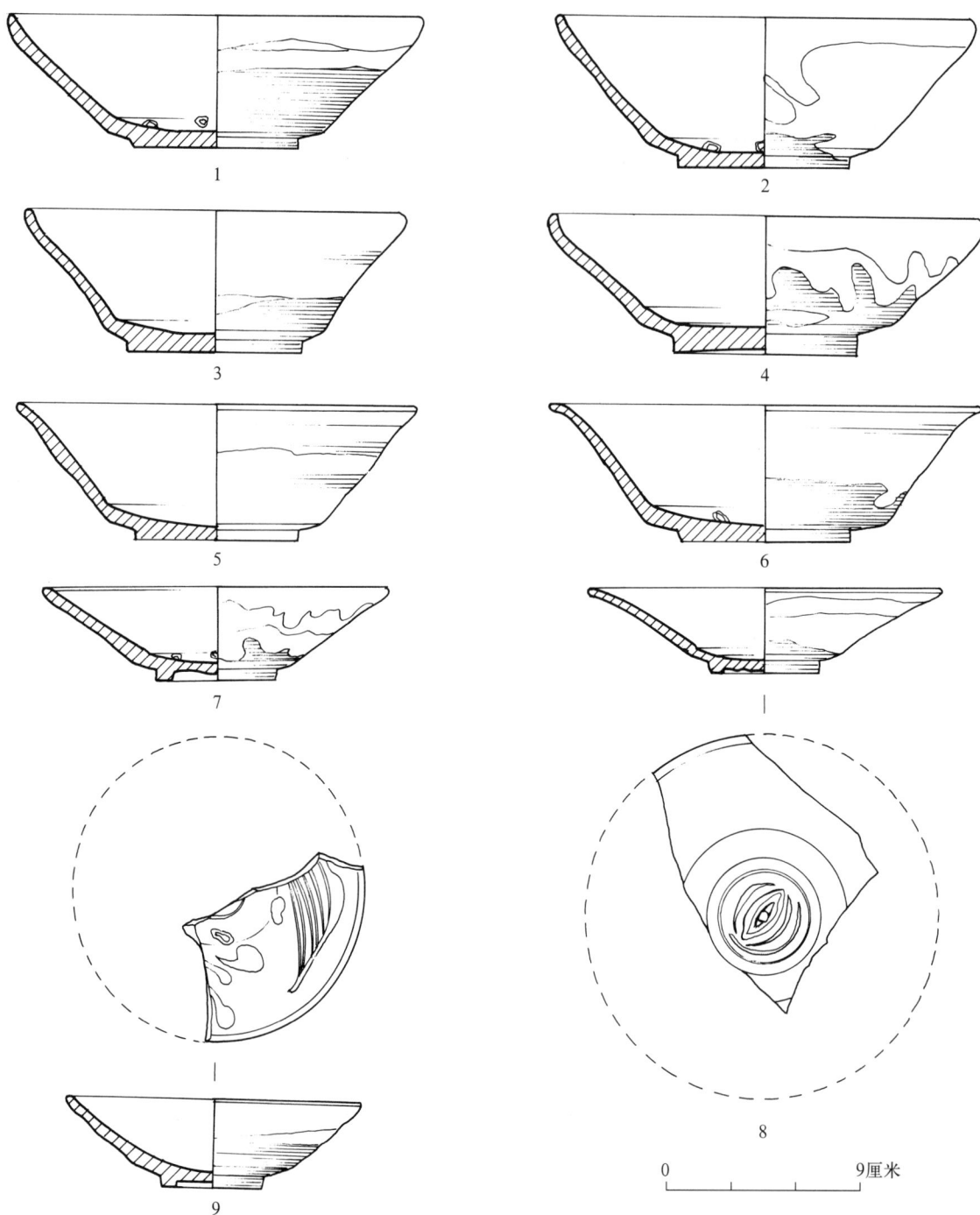

图一五三　琉璃厂窑瓷碗

1～4. Ba型TS01W01⑤：9、H67：4、H81：3、H89：1　5、6. Bb型Ⅰ式TS01W01⑤：21、TN03W03⑤：20　7～9. Bb型Ⅱ式TN01E03④B：31、TN01E03④B：23、TN01E03④B：70

C型　47件。斜直腹。根据底足形态的差异，分三式。

C型Ⅰ式　18件。饼足，折沿。

标本TN03E03⑤：1，碗心有支钉痕。红褐胎，乳浊状青黄釉，釉层薄。口径19.9、底径7.9、高6.6厘米（图一五四，1）。标本TN01E03⑤：38，碗心有支钉痕。红褐胎，乳浊状青黄釉，釉层

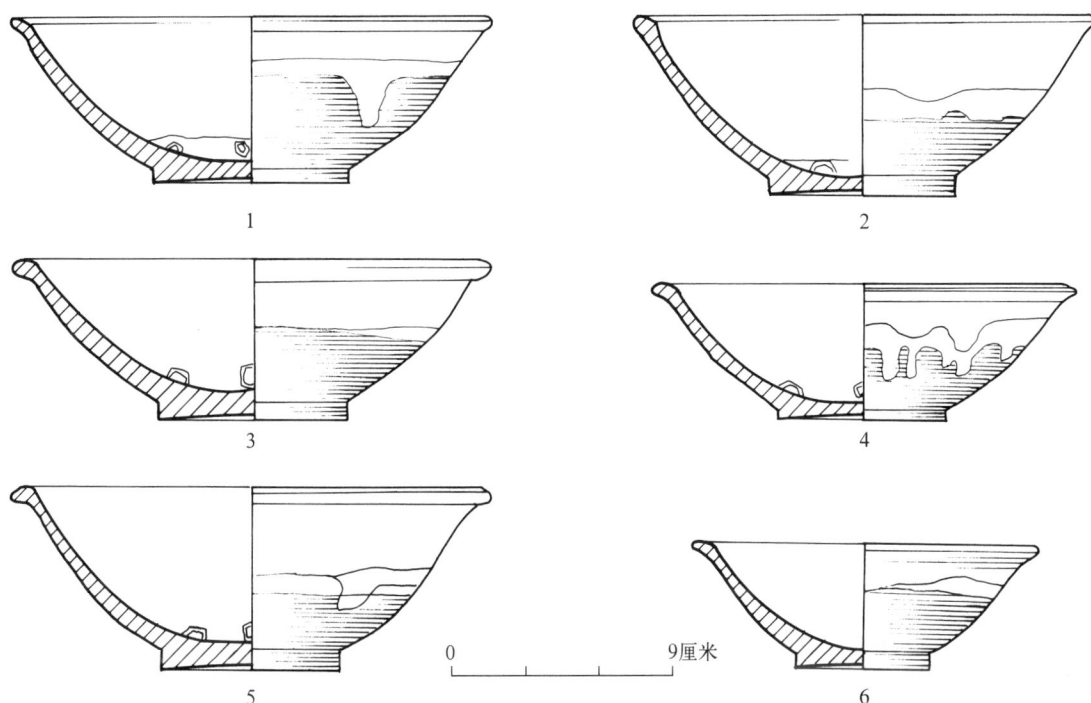

图一五四　琉璃厂窑瓷碗

1~6. C型 I 式TN03E03⑤：1、TN01E03⑤：38、H39：13、H16：4、TN01E03⑤：7、TN01W03⑤：12

薄。口径19.3、底径7.9、高7.3厘米（图一五四，2）。标本H39：13，碗心有支钉痕。红褐胎，乳浊状青黄釉，釉面粗糙，器表鼓包严重，釉层薄。口径19.5、底径7.9、高6.6厘米（图一五四，3）。标本H16：4，碗心有支钉痕。红褐胎，乳浊状青黄釉，釉层薄。口径18、高5.7、底径7.1厘米（图一五四，4）。标本TN01E03⑤：7，碗心有支钉痕。红褐胎，乳浊状青黄釉，釉层薄。口径19.5、底径7.4、高7.1厘米（图一五四，5）。标本TN01W03⑤：12，碗心有支钉痕。红褐胎，乳浊状青黄釉，釉层薄。口径14.4、底径5.5、高4.8厘米（图一五四，6）。

C型 II 式　11件。圈足，足墙相对较矮，敞口。

标本TN01E03④B：43，碗心有垫烧痕。红褐胎，青黄釉，釉层薄。口径17.4、底径5.3、高5.1厘米（图一五五，1）。标本H5：8，碗心有支钉痕。红褐胎，乳浊状青黄釉，釉层薄。口径19.2、高5.2、底径6.5厘米（图一五五，2）。标本J4：1，碗心有垫烧痕，内壁饰有出筋纹。红褐胎，酱红釉，釉层薄。口径16.8、高6.8、底径5.8厘米（图一五五，3）。标本TN01E03④B：66，碗心有垫烧痕。红褐胎，绿釉，釉层薄。底径6.6、残高4.0厘米（图一五五，4）。

C型 III 式　18件。圈足，足墙加厚且增高，敞口。

标本TN02W03④A：4，碗心有垫烧痕。红褐胎，黑釉，釉层薄。口径17.2、底径6.3、高6.0厘米（图一五五，5）。标本H3：10，碗心有垫烧痕。红褐胎，黑釉，釉层薄。口径17.8、底径6.9、高6.2厘米（图一五五，6）。标本J13：6，碗心有垫烧痕。红褐胎，黑釉，釉层薄。口径18.4、底径7.9、高6.6厘米（图一五五，7）。标本TN01W03④A：18，碗心有垫烧痕。红褐胎，黑釉，釉层薄。口径14.1、底径6.0、高5.1厘米（图一五五，8）。

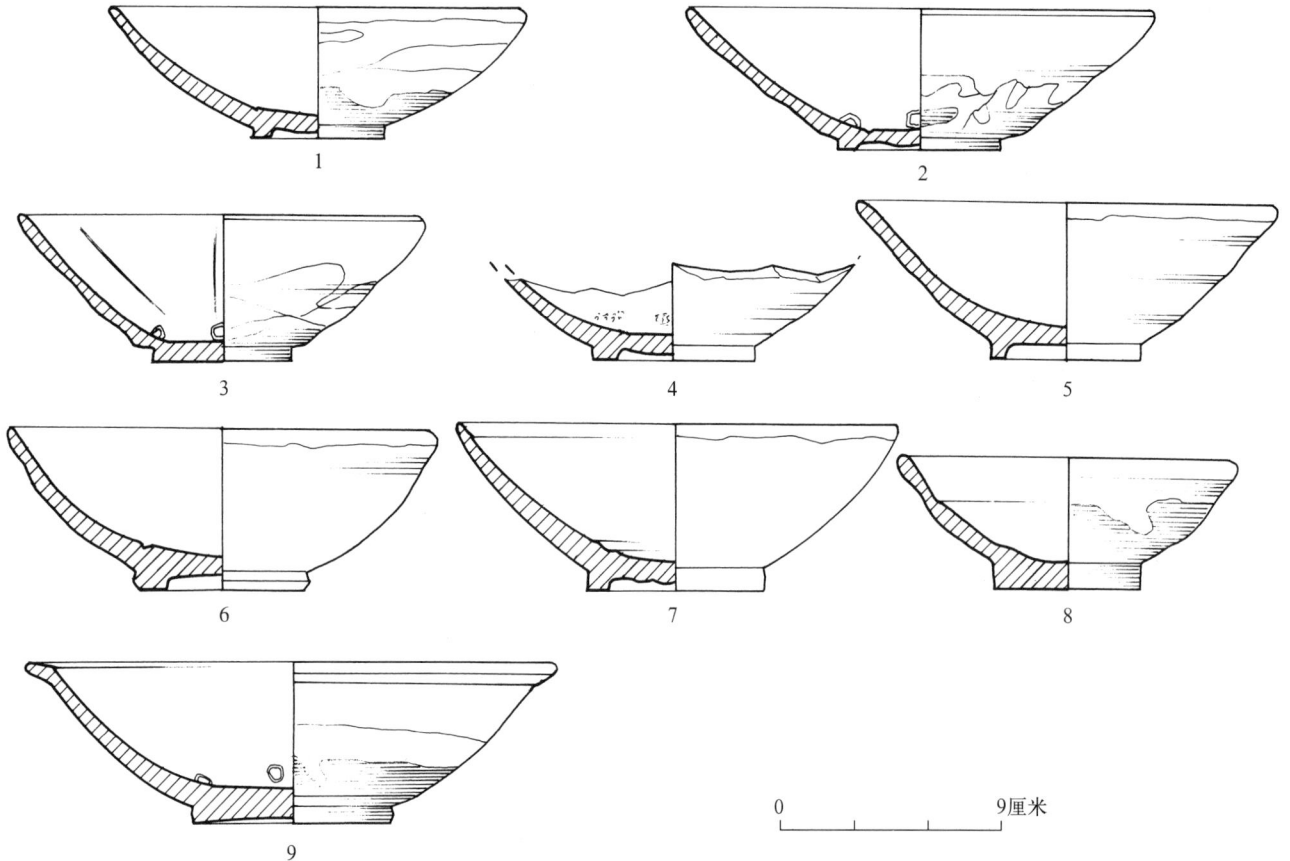

图一五五　琉璃厂窑瓷碗

1～4. C型Ⅱ式TN01E03④B：43、H5：8、J4：1、TN01E03④B：66　5～8. C型Ⅲ式TN02W03④A：4、H3：10、J13：6、TN01W03④A：18　9. D型H39：6

　　D型　1件。敞口，折沿，斜直腹，饼足。

　　标本H39：6，碗心有支钉痕。红褐胎，青黄釉，釉层薄，内壁有褐色彩绘。口径21.6、高6.1、底径8.2厘米（图一五五，9）。

　　2. 盏

　　49件。根据口沿、腹部和底足的差异，分六型。

　　A型　23件。敛口，唇部厚，斜直腹较浅。根据唇部形态差异，分三式。

　　A型Ⅰ式　11件。圆唇，唇部厚。

　　标本TN01E03⑤：61，平底。红褐胎，酱黄釉，釉层薄。口径10.7、底径4.1、高3.2厘米（图一五六，1）。标本H4：22，饼足。红褐胎，酱黄釉，釉层薄。口径11.8、底径4.4、高3.4厘米（图一五六，2）。

　　A型Ⅱ式　6件。方唇，唇部变薄。

　　标本TN01E03④B：20，平底。红褐胎，黑釉，釉层薄。口径10.6、底径3.6、高3.3厘米（图一五六，3）。标本TN03W03④B：13，饼足。红褐胎，酱釉，釉层薄，内壁刻有"何□"字样。口径12.6、底径4.6、高3.0厘米（图一五六，4）。标本TN01E03④B：56，平底。红褐胎，青黄釉，釉层薄。口径11.0、底径4.6、高2.6厘米（图一五六，5）。

A型Ⅲ式 6件。方唇，唇部进一步变薄。

标本TN01E03④B：35，平底。红褐胎，酱黄釉，釉层薄。口径10.4、底径4.1、高2.8厘米（图一五六，6）。标本H13：3，平底。红褐胎，红褐釉，釉层薄。口径10.3、高2.9、底径3.6厘米（图一五六，7）。

B型 18件。敞口，薄唇，斜直腹。根据底足形态的差异，分三亚型。

Ba型 8件。平底。

标本TN01W01④B：21，红褐胎，乳浊状黄釉，釉层薄。口径10.6、底径4.1、高3.0厘米（图一五七，1）。标本H13：5，红褐胎，乳浊状黄釉，釉层薄。口径10.0、底径3.8、高2.9厘米（图一五七，2）。标本F5垫：4，红褐胎，乳浊状青黄釉，釉面粗糙，釉层薄。口径10.8、底径5.0、高2.7厘米（图一五七，3）。

Bb型 2件。饼足。

标本TN01E03④B：36，红褐胎，棕黑釉，釉层薄。口径11.4、底径4.2、高3.2厘米（图一五七，4）。

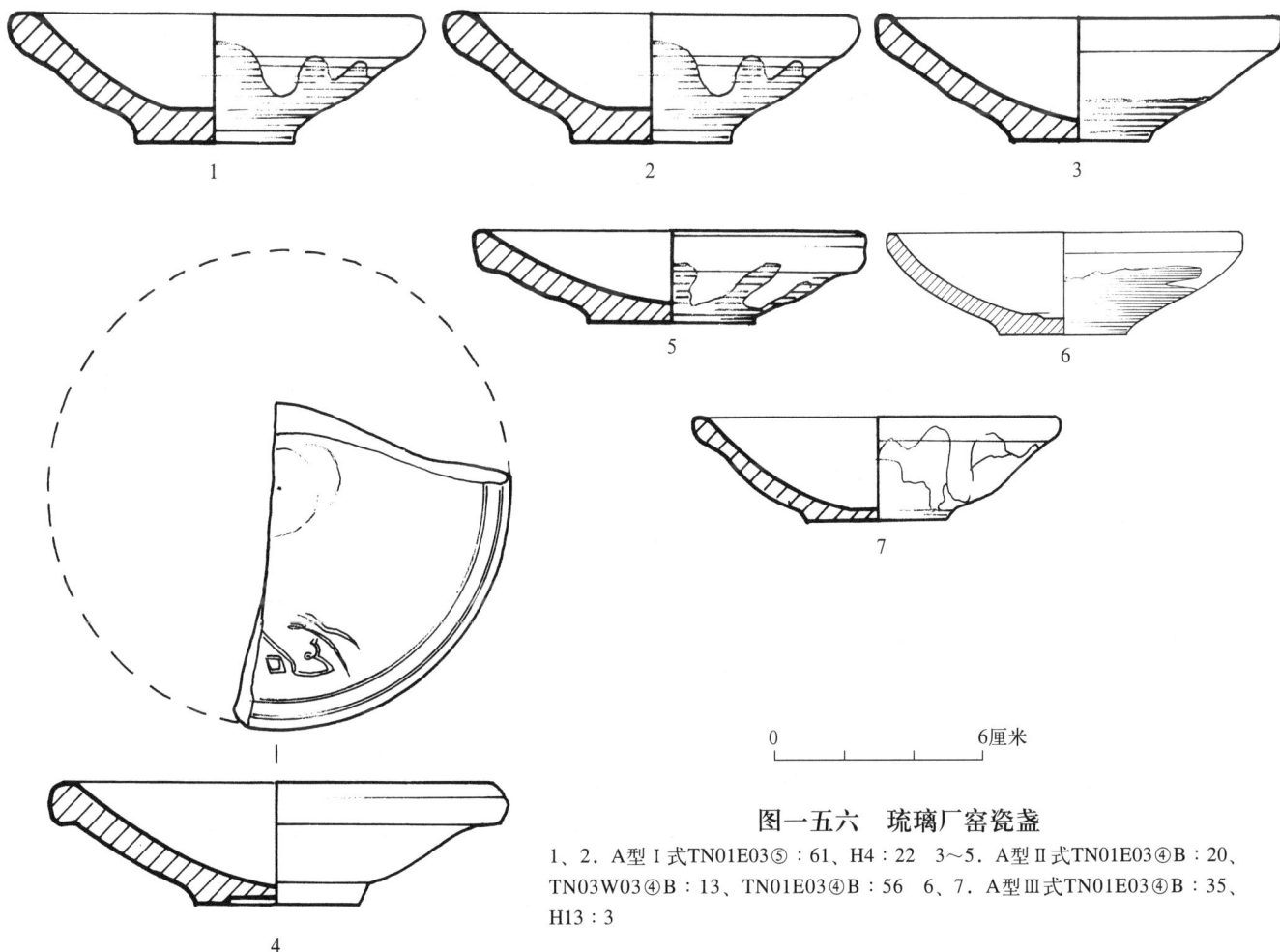

图一五六 琉璃厂窑瓷盏

1、2. A型Ⅰ式TN01E03⑤：61、H4：22 3～5. A型Ⅱ式TN01E03④B：20、TN03W03④B：13、TN01E03④B：56 6、7. A型Ⅲ式TN01E03④B：35、H13：3

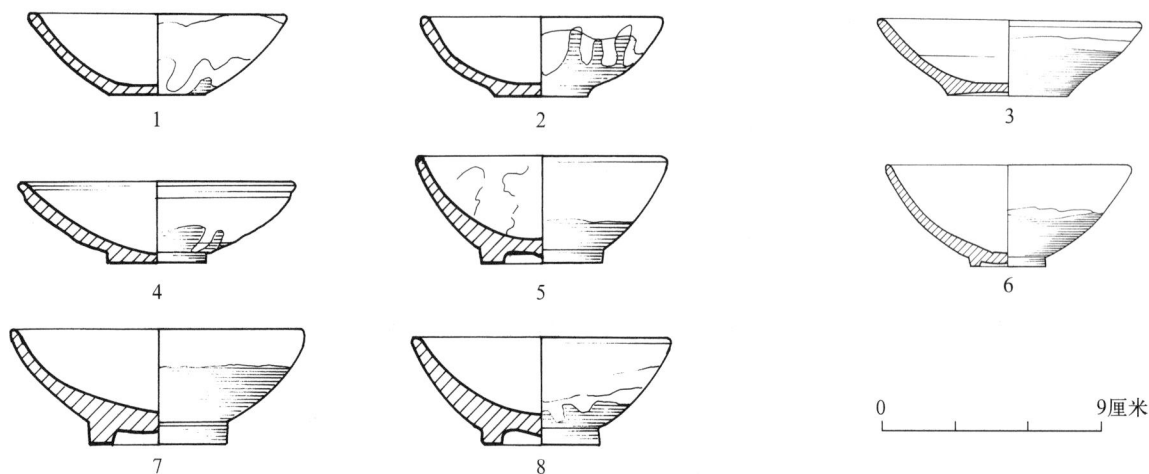

图一五七　琉璃厂窑瓷盏

1～3. Ba型TN01W01④B：21、H13：5、F5垫：4　4. Bb型TN01E03④B：36　5、6. Bc型Ⅰ式 TS02W03④A：5、F5垫：3　7、8. Bc型Ⅱ式TS02W03④A：6、H1：30

　　Bc型　8件。圈足。根据底足形态的差异，分两式。

　　Bc型Ⅰ式　4件。圈足相对较矮。

　　标本TS02W03④A：5，红褐胎，棕黑釉，釉层薄。口径10.4、底径4.8、高4.4厘米（图一五七，5）。标本F5垫：3，红褐胎，酱黄釉，釉面粗糙，釉层薄。口径10.1、底径3.1、高3.9厘米（图一五七，6）。

　　Bc型Ⅱ式　4件。圈足变高，足墙加厚，足心多有鸡心凸。

　　标本TS02W03④A：6，红褐胎，棕黑釉，釉层薄。口径10.7、底径5.6、高4.1厘米（图一五七，7）。标本H1：30，红褐胎，棕红釉，釉层薄。口径10.8、底径4.8、高4.2厘米（图一五七，8）。

　　C型　2件。敞口，口沿以下内束，斜直腹，饼足，形体较小。

　　标本TS02W02④A：1，红褐胎，黑釉，釉面光亮，釉层薄。口径8.0、底径3.5、高3.5厘米（图一五八，1）。

　　D型　1件。敞口，折腹，圈足。

　　标本TN02W03⑤：4，红褐胎，青釉，釉面粗糙，釉层薄。口径10.7、底径3.7、高4.0厘米（图一五八，2）。

　　E型　1件。直口，直腹近底部弧收，平底。

　　标本TN01E03④B：62，红褐胎，酱黄釉，釉层薄。口径8.2、底径4.5、高4.1厘米（图一五八，3）。

　　F型　4件。敞口，浅腹，内底有凹陷，平底，形体很小。

　　标本F5垫：1，红褐胎，棕黑釉，釉面光亮，釉层薄。口径6.2、底径3.2、高1.6厘米（图一五八，4）。标本TN03W01④B：2，红褐胎，棕黑釉，釉面光亮，釉层薄。口径6.2、底径2.5、高1.7厘米（图一五八，5）。

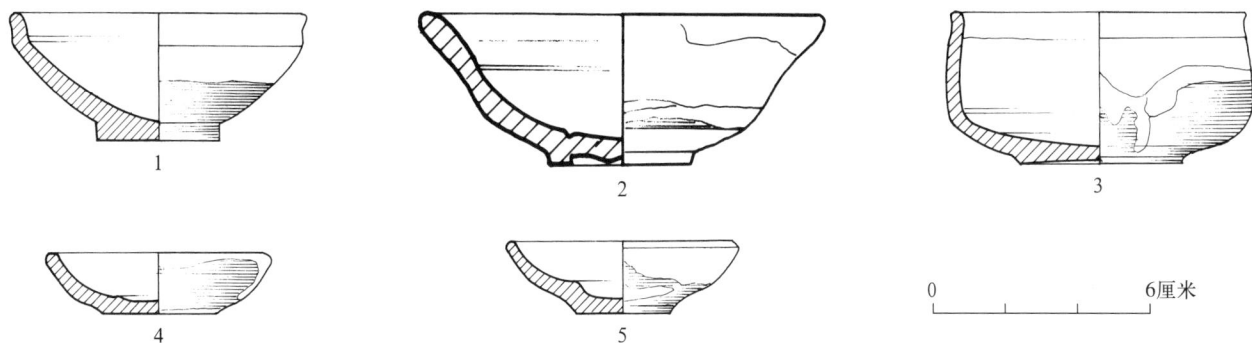

图一五八　琉璃厂窑瓷盏

1. C型TS02W02④A：1　2. D型TN02W03⑤：4　3. E型TN01E03④B：62　4、5. F型F5垫：1、TN03W01④B：2

3．盘

16件。均为敞口。根据腹部形态的差异，分三型。

A型　14件。折腹。根据折腹所处位置的差异，分两亚型。

Aa型　1件。折腹处偏上。

标本H118：2，盘心有支钉痕，饼足。红褐胎，乳浊状青黄釉，釉层薄。口径18.0、底径6.3、高3.9厘米（图一五九，1）。

Ab型　13件。折腹处居中。根据底足的差异，分两式。

Ab型Ⅰ式　12件。饼足。

标本H67：9，盘心有支钉痕。红褐胎，乳浊状黄釉，挂灰白色化妆土，釉层薄。口径17.0、底径6.9、高3.7厘米（图一五九，2）。标本TN01E03⑤：7，盘心有支钉痕。红褐胎，乳浊状青黄釉，釉层薄。口径15.7、底径6.9、高4.0厘米（图一五九，3）。标本H86：10，盘心有支钉痕，腹部较深。红褐胎，乳浊状青黄釉，釉层薄。口径21.8、底径9.2、高6.5厘米（图一五九，4）。标本H1：16，盘心有支钉痕。红褐胎，乳浊状黄釉，釉层薄。口径20.2、底径7.2、高4.7厘米（图一五九，5）。标本H4：31，盘心有支钉痕。红褐胎，棕黑釉，釉层薄。口径17.8、底径7.0、高4.0厘米（图一五九，6）。

Ab型Ⅱ式　1件。圈足。

标本TN03W02④A：5，花口。红褐胎，棕黑釉，釉层薄。口径14.0、底径5.0、高3.2厘米（图一五九，7）。

B型　1件。斜直腹，圈足。

标本TN02W02④A：23，红褐胎，黑釉，釉层薄。口径15.0、底径6.4、高4.4厘米（图一五九，8）。

C型　1件。斜弧腹，圈足。

标本TN01W03④A：20，红褐胎，乳浊状青黄釉，饰有一圈阴刻弦纹，釉层薄。口径13.6、底径4.3、高4.2厘米（图一五九，9）。

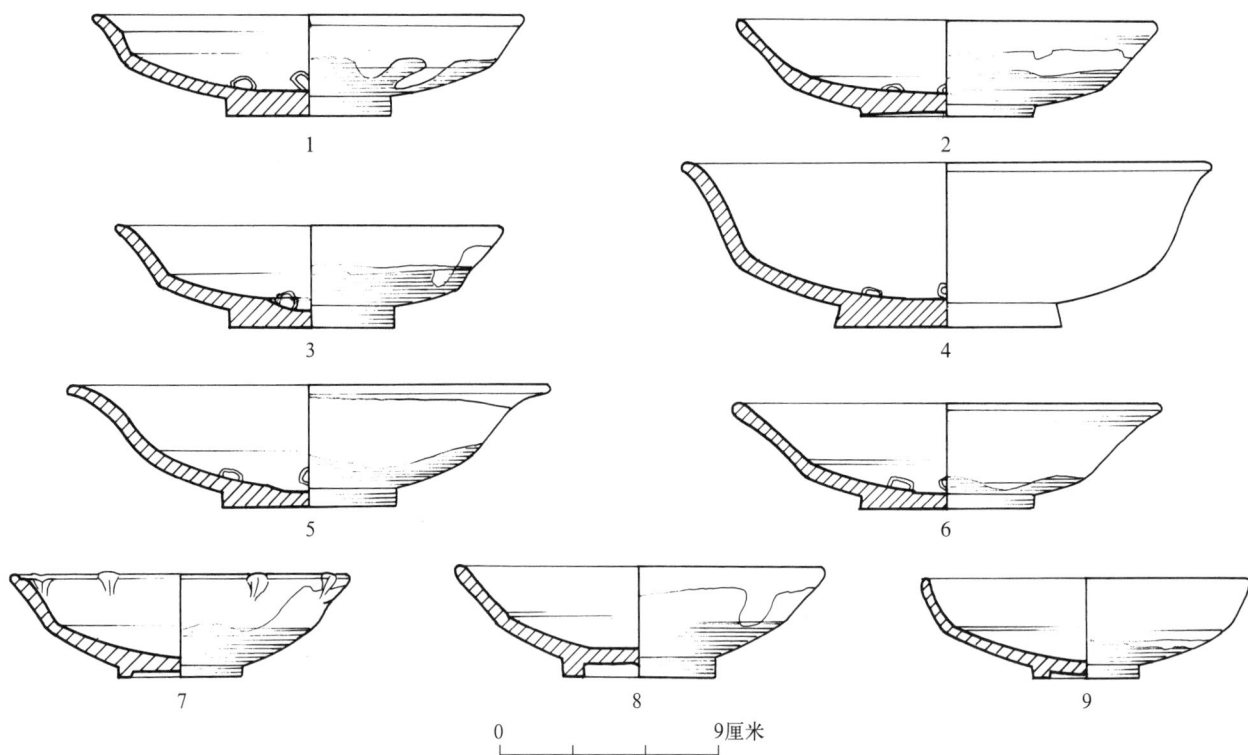

图一五九 琉璃厂窑瓷盘

1．Aa型H118∶2 2～6．Ab型Ⅰ式H67∶9、TN01E03⑤∶7、H86∶10、H1∶16、H4∶31 7．Ab型Ⅱ式TN03W02④A∶5 8．B型TN02W02④A∶23 9．C型TN01W03④A∶20

4．钵

13件。均为敛口。根据底足和腹部形态的差异，分四型。

A型 7件。斜弧腹，平底。根据腹部最大径所处位置的差异，分三亚型。

Aa型 1件。腹部最大径偏上。

标本TS01W02⑤∶4，红褐胎，乳浊状黄釉，釉层薄。口径21.0、底径10.6、高10.0厘米（图一六〇，1）。

Ab型 5件。腹部最大径居中。

标本TS01W01⑤∶11，红褐胎，乳浊状黄釉，釉层薄。口径22.0、底径10.8、高10.2厘米（图一六〇，2）。

Ac型 1件。腹部最大径偏下。

标本TN03E03⑤∶32，红褐胎，酱黄釉，釉层薄。口径18.6、底径10.2、高11.7厘米（图一六〇，3）。

B型 3件。斜直腹，饼足。根据腹部高低差异，分两亚型。

Ba型 2件。腹部较低缓。

标本H2∶10，红褐胎，乳浊状黄釉，局部有酱釉斑块，釉层薄。口径14.6、底径7.7、高5.8厘米（图一六〇，4）。

Bb型　1件。腹部较高陡。

标本H1：14，红褐胎，乳浊状青黄釉，局部有酱色釉垂流，釉层薄。口径16.2、残高7.2厘米（图一六〇，5）。

C型　2件。斜方唇，鼓腹，饼足。

标本H4：20，红褐胎，乳浊状青黄釉，局部有酱色釉垂流和蓝白色窑变，釉层薄。口径9.5、底径7.0、高12.0厘米（图一六〇，6；彩版三六，1）。

D型　1件。折腹。

标本TN02W03⑤：22，红褐胎，酱黄釉，釉层薄。口径13.0、残高6.0厘米（图一六〇，7）。

5. 盆

11件。根据底足和口沿形态的差异，分四型。

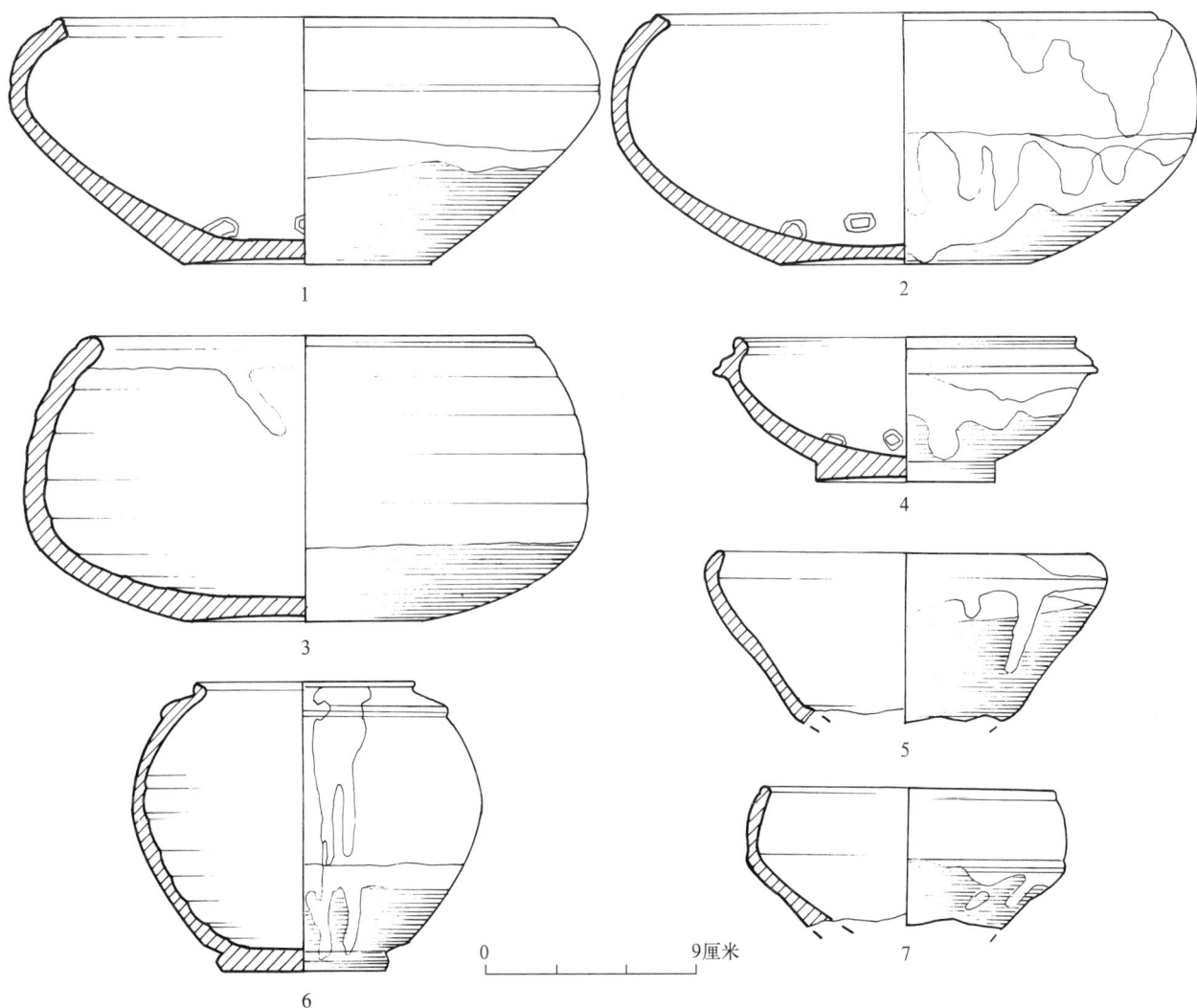

图一六〇　琉璃厂窑瓷钵

1. Aa型TS01W02⑤：4　2. Ab型TS01W01⑤：11　3. Ac型TN03E03⑤：32　4. Ba型H2：10　5. Bb型H1：14　6. C型H4：20　7. D型TN02W03⑤：22

A型　6件。敛口，斜直腹，平底。根据唇部形态的差异，分三亚型。

Aa型　1件。尖唇外侈明显。

标本TS01W06⑤：1，红褐胎，乳浊状青黄釉，局部有蓝色发白窑变，釉层薄。口径32.1、底径19.7、高12.3厘米（图一六一，1；彩版三六，2）。

Ab型　4件。圆唇。

标本H39：5，红褐胎，酱黄釉，釉层薄。口径29.6、底径23.0、高12.3厘米（图一六一，2）。

Ac型　2件。圆唇外侈。

标本H67：6，红褐胎，乳浊状青黄釉，局部有蓝色发白窑变，釉层薄。口径35.7、底径24.0、高7.1厘米（图一六一，3）。

B型　2件。敛口，斜直腹，有足。根据底足形态的差异，分两亚型。

Ba型　1件。饼足。

标本H4：5，红褐胎，酱黄釉，釉层薄。口径28.5、底径10.8、高9.9厘米（图一六一，4）。

Bb型　1件。圈足。

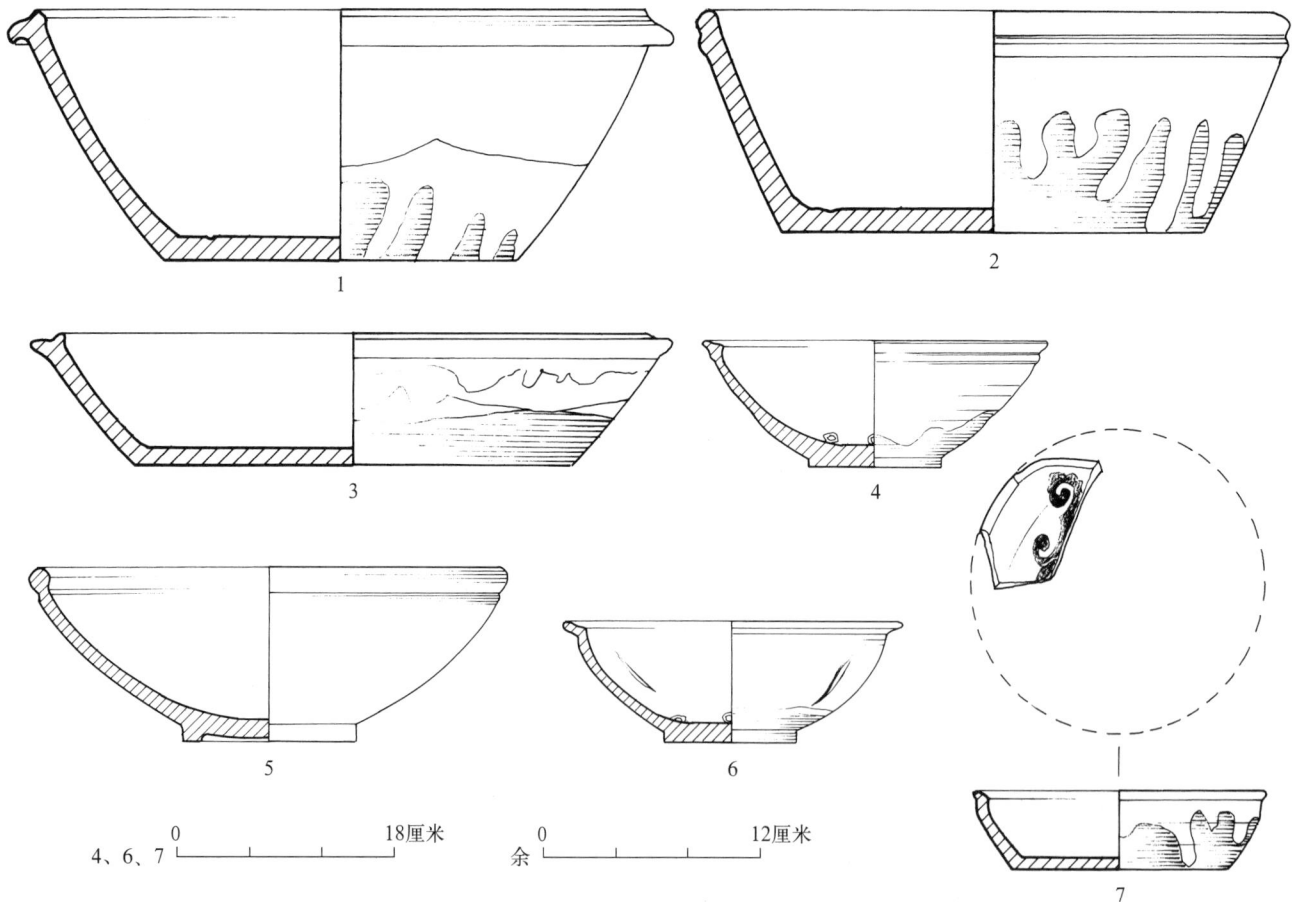

0　　　　　　　　18厘米

4、6、7

0　　　　　　12厘米

余

图一六一　琉璃厂窑瓷盆

1. Aa型TS01W06⑤：1　2. Ab型H39：5　3. Ac型H67：6　4. Ba型H4：5　5. Bb型TN01W02⑤：2　6. C型TN03E03⑤：10　7. D型TN01E01④B：14

标本TN01W02⑤：2，红褐胎，棕黑釉，釉层薄。口径24.2、底径9.4、高9.2厘米（图一六一，5）。

C型 1件。敞口，斜直腹，饼足。

标本TN03E03⑤：10，红褐胎，酱黄釉，釉层薄。口径28.5、底径10.9、高9.6厘米（图一六一，6）。

D型 1件。侈口，略弧腹，平底。

标本TN01E01④B：14，红褐胎，乳浊状青黄釉，内底有酱釉彩绘卷草纹，釉层薄。口径24.0、底径17.6、高6.0厘米（图一六一，7）。

6．盂

1件。直口无肩，鼓腹，饼足。

标本TN02W02④B：4，腹部饰有垂直弦纹。红褐胎，酱釉，釉层薄。口径9.8、底径3.3、高5.5厘米（图一六二，1）。

7．瓶

7件。分三型。

A型 1件。无系。

标本TN01E03④B：57，直口，短颈，斜直腹。红褐胎，棕红釉，釉层薄。口径6.6、残高17.9厘米（图一六二，2）。

B型 4件。有系。短颈，肩部有两桥形系。

标本TS01W01④A：2，直口，红褐胎，棕黑釉，釉层薄。口径4.7、残高8.0厘米（图一六二，3）。标本J12：1，敞口，红褐胎，酱黄釉，釉层薄。口径7.8、残高12.5厘米（图一六二，4）。标本J14：3，敞口，红褐胎，棕黑釉，釉层薄。口径6.2、残高6.8厘米（图一六二，5）。

C型 2件。小盘口，束颈并饰有凸弦纹，椭圆腹，肩部和腹中部对称置有四个桥形系耳，平底。

标本H67：1，红褐胎，乳浊状青黄釉，局部有蓝色发白窑变，釉层薄。口径7.2、底径11.9、高33.7厘米（图一六二，6；彩版三七，1）。

8．盘口壶

4件。盘口较深，粗颈，肩部带桥形系。

标本H86：6，红褐胎，酱黄釉，釉层薄。口径28.0、残高14.6厘米（图一六二，7）。标本H89：5，红胎，酱釉，釉层薄。口径24.0、残高33.2厘米（图一六二，8；彩版三六，3）。

9．急须

1件。侈口，圆唇，直腹，腹中部折收，腹部偏上处有管状把柄，大饼足。

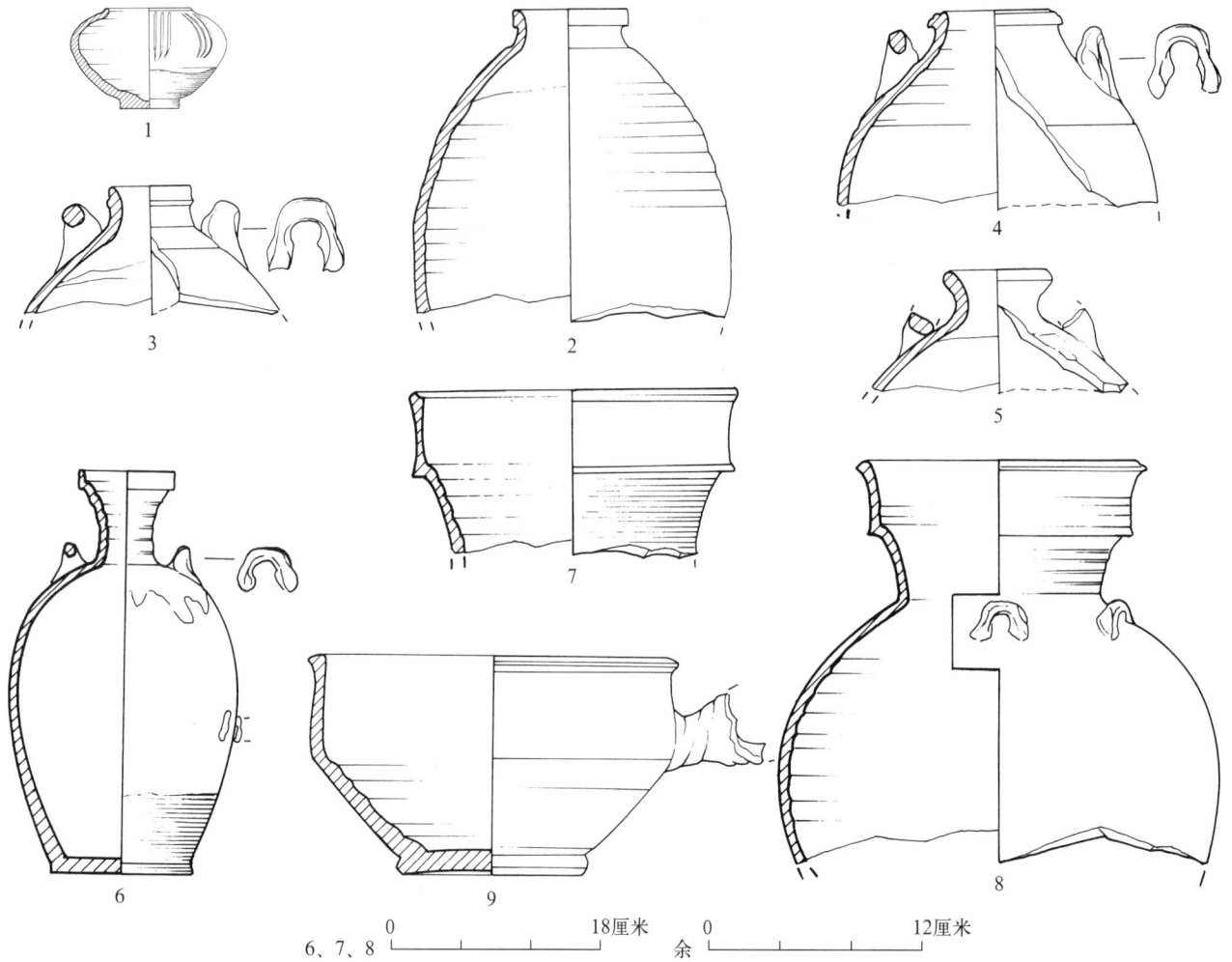

图一六二　琉璃厂窑瓷器

1. 盂TN02W02④B：4　2. A型瓶TN01E03④B：57　3～5. B型瓶TS01W01④A：2、J12：1、J14：3　6. C型H67：1　7、8. 盘口壶 H86：6、H89：5　9. 急须TN01E03④B：58

标本TN01E03④B：58，红褐胎，酱黄釉，釉层薄。口径21.4、底径10.5、高11.7厘米（图一六二，9）。

10. 注壶

8件。均为平底，根据口沿、颈部、腹部的差异，分五型。

A型　1件。敛口，似蒜头，束颈，肩部有耳形双系和一短流，腹部最大径偏上，无柄。

标本TN01E03④B：8，红褐胎，青黄釉，肩腹部饰有酱色卷草纹，釉层薄。口径7.2、底径 10.8、高20.9厘米（图一六三，1；彩版三七，2）。

B型　2件。肩部有耳形双系，椭圆腹，腹部最大径居中，有柄。分两式。

B型Ⅰ式　1件。颈部较长，直壁。

标本TN03W01⑤：42，红褐胎，乳浊状黄釉，釉层薄。口径9.4、底径10.3、高23.0厘米（图一六三，2）。

　　B型Ⅱ式　1件。颈部较短，斜壁。

　　标本H17：3，红胎，黑釉，釉层薄。口径8.4、底径9.8、高23.2厘米（图一六三，4）。

　　C型　3件。小盘口，长束颈，肩部有较长的流，椭圆腹，腹部最大径居中，有柄。

0　　　　　　5　9厘米

图一六三　琉璃厂窑瓷注壶

1. A型TN01E03④B：8　2. B型Ⅰ式TN03W01⑤：42　3、5. C型TN03W01⑤：48、H68：1　4. B型Ⅱ式H17：3　6. D型TN03W02④
A：21　7. E型H39：7

标本TN03W01⑤：48，红褐胎，乳浊状青黄釉，釉面粗糙，釉层薄。口径7.0、底径8.9、高20.9厘米（图一六三，3）。标本H68：1，红褐胎，乳浊状青黄釉，釉面粗糙，釉层薄。底径8.7、残高19.3厘米（图一六三，5）。

D型　2件。敞口，粗颈，肩部有系，有柄。

标本TN03W02④A：21，红褐胎，酱黄釉，釉层薄。口径6.0、残高8.0厘米（图一六三，6）。

E型　1件。敛口，尖唇外侈，无颈，肩部有粗短流。

标本H39：7，红褐胎，青黄釉，釉层薄。残高10.0厘米（图一六三，7）。

11. 罐

32件。均为平底。根据口沿、颈部和腹部的差异，分七型。

A型　2件。直口，颈部较长，肩部有四个耳型系。根据颈部长度和腹部最大径所处位置的差异，分两式。

A型Ⅰ式　1件。腹部最大径靠近肩部。

标本TN01E03⑤：10，红褐胎，乳浊状青黄釉，釉层薄。口径9.9、底径10.0、高20.2厘米（图一六四，1）。

A型Ⅱ式　1件。腹部最大径居中，颈部加长。

标本H22：3，红褐胎，乳浊状青黄釉，釉层薄。口径7.9、底径8.5、高18.3厘米（图一六四，2）。

B型　15件。直口，短颈，肩部有耳形系，鼓腹，腹部最大径靠近肩部。根据颈部形态的差异，分三亚型。

Ba型　7件。颈部无凸棱。

标本TN01E03⑤：5，红褐胎，乳浊状青黄釉，釉层薄。口径13.0、底径9.9、高18.2厘米（图一六四，3；彩版三八，1）。

Bb型　6件。颈部略有凸棱。

标本H2：3，红褐胎，乳浊状，黄釉，釉层薄。口径15.0、残高15.6厘米（图一六四，4）。标本H67：11，红褐胎，乳浊状黄釉，肩腹部饰有酱色彩绘卷草纹，釉层薄。口径18.4、残高8.0厘米（图一六四，5）。

Bc型　2件。颈部凸棱明显。

标本TN02E02⑤：11，红褐胎，乳浊状青黄釉，釉层薄。口径13.2、残高6.9厘米（图一六四，6）。

C型　6件。直口，短颈，肩部有系，椭圆腹，腹部最大径居中。根据系部形态的差异，分两亚型。

Ca型　5件。桥形系。

标本H5：9，红褐胎，酱黄釉，釉层薄。口径8.4、底径9.2、高18.7厘米（图一六五，1；彩版

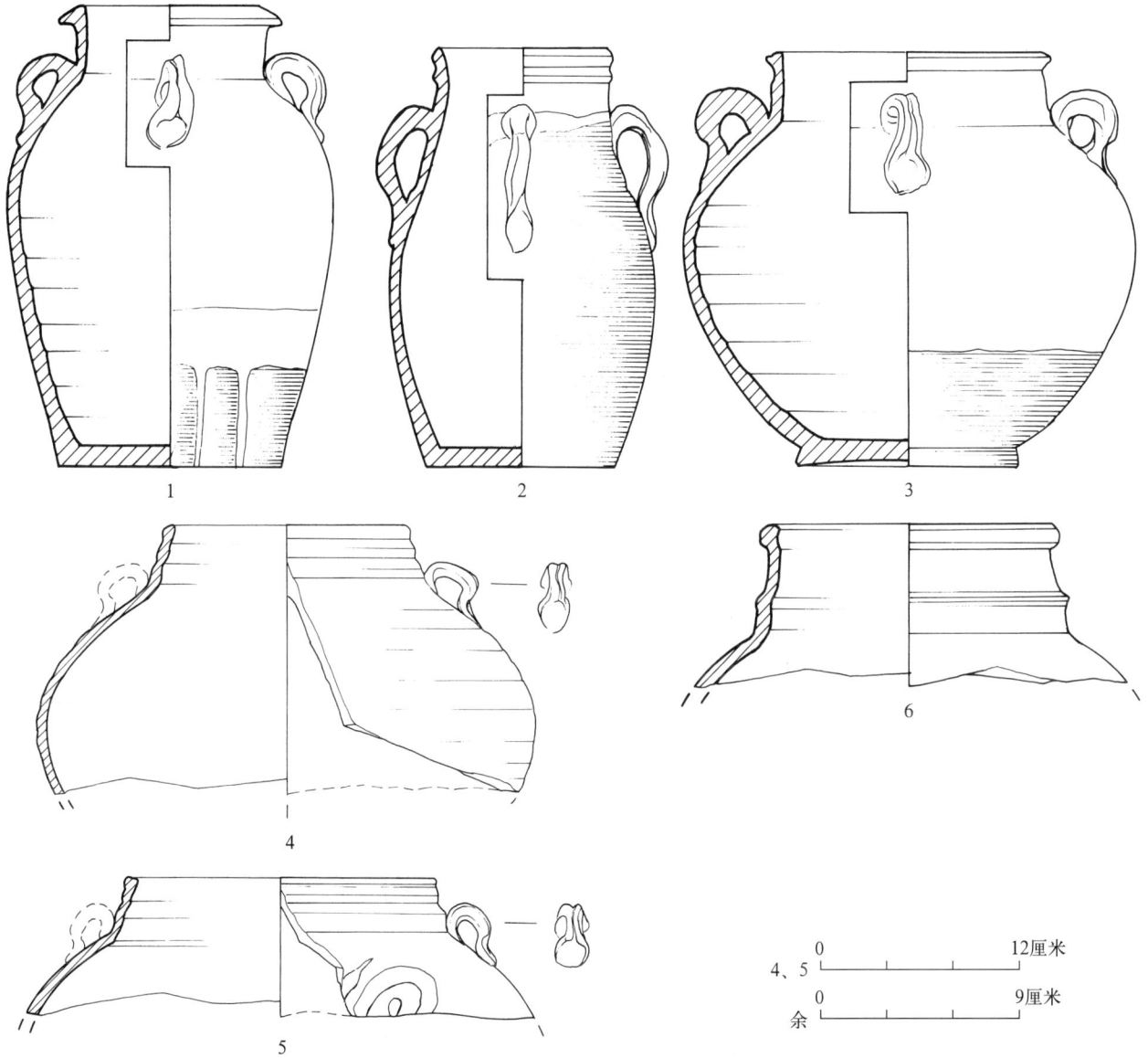

图一六四　琉璃厂窑瓷罐

1. A型Ⅰ式TN01E03⑤：10　2. A型Ⅱ式H22：3　3. Ba型TN01E03⑤：5　4、5. Bb型H2：3、H67：11　6. Bc型TN02E02⑤：11

三八，2）。

　　Cb型　1件。耳形系。

　　标本TN01E03④A：14，红褐胎，酱黄釉，釉层薄，外腹壁用化妆土堆线。口径8.2、残高9.7厘米（图一六五，2）。

　　D型　1件。直口，短颈，肩部有桥形双系，鼓腹，饼足。

　　标本TN01E03④A：21，红褐胎，酱黄釉，釉层薄。口径5.1、底径5.8、高10.1厘米（图一六五，3）。

　　E型　5件。敛口，无颈，鼓腹，形体矮胖。分两亚型。

　　Ea型　2件。无系。

　　标本H68：2，肩部饰有一道阴刻弦纹。红褐胎，青黄釉，釉层薄。口径11.0、底径9.9、高11.9厘米（图一六五，4）。

　　Eb型　3件。有系。

　　标本H22：7，肩部有耳形系，红褐胎，酱褐釉，釉层薄。口径8.0、底径5.3、高10.7厘米（图一六五，5）。标本J12：3，肩部有桥形系，红褐胎，酱黄釉，釉层薄。口径9.2、残高7.6厘米（图一六五，6）。

　　F型　1件。敛口，无颈，无系，鼓腹，腹部最大径偏下，饼足。

　　标本H96：2，红褐胎，青黄釉，釉层薄。口径8.0、底径6.0、高11.7厘米（图一六五，7）。

　　G型　2件。形体很小，肩部有双系。

　　标本TN01E03④B：71，红褐胎，棕黑釉，釉层薄。口径3.5、底径4.0、高7.0厘米（图一六五，8）。

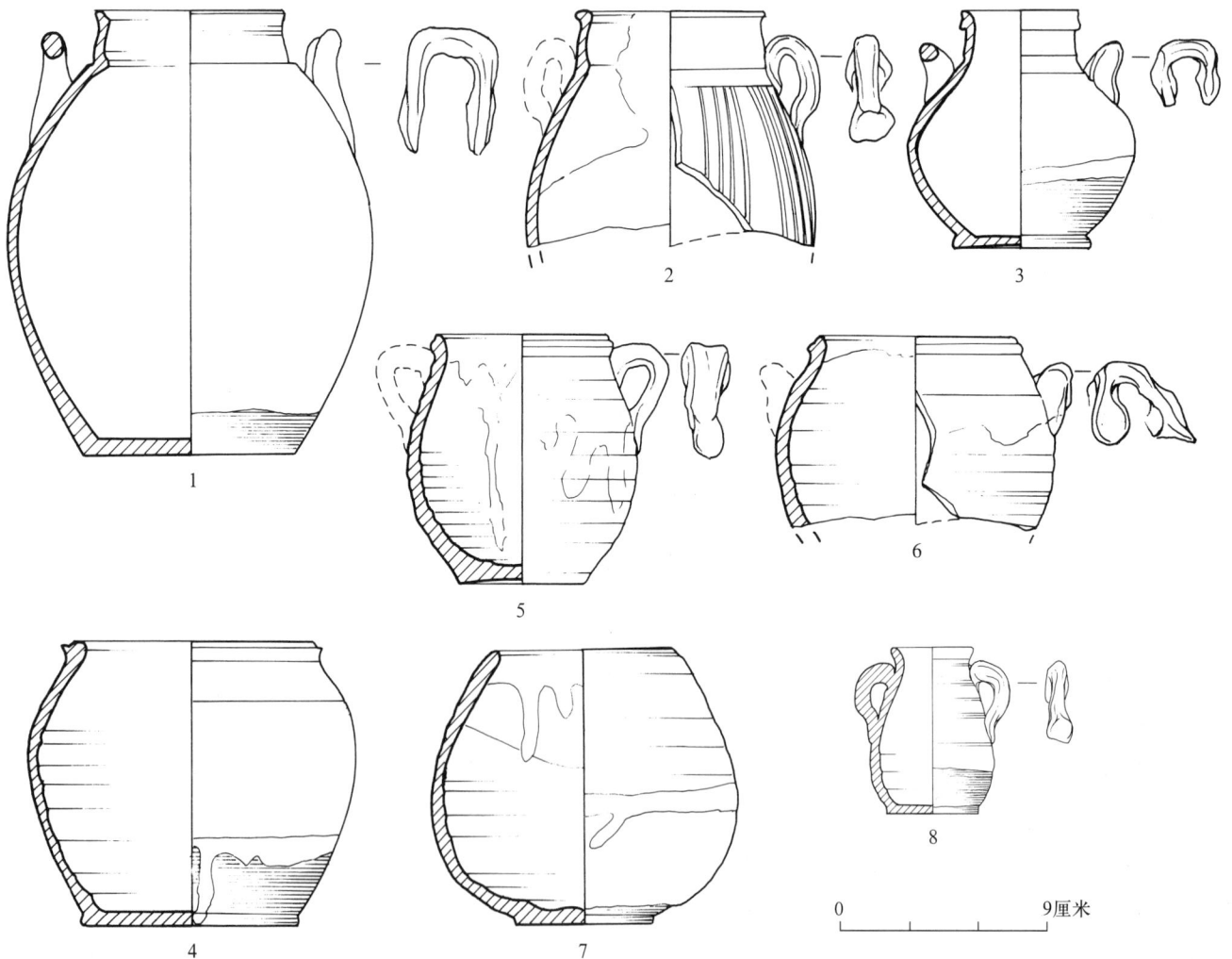

图一六五　琉璃厂窑瓷罐

1．Ca型H5：9　2．Cb型TN01E03④A：14　3．D型TN01E03④A：21　4．Ea型H68：2　5、6．Eb型H22：7、J12：3　7．F型H96：2　8．G型TN01E03④B：71

12．器盖

7件。分三型。

A型　4件。母口。分两亚型。

Aa型　3件。有纽。

标本H4：15，红褐胎，乳浊状黄釉，表面有酱釉彩绘卷草纹，釉层薄。直径17.4、高6.8厘米（图一六六，1）。

Ab型　1件。无纽。

标本TS01W01⑤：10，红褐胎，黑釉，釉层薄。直径10.0、高2.8厘米（图一六六，2）。

B型　1件。子口。

标本TN01W02⑤：2，红褐胎，黑釉，釉层薄。直径12.9、高2.6厘米（图一六六，3）。

C型　2件。盖面浅薄，形体小。分两亚型。

Ca型　1件。有纽。

标本H4：50，红褐胎，黑釉，釉层薄。直径8.0、高2.0厘米（图一六六，4）。

Cb型　1件。无纽。

标本H5：7，盖面钻有一小孔，黄褐胎，黑釉，釉面粗糙。直径8.1、高1.2厘米（图一六六，5）。

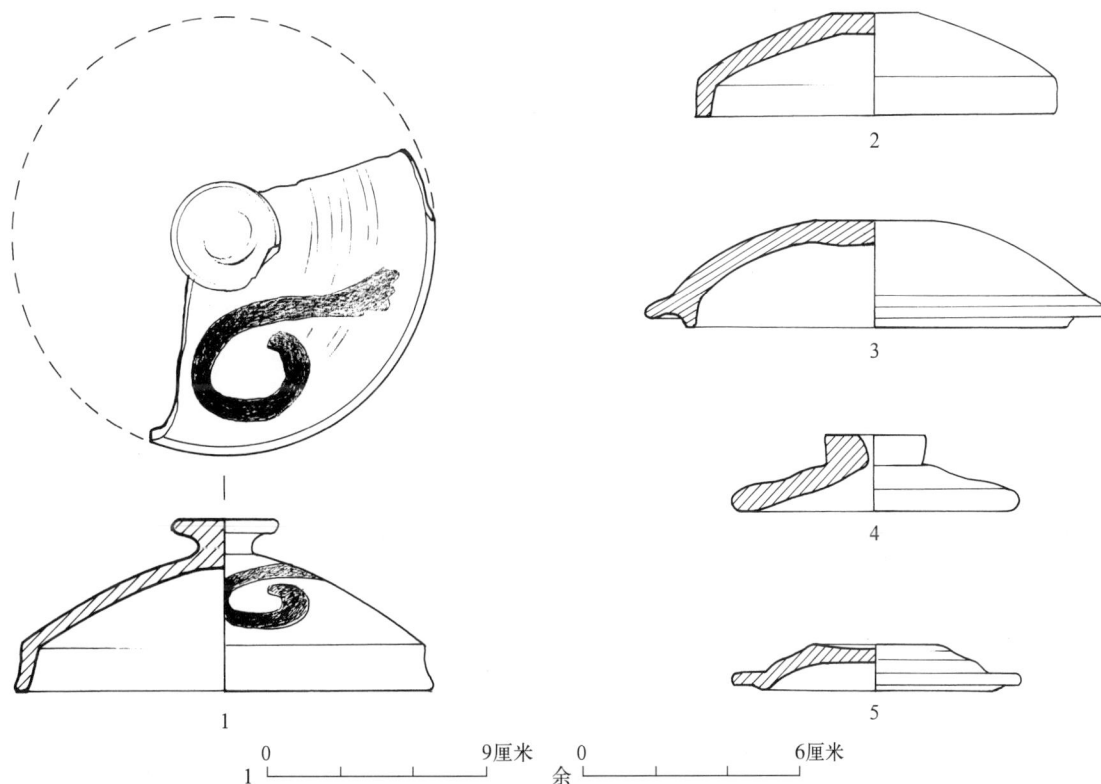

图一六六　琉璃厂窑器盖
1．Aa型H4：15　2．Ab型TS01W01⑤：10　3．B型TN01W02⑤：2　4．Ca型H4：50　5．Cb型H5：7

13．炉

5件。根据底足形态的差异，分四型。

A型　2件。蹄足。

标本TS01W01⑤：15，敞口，尖唇外翻，直腹，炉底平直。红褐胎，乳浊状黄釉，釉层薄。口径14.0、高9.2厘米（图一六七，1）。

B型　1件。喇叭状高圈足。

标本H86：1，侈口，斜直腹，炉底平直。红褐胎，乳浊状黄釉，釉层薄。口径10.8、高6.6厘米（图一六七，2）。

C型　1件。高饼足。

标本H4：6，敞口，圆唇向外延伸并饰有弦纹，直腹，高足空心与炉腔连通。红褐胎，乳浊状黄釉，釉层薄。口径10.1、底径5.1、高5.5厘米（图一六七，3）。

D型　1件。圈足。

标本TN02W03④B：9，直腹。红褐胎，青釉，釉层薄。残高5.7厘米（图一六七，4）。

14．研磨器

1件。侈口，折肩，浅腹，饼足，内壁戳刻有锯齿状凸起。

标本TN02W03④A：12，红褐胎，酱黄釉，釉层薄。口径13.5、底径6.0、高3.7厘米（图一六七，5）。

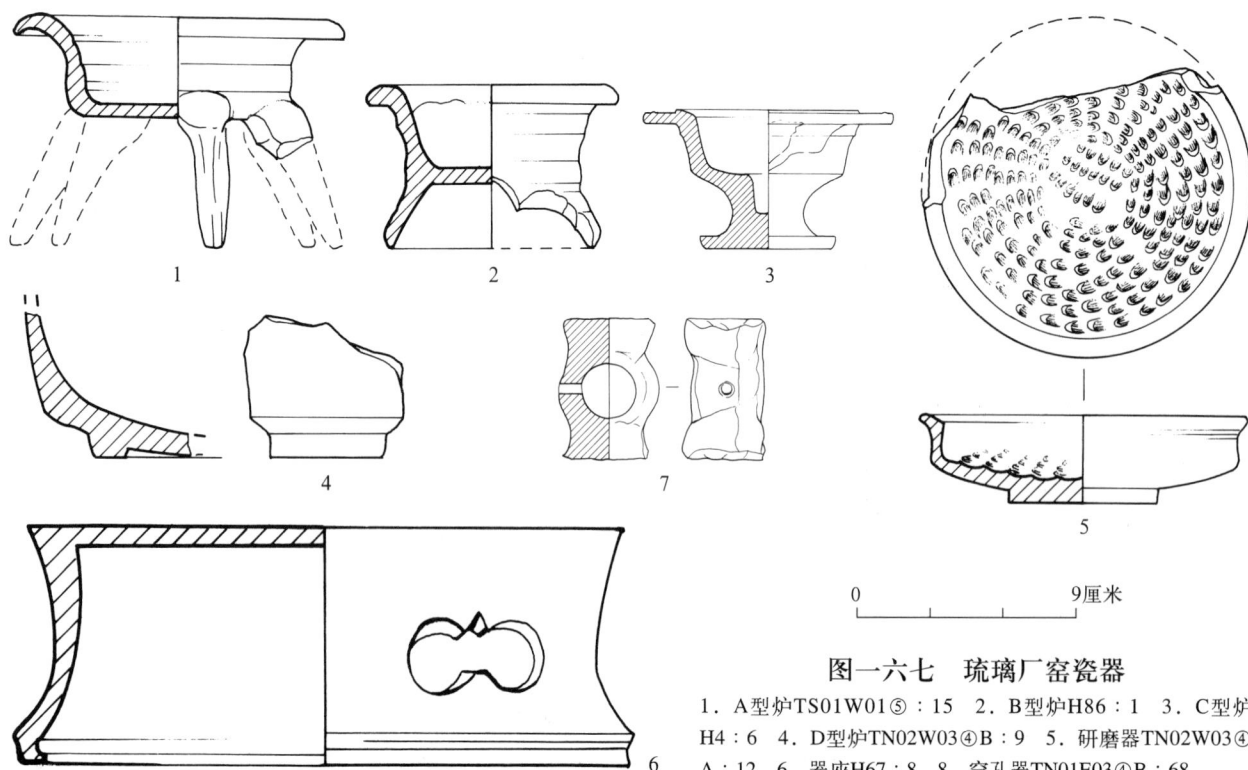

图一六七　琉璃厂窑瓷器

1．A型炉TS01W01⑤：15　2．B型炉H86：1　3．C型炉H4：6　4．D型炉TN02W03④B：9　5．研磨器TN02W03④A：12　6．器座H67：8　8．穿孔器TN01E03④B：68

15．器座

1件。腰部略束，腹部有镂空的壶门装饰，圈足。

标本H67：8，红褐胎，乳浊状青黄釉，积釉处有蓝紫色窑变。底径26.1、高9.4厘米（图一六七，6）。

16．穿孔器

1件。

标本TN01E03④B：68，红褐胎，酱釉。高5.7厘米（图一六七，7）。

（四）磁峰窑

数量较少，均为白釉，器形可辨碗、盘、盏、杯、盒等。

1．碗

7件。根据口沿、腹部和足部形态的差异，分三型。

A型　3件。侈口，尖唇，斜弧腹，圈足。

标本H113：1，内壁有出筋装饰。白胎，白釉，釉层薄。口径19.8、底径7.9、高6.8厘米（图一六八，1；彩版三九，1）。标本H113：2，内底模印有水波、鱼纹装饰。白胎，白釉，釉层薄。底

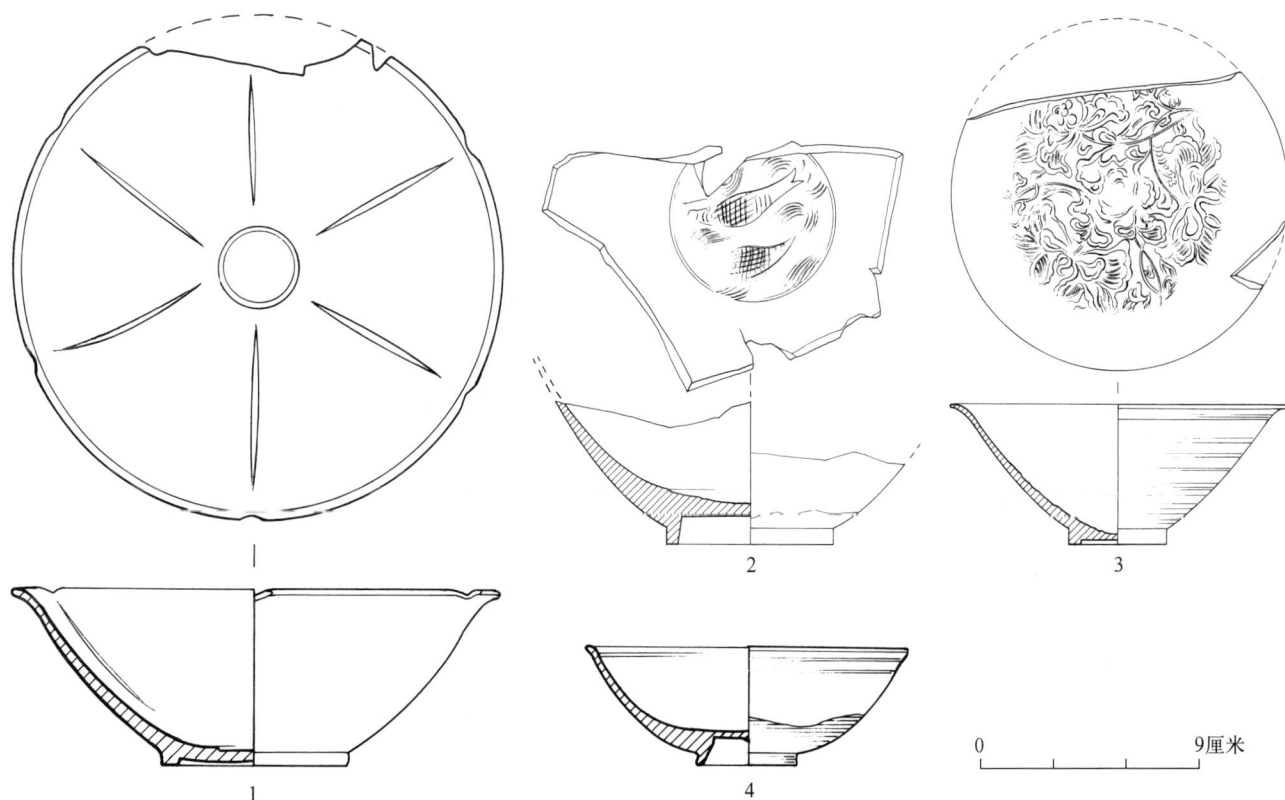

图一六八　磁峰窑瓷碗

1、2．A型H113：1，H113：2　3．B型H113：3　4．C型H113：4

径6.8、残高5.7厘米（图一六八，2）。

B型　3件。侈口，尖唇，斜直腹，圈足。

标本H113：3，内壁模印有花卉纹装饰。白胎，白釉，釉层薄。口径14.0、底径3.9、高5.5厘米（图一六八，3；彩版三九，2）。

C型　1件。敞口，尖唇，斜弧腹，喇叭状圈足，挖足很深，有削足过肩现象。

标本H113：4，内底有涩圈。白胎，白釉，釉层薄。口径13.3、底径4.0、高4.2厘米（图一六八，4）。

2．盏

18件。根据口沿和腹部形态的差异，分两型。

A型　6件。侈口，尖唇，斜直腹。

标本H113：5，内壁模印有花卉纹装饰。白胎，白釉，釉层薄。口径12.7、底径4.3、高4.4厘米（图一六九，1）。

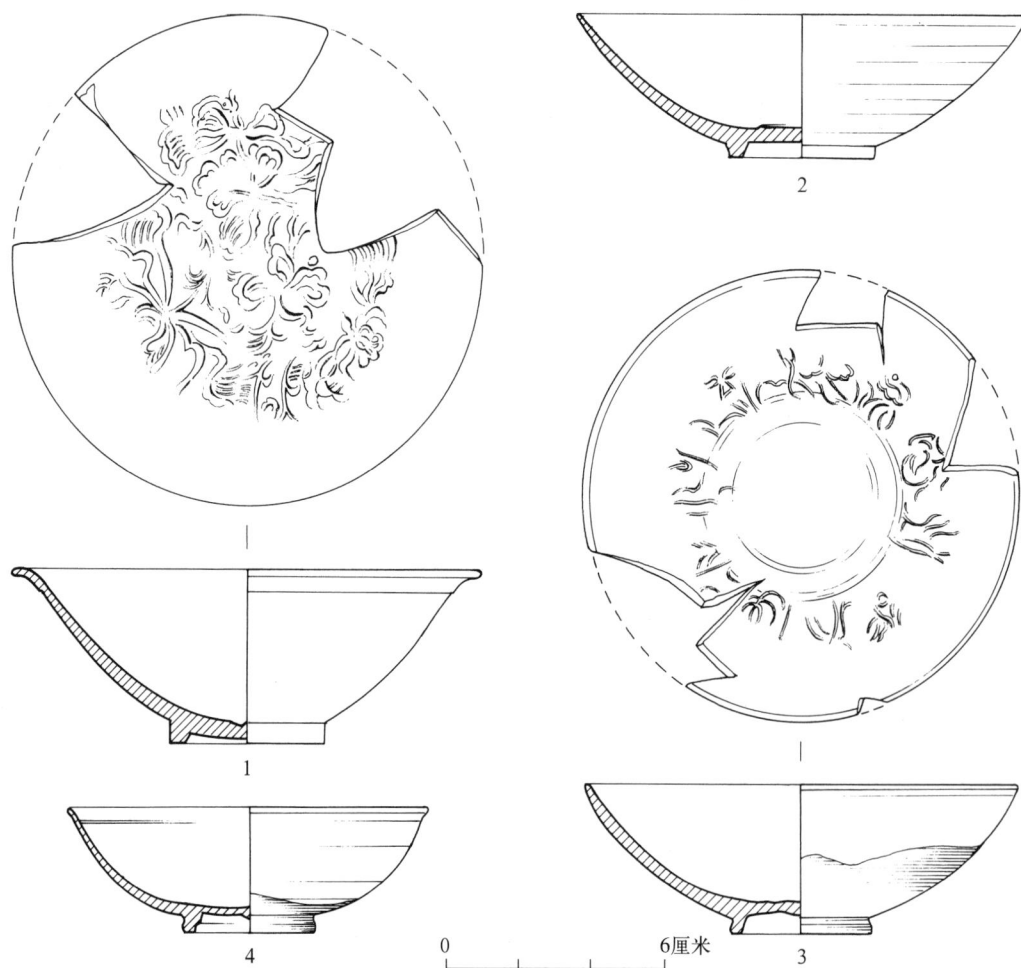

图一六九　磁峰窑瓷盏
1. A型H113：5　2. Ba型H113：7　3、4. Bb型H113：6、H113：10

B型　12件。敞口，尖唇，斜弧腹。根据施釉方式的差异，分两亚型。

Ba型　1件。内外壁满釉。

标本H113：7，圈足。白胎，白釉，釉层薄。口径12.4、底径4.0、高3.8厘米（图一六九，2）。

Bb型　11件。内底有涩圈，外壁釉不及底。

标本H113：6，内壁模印有花卉纹装饰。白胎，白釉，釉层薄。口径11.2、底径3.8、高4.1厘米（图一六九，3）。标本H113：10，白胎，白釉，釉面光洁，釉层薄。口径10.1、底径3.6、高3.4厘米（图一六九，4）。

3. 杯

3件。根据足部形态的差异，分两型。

A型　2件。喇叭状高圈足。

标本TN02E03④A：15，内底较平坦，高足上有凸弦纹装饰。白胎，白釉，釉层薄。底径3.8、残高3.8厘米（图一七〇，1）。标本J14：2，腹部有凹棱装饰，内底较平坦，高足上有凸弦纹装饰。白胎，白釉，釉层薄。底径3.8、残高5.1厘米（图一七〇，2）。

B型　1件。圈足。

标本TN03W01④A：79，敞口，尖唇，口沿内侧有芒，直腹，近底处弧收，内底较平坦。白胎，白釉，釉层薄。口径8.6、底径4.1、高5.9厘米（图一七〇，3）。

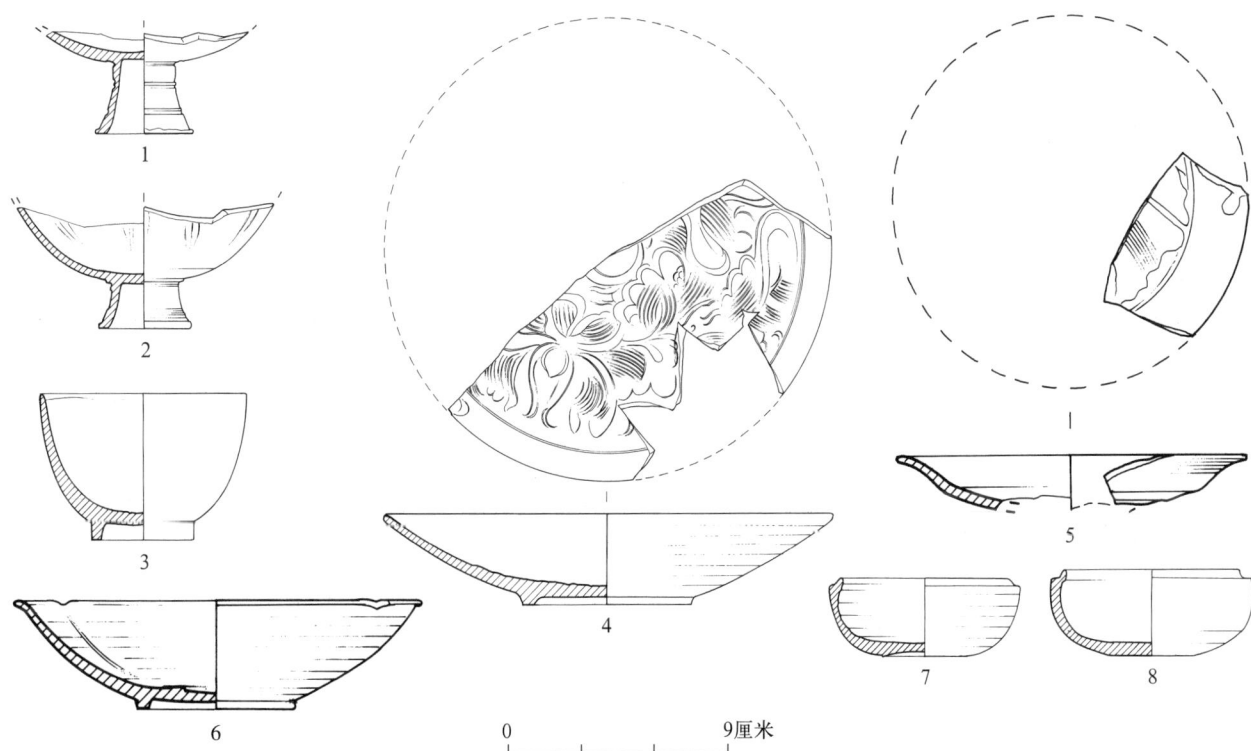

0　　　　　　　　9厘米

图一七〇　磁峰窑瓷器

1、2. A型杯TN02E03④A：15、J14：2　3. B型杯TN03W01④A：79　4. A型盘TN01E03④A：16　5. B型盘TN01E03④B：50　6. C型盘TN01E03④B：30　7、8. 盒H13：1、TN01E01④B：16

4．盘

4件。根据口沿和腹部形态的差异，分三型。

A型　1件。敞口，尖唇，斜直腹。

标本TN01E03④A：16，芒口，有金属釦痕迹，内壁模印有花卉纹装饰。白胎，白釉，釉层薄。底径6.8、高3.4厘米（图一七〇，4）。

B型　2件。敞口，尖唇，折腹。

标本TN01E03④B：50，芒口，内壁有模印装饰。白胎，白釉，釉层薄。口径14.8、残高4.8厘米（图一七〇，5）。

C型　1件。敞口，尖唇，斜弧腹。

标本TN01E03④B：30，内壁有出筋装饰。白胎，白釉，釉层薄。口径17.0、底径6.4、高4.6厘米（图一七〇，6）。

5．盒

2件。

标本H13：1，子口微敛，斜弧腹，平底。白胎，白釉，釉层薄。口径7.0、底径3.7、高3.1厘米（图一七〇，7）。标本TN01E01④B：16，子口微敛，斜弧腹，平底。白胎，白釉，釉层薄。口径7.3、底径3.6、高3.5厘米（图一七〇，8）。

（五）金凤窑

数量很少，器形只见有碟。

碟

1件。

标本H13：4，敞口，浅斜腹，平底。红褐胎，白釉偏黄，釉层较薄。口径10.2、底径6.0、高1.9厘米（图一七一，1）。

（六）广元窑

数量较少，有酱釉和黑釉，器形可辨碗、罐、盏等。

1．碗

6件。根据口沿形态的差异，分两型。

A型　1件。侈口。

标本H22：2，斜弧腹。黄褐胎，酱釉，釉面有灰白色窑变花纹。口径20.7、底径6.6、高7.2厘米（图一七一，2；彩版四〇，1）。

B型　5件。敛口。

标本TN01E03④B：40，斜弧腹。黄褐胎，酱黑釉，釉层较薄。口径17.4、底径5.5、高5.2厘米（图一七一，3）。标本TN01W01④A：24，斜弧腹。黄褐胎，酱黑釉，釉层较薄。口径17.0、底径6.0、高5.6厘米（图一七一，4）。

2．盏

6件。根据口沿和肩部形态的变化，分三型。

A型　3件。敞口，口沿以下内束。根据足部形态的差异，分两亚型。

Aa型　2件。饼足。

标本H75：8，斜弧腹。灰胎，黑釉，釉薄处色发棕黄。口径9.5、底径3.4、高5.1厘米（图一七一，5）。

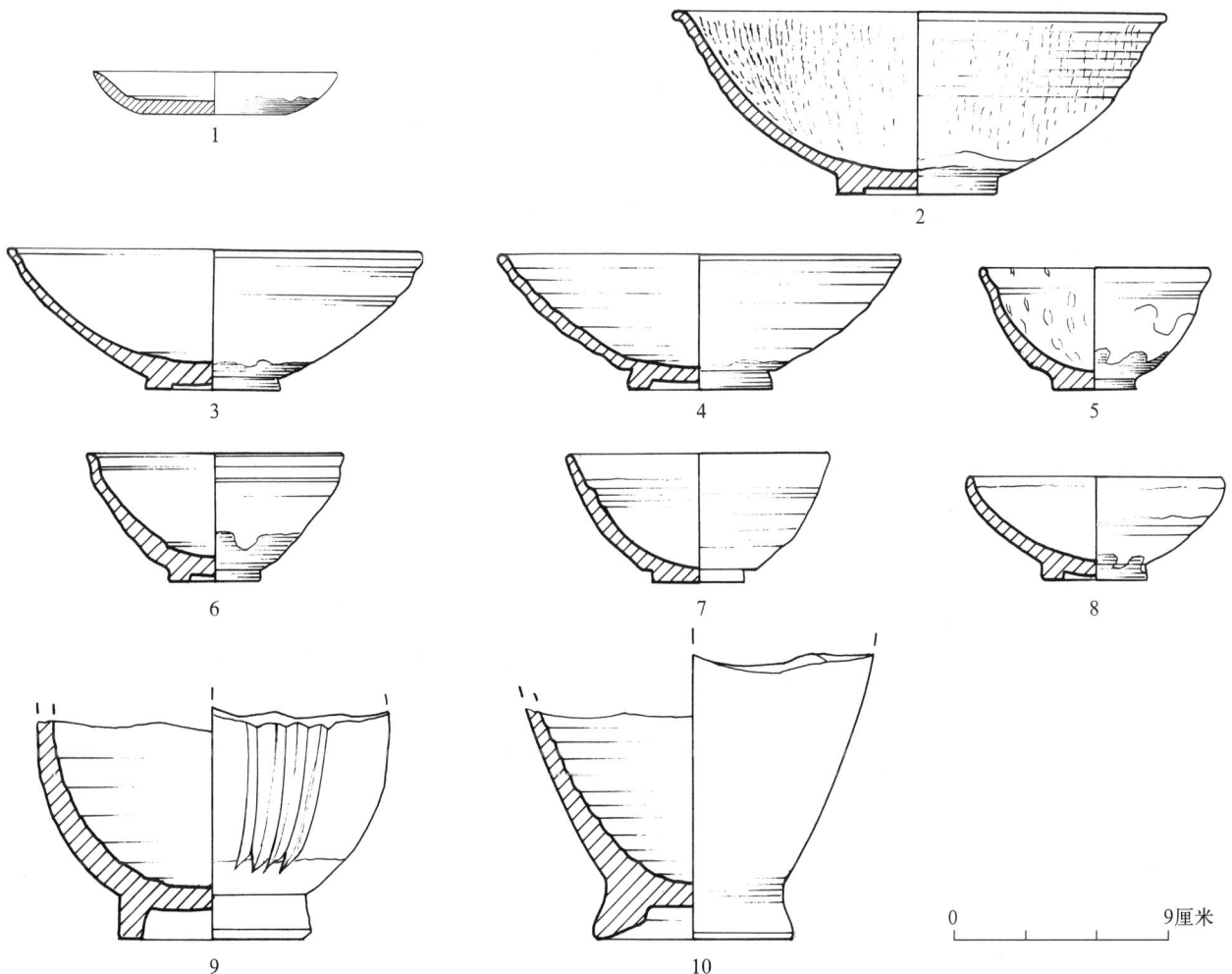

图一七一　金凤窑与广元窑瓷器

1．金凤窑碟H13：4　2～10．广元窑瓷器：2．A型碗H22：2　3、4．B型碗TN01E03④B：40、TN01W01④A：24　5．Aa型盏H75：8　6．Ab型盏TN03W01④B：20　7．B型盏TN02E02④A：12　8．C型盏TN01E03④A：44　9．A型罐J10：2　10．B型罐J10：1

Ab型　1件。圈足。

标本TN03W01④B：20，斜直腹。灰胎，酱黑釉，釉面有蓝色窑变花纹，釉层较厚。口径11.0、底径3.8、高5.4厘米（图一七一，6）。

B型　2件。敞口，内壁近口沿处有一凸棱。

标本TN02E02④A：12，斜弧腹，饼足。黄褐胎，酱黄釉，釉层较厚。口径11.0、底径3.8、高5.3厘米（图一七一，7）。

C型　1件。敛口。

标本TN01E03④A：44，斜弧腹，饼足。黄褐胎，黑釉，口沿一周呈酱色，釉层厚。口径11.0、底径4.3、高4.3厘米（图一七一，8）。

3．罐

2件。根据足部形态的差异，分两型。

A型　1件。圈足。

标本J10：2，椭圆腹，外壁用化妆土堆线。黄褐胎，黑釉，釉层较薄。底径7.9、残高9.3厘米（图一七一，9；彩版四〇，2、3）。

B型　1件。喇叭状圈足，足部较高。

标本J10：1，椭圆腹。灰胎，黑釉，釉层较厚。底径8.2、残高11.5厘米（图一七一，10）。

（七）邢（定）窑

数量较少，均为白釉，器形可辨碗、盘等。

1．碗

7件。斜弧腹。根据口沿和足部形态的差异，分三型。

A型　5件。敞口，口沿外一周凸唇，玉璧足。

标本TN01W03⑤：1，白胎，白釉，外壁施釉至底，釉层较薄。口径15.3、底径7.8、高4.6厘米（图一七二，1；彩版四一，1）。标本TS01W06⑤：15，白胎，白釉，外壁施釉至底，釉层较薄。口径15.4、底径6.6、高4.6厘米（图一七二，2）。标本TN01W03⑤：3，白胎，白釉，外壁施釉至底，釉层较薄。口径15.2、底径6.6、高4.6厘米（图一七二，3）。

B型　1件。敞口，圆唇，玉璧足。

标本H20：1，白胎，白釉偏黄，外壁施釉至底，釉层较薄。口径14.6、底径8.0、高4.6厘米（图一七二，4）。

C型　1件。敞口，口沿呈花瓣状，圈足。

标本TN01W03⑤：2，白胎，白釉，外壁施釉至底，釉层较薄。口径13.6、底径5.2、高4.4厘米（图一七二，5）。

2. 盘

2件。根据口沿、腹部和足部的差异，分两型。

A型　1件。敞口，尖唇，斜直腹，玉璧足。

标本TN01E03⑤：11，白胎，白釉偏黄，釉层薄。口径14.0、底径7.8、高3.7厘米（图一七二，6）。

B型　1件。敞口，口沿呈花瓣状，外带凸唇一周，折腹，圈足。

标本TN01W03⑤：10，白胎，白釉，外壁施釉至底，釉层较薄。口径15.6、底径7.0、高3.8厘米（图一七二，7）。

（八）磁州窑

数量很少，器形只见有碗。

碗

1件。

标本H13：8，圈足，碗内绘有红绿彩花卉装饰。黄褐胎，釉层较薄。底径4.7、残高2.3厘米（图一七二，8）。

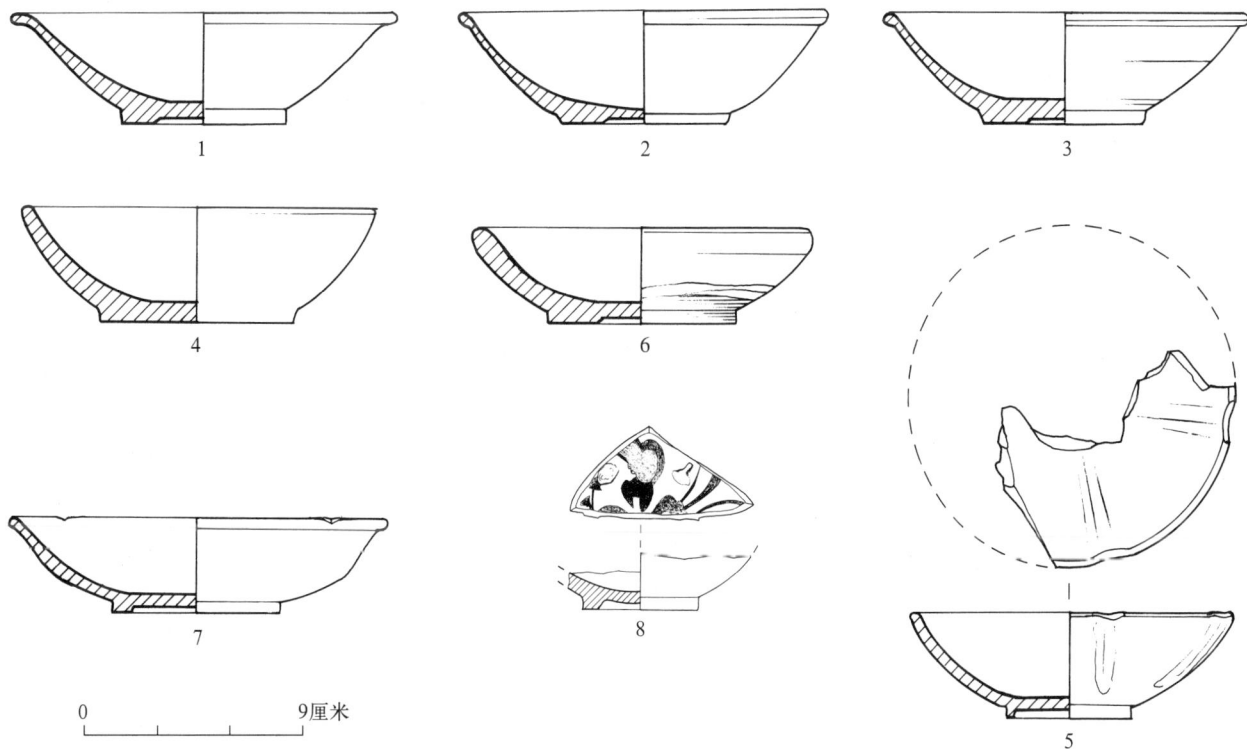

图一七二　邢（定）窑与磁州窑瓷器

1～7. 邢（定）窑瓷器：1～3. A型碗TN01W03⑤：1、TS01W06⑤：15、TN01W03⑤：3　4. B型碗H20：1　5. C型碗TN01W03⑤：2　6. A型盘TN01E03⑤：11　7. B型盘TN01W03⑤：10　8. 磁州窑碗H13：8

（九）钧窑

数量较少，以天青釉为主，器形可辨碗、盘、洗等。

1. 碗

7件。敛口，圆唇，斜弧腹，圈足。

标本TN02W02④A：26，灰胎，乳浊状天青釉，局部有紫色窑变，釉层较厚。口径21.2、底径7.3、高8.4厘米（图一七三，1）。标本H1：3，黄褐胎，乳浊状天青釉，局部有紫色窑变，釉层较厚。口径20.1、底径5.6、高9.6厘米（图一七三，2）。标本H113：26，灰胎，乳浊状天青釉，釉层较厚。口径20.3、底径6.3、高9.6厘米（图一七三，3；彩版四一，2）。标本TN03W01④A：4，灰胎，乳浊状天青釉，局部有紫色窑变，釉层较厚。口径18.3、底径5.6、高7.8厘米（图一七三，4）。

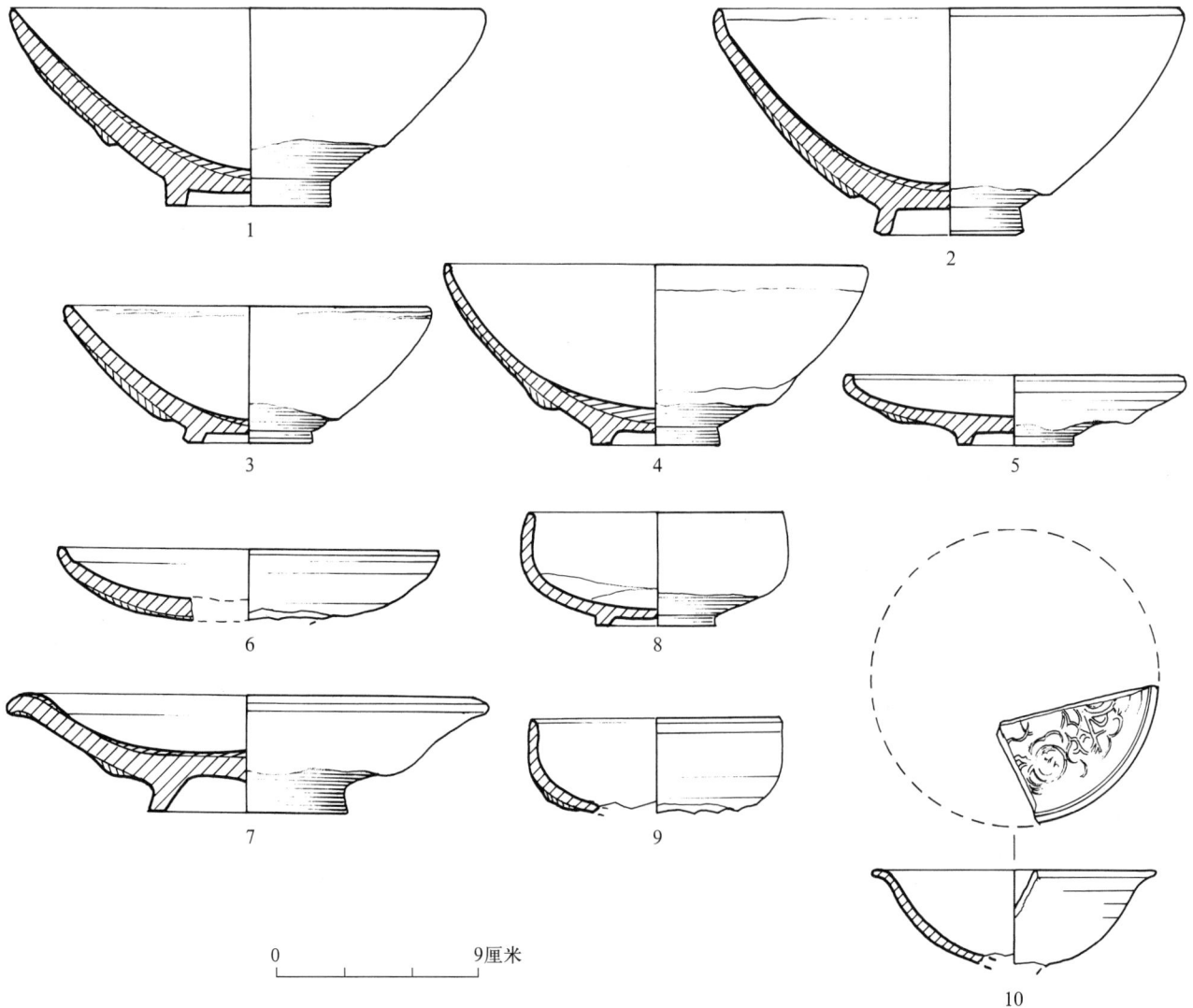

0　　　　　　　　9厘米

图一七三　钧窑与耀州窑瓷器

1~9. 钧窑瓷器：1~4. 碗TN02W02④A：26、H1：3、H113：26、TN03W01④A：4　5、6. A型盘TN02W01④A：29、TN03W02④A：
8　7. B型盘H17：2　8、9. 洗H22：1、TS01W02④A：6　10. 耀州窑碗TN03W01④A：26

2．盘

4件。根据口沿和腹部形态的差异，分两型。

A型　3件。直口，斜直腹。

标本TN02W01④A：29，灰胎，乳浊状紫釉，釉层较厚。口径15.0、底径5.2、高3.0厘米（图一七三，5）。标本TN03W02④A：8，灰胎，乳浊状天青釉，釉层较厚。口径17.0、残高2.2厘米（图一七三，6）。

B型　1件。敞口，斜弧腹。

标本H17：2，灰胎，乳浊状天青釉，釉层较厚。口径21.4、底径8.7、高5.0厘米（图一七三，7）。

3．洗

2件。直口，尖唇，直腹，腹部较深，圈足。

标本H22：1，灰胎，乳浊状天青釉，釉面有开片，釉层较厚。口径11.4、底径5.2、高4.8厘米（图一七三，8）。标本TS01W02④A：6，黄褐胎，乳浊状天青釉，釉层较厚。口径11.5、残高4.0厘米（图一七三，9）。

（一○）耀州窑

数量很少，器形只见有碗。

碗

1件。

标本TN03W01④A：26，侈口，圆唇，碗内模印婴戏攀莲纹。灰白胎，青釉，釉面有开片，釉层较薄。口径12.6、残高5.6厘米（图一七三，10）。

（一一）景德镇窑

数量较少，均为青白釉，器形可辨碗、盏、炉、杯、碟等。

1．碗

5件。根据口沿、腹部和饼足形态的差异，分三型。

A型　1件。斗笠碗，敞口，尖唇，斜直腹，圈足。

标本H113：27，圈足内有黄褐色垫饼支烧痕迹。白胎，青白釉，釉层较薄。口径15.8、底径4.4、高5.4厘米（图一七四，1）。

B型　1件。芒口碗，敞口，方唇，斜弧腹，圈足。

标本TS01E01④A：7，外壁模印有莲瓣纹装饰。白胎，青白釉，圈足内未施釉，釉层较薄。口径16.4、底径5.5、高6.0厘米（图一七四，2）。

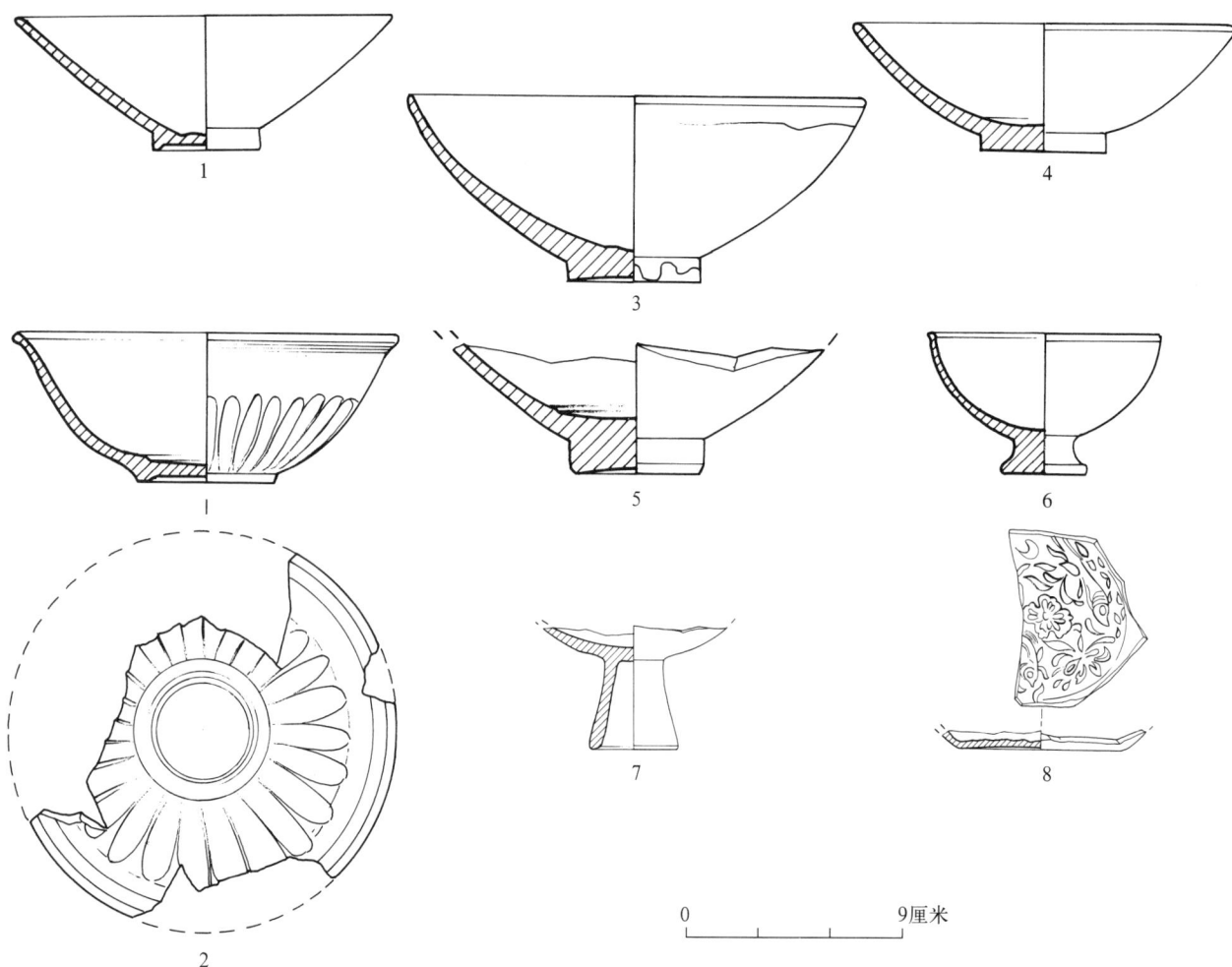

图一七四　景德镇窑瓷器

1. A型碗H113：27　2. B型碗TS01E01④A：7　3～5. C型碗H22：11、TN01W01④A：15、TN01E03④A：22　6. Ⅰ式杯TN01W03④A：17　7. Ⅱ式杯TN02W01④A：8　8. 碟TN02W03④A：19

C型　3件。敞口，斜直腹，饼足，足部较高。

标本H22：11，白胎，青白釉，釉层较厚。口径9.7、底径6.0、高7.5厘米（图一七四，3）。标本TN01W01④A：15，灰白胎，青白釉，釉层较薄。口径16.0、底径5.2、高5.2厘米（图一七四，4）。标本TN01E03④A：22，白胎，青白釉，釉层较厚。底径5.2、残高5.3厘米（图一七四，5）。

2. 盏

7件。根据口沿的差异，分两型。

A型　5件。敞口，唇部外侈。根据口沿和足部形态的差异，分两式。

A型Ⅰ式　1件。芒口盏，口沿一周残留金属釦痕迹，圈足，足部很矮。

标本TN02W02④A：14，外壁模印有莲瓣纹装饰，圈足内未施釉。白胎，青白釉，釉面莹润，釉层较薄。口径12.0、底径3.6、高4.5厘米（图一七五，1）。

A型Ⅱ式　4件。口沿施釉，饼足，足部较厚重。

标本H22：13，白胎，青白釉，釉层较厚。口径11.6、底径3.6、高4.4厘米（图一七五，2）。标本H22：22，白胎，青白釉，釉层较厚。口径11.6、底径3.4、高4.4厘米（图一七五，3）。标本H22：6，白胎，青白釉，釉面有细密开片，釉层较厚。口径11.8、底径3.7、高4.5厘米（图一七五，4）。标本H6：1，白胎，青白釉，釉面有细密开片，釉层较厚。口径11.0、底径3.6、高4厘米（图一七五，5）。

B型　2件。敛口。

标本TN02W02④A：32，外壁刻有莲瓣纹装饰。白胎，青白釉，釉面莹润，釉层较薄。口径10.5、底径3.2、高4.6厘米（图一七五，6）。标本TN01W03④A：19，白胎，青白釉，釉层较薄。口径10.5、底径3.0、高4.5厘米（图一七五，7）。

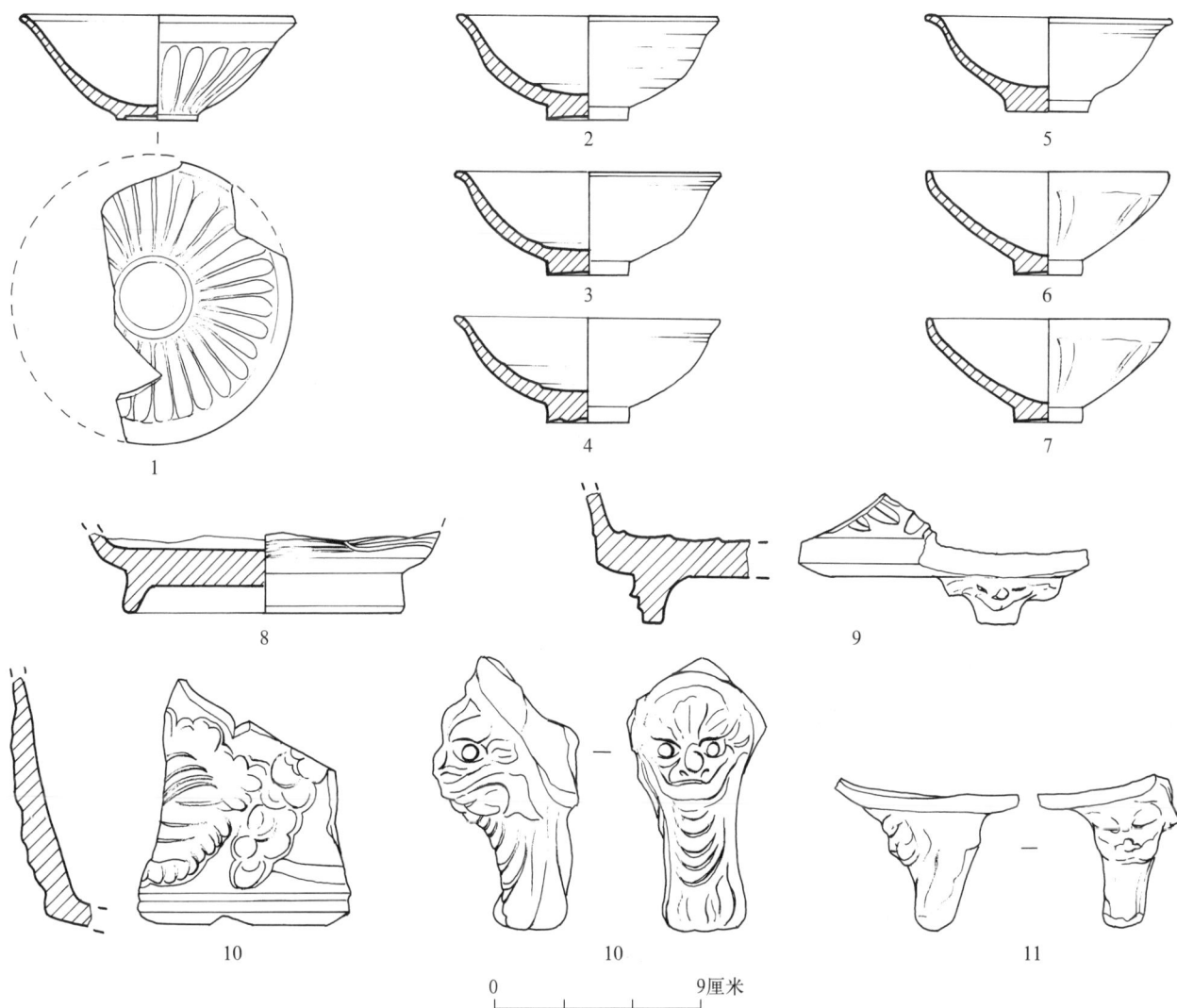

图一七五　景德镇窑瓷器

1. A型Ⅰ式盏 TN02W02④A：14　2～5. A型Ⅱ式盏H22：13、H22：22、H22：6、H6：1　6、7. B型盏TN02W02④A：32、TN01W03④A：19　8. A型炉TN01E03④B：12　9. Ba型炉H1：3　10、11. Bb型TN03W01④A：5、TN03W03④A：22

3. 杯

2件。根据足部形态的差异，分两式。

Ⅰ式　1件。喇叭状高圈足。

标本TN01W03④A：17，芒口，口沿一周残留金属釦痕迹，斜弧腹。白胎，青白釉，釉面莹润光洁，釉层较薄。口径9.8、底径3.5、高5.8厘米（图一七四，6）。

Ⅱ式　1件。圈足进一步增高。

标本TN02W01④A：8，内底较为平坦，壁较厚。灰白胎，青白釉，釉面有开片，釉层较厚。底径3.5、残高5.2厘米（图一七四，7）。

4. 碟

1件。

标本TN02W03④A：19，平底，内底模印莲花游鱼纹。白胎，青白釉，釉面莹润光洁，釉层较厚。底径7.1、残高0.8厘米（图一七四，8）。

5. 炉

4件。根据足部形态的差异，分两型。

A型　1件。圈足。

标本TN01E03④B：12，外壁有刻划花装饰，圈足内有黄褐色垫饼支烧痕迹。白胎青白釉，釉面莹润光洁，釉层较薄。底径12.3、残高3.4厘米（图一七五，8）。

B型　3件。蹄足，刻有兽头形象。根据足部高矮的差异，分两亚型。

Ba型　1件。足部较矮。

标本H1：3，直腹，有刻划纹饰，平底，外地有"火石红"痕迹。白胎，青白釉，釉面莹润，釉层较薄。残高5.5厘米（图一七五，9）。

Bb型　2件。足部较高。

标本TN03W01④A：5，口沿内收，直腹，有剔刻的花卉图案。白胎，青白釉，釉面莹润光洁，釉层较薄。残高10.5、足高5.7厘米（图一七五，10）。标本TN03W03④A：22，灰白胎，青白釉，釉面有开片，釉层较厚。残高6.3厘米（图一七五，11）。

（一二）吉州窑

数量很少，均为黑釉，器形只见有盏。

盏

3件。

标本TN01E03④B：18，侈口，尖唇，斜直腹，圈足。黄褐胎，黑釉，釉面有"兔毫"装饰，釉层较厚。口径11.0、底径3.8、高7.4厘米（图一七六，1）。标本TN01E03④B：3，敛口，尖唇，斜弧腹，饼足。黄褐胎，黑釉，釉层较厚。口径10.0、底径3.7、高5.6厘米（图一七六，2）。标本TN01E03④B：54，卧足。灰胎，黑釉，釉面有"木叶"装饰，釉层较薄。底径3.5、残高3.1厘米（图一七六，3）。

（一三）越窑

数量很少，器形只见有碗。

碗

1件。

标本J4：14，圈足。灰胎，淡青釉，足墙内外均裹釉，釉层较薄。残高2.6厘米（图一七六，4）。

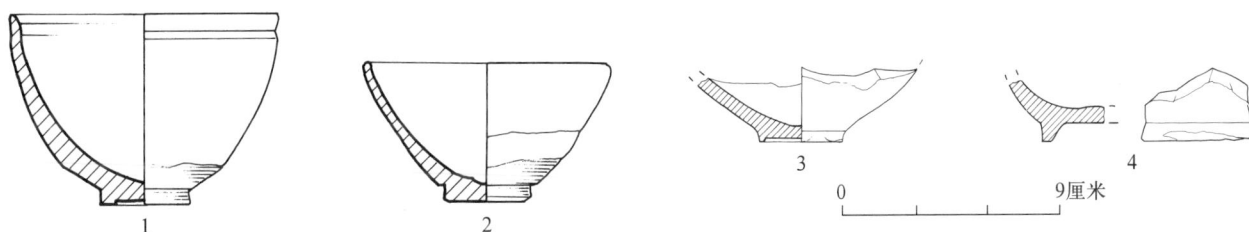

图一七六　吉州窑与越窑瓷器

1～3. 吉州窑盏TN01E03④B：18、TN01E03④B：3、TN01E03④B：54　4. 越窑碗J4：14

（一四）龙泉窑

数量较少，均为青釉，器形可辨洗、盏、杯、盘、碗等。

1. 碗

5件。根据足部形态的差异，分两式。

Ⅰ式　1件。圈足，足墙较薄，足端刮釉呈朱红色。

标本H1：5，敞口，斜弧腹，外壁饰莲瓣纹。白胎，青釉，釉面光洁莹润，釉层较厚。口径18.0、底径5.2、高6.9厘米（图一七七，1）。

Ⅱ式　4件。圈足，足墙较厚，足底大部未施釉。

标本TN01W02④A：10，内外壁均有划花纹。白胎，青黄釉，釉面光洁莹润。底径6.9、残高3.9厘米（图一七七，2）。标本TN03E03④A：3，内底模印双鱼纹。白胎，青釉，釉面光洁莹润。底径5.5、残高2.3厘米（图一七七，3）。

2. 盏

5件。敞口，圆唇，斜弧腹，小圈足，施釉裹足，有的足端露胎呈朱红色。

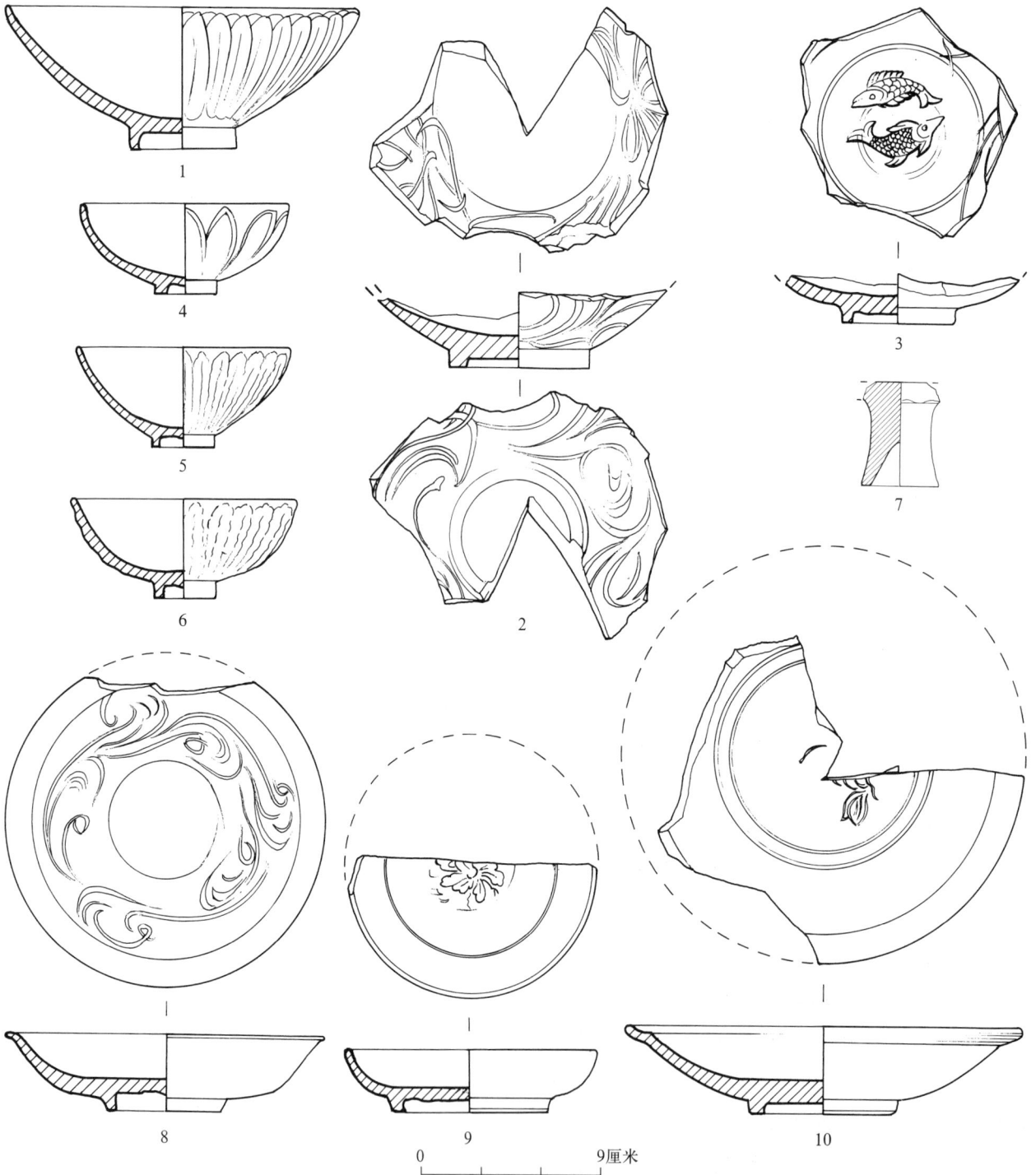

图一七七　龙泉窑瓷器

1. Ⅰ式碗H1∶5　2、3. Ⅱ式碗TN01W02④A∶10、TN03E03④A∶3　4~6. 盏TN03W03④A∶1、TN02W02④A∶2、H22∶31　7. 杯TN03W02④A∶6　8. A型盘H22∶10　9. B型盘TN02W01④A∶20　10. C型盘H12∶1

标本TN03W03④A∶1，外壁饰莲瓣纹。白胎，青釉，釉面光洁莹润。口径10.3、底径3.0、高4.4厘米（图一七七，4）。标本TN02W02④A∶2，外壁饰莲瓣纹。白胎，青灰釉，釉面光洁莹润。口径10.8、底径3.1、高4.8厘米（图一七七，5）。标本H22∶31，白胎，青釉，釉面光洁莹润。口径

11.0、底径3.2、高4.7厘米（图一七七，6）。

3．杯

1件。喇叭状高圈足。

标本TN03W02④A：6，内底模印有花卉装饰。白胎，青釉，釉面光洁莹润。底径3.8、残高5.1厘米（图一七七，7）。

4．盘

4件。根据口沿形态的差异，分三型。

A型　1件。侈口。

标本H22：10，斜弧腹，内壁有划花卷草纹，圈足。白胎，青釉，釉面光洁莹润。口径16.1、底径5.8、高4.0厘米（图一七七，8；彩版四二，1）。

B型　2件。敞口。

标本TN02W01④A：20，斜弧腹，圈足，灰胎，青黄釉，釉面光洁莹润。口径12.8、底径7.9、高3.1厘米（图一七七，9）。

C型　1件。敞口，折沿。

标本H12：1，斜弧腹，圈足。白胎，青釉，釉面光洁莹润。口径20.0、底径7.9、高4.3厘米（图一七七，10）。

5．洗

12件。根据口沿形态的差异，分三型。

A型　6件。敞口，折沿。内底平坦。根据足部形态的差异，分三式。

A型Ⅰ式　2件。圈足，足墙很薄，施釉裹足，足端呈朱红色。

标本TN02W01④A：38，斜弧腹，外壁模印莲瓣纹，内底模印双鱼纹。白胎，青釉，釉面光洁莹润，釉层较厚。口径13.2、底径6.0、高3.7厘米（图一七八，1；彩版四二，2）。

A型Ⅱ式　3件。圈足，足墙变厚，施釉裹足，足底露胎部分呈朱红色。

标本TN03W02④A：2，斜弧腹，外壁模印莲瓣纹，内底模印双鱼纹。白胎，青釉，釉面光洁莹润。口径13.1、底径6.3、高3.2厘米（图一七八，2）。标本H22：12，斜弧腹，外壁模印莲瓣纹，内底模印双鱼纹。白胎，青釉，釉面光洁莹润。口径13.6、底径6.3、高3.8厘米（图一七八，3）。

A型Ⅲ式　1件。圈足，足墙进一步变厚，足端裹釉，足底大部分露胎。

标本H1：2，斜弧腹，内底模印双鱼纹，内壁有划花水草装饰。白胎，青釉，釉面光洁莹润。口径15.7、底径6.9、高5.0厘米（图一七八，4；彩版四二，3）。

B型　5件。直口，斜直腹，腹壁似蔗段，圈足，足端裹釉，足底露台部分呈朱红色。

标本TN03W02④A：4，白胎，青釉，釉面光洁莹润。口径11.4、底径7.2、高4.1厘米（图一七八，5）。标本TN01W02④A：1，白胎，青釉，釉面光洁莹润。口径11.0、底径7.8、高3.4厘米（图一七八，6）。

　　C型　1件。敞口，斜弧腹，内壁有划花装饰，圈足，足端裹釉，足底露台部分呈朱红色。

　　标本TN02W01④A：13，白胎，青釉，釉面光洁莹润。口径12.4、底径6.6、高3.9厘米（图一七八，7）。

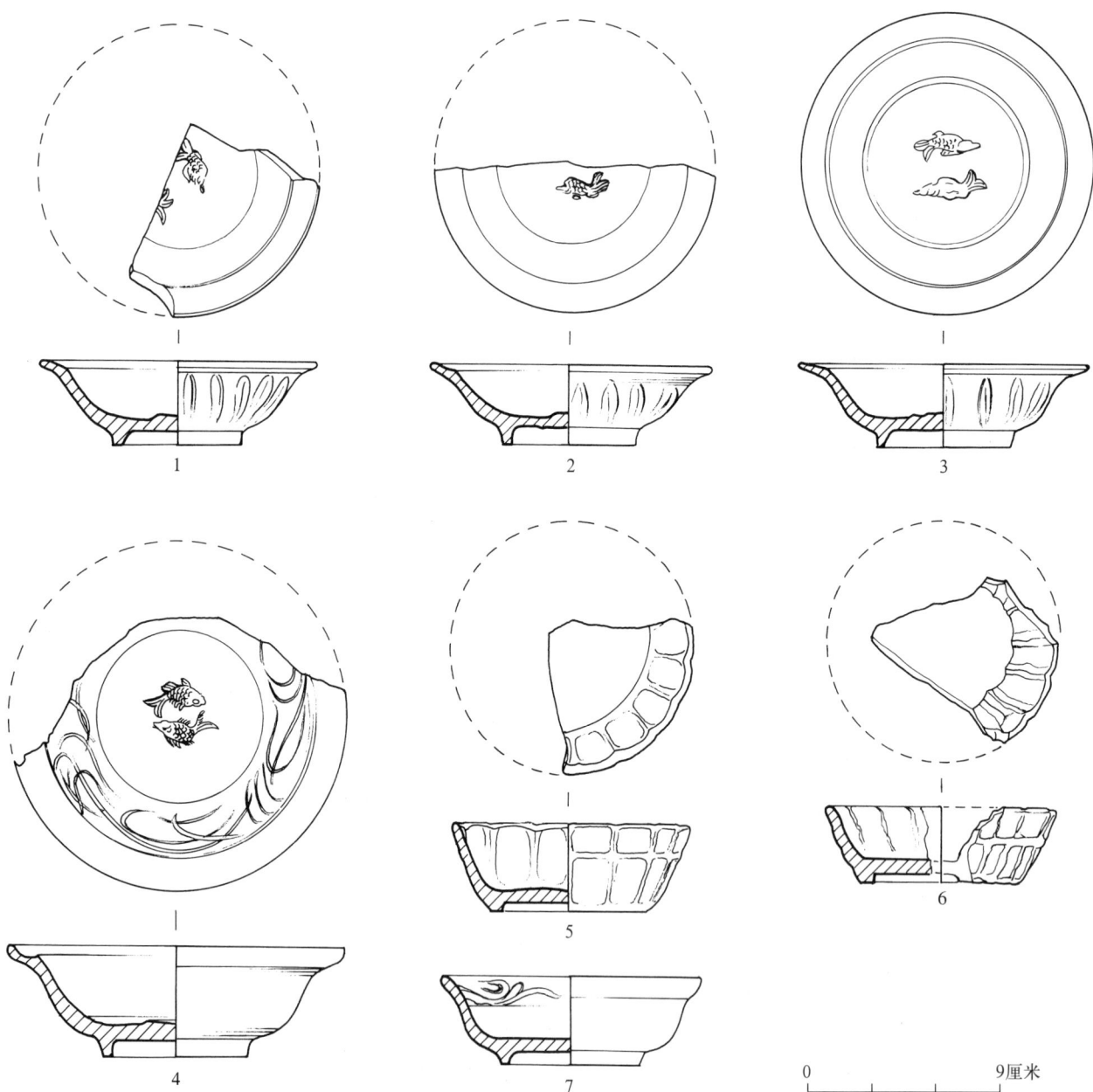

图一七八　龙泉窑瓷器

1～3．A型Ⅰ式洗TN02W01④A：38　2、3．A型Ⅱ式洗TN03W02④A：2、H22：12　4．A型Ⅲ式洗H1：2　5、6．B型洗TN03W02④
A：4、TN01W02④A：1　7．C型洗TN02W01④A：13

（一五）建窑

数量很少，均为黑釉，器形只见有盏。

盏

4件。根据口沿和足部形态的差异，分三型。

A型 1件。侈口，圆唇，饼足。

标本TN02W03④B：54，斜直腹。黑胎，黑釉，釉层较厚。口径12.0、底径3.5、高4.2厘米（图一七九，1）。

B型 1件。敞口，圆唇，饼足。

标本TN01E03④B：51，斜直腹，盏内壁有凸棱装饰。黑胎，黑釉，釉面光洁，釉层较厚。口径10.8、底径4.1、高4.8厘米（图一七九，2；彩版四三，1）。

C型 2件。敛口，尖唇，圈足。

标本TN02W02③：1，斜弧腹。灰胎，黑釉，釉面银白色"油滴"装饰，釉层较厚。口径10.2、底径4.2、高4.3厘米（图一七九，3）。

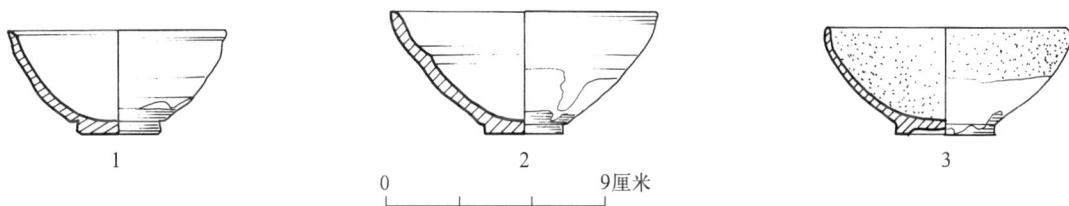

0 ——————— 9厘米

图一七九 建窑瓷器
1. A型盏TN02W03④B：54 2. B型盏TN01E03④B：51 3. C型盏TN02W02③：1

（一六）未定窑口

数量很少，有白釉、青釉、青白釉等，器形可辨碗、盏、塑像等。

1. 碗

2件。

标本TS02W03⑤：14，敞口，斜鼓腹，圈足。黄褐胎，胎质粗疏，白釉，釉层较薄，内底饰绿彩花纹，残留支钉痕。口径16.6、底径5.6、高6.3厘米（图一八〇，1）。标本TN01E03④B：61，斜弧腹，腹壁有出筋装饰，内底有支钉痕，喇叭状圈足。黄褐胎，青釉，釉面有细密开片，釉层薄。底径11.0、残高5.6厘米（图一八〇，2）。

2. 盏

1件。

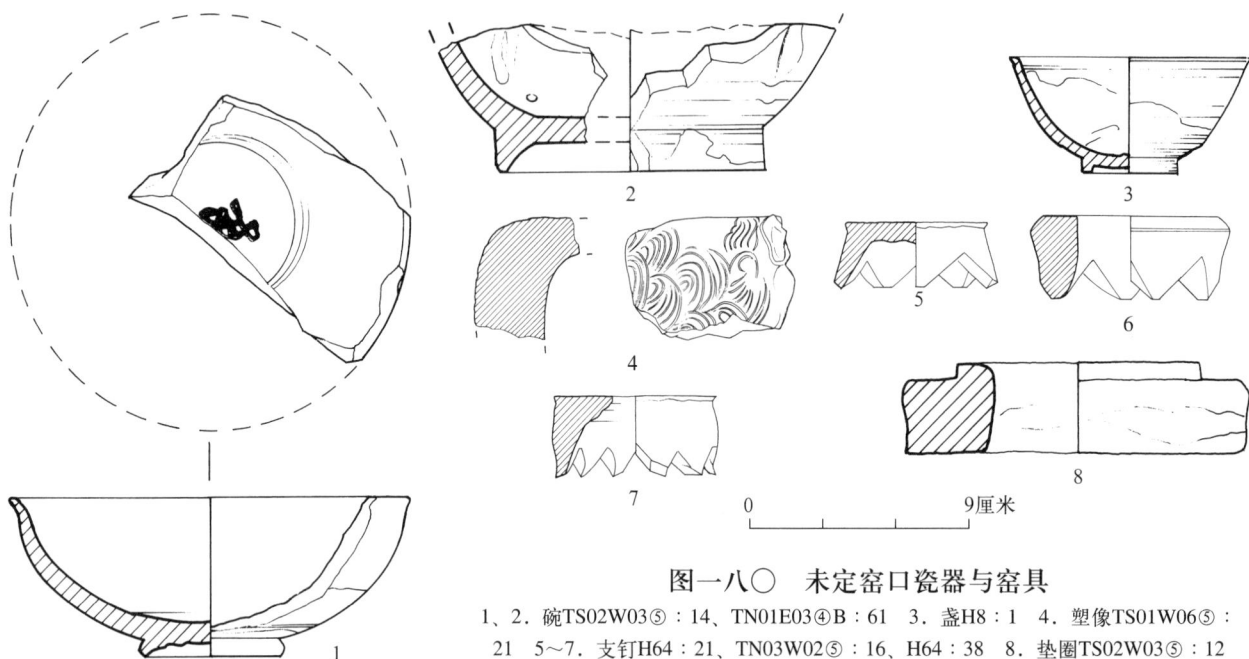

图一八〇　未定窑口瓷器与窑具

1、2. 碗TS02W03⑤：14、TN01E03④B：61　3. 盏H8：1　4. 塑像TS01W06⑤：
21　5～7. 支钉H64：21、TN03W02⑤：16、H64：38　8. 垫圈TS02W03⑤：12

标本H8：1，敞口，斜弧腹，圈足。黄褐胎，胎质较粗疏，青黄釉，釉面有鼓包，釉层较薄。口径9.8、底径3.8、高4.5厘米（图一八〇，3）。

3. 塑像

1件。

标本TS01W06⑤：21，表面有划花水波纹。米黄胎，胎质粗疏，乳浊青白釉，釉层薄。残高6.4厘米（图一八〇，4）。

（一七）窑具

数量很少，有垫圈和支钉两类。

1. 支钉

3件。

标本H64：21，五齿钉，钉部较钝。灰黑胎，表面呈棕色。底径5.9、高2.0厘米（图一八〇，5）。标本TN03W02⑤：16，灰黑胎，表面呈棕色。底径8.3、高3.4厘米（图一八〇，6）。标本H64：38，齿钉密集。灰黑胎，表面呈棕色。底径6.9、高3.2厘米（图一八〇，7）。

2. 垫圈

1件。

标本TS02W03⑤：12，灰胎，表面残留粘连物。直径13.5、高3.6厘米（图一八〇，8）。

三 铜器

数量较少，主要出土于地层、灰坑和井内，可辨铜瓶、铜炉、铜镜、铜权、铜箸、铜簪、铜剪、铜环、铜铃、铜泡钉、铜纽、铜钩和铜钱等。铜钱大多出土于灰坑，少量出土于地层，以开元通宝的数量最多，其他可辨类别还有乾元重宝、祥符通宝、祥符元宝、熙宁元宝、元丰通宝、崇宁通宝和崇宁重宝，个别铜钱面文不清未辨识。

1. 铜瓶

1件。直口，长颈，颈部略束，垂鼓腹，底部带喇叭形圈足。

标本J2：1，口径4.8、底径5.2、高15.0厘米（图一八一，1；彩版四三，2）。

2. 铜炉

1件。敞口，折沿，斜直腹，腹部较浅，平底，底部带三只云头状足。

标本H11：1，口径13.8、底径9.0、高2.4厘米（图一八一，2）。

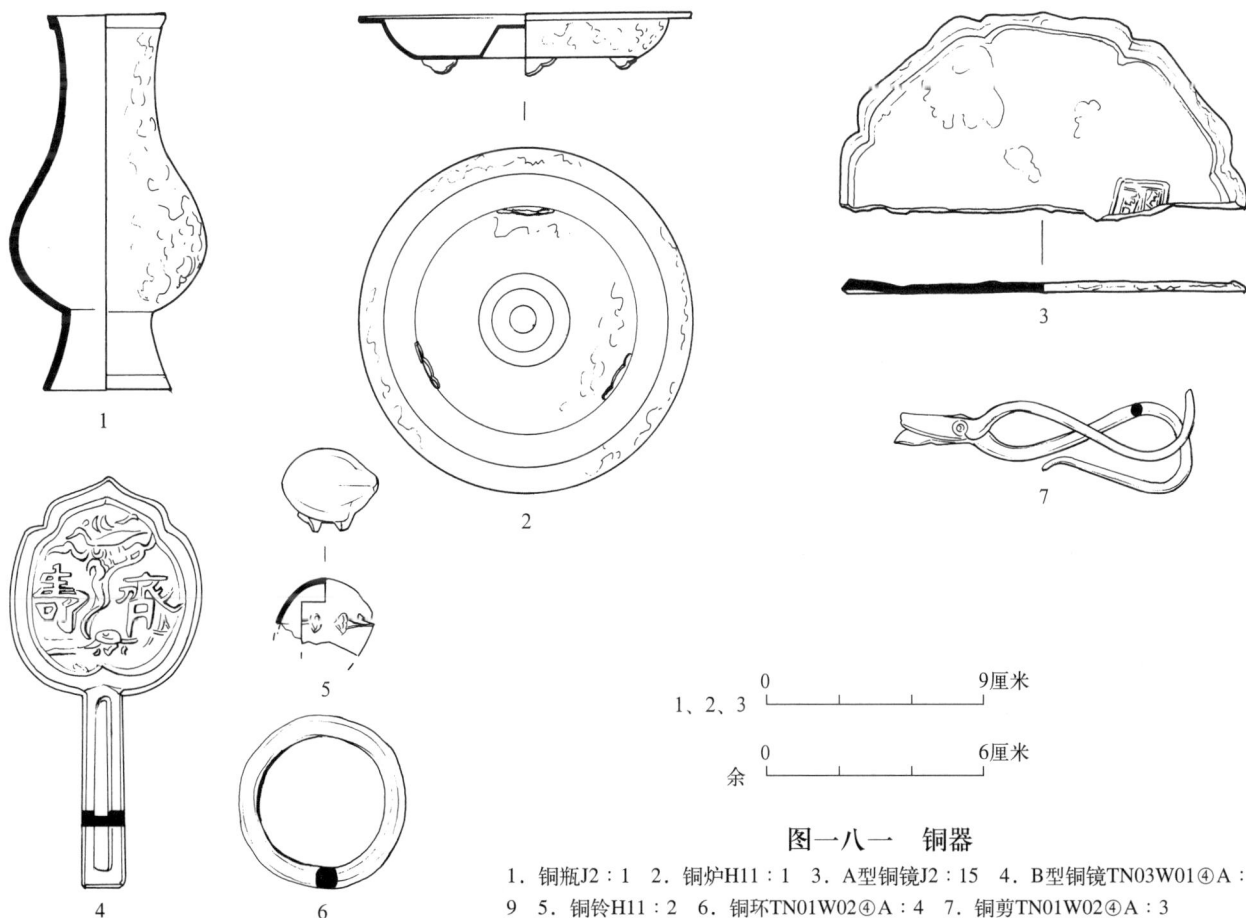

图一八一 铜器

1. 铜瓶J2：1　2. 铜炉H11：1　3. A型铜镜J2：15　4. B型铜镜TN03W01④A：9　5. 铜铃H11：2　6. 铜环TN01W02④A：4　7. 铜剪TN01W02④A：3

3．铜镜

2件。根据形制差异分两型。

A型　1件。残半，平面呈花瓣状，无柄，镜背带模印的方框文字。

标本J2：15，直径17.0、厚0.4厘米（图一八一，3）。

B型　1件。主体平面呈如意云头状，带细长柄，镜背饰龟和神树，由左往右模印"齐寿"二字。

标本TN03W01④A：9，长11.0、宽5.2、厚0.5厘米（图一八一，4）。

4．铜铃

1件。

标本H11：2，残高2.2厘米（图一八一，5）。

5．铜环

1件。

标本TN01W02④A：4，直径4.6、厚0.5厘米（图一八一，6）。

6．铜剪

1件。柄部呈八字形。

标本TN01W02④A：3，残长8.3厘米（图一八一，7）。

7．铜箸

1件。

标本TN03E03④A：1，长22.2、厚0.2厘米（图一八二，1）。

8．铜簪

1件。

标本TN01W01⑤：7，长11.9、厚0.3厘米（图一八二，2）。

9．铜权

1件。扁鼓腹，底部带喇叭形实心座。

标本H10：1，高4.1厘米（图一八二，3）。

10．铜钩

1件。

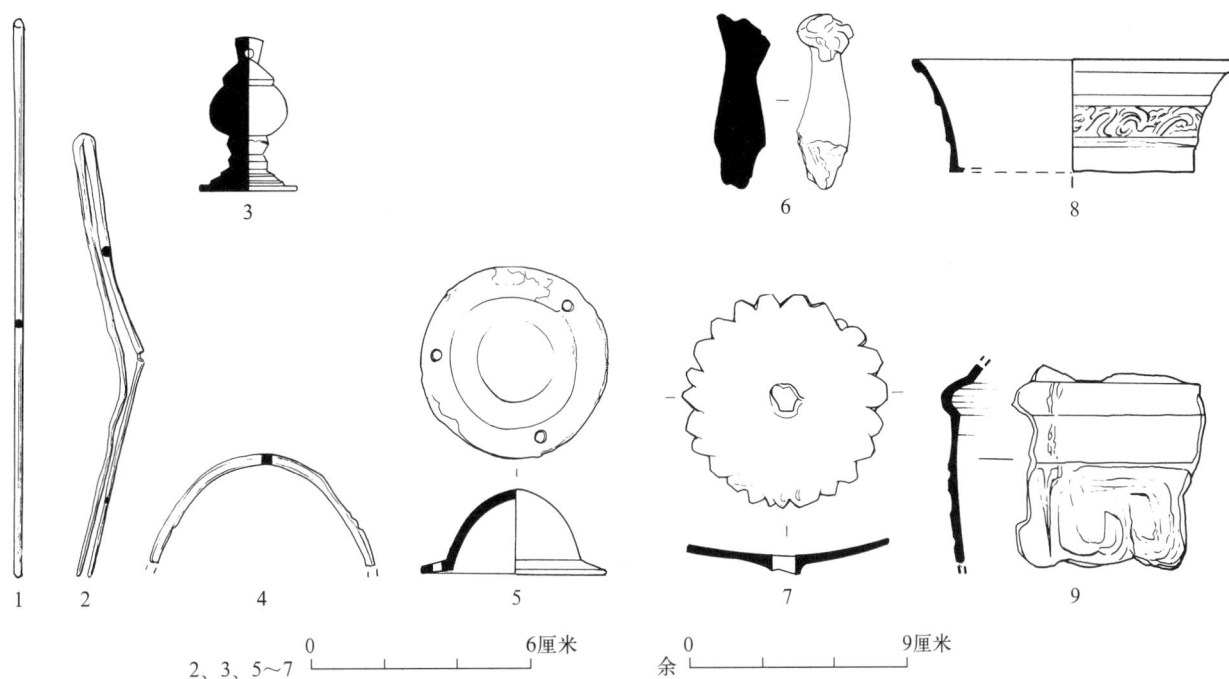

图一八二 铜器

1. 铜箸TN03E03④A：1 2. 铜簪TN01W01⑤：7 3. 铜权H10：1 4. 铜钩L1垫：1 5. 铜泡钉TS01E01⑤：12 6. 铜纽TN03W02④A：14 7. 铜构件TN01E03④B：11 8、9. 容器残铜片J2：13、J2：14

标本L1垫：1，厚0.3厘米（图一八二，4）。

11．铜泡钉

1件。

标本TS01E01⑤：12，直径5.0、高2.2厘米（图一八二，5）。

12．铜纽

1件。通体呈锥状。

标本TN03W02④A：14，长4.7厘米（图一八二，6）。

13．铜构件

1件。通体近圆形，边缘带锯齿，中心有一穿孔。

标本TN01E03④B：11，直径5.7、厚0.3厘米（图一八二，7）。

14．容器残铜片

2件。

标本J2：13，表面饰弦纹和云气纹。残高4.3厘米（图一八二，8）。标本J2：14，表面饰雷纹。

残高8.0厘米（图一八二，9）。

15．开元通宝

39枚，根据面文特征分四型。

A型　26枚。钱背无纹。分四亚型。

Aa型　13枚。钱文清晰规范，"元"字首划为一短横，"宝"字的"贝"部内为两短横。

标本H52：26，直径2.3、穿宽0.7厘米（图一八三，1）。标本H52：41，直径2.4、穿宽0.7厘米（图一八三，2）。

Ab型　5枚。钱文清晰规范，"元"字首划的横较长，"宝"字"贝"部内的横较长，几乎与"口"相连。

标本H52：10，直径2.3、穿宽0.7厘米（图一八三，3）。标本TN01E03④B：5，直径2.4、穿宽0.7厘米（图一八三，4）。

Ac型　1枚。钱文清晰规范，"元"及"宝"字的特征与Ab型接近，"通"字的特征与Aa、Ab型差异明显。

标本TN02W03⑤：2，直径2.4、穿宽0.7厘米（图一八三，5）。

Ad型　7枚。钱文模糊散漫，周郭宽窄不一。

标本H52：16，直径2.4、穿宽0.7厘米（图一八三，6）。标本H52：19，直径2.3、穿宽0.8厘米（图一八三，7）。标本TN01E03④B：2，直径2.2、穿宽0.7厘米（图一八三，8）。

B型　10枚。钱文特征较统一，钱背穿上带一月牙形掐纹。分两亚型。

Ba型　7枚。钱文清晰规范，周郭宽度较匀称。

标本H52：31，直径2.5、穿宽0.7厘米（图一八三，9）。标本H52：37，直径2.4、穿宽0.7厘米（图一八三，10）。

Bb型　3枚。钱文模糊散漫，周郭宽窄不一。

标本H52：35，直径2.2、穿宽0.7厘米（图一八三，11）。

C型　1枚。钱文模糊散漫，钱背穿上、下各带一月牙形掐纹。

标本H52：33，直径2.3、穿宽0.7厘米（图一八三，12）。

D型　2枚。钱文较清晰，周郭宽度较匀称，钱背穿上带一"昌"字，系扬州之省称。

标本TN01W01⑤：15，直径2.3、穿宽0.7厘米（图一八三，13）。标本TN03W03⑤：6，直径2.2、穿宽0.7厘米（图一八三，14）。

16．乾元重宝

2枚。钱文清晰规范，周郭较宽、匀称。

标本H4：2，直径2.2、穿宽0.7厘米（图一八三，15）。标本H52：17，直径2.4、穿宽0.8厘米（图一八三，16）。

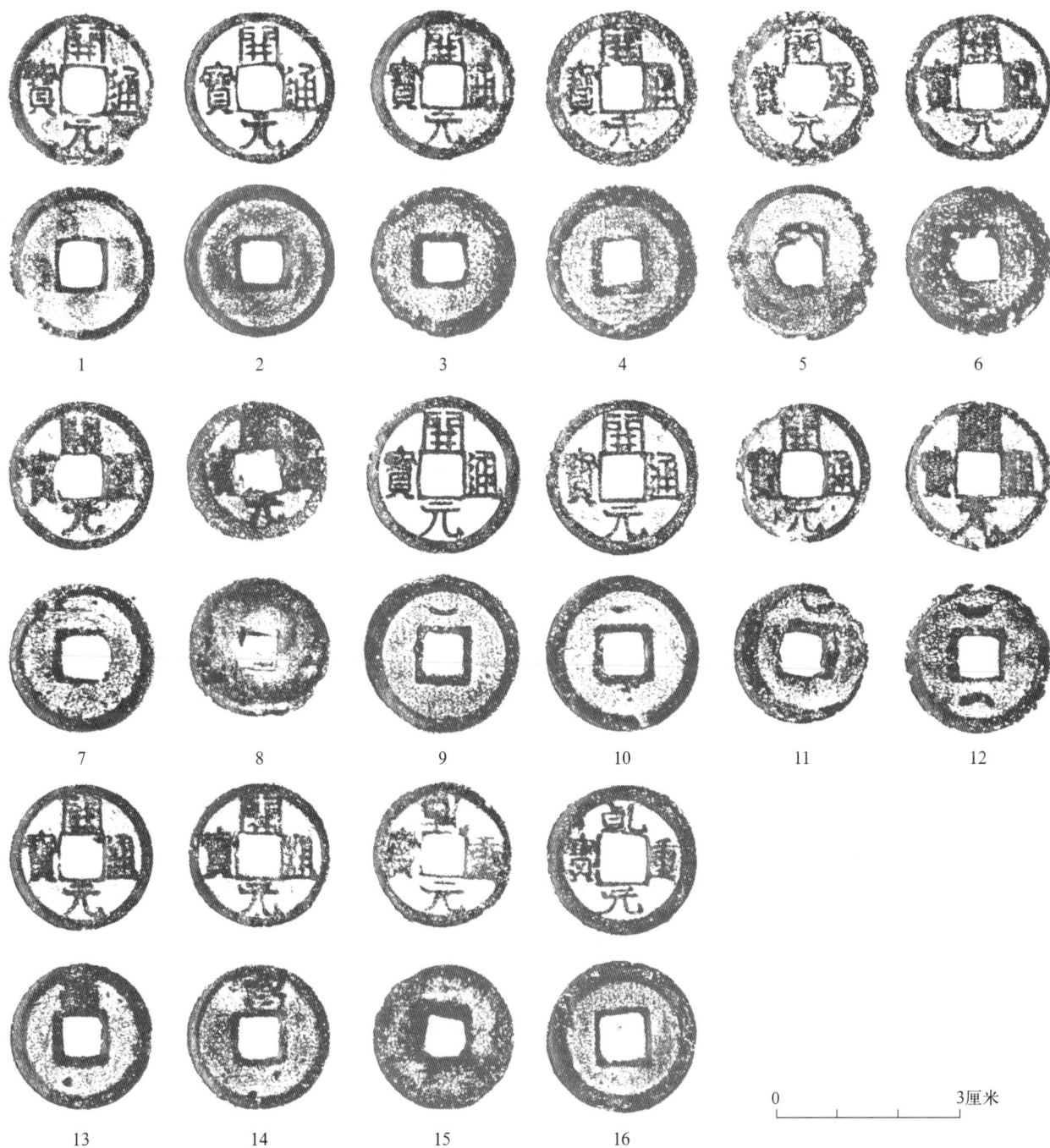

图一八三　铜钱拓片

1～14.开元通宝：1、2.Aa型H52：26、H52：41　3、4.Ab型H52：10、TN01E03④B：5　5.Ac型TN02W03⑤：2　6～8.Ad型H52：16、H52：19、TN01E03④B：2　9、10.Ba型H52：31、H52：37　11.Bb型H52：35　12.C型H52：33　13、14.D型TN01W01⑤：15、TN03W03⑤：6　15、16.乾元重宝H4：2、H52：17

17．祥符通宝

1枚。钱文清晰规范，周郭较宽、匀称。

标本TN02W03④B：5，直径2.5、穿宽0.6厘米（图一八四，1）。

18．祥符元宝

2枚。钱文清晰规范，周郭较宽、匀称。

标本TN03W01④A：17，直径2.5、穿宽0.6厘米（图一八四，2）。标本H5：15，直径2.5、穿宽0.6厘米（图一八四，3）。

19．熙宁元宝

1枚。

标本H11：4，钱文较模糊，周郭较宽、匀称。直径2.2、穿宽0.6厘米（图一八四，4）。

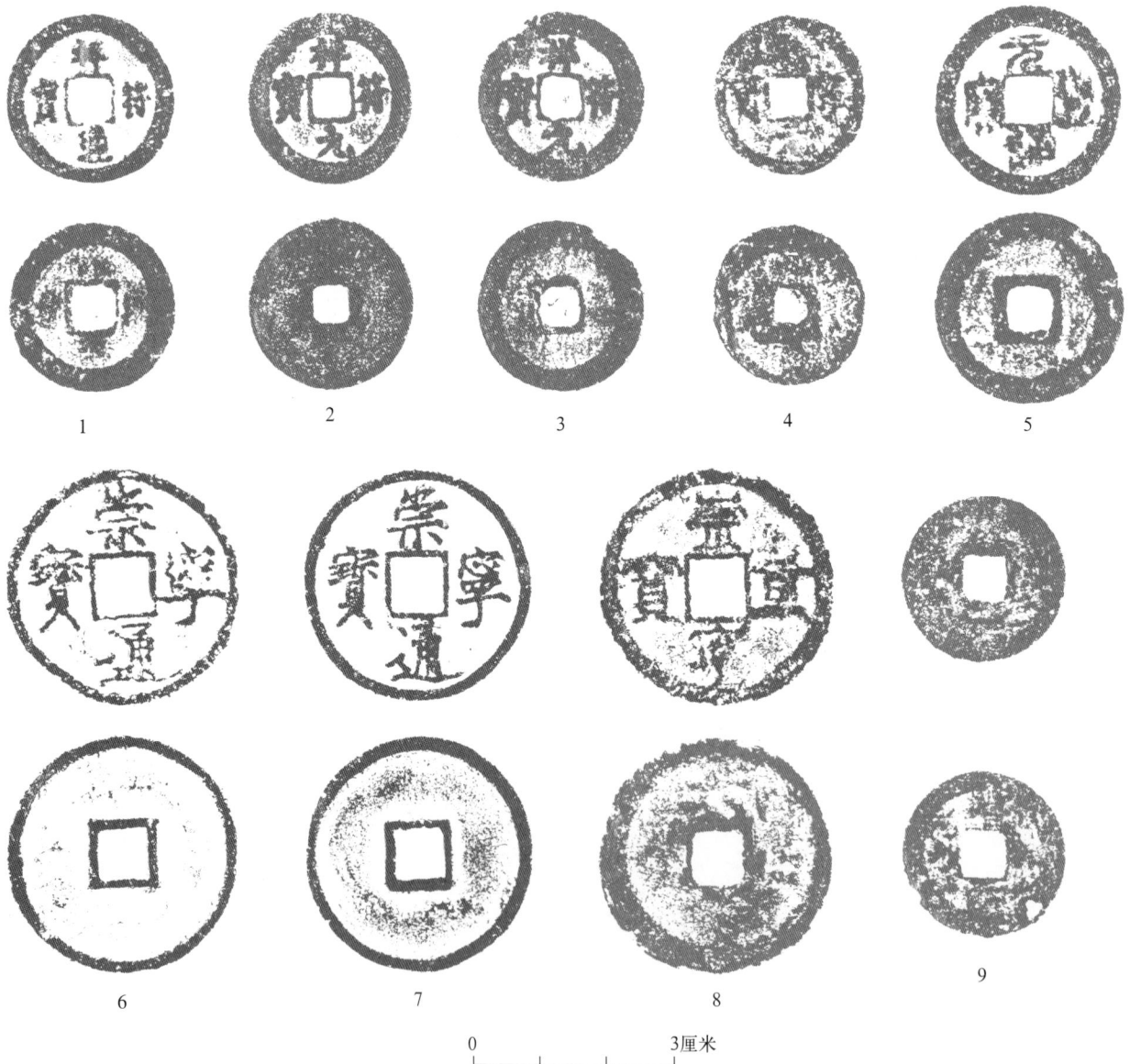

图一八四　铜钱拓片

1．祥符通宝TN02W03④B：5　2、3．祥符元宝TN03W01④A：17、H5：15　4．熙宁元宝H11：4　5．元丰通宝H11：3　6、7．崇宁通宝TN03W03④A：9、TN03W01④A：8　8．崇宁重宝H5：16　9．未辨识钱J12：2

20．元丰通宝

1枚。钱文较模糊散漫，周郭较宽、匀称。

标本H11：3，直径2.7、穿宽0.7厘米（图一八四，5）。

21．崇宁通宝

2枚。钱文清晰规范，周郭细窄、匀称。

标本TN03W03④A：9，直径3.4、穿宽0.8厘米（图一八四，6）。标本TN03W01④A：8，直径3.4、穿宽0.8厘米（图一八四，7）。

22．崇宁重宝

1枚。钱文较模糊散漫，周郭较宽、匀称。

标本H5：16，直径3.4、穿宽0.9厘米（图一八四，8）。

23．未辨识钱

1枚。

标本J12：2，直径2.4、穿宽0.7厘米（图一八四，9）。

四　石器

仅1件力士造像。

力士造像

1件。

标本H81：1，红砂石质，圆雕，腰部以上、膝部以下皆不存。胯部向左扭，腿部肌肉发达。系腰带，腰带末端垂双腿间。下着裙，裙腰外翻，裙摆及膝，向左侧扬起。局部有残损，残高27.0厘米（图一八五，1；彩版四三，3）。

五　骨器

2件。有簪、棋子。

1．骨簪

1件。磨制，前段稍窄，末端带一穿孔。

标本TN01E03⑤：8，残长8.1、厚0.2厘米（图一八五，2）。

2．棋子

1枚。

标本H22：8，直径1.7、厚0.3厘米（图一八五，3）。

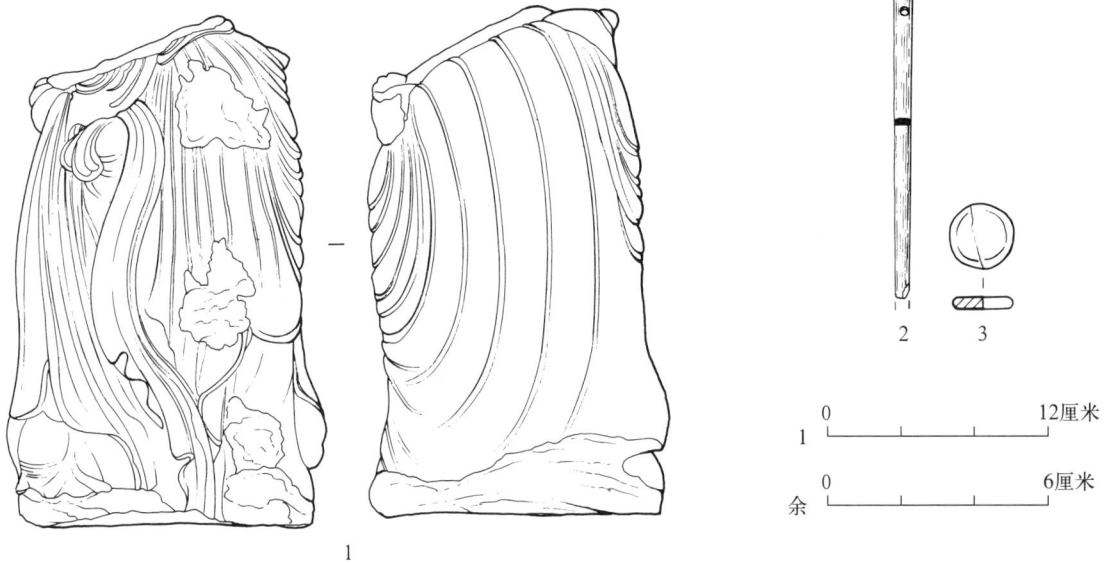

图一八五　力士石造像与骨器
1．力士石造像H81：1　2．骨簪TN01E03⑤：8　3．棋子H22：8

第三节　分期与年代

　　根据地层与遗迹之间的层位关系和出土遗物的材质、类型、纹饰及组合等因素反映的年代特征综合分析，可以将唐宋遗存分为五期。

　　第一期：无地层，遗迹现象只有灰坑，有H53和H64。出土物数量较多，除见于上述2个灰坑外，还出土于其他形成年代较晚的地层和遗迹内，以青瓷器为主，类型较丰富，可辨碗、盘、杯、盏、罐、钵、盆、瓶、盘口壶、器盖等。青瓷器的窑口绝大多数属于成都西郊的青羊宫窑，具体类型有：A型Ⅰ式碗、A型Ⅱ式碗、B型碗、E型碗、A型盘、Ba型盘、Bb型盘、A型杯、B型杯、C型杯、A型Ⅰ式盏、A型Ⅱ式盏、B型Ⅰ式盏、Aa型罐、B型钵、盆、瓶、Ⅰ式盘口壶和器盖。邛窑瓷器的数量很少，几乎仅见有A型Ⅰ式圆口碗。

　　青羊宫窑的A型Ⅰ式碗、A型杯及邛窑的A型Ⅰ式圆口碗均为直口，深弧腹，小饼足，足底面内凹，与成都北郊驷马桥化工厂隋墓出土的青瓷碗接近[1]。青羊宫窑A型Ⅱ式碗的形制与四川三台牌坊垭唐代崖墓出土的Ⅱ式饼足碗相同，牌坊垭崖墓的多数器物系墓地遭破坏后采集所得，这类碗的具体所属墓葬单位已不详，但与之共存的开元通宝铜钱有的属于《试论唐开元通宝的分期》一文划分

---

[1]　罗伟先：《成都化工厂隋墓清理简报》，《四川文物》1986年第4期。

的A型 I 式，发掘者推测墓葬的年代上限可以早到唐高祖武德四年（公元621年）左右[1]。这类饼足碗的标本在四川邛崃固仪镇瓦窑山窑址[2]、大渔村1号窑址[3]及崇州公议镇天福村1号窑址[4]均有不少发现，其中瓦窑山窑址的年代主要在隋代至唐代早期，大渔村1号窑址的年代在隋代至中唐以前，而天福村1号窑址的年代则集中在初唐和盛唐时期。成都十二桥遗址隋唐早期遗存中也包含了多件这类标本，应为明确的青羊宫窑产品，十二桥隋唐早期遗存的年代下限被定为唐代初期[5]。B型碗和B型杯均为侈口，深弧腹，小饼足，足底面内凹，形制上与浙江衢州隋墓（M5）[6]、湖南长沙咸家湖初唐时期墓[7]、成都西郊化成村隋末初唐墓（蜀新M16）[8]及四川万县唐永徽五年（公元654年）冉仁才墓[9]出土的青瓷碗最为接近。与C型杯、B型钵和B型砚相同的青瓷器标本在青羊宫窑址第二层堆积中有所发现（如QYT3②:1、QYT11②:1、QYT18②:1等），该层的年代被定为隋代[10]。Ba型盘的形制多见于隋代，如河南安阳仁寿三年（公元603年）卜仁墓[11]、山西汾阳开皇十五年（公元595年）梅渊墓[12]、安徽亳县开皇二十年（公元600年）王干墓[13]、六安东三十铺隋墓[14]、湖南长沙隋墓（56长黄M35）[15]均有一定数量的发现，晚至四川万县唐永徽五年（公元654年）冉仁才墓、陕西礼泉唐开元六年（公元718年）越王李贞墓[16]中仍可以见到。此外，瓶和 I 式盘口壶的对比材料有武胜山水岩崖墓M5出土的四系瓶[17]、三台牌坊垭唐代崖墓出土的 II 式盘口壶、崇州天福村1号窑址出土的A型罐、邛崃固驿瓦窑山1号窑炉出土的罐、成都西郊化成村蜀新SM16和SM17出土的盘口壶，这些材料的年代集中在隋代至唐代早期。

据以上分析推测，第一期的年代约相当于隋代至唐代早期。

第二期：无地层，遗迹现象只有灰坑，有H27、H28和H52。出土物数量较少，除见于上述3个灰坑外，还出土于其他形成年代较晚的地层和遗迹内，以青瓷器为主，类型可辨碗、盏、钵、盘口壶、器盖等。青瓷器的窑口基本都来自本地，以邛窑和成都西郊的青羊宫窑最常见，具体类型有：

[1]　钟治：《三台县牌坊垭唐代崖墓清理简报》，《四川文物》2002年第2期。

[2]　四川省文物管理委员会、四川省文物考古研究所等：《四川省邛崃县固驿瓦窑山古瓷窑遗址发掘简报》，《南方民族考古》第三辑，四川科学技术出版社，1991年，第345页。

[3]　成都文物考古研究所、北京大学考古文博学院等：《四川省邛崃市大渔村窑区调查报告》，《成都考古发现（2005）》，科学出版社，2007年，第308～336页。

[4]　成都文物考古研究所、崇州市文物管理所：《四川崇州公议镇天福窑址考古调查简报》，《成都考古发现（2008）》，科学出版社，2010年，第438页。

[5]　四川省文物考古研究院、成都文物考古研究所：《成都十二桥》，文物出版社，2009年，第203～204页。

[6]　衢州市文物馆：《浙江衢州市隋唐墓清理简报》，《考古》1985年第5期。

[7]　湖南省博物馆：《湖南长沙咸嘉湖唐墓发掘简报》，《考古》1980年第6期。

[8]　成都市文物考古研究所、成都市文物考古工作队：《四川成都市西郊化成村唐墓的清理》，《考古》2000年第3期。

[9]　四川省博物馆：《四川万县唐墓》，《考古学报》1980年第4期。

[10]　四川省文管会、成都市文管处：《成都青羊宫窑址发掘简报》，《四川古陶瓷研究（二）》，四川省社会科学院出版社，1984年，第113～154页。

[11]　宋伯胤：《卜仁墓中的隋代青瓷器》，《文物参考资料》1958年第8期。

[12]　山西省博物馆、汾阳县博物馆：《山西汾阳北关隋梅渊墓清理简报》，《文物》1992年第10期。

[13]　亳县博物馆：《安徽亳县隋墓》，《考古》1977年第1期。

[14]　安徽省文物工作队：《安徽六安东三十铺隋画象砖墓》，《考古》1977年第5期。

[15]　湖南省博物馆：《长沙两晋南朝隋墓发掘报告》，《考古学报》1959年第3期。

[16]　昭陵文物管理所：《唐越王李贞墓发掘简报》，《文物》1977年第10期。

[17]　四川省文物考古研究院、广安市文物管理所等：《四川武胜山水岩崖墓群发掘报告》，《四川文物》2010年第1期。

邛窑A型Ⅱ式圆口碗、B型圆口碗、B型钵、C型器盖；青羊宫窑Ca型碗、Cb型碗、D型碗、A型钵、Ⅱ式盘口壶、B型Ⅱ式盏、C型盏。

邛窑A型Ⅱ式圆口碗和青羊宫窑Ca型碗、Cb型碗的形制与邛崃十方堂5号窑址出土的一件侈口圆弧腹碗（84QS5YT12③：32）相同，后者的外壁以红褐色书有"先天二年二月八日适记泗"字样，先天二年为公元713年[1]。成都西郊土桥村筒车田唐墓出土的青瓷碗也属于此种形制[2]，该墓在《四川地区唐代砖室墓分期研究初论》一文被划分为第二期，年代约在唐代中期[3]。邛窑B型圆口碗和青羊宫窑D型碗的形制与成都西郊金沙堰村M2出土的瓷碗相同，该墓的年代约在唐代中期偏早[4]，可作为其年代参考的材料还有陕西乾县神龙二年（公元706年）永泰公主墓[5]、广东韶关开元二十九年（公元741年）张九龄墓[6]出土的三彩碗和滑石碗。青羊宫窑Ⅱ式盘口壶的形制与成都西郊化成村金港JM2[7]和土桥村筒车田唐墓出土的瓷盘口壶接近，两座墓葬的年代均在唐代中期偏早。此外，类似的遗物还见于四川松潘县松林坡唐代墓葬[8]。C型盏属于灯盏，为四川地区唐代瓷器中常见的器形之一，其时代变化特征不甚显著，大体规律是早期口沿微敛，腹部略有弧度，时代偏晚者多敞口，腹部呈斜直状。C型盏的形制与邛崃大渔村2号窑址出土的瓷碟相同，发掘者推测该窑大约始烧于唐代前期，延烧至中唐时期[9]。

据以上分析推测，第二期的年代约相当于唐代中期。

第三期：地层为第⑤层，遗迹现象主要为灰坑，以H2、H4、H35、H39、H55、H66、H67、H68、H81、H84、H86、H87、H89、H96、H104、H118等为代表。出土物数量多，除见于上述地层和灰坑外，还出土于其他形成年代较晚的地层和遗迹内，以瓷器为主，还有少量的陶器和铜钱。瓷器的釉色品种有青釉、酱釉、白釉等，器表纹饰不流行，素面居多，碗、盘类常见花口形状。器形丰富，可辨碗、盘、盏、注壶、唾壶、盘口壶、穿带瓶、盆、钵、罐、炉、水盂、急须、灯、盒、器盖、器座、模型玩具等。从瓷器的窑口组合情况看，邛窑瓷器继续流行，且类型最为丰富，青羊宫窑的产品已基本见不到，取而代之的是成都东南郊的琉璃厂窑，其瓷器的类型虽不及邛窑丰富，但数量上占据绝对优势。除本地产品外，还能够见到少量的邢（定）窑和越窑瓷器，制作精细，应属当时的高档商品。瓷器的具体类型有：邛窑A型Ⅲ式、Ca型Ⅰ式、Ca型Ⅱ式、Cb型Ⅰ式、Cb型Ⅱ式、Cc型Ⅰ式、D型Ⅰ式圆口碗，Aa型、Ab型、B型、Ca型、Cb型、Cc型、D型、E型花口碗，A型、B型圆口盘，Aa型、Ab型、B型、C型花口盘，Aa型、Ab型、Ba型、Bb型、C型、D型盏，A

[1] 陈显双等：《邛窑古陶瓷研究——考古发掘简报》，收入耿宝昌主编：《邛窑古陶瓷研究》，中国科学技术大学出版社，2002年，第135～221页。

[2] 成都市文物考古工作队：《成都市西郊土桥村筒车田唐墓》，《四川文物》1999年第3期。

[3] 刘雨茂、朱章义：《四川地区唐代砖室墓分期研究初论》，《四川文物》1999年第3期。

[4] 成都市文物考古研究所：《成都市西郊金沙堰村唐宋墓葬发掘简报》，《成都考古发现（2001）》，科学出版社，2003年，第193～199页。

[5] 陕西省文物管理委员会：《唐永泰公主墓发掘简报》，《文物》1964年第1期。

[6] 广东省文物管理委员会、华南师范学院历史系：《唐代张九龄墓发掘简报》，《文物》1961年第6期。

[7] 成都市文物考古研究所、成都市文物考古工作队：《四川成都市西郊化成村唐墓的清理》，《考古》2000年第3期。

[8] 中国社会科学院考古研究所四川工作队、松潘县文物管理所：《四川松潘县松林坡唐代墓葬的清理》，《考古》1998年第1期。

[9] 成都文物考古研究所、北京大学考古文博学院等：《四川省邛崃市大渔村窑区调查报告》，《成都考古发现（2005）》，科学出版社，2007年，第308～336页。

型、B型注壶，唾壶，A型、B型水盂，A型、B型盆，炉，急须，Aa型Ⅰ式、Aa型Ⅱ式、Ab型、B型Ⅰ式罐，A型、C型钵，A型器盖，盒，灯，模型玩具；琉璃厂窑A型Ⅰ式、Ba型、Bb型Ⅰ式、C型Ⅰ式、D型碗，Aa型、Ab型Ⅰ式盘，A型Ⅰ式、D型盏，Aa型、Ab型、Ac型、Ba型、Bb型、C型、D型钵，A型Ⅰ式、Ba型、Bb型、Bc型、Ea型、F型罐，A型、B型、C型炉，Aa型、Ab型、Ac型、Ba型、Bb型、C型、D型盆，A型、B型、C型、E型注壶，Aa型、Ab型、B型、Ca型器盖，盘口壶，穿带瓶，器座；邢（定）窑A型、B型、C型碗，A型、B型盘以及越窑的碗。

邛窑Ca型Ⅰ式圆口碗、Aa型盏和琉璃厂窑C型Ⅰ式碗的形制十分接近，均为敞口，斜直腹，底部带饼足，这种形制的碗较早的出土材料见于成都南郊桐梓林唐贞元二年（公元786年）爨公墓[1]，主要流行于唐代晚期至五代初，如成都西郊红色村唐元和十年（公元815年）王怀珍墓[2]、金沙村唐大中四年（公元850年）鲜腾墓[3]、十陵镇青龙村前蜀乾德五年（公元923年）王宗侃墓[4]和前蜀王建墓[5]出土的青瓷碗等。邛窑Cb型Ⅰ式圆口碗的底足出现玉璧足的特征，一般认为这种足部形态出现于八世纪中叶，流行于九世纪前半，以后逐渐为圈足所取代[6]。琉璃厂窑A型Ⅰ式碗的主要流行于五代时期，纪年材料如成都东郊后蜀广政十一年（公元948年）张虔钊墓[7]、双流竹林村后蜀广政二十七年（公元964年）徐公墓[8]出土的青瓷碗。邛窑Cb型花口碗的形制与内蒙古阿鲁科尔沁旗辽会同五年（公元942年）耶律羽之墓[9]出土的越窑花口青瓷碗相同，E型花口碗的形制与福州后唐长兴三年（公元932年）王审知墓[10]出土的定窑花口白瓷碗相同。邛窑A型圆口盘折腹、饼足的形制与成都梁家巷M1[11]和广汉烟堆子M1[12]出土的青瓷碗相同，这两座墓葬的年代约在唐代中、晚期；C型花口盘的形制与浙江临安唐光化三年（公元900年）钱宽墓[13]、临安唐天复元年（公元901年）水丘氏墓[14]及内蒙古赤峰辽应历九年（公元959年）驸马墓[15]出土的定窑花口白瓷盘相同，其口沿局部呈菱花形的特征又见于内蒙古阿鲁科尔沁旗宝山M1出土的定窑白瓷盘上，墓内带有辽天赞二年（公元

[1]　成都市文物考古研究所：《成都市南郊桐梓林唐代爨公墓发掘》，《成都考古发现（1999）》，科学出版社，2001年，第202～210页。

[2]　成都文物考古研究所：《成都市西郊红色村唐代王怀珍墓》，《成都考古发现（2005）》，科学出版社，2007年，第301～307页。

[3]　成都市文物考古研究所：《成都市金沙村唐墓发掘简报》，《成都考古发现（2004）》，科学出版社，2006年，第312～322页。

[4]　成都文物考古研究所、龙泉驿区文物保护管理所：《成都市龙泉驿五代前蜀王宗侃夫妇墓》，《考古》2011年第6期。

[5]　冯汉骥：《前蜀王建墓》，文物出版社，2002年，第64页。

[6]　（日）龟井明德：《唐代玉璧高台の出现と消减时期の考察》，《贸易陶磁研究（十三）》，1993年。

[7]　成都市文物管理处：《成都市东郊后蜀张虔钊墓》，《文物》1982年第3期。

[8]　成都文物考古研究所、双流县文物管理所：《成都双流籍田竹林村五代后蜀双室合葬墓》，《成都考古发现（2004）》，科学出版社，2006年，第323～363页。

[9]　内蒙古文物考古研究所、赤峰市博物馆、阿鲁科尔沁旗文物管理所：《辽耶律羽之墓发掘简报》，《文物》1996年第1期。

[10]　福建省博物馆、福州市文物管理委员会：《唐末五代闽王王审知夫妇墓清理简报》，《文物》1991年第5期。

[11]　成都市文物考古工作队：《成都梁家巷唐宋墓葬发掘简报》，《四川文物》1999年第3期。

[12]　四川省文物考古研究院、德阳市文物考古研究所、广汉市文管所：《2004广汉烟堆子遗址晚唐、五代墓地发掘简报》，《四川文物》2005年第3期。

[13]　浙江省博物馆、杭州市文管会：《浙江临安晚唐钱宽墓出土天文图及"官"字款白瓷》，《文物》1979年第12期。

[14]　明堂山考古队：《临安县唐水丘氏墓发掘报告》，《浙江省文物考古所学刊》，科学出版社，1981年，第103页。

[15]　前热河省博物馆筹备处：《赤峰县大营村辽墓发掘报告》，《考古学报》1956年第3期；陈万里：《我对于辽墓出土的几件瓷器的意见》，《文物参考资料》1956年第11期。

923年）题记[1]。邛窑Ab型罐、琉璃厂窑Bb、Bc型罐均为短直颈，颈中部带弦纹，类似的遗物也曾出土于前蜀王建墓、后蜀广政十一年（公元948年）张虔钊墓、成都洪河大道南延线唐末五代大墓（M1）[2]和化成村五代墓[3]，琉璃厂窑Ba型罐则与成都永陵公园后蜀广政二十六年（公元963年）雷氏墓[4]出土的A型四系罐完全相同。琉璃厂窑的穿带瓶标本在成都针织厂地点的窑址发掘区有少量出土，属于报告划分的第一期遗存，年代主要在五代前、后蜀时期[5]。此外，邛窑瓷器中还见有少量的低温釉瓷器，釉色以黄、绿釉为主，器形可辨水盂、炉、模型玩具等。据研究表明，这类瓷器的烧造年代集中在五代的前、后蜀时期，可能属于提供给前、后蜀宫廷或官府机构使用的高档器具[6]。

据以上分析推测，第三期的年代约相当于唐代晚期至五代，下限可达北宋初年。

第四期：地层为第④B层，遗迹现象主要为灰坑和灰沟，以H5、H8、H16、G4等为代表。出土物数量较多，除见于上述地层和遗迹外，还出土于其他形成年代较晚的地层和遗迹内，以瓷器为主，还有少量的陶器、铜器和铜钱。瓷器的釉色品种较第三期显著增多，有青釉、酱釉、黑釉、白釉、青白釉、绿釉、蓝釉等，器表纹饰比较流行，有刻划、模印、彩绘、堆线等。器形丰富，可辨碗、盘、盏、杯、碟、注壶、罐、瓶、炉、水盂、急须、盒、研磨器、器盖等。瓷器的窑口组合情况较为复杂，邛窑和琉璃厂窑产品继续流行，本地窑口新见磁峰窑和金凤窑，外地窑口的瓷器开始大量增加，以南方地区为主，如景德镇窑、广元窑、建窑、吉州窑、龙泉窑等，北方窑口仅有耀州窑、磁州窑等。瓷器的具体类型有：邛窑A型Ⅳ式、A型Ⅴ式、Cc型Ⅱ式、D型Ⅱ式圆口碗，碟，B型Ⅱ式罐，瓶；琉璃厂窑A型Ⅱ式、A型Ⅲ式、Bb型Ⅱ式、C型Ⅱ式碗，A型Ⅱ式、A型Ⅲ式、Ba型、Bb型、Bc型Ⅰ式、C型、E型、F型盏，Ab型Ⅱ式、C型盘，Ca型、Cb型、G型罐，D型盆，D型注壶，Cb型器盖，水盂，急须，研磨器；磁峰窑A型、B型碗，A型、Ba型盏，B型杯，A型、B型、C型盘，盒；广元窑B型碗，Aa型、Ab型、B型盏，罐；景德镇窑A型、B型碗，A型Ⅰ式盏，Ⅰ式杯，碟，A型、Ba型炉；龙泉窑Ⅰ式碗，A型Ⅰ式洗；金凤窑碟；建窑盏；吉州窑盏；耀州窑碗；磁州窑碗。

琉璃厂窑A型Ⅲ式碗的形制与成都二仙桥南宋绍兴二十二年（公元1152年）墓[7]、永陵公园南宋淳熙年（公元1174～1189年）墓[8]出土的瓷碗相同，邛崃龙兴寺遗址出土的一件酱釉圈足碗也属于此种形制，其内壁带有"绍兴二十三年（公元1153年）"题记[9]。此外，A型Ⅲ式碗有的标本圈足内

[1] 内蒙古文物考古研究所、阿鲁科尔沁旗文物管理所：《内蒙古赤峰宝山辽壁画墓发掘简报》，《文物》1998年第1期。

[2] 成都市文物考古研究所、龙泉驿区文物保管所：《成都市龙泉驿区洪河大道南延线唐宋墓葬发掘简报》，《成都考古发现（2001）》，科学出版社，2003年，第163～177页。

[3] 成都市文物考古工作队：《成都市五代墓出土尊胜陀罗尼石刻》，《四川文物》1999年第3期。

[4] 成都文物考古研究所：《2008年度永陵公园古遗址发掘简报》，《成都考古发现（2008）》，科学出版社，2010年，第368～410页。

[5] 成都文物考古研究所：《成都市琉璃厂古窑址2010年试掘报告》，《成都考古发现（2010）》，科学出版社，2012年，第352～395页。

[6] 易立：《试论邛窑低温釉瓷器的几个问题》，《边疆考古研究（第18辑）》，科学出版社，2015年，第247～263页。

[7] 成都市文物考古研究所：《成都市二仙桥南宋墓发掘简报》，《成都考古发现（1999）》，科学出版社，2001年，第211～224页。

[8] 成都文物考古研究所：《2008年度永陵公园古遗址发掘简报》，《成都考古发现（2008）》，科学出版社，2010年，第368～410页。

[9] 成都文物考古研究所、邛崃市文物管理局：《四川邛崃龙兴寺2005～2006年考古发掘报告》，文物出版社，2011年，第233页。

有模印的菱形图案，相同的标本在成都针织厂地点的琉璃厂窑发掘区也有出土，属于报告划分的第二期遗存，年代相当于北宋末至南宋中期[1]。Ca型罐的纪年材料较为充分，年代集中于南宋早、中期，如成都二仙桥绍兴二十二年（公元1152年）墓、温江"学府尚郡"小区淳熙十一年（公元1184年）墓[2]、金鱼村淳熙十五年（公元1188年）墓[3]、石岭村嘉定六年（公元1213年）墓[4]、外化成小区端平二年（公元1235年）墓[5]等出土的酱釉瓷罐。Cb型罐的外腹壁用化妆土堆线，也属于成都地区南宋墓葬中常见的随葬瓷器之一，如成都花果村庆元六年（公元1200年）墓[6]、石墙村嘉定四年（公元1211年）墓[7]出土的瓷罐。就各个外地窑口的瓷器标本来看，年代也主要集中于南宋，如广元窑Aa型、Ab型盏和建窑盏、吉州窑盏都属于黑釉束口式茶盏，与江苏江浦南宋庆元元年（公元1195年）墓[8]、江西吉水南宋嘉熙元年至宝祐二年（公元1237～1254年）墓[9]出土的黑釉瓷盏相同。另据日本学者对福冈博多遗址所出中国黑釉茶盏的整理研究，造型呈倒三角形的敞口式茶盏年代出现最早[10]。约从12世纪前半期开始，深腹的黑釉茶盏已占据主流，从12世纪后半期开始，黑釉茶盏的口沿明显折曲上立，即出现了束口式茶盏。景德镇窑的B型碗为芒口，与景德镇湖田窑址出土的A型Ⅱ式青白釉芒口深腹碗相同，属于该窑第四期的遗存，年代在南宋前期[11]。龙泉窑的Ⅰ式碗和A型Ⅰ式洗具有薄胎厚釉的特征，属于《四川地区出土龙泉窑青瓷的类型与分期》一文划分的第一期，年代约在南宋中后期至元初[12]。

据以上分析推测，第四期的年代主要在南宋，上限可达北宋末，下限可达元初。

第五期：地层为第④A层，遗迹现象主要为灰坑，以H1、H3、H6、H10、H11、H12、H13、H17、H19、H20、H22、H75、H113、H117等为代表。出土物数量较少，基本都属于瓷器，釉色品种较第四期略微减少，有青釉、白釉、青白釉、天青釉、黑釉、酱釉等，器表装饰以刻划和模印为主流，器形不够丰富，可辨碗、盏、杯、盘、洗、炉等，其中碗、盏、盘所占的比例最大。就瓷器的窑口组合情况看，本地窑口的产品急剧减少，除制作粗糙的琉璃厂窑黑釉和酱釉碗、盏、盘外，

　　[1] 成都文物考古研究所：《成都市琉璃厂古窑址2010年试掘报告》，《成都考古发现（2010）》，科学出版社，2012年，第352～395页。

　　[2] 成都文物考古研究所、温江区文物保护管理所：《成都温江区"学府尚郡"工地五代及宋代墓葬发掘简报》，《成都考古发现》（2006），科学出版社，2008年，第305～334页。

　　[3] 成都市文物考古工作队：《四川成都市西郊金鱼村南宋砖室火葬墓》，《考古》1997年第10期。

　　[4] 成都市文物考古研究所：《成都市青龙乡石岭村宋墓发掘简报》，《成都考古发现（2003）》，科学出版社，2005年，第397～417页。

　　[5] 成都市文物考古研究所：《成都市外化成小区南宋墓发掘简报》，《成都考古发现（1999）》，科学出版社，2001年，第242～251页。

　　[6] 成都市文物考古研究所：《成都市成华区三圣乡花果村宋墓发掘简报》，《成都考古发现（2001）》，科学出版社，2003年，第200～235页。

　　[7] 成都市文物考古研究所：《成都市高新区石墙村宋墓发掘简报》，《成都考古发现（1999）》，科学出版社，2001年，第252～259页。

　　[8] 南京市博物馆：《江浦黄悦岭南宋张同之夫妇墓》，《文物》1973年第4期。

　　[9] 陈定荣：《江西吉水纪年宋墓出土文物》，《文物》1987年第2期。

　　[10] （日）森本朝子：《福冈博多遗址群出土的天目瓷》，载茶道资料馆编辑：《唐物天目——福建省建窑出土天目と日本传世の天目》，福建省博物馆、MOA美术馆、茶道资料馆，1994年。

　　[11] 江西省文物考古研究所、景德镇民窑博物馆：《景德镇湖田窑址1988～1999年考古发掘报告》（上），文物出版社，2007年，第94、455～457页。

　　[12] 易立：《四川地区出土龙泉窑青瓷的类型与分期》，《四川文物》2013年第5期。

仅能见到零星的邛窑和磁峰窑瓷器。外地窑口的产品占据了主导地位，以龙泉窑的青瓷器最流行，其次为景德镇窑、钧窑和广元窑。瓷器的具体类型有：琉璃厂窑C型Ⅲ式碗，B型盘，Bc型Ⅱ式盏；邛窑Cc型Ⅲ式碗；磁峰窑C型碗，Bb型盏，A型杯；龙泉窑Ⅱ式碗，A型、B型、C型盘，A型Ⅱ式、B型、C型洗，杯，盏；景德镇窑C型碗，A型Ⅱ式、B型盏，Ⅱ式杯，Bb型炉；钧窑A型、B型盘，碗，洗；广元窑A型碗。

龙泉窑瓷器的釉面大多呈青绿色，胎厚釉薄，装饰技法流行刻划花和印花，具有鲜明的元代特征[1]，具体而言可归入《四川地区出土龙泉窑青瓷的类型与分期》一文划分的第二期，年代相当于元代中后期[2]。B型洗又称"蔗段洗"，在四川地区出土的龙泉窑瓷器中比较少见，但在北京西绦胡同元代居住遗址[3]、江西高安元代窖藏[4]、韩国新安海底元代沉船[5]等地点都有所发现。景德镇窑C型碗和A型Ⅱ式、B型盏的底部均带有厚重的饼足，带有类似特征的瓷器除见于安徽歙县元代窖藏[6]外，还与景德镇湖田窑址B型青白瓷饼足碗[7]和景德镇丽阳碓臼山窑址出土的青瓷碗、盘[8]相同，二者的年代都在元代晚期。另外，此期的钧窑天青釉瓷器胎釉厚重，釉面有棕眼，底足露胎，也应属于典型的元代遗物[9]。

据以上分析推测，第五期的年代主要在元代中晚期。

再从层位关系和出土遗物两个方面，简要分析一下部分道路、房屋、排水沟、井等建筑遗迹的年代问题。

L1被H1、H2、H3、H4、H5和第④B层所打破和叠压，其中H2和H4的年代最早，在五代至北宋初。另外，L1又叠压于第⑤层，故这条道路的使用年代应主要在唐代晚期至五代。从L1的修筑方式看，其路面为泥土与瓷片瓦砾混杂夯筑，尚未使用青砖砌筑，与成都江南馆街遗址主街道L2第一、二阶段路面的修筑方式基本相同，年代跨度从唐末至南宋初[10]。又据《成都文类》引南宋范蓁《砌街记》载："天下郡国，惟江浙甃其道，虽中原无有也。……大、少二城，坤维大都会，市区栉比，衢遂基布，而地苦沮洳。夏秋霖潦，人行泥淖中，如履胶漆。既晴，则蹄道辙迹，隐然纵横，颇为往来之患。绍兴十三年，鄱阳张公镇蜀，始命甃之，仅二千余丈。后三十四年，吴郡范公节制四川，为竟其役，鸠工命徒，分职授任……率一街之首尾立两石以识广狭，凡十有四街。"[11]据此可

[1] 权奎山、孟原召：《20世纪中国文物考古发现与研究丛书——古代陶瓷》，文物出版社，2008年。

[2] 易立：《四川地区出土龙泉窑青瓷的类型与分期》，《四川文物》2013年第5期。

[3] 中国科学院考古研究所、北京市文物管理处元大都考古队：《北京西绦胡同和后桃园的元代居住遗址》，《考古》1973年第5期。

[4] 江西省高安县博物馆：《江西高安县发现元青花、釉里红等瓷器窖藏》，《文物》1982年第4期。

[5] 李德金、蒋忠义、关甲堃：《朝鲜新安海底沉船中的中国瓷器》，《考古学报》1979年第2期。

[6] 歙县博物馆：《歙县出土两批窖藏元瓷珍品》，《文物》1988年第5期。

[7] 江西省文物考古研究所、景德镇民窑博物馆：《景德镇湖田窑址1988～1999年考古发掘报告》（上），文物出版社，2007年，第94、455～457页。

[8] 故宫博物院、江西省文物考古研究所、景德镇市陶瓷考古研究所：《江西景德镇丽阳碓臼山元代窑址发掘简报》，《文物》2007年第3期。

[9] 关甲堃、李德金：《论元代的钧瓷》，《考古与文物》1990年第3期。

[10] 成都文物考古研究所：《成都江南馆街唐宋时期街坊遗址》，《成都文物》2009年第3期；谢涛、何锟宇：《成都江南馆街唐宋时期街坊遗址》，国家文物局编：《2008中国重要考古发现》，文物出版社，2009年，第150～155页。

[11] （宋）袁说友等编、赵晓兰整理：《成都文类》卷四十六，中华书局，2011年，第885页。

知，L1的修筑方式与文献记载南朝以前成都城市道路的面貌亦基本吻合。

F3打破第⑥层，第⑥层的形成年代在南朝末至隋代，故F3的修筑年代不会早于隋代。另外，F3又被第⑤层和H67叠压、打破，第⑤层和H67的形成年代都在五代至北宋初，故其使用年代的下限不晚于北宋初年。

F5打破第⑤层，垫土层内出土的瓷器有邛窑Cc型Ⅱ式圆口碗，琉璃厂窑Ba型、Bc型Ⅰ式、F型盏等，这些瓷器的年代都在南宋，故F5的修建年代不会早于南宋。另外，F5又被第④B层叠压，第④B层的形成年代在南宋至元初，故F5使用年代的下限不晚于元初。

G1和G5都打破第④B层，第④B层的形成年代都在南宋至元初，故G1和G5的修筑年代约在南宋末至元初。另外，G1和G5又被第④A层叠压，第④A层的形成年代在元代中晚期，故二者使用年代的下限不晚于元代。

J2出土的铜瓶为长颈，垂鼓腹，底部带喇叭形高圈足，与四川广安广福乡南宋窖藏出土的铜瓶[1]相同。另外，J2的开口被H1打破，H1的形成年代在元代中晚期，故J2使用年代的下限大约在元代中晚期。

J4的开口被明代城墙基槽（Q1）打破，故其使用年代的下限应在明代以前。井内出土物以瓷器为主，有青羊宫窑瓶，邛窑炉、盒，琉璃厂窑C型Ⅱ式碗等，年代从唐代早期至南宋，可作为J4使用年代的参考。

J9出土物中最晚的见有1件邛窑Cc型花口碗，为红胎，黄釉，釉面可以见到细密的开片，当为该窑典型的低温釉瓷器。据研究表明，十方堂邛窑烧造的低温釉瓷器年代大多集中于五代的前、后蜀时期，属于提供给前、后蜀宫廷或官府机构使用的高档器具[2]。因此，J9使用年代的下限应不会晚于五代时期。

J10、J12和J14的形制结构相似，故年代应接近。3座井内的出土物有广元窑A、B型罐，琉璃厂窑B型瓶、Eb型罐，磁峰窑A型杯等，年代集中在南宋至元代，可作为考察使用年代的依据。

[1] 李明高：《广安县出土宋代窖藏》，《四川文物》1985年第1期。

[2] 易立：《试论邛窑低温釉瓷器的几个问题》，《边疆考古研究（第18辑）》，科学出版社，2015年，第247～263页。

第六章　明代文化遗存

第一节　遗迹

明代遗迹有建筑台基、井、城墙基槽和灰坑（图一八六）。

一　建筑台基

1座。编号F1。

F1

位于发掘区东南部（图一八七；彩版四四，1、2），城墙基槽东、南段转角处的内侧，叠压于第③层下，打破第④A层，正东西走向。整体为长方形青砖砌筑，大部分已遭破坏，仅残存东南角，东西残长24.70、南北残长2.70、残高0.85米。边缘砌筑较规整，为错缝平铺，内部砌筑较杂乱，且残砖较多。台基外围残存有排水沟，宽0.40～0.45、残深0.85米，沟底铺砖。台基使用的砖块有两种规格，一种为38×18.5－8厘米，一种为38×18－7.5厘米。

台基的排水沟内出土较多的青花、蓝釉瓷器残片，以碗、盘为主。

二　井

2座。编号J11和J13。

1．J11

位于TN02W06南部和TN03W06北部（图一八八，1），井口被施工破坏，叠压层位不明，打破第⑥、⑦层和生土。井圹和井圈均未发掘至底，井圹部分平面近圆形，直径2.20～2.49、揭露深度1.61米，内填青黄色沙土，夹杂大量细卵石；井圈部分用青砖错缝丁砌，砖体为外直壁，内弧壁，规格为（36～45）×20－（7～9）厘米。井圈内壁呈圆形，直径0.66～0.70米，外壁呈六边形，边长0.45米，揭露深度1.61米。井圈内填土呈灰黑色，较疏松，带沙性，夹杂细卵石和烧土块，出土少量建筑构件。

北

H112

H111 H110

H108

J13

Q1
（东段）

F1

Q1（南段）

J11

0 12米

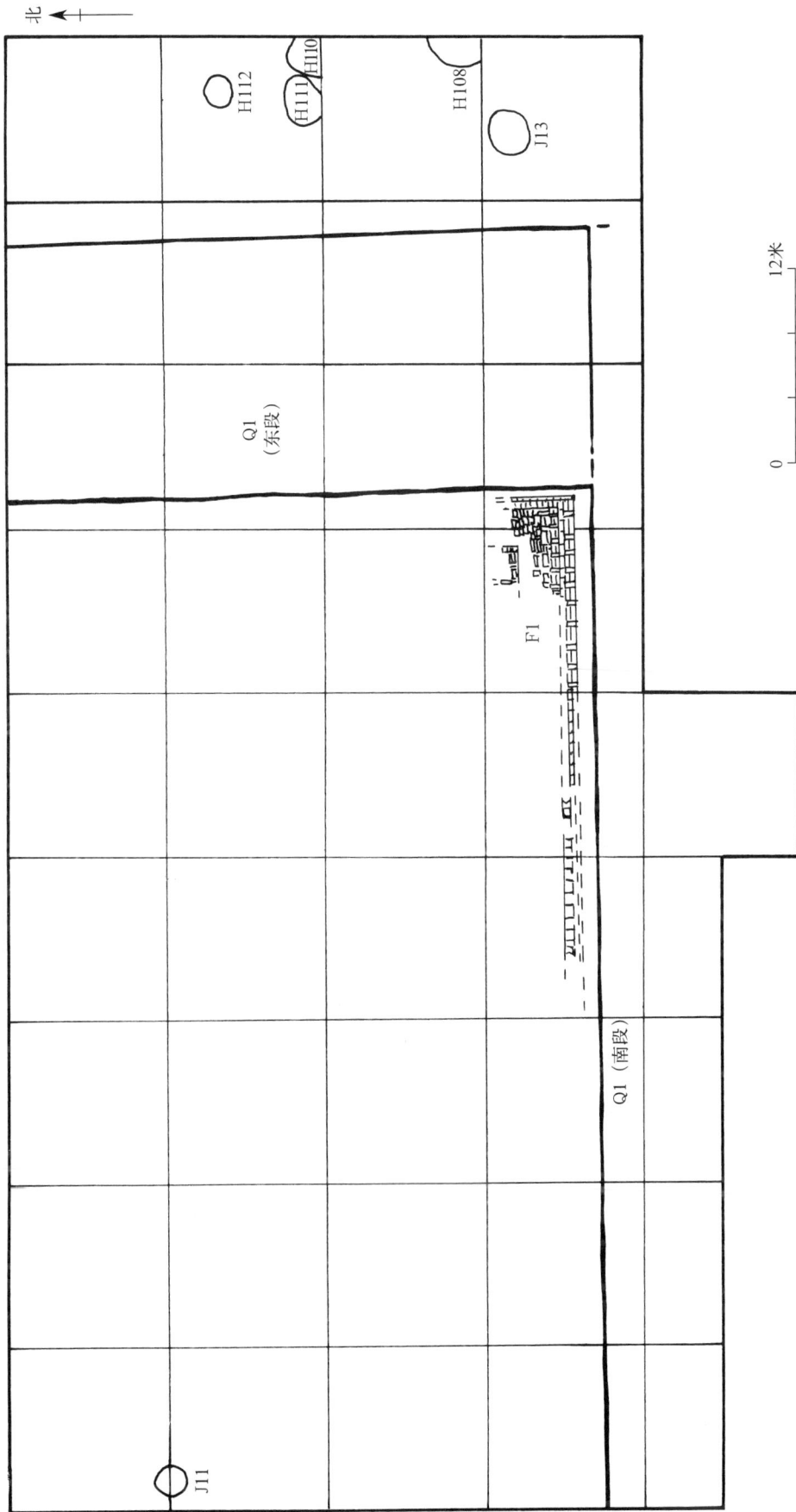

图一八六 明代遗迹平面分布图

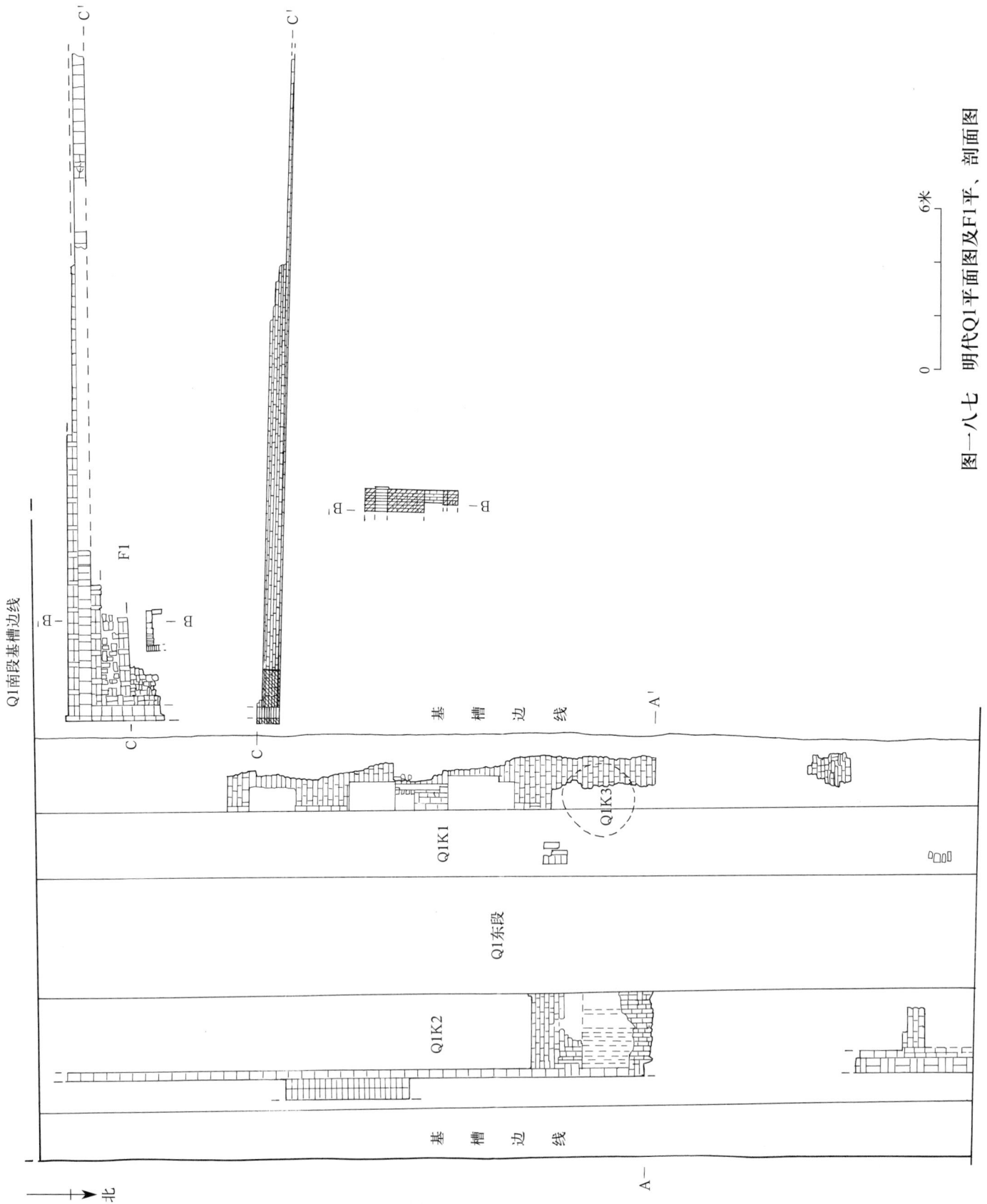

图一八七　明代Q1平面图及F1平、剖面图

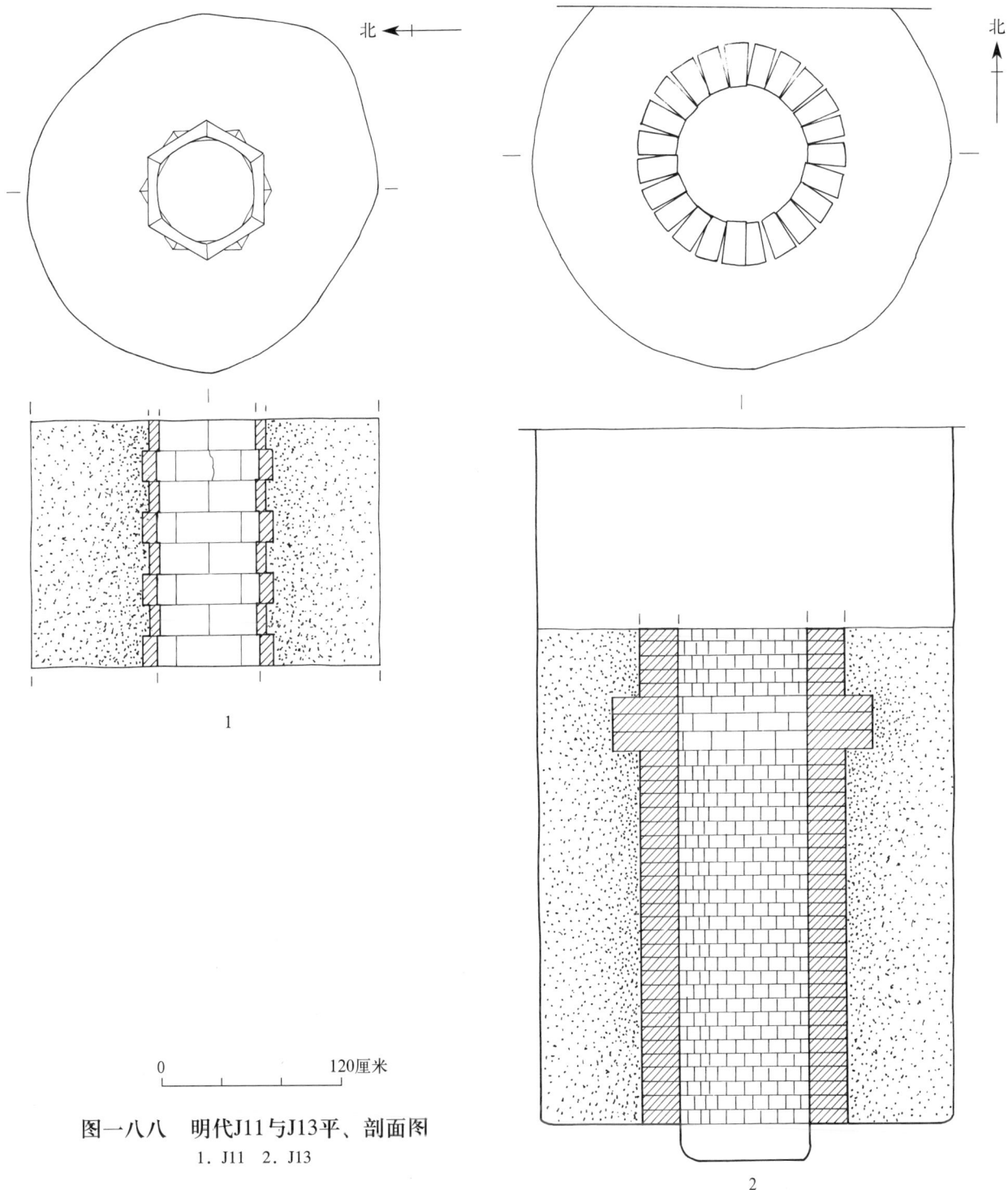

图一八八　明代J11与J13平、剖面图

1. J11　2. J13

2. J13

位于TS01E03北部居中（图一八八，2；彩版四五，1），叠压于第③层下，打破第④A层，直至生土。井圹部分平面近圆形，直径2.78～2.86、残深4.56米，内填暗黄色花土，夹杂大量细卵石、炭渣和残砖；井圈部分平面近圆形，内径0.90、外径1.42～1.46、残深4.78米。井圈上部遭破坏基本不存，下部使用青灰色梯形砖平铺砌筑，共残存35层，用砖规格有4种，第1～5层和第9～35层的用砖规格为25×（12～17）－8.5厘米和28×（12～18）－9厘米；第6～8层的用砖规格为42×21－12厘米和45×21－11.5厘米。底部使用木条构筑为基础。井圈内填土为黑色，含沙，带黏性，夹杂大量砖块和红砂石块，出土物以琉璃建筑构件为主，可辨花纹砖、瓦当、天马等，另有一定数量的青花瓷、白瓷、黑瓷和酱釉粗瓷器残片。

三　城墙基槽

编号Q1，分为东、南两段，其中东段的保存情况较好。

以东段城墙的基槽为例，位于发掘区东部（图一八七），叠压于第③层下，打破第④A层，近正南北走向，墙体部分已遭破坏不存。基槽平面的东、西两侧各开挖有一条长方形凹槽，主要用途是砌筑墙体的包砖部分：东侧凹槽属于砌筑墙体外包砖的凹槽（编号Q1K2），直接打破第1～3层夯土，直壁，平底，宽4.28、残深0.48米，凹槽南部和中部残存大量砖块（彩版四五，2），砖块规格有两种，一种为38×18.5－8厘米，一种为42×24－12厘米，砖与砖之间填充石灰等黏合剂。西侧凹槽属于砌筑墙体内包砖的凹槽（编号Q1K1），直接打破第1～2层夯土，斜直壁，平底，宽2.38～2.48、残深0.26～0.28米，凹槽内残存少量砖块，砖块规格与东侧凹槽发现的相同。

经开挖东西走向的探沟发现，东段基槽的剖面呈倒梯形，口宽15.60～15.80、底宽13.90、深2.30米。其内堆积共分为19层（图一八九；彩版四六，1、2），均为水平夯筑，有的夯层表面可见到明显的夯窝痕迹，夯窝一般呈圆形，直径约0.35米。各层具体情况如下：

第①层：暗黄色土与青灰色膏泥混杂形成的花土，堆积紧密，黏性重，土质纯净。厚0.08～0.18米。

第②层：暗黄色土与青灰色膏泥混杂形成的花土，堆积紧密，黏性重，土质纯净。厚0.10～0.22米。

第③层：暗黄色土与青灰色膏泥混杂形成的花土，堆积紧密，黏性重，土质纯净。厚0.12～0.26米。

第④层：暗黄色土与青灰色膏泥混杂形成的花土，堆积紧密，黏性重，土质纯净。厚0.10～0.28米。

第⑤层：暗黄色土与青灰色膏泥混杂形成的花土，堆积紧密，黏性重，土质纯净。厚0.10～0.2米。

第⑥层：暗黄色土与青灰色膏泥混杂形成的花土，堆积紧密，黏性重，土质纯净。厚0.08～0.26米。

第⑦层：灰黑色瓦砾，夹杂少量黏性花土，堆积紧密。厚0.06～0.12米。

第⑧层：暗黄色土与青灰色膏泥混杂形成的花土，堆积紧密，黏性重，土质纯净。厚0.08～0.26米。

第⑨层：暗黄色土与青灰色膏泥混杂形成的花土，堆积紧密，黏性重，土质纯净。厚0.09～0.24米。

第⑩层：暗黄色土与青灰色膏泥混杂形成的花土，堆积紧密，黏性重，土质纯净。厚0.15～0.32米。

第⑪层：灰黑色瓦砾，夹杂少量黏性花土，堆积紧密。厚0.04～0.07米。

第⑫层：暗黄色土与青灰色膏泥混杂形成的花土，堆积紧密，黏性重，土质纯净。厚0.10～0.15米。

第⑬层：灰黑色瓦砾，夹杂少量黏性花土，堆积紧密。厚0.04～0.06米。

第⑭层：暗黄色土与青灰色膏泥混杂形成的花土，堆积紧密，黏性重，土质纯净。厚0.06～0.09米。

第⑮层：灰黑色瓦砾，夹杂少量黏性花土，堆积紧密。厚0.04～0.06米。

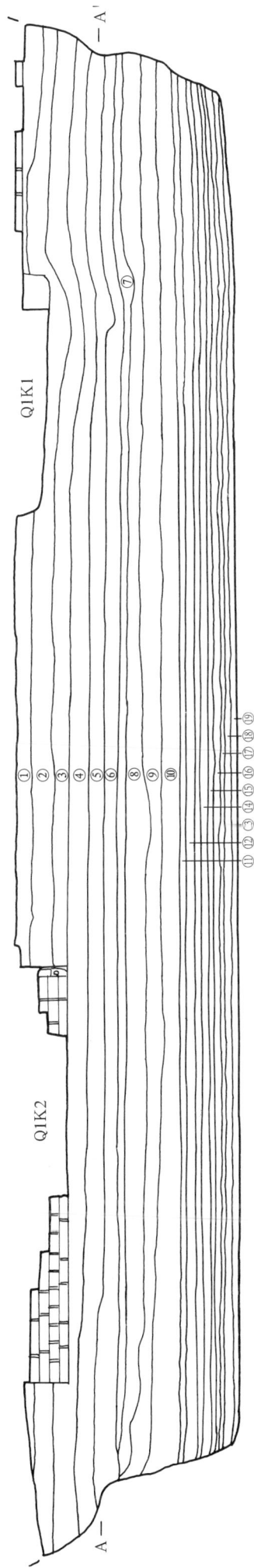

图一八九　明代Q1东段剖面图

第⑯层：暗黄色土与青灰色膏泥混杂形成的花土，堆积紧密，黏性重，土质纯净。厚0.05～0.10米。

第⑰层：灰黑色瓦砾，夹杂少量黏性花土，堆积紧密。厚0.04～0.05米。

第⑱层：暗黄色土与青灰色膏泥混杂形成的花土，堆积紧密，黏性重，土质纯净。厚0.06～0.10米。

第⑲层：灰黑色瓦砾，夹杂少量黏性花土，堆积紧密。厚0.02～0.05米。

东段城墙中部的基槽下保存有一土坑（编号Q1K3），坑口叠压于第19层夯土下（图一九〇；彩版四七，1～3），坑底打破生土，平面呈圆形，直径2.70、深1.96米，剖面似袋状，上壁较为垂直，坑壁下部弧内收，锅形底。坑内堆积共分为11层，均系夯筑而成，各层具体情况如下：

第①层：暗黄色土与青灰色膏泥混杂形成的花土，堆积紧密，黏性重，土质纯净。厚约0.11米。

第②层：灰黑色瓦砾，夹杂少量黏性花土，堆积紧密。厚约0.04米。

第③层：暗黄色土与青灰色膏泥混杂形成的花土，堆积紧密，黏性重，土质纯净。厚约0.11米。

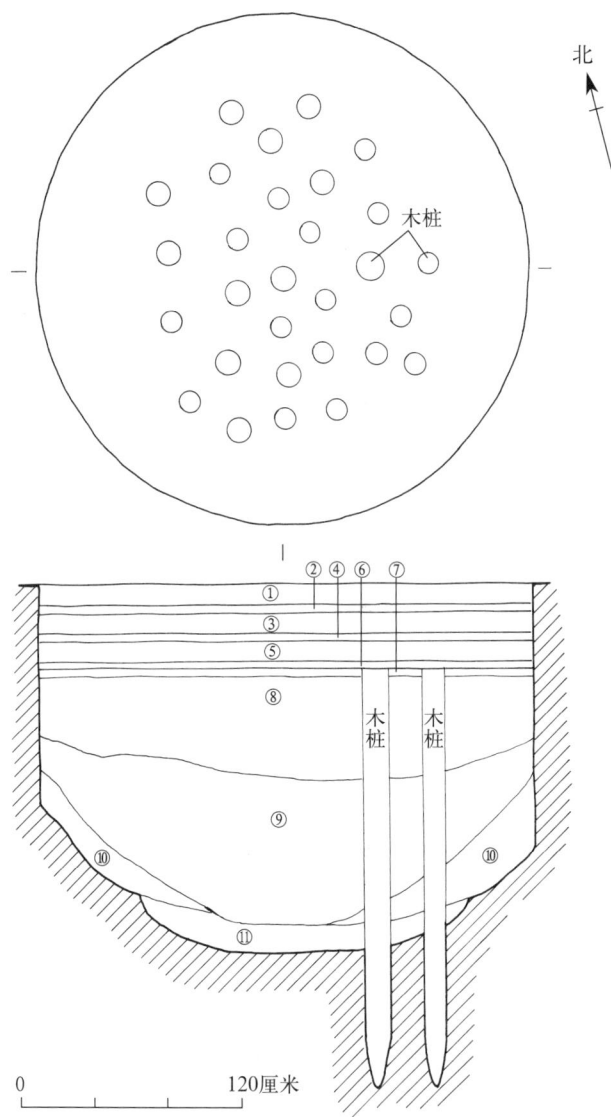

图一九〇 明代Q1K3平、剖面图

第④层：灰黑色瓦砾，夹杂少量黏性花土，堆积紧密。厚约0.04米。

第⑤层：暗黄色土与青灰色膏泥混杂形成的花土，堆积紧密，黏性重，土质纯净。厚约0.11米。

第⑥层：灰黑色瓦砾，夹杂少量黏性花土，堆积紧密。厚约0.04米。该层下叠压29根木桩，直接插于第⑥层下的堆积中。木桩团状分布坑内，一端为圆锥状，直径0.12～0.14、长2.22米，木质略有腐朽，呈深褐色。

第⑦层：暗黄色土与青灰色膏泥混杂形成的花土，堆积紧密，黏性重，土质纯净。厚约0.04米。

第⑧层：青灰色膏泥，混杂少量暗黄色土，堆积紧密，黏性重，土质纯净。厚0.32～0.55米。

第⑨层：青灰色膏泥，混杂少量暗黄色土，堆积紧密，黏性重，土质纯净。厚0.16～0.77米。

第⑩层：暗黄色土与青灰色膏泥混杂形成的花土，堆积紧密，黏性重，土质纯净。厚0.02～0.4米。

第⑪层：灰黑色瓦砾，夹杂少量泥土和卵石，堆积紧密。厚0.02～0.18米。

以下为青黄色砂石，系生土层。

四 灰坑

4个，揭露部分平面呈圆形、扇形、不规则形等。

1．H108

位于TN01E03东南部（图一九一，1），局部延伸至探方外，叠压于第③层下，打破第④A层。揭露部分平面近扇形，长3.70、宽1.50～1.76、深1.12米，坑壁呈阶梯状，底部较平整。填土呈黑褐色，颗粒较细，带黏性，包含较多的灰烬和石灰颗粒，出土物有陶器和酱釉瓷器两类，器形可辨罐、盆、壶、器盖、急须等。

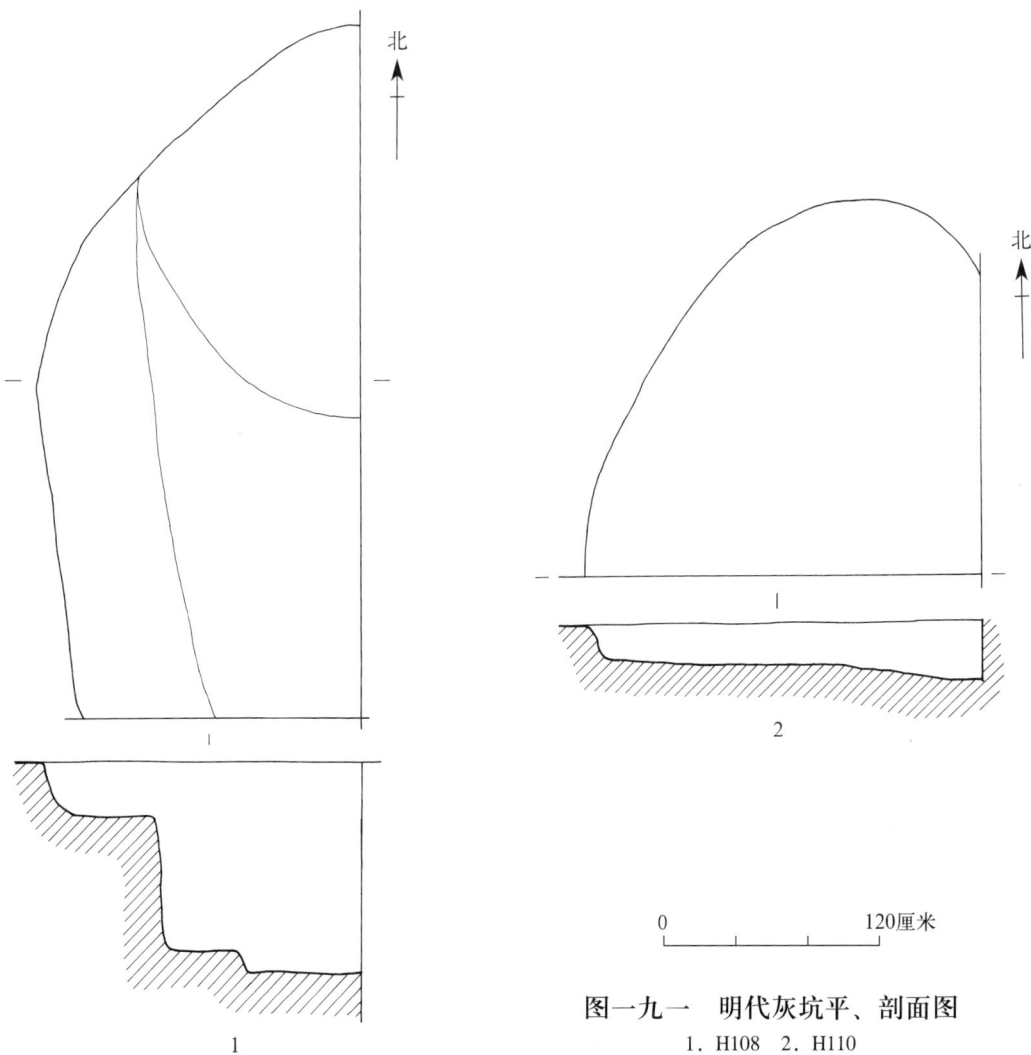

图一九一 明代灰坑平、剖面图

1．H108 2．H110

2．H110

位于TN02E03东南部（图一九一，2），局部延伸至探方外，叠压于第③层下，打破第④A层。揭露部分平面近扇形，长2.00～2.20、宽1.60、深0.32米，斜直壁，底部呈西高东低的倾斜状。填土呈黑褐色，颗粒较粗，带黏性，包含少量灰烬和炭屑，出土物以建筑构件为主，可辨滴水、板瓦等，另有少量的黑瓷碗、罐残片。

3．H111

位于TN02E03南部居中（图一九二，1），局部延伸至探方外，叠压于第③层下，打破第④A层，打破H116、H117和J14。揭露部分平面呈不规则形，长4.16、宽2.84、深0.30～0.54米，斜直壁，底部呈西高东低的倾斜状。填土呈黑褐色，颗粒较粗，带黏性，包含较多的灰烬、炭屑和石灰颗粒，出土物以酱釉瓷器为主，器形可辨碗、盆、瓶、罐等，另有少量的建筑构件。

4．H112

位于TN02E03中部偏北（图一九二，2），叠压于第③层下，打破第④A层，打破F6。平面近圆形，直径1.80～1.94、深0.50～0.52米，斜直壁，略带弧度，底部较平整。填土呈黑褐色，颗粒较粗，带黏性，包含较多的灰烬和石灰颗粒，出土物以陶器、青花瓷器、酱釉瓷器为主，器形可辨碗、罐、炉等，另有少量的琉璃瓦当构件。

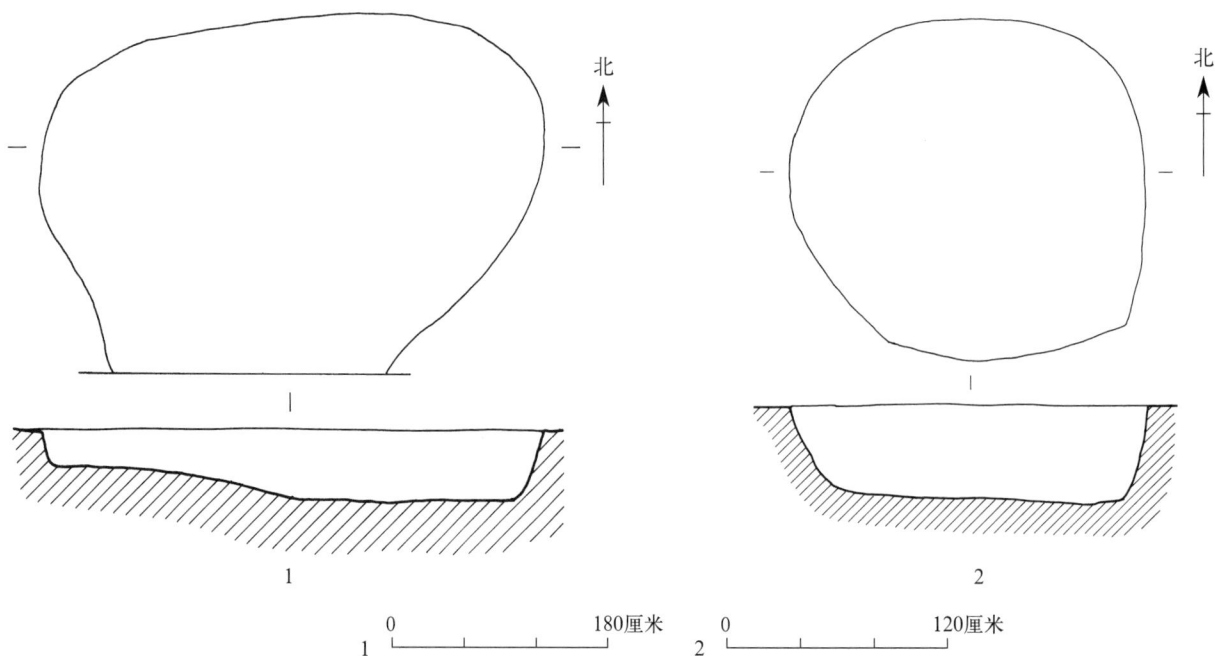

图一九二　明代灰坑平、剖面图
1. H111　2. H112

第二节　遗物

出土遗物有陶器和瓷器两类。

一　陶器

陶质类遗物有陶器和建筑构件两类。

（一）陶器

数量很少，可辨器形有陶盆、陶炉。

1．陶盆

1件。折沿，敛口，斜直腹，平底。

标本F1：16，红陶。口径20.8、底径16.0、高7.0厘米（图一九三，1；彩版四八，1）。

2．陶炉

1件。圆筒形腹，平底，底部带三只蹄形足。

标本H112：1，灰陶。底径13.8、残高7.8厘米（图一九三，2）。

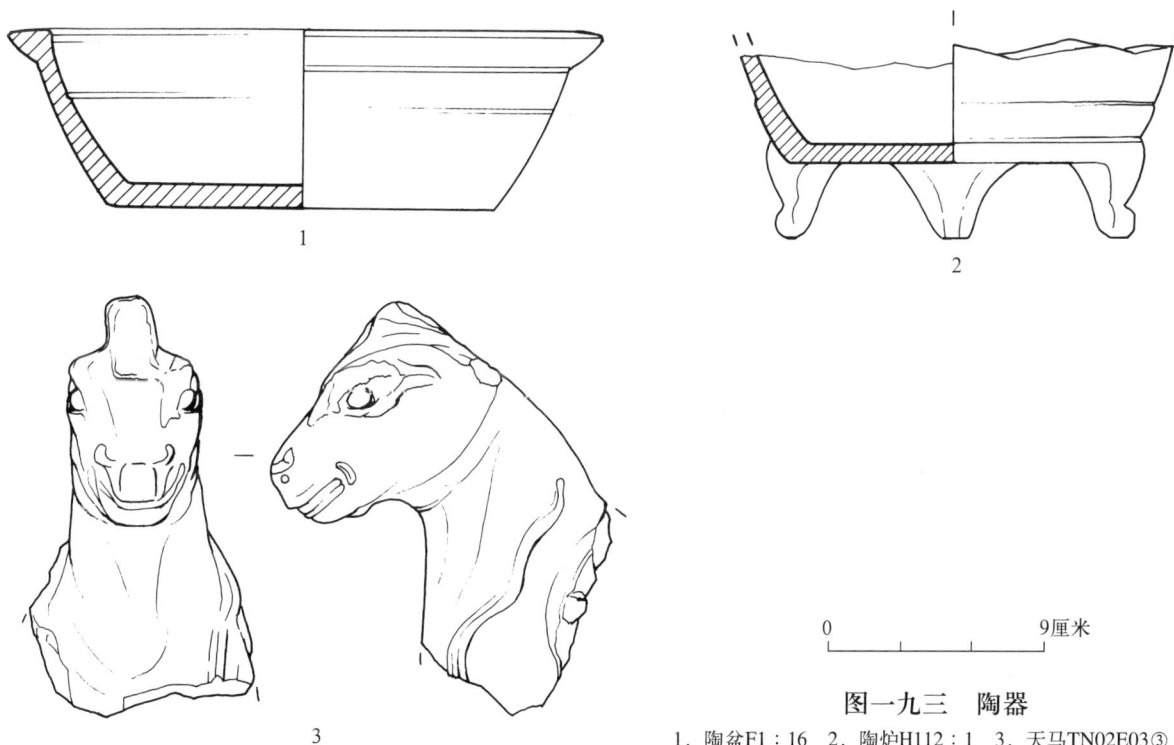

0   9厘米

图一九三　陶器

1．陶盆F1：16　2．陶炉H112：1　3．天马TN02E03③：8

（二）建筑构件

数量较少，有筒瓦、滴水、天马三类，以琉璃制品为主，釉色可辨绿、孔雀蓝等，灰陶制品的数量很少。

1．筒瓦

8件。

标本F1：6，灰白陶，胎质较疏松，表面施孔雀蓝釉。残长16.0、宽10.2、高5.0厘米（图一九四，1；彩版四八，2）。标本TN02E03③:1，红陶，胎质较疏松，表面施绿釉，泛银光，当面饰兽头纹。残长14.8、宽14.0、高8.0厘米（图一九四，2）。标本TN02W02③:4，红陶，胎质较疏松，表面施绿釉。残长13.0、宽10.0、高4.4厘米（图一九四，3）。

2．滴水

4件。

标本H110：1，灰陶，表面带黑色陶衣，当面饰花草纹。宽23.2、高12.2厘米（图一九四，4；彩版四八，3）。

3．天马

1件。

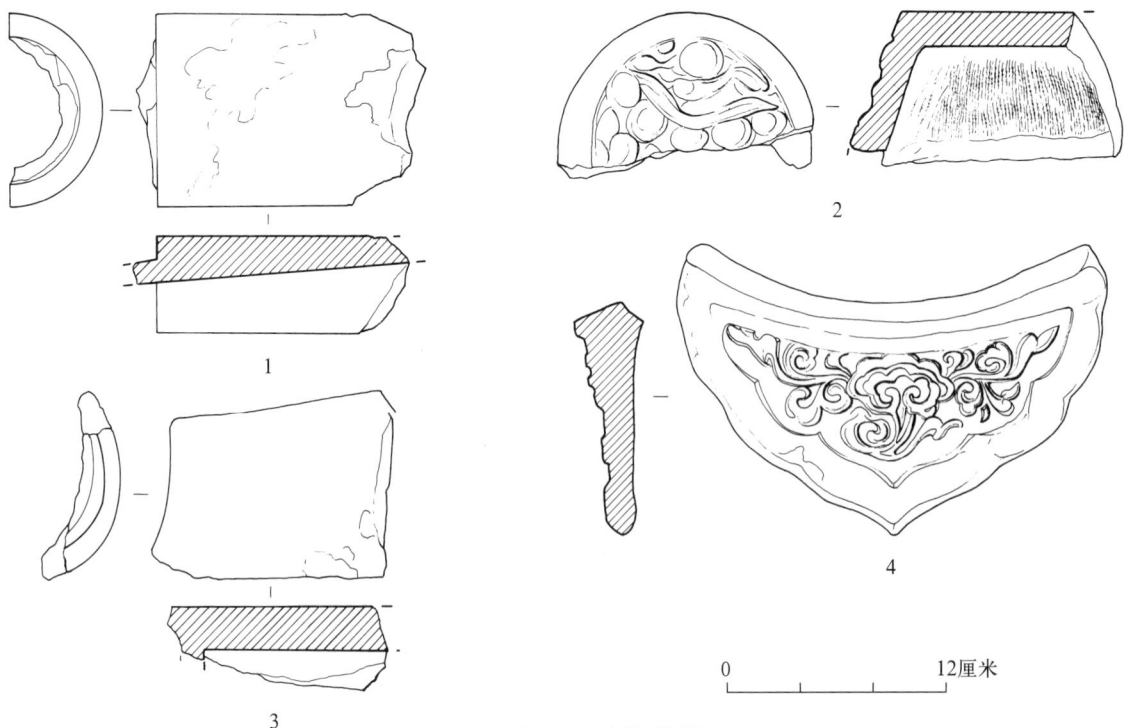

0　　　　　　　　12厘米

图一九四　建筑构件
1～3. 筒瓦F1：6、TN02E03③:1、TN02W02③:4　4. 滴水H110：1

标本TN02E03③:8，灰白陶，胎质较疏松，表面施绿釉，泛银光。残高16.5厘米（图一九三，3；彩版四八，4）。

二　瓷器

瓷器的数量较多，根据釉色可分为青花、蓝釉和黑釉瓷器三类，以青花瓷器所占的比重最大，器形以碗、盘为主。

（一）青花瓷器

1．青花碗

11件。均为圈足碗，足墙内倾。根据口部和腹部形态的差异分两型。

A型　7件。尖唇，侈口，弧腹，根据圈足形态的不同分三式。

A型Ⅰ式　1件。圈足较高，足端外侧斜削一刀，足底露胎，底部中央有一乳突。

标本F1:17，灰白胎，青花发色较暗，外壁饰卷草纹，内底双圈，圈内饰简笔草叶。底径6.0、残高6.3厘米（图一九五，1）。

A型Ⅱ式　2件。圈足较矮，足端外侧斜削一刀，足底施釉。

标本F1:2，白胎，青花发色暗淡，外壁饰点戳纹，内底双圈，圈内饰十字宝杵纹。口径14.4、底径6.0、高6.2厘米（图一九五，2）。标本J13:2，白胎，青花发色暗淡，图案模糊，外壁饰人物。口径15.6、底径6.0、高5.6厘米（图一九五，3）。

A型Ⅲ式　3件。圈足较矮，足端斜削不明显，较圆滑，足底施釉。

标本F1:8，白胎，青花发色明艳，图案模糊，外壁饰瑞兽纹，内底饰花卉纹。口径15.0、底径6.2、高5.8厘米（图一九五，4）。标本F1:5，白胎，青花发色明艳，图案清晰，外壁饰花草纹，内底单圈，圈内饰缠枝花卉纹，足底书"大明嘉靖年制"六字。口径13.8、底径5.0、残高5.1厘米（图一九五，5；彩版四九，1）。标本F1:20，白胎，青花发色较暗，外壁饰缠枝莲纹，内底双圈，圈外侧饰一周莲瓣，圈内饰轮菊纹。口径12.6、底径4.8、高5.4厘米（图一九五，6）。

B型　4件。尖唇，敞口，斜弧腹。

标本F1:1，白胎，青花发色较暗，图案清晰，外壁主体饰缠枝莲纹，其间点缀八宝，缠枝莲纹之下一周饰如意云纹，内底双圈，圈内饰缠枝莲纹。口径16.0、底径6.0、高5.4厘米（图一九六，1）。标本F1:7，白胎，青花发色较暗，图案清晰，外壁饰缠枝牡丹，内壁饰缠枝莲纹，内底双圈，圈内饰缠枝莲纹。口径16.6、底径7.0、高5.6厘米（图一九六，2）。标本F1:4，白胎，青花发色较暗，图案较模糊，外壁主体饰缠枝莲纹，其下饰一周莲瓣，内底双圈，圈内纹饰未辨识。口径14.0、底径5.0、高5.2厘米（图一九六，3）。

图一九五　青花碗

1. A型Ⅰ式F1：17　2、3. A型Ⅱ式F1：2、J13：2　4～6. A型Ⅲ式F1：8、F1：5、F1：20

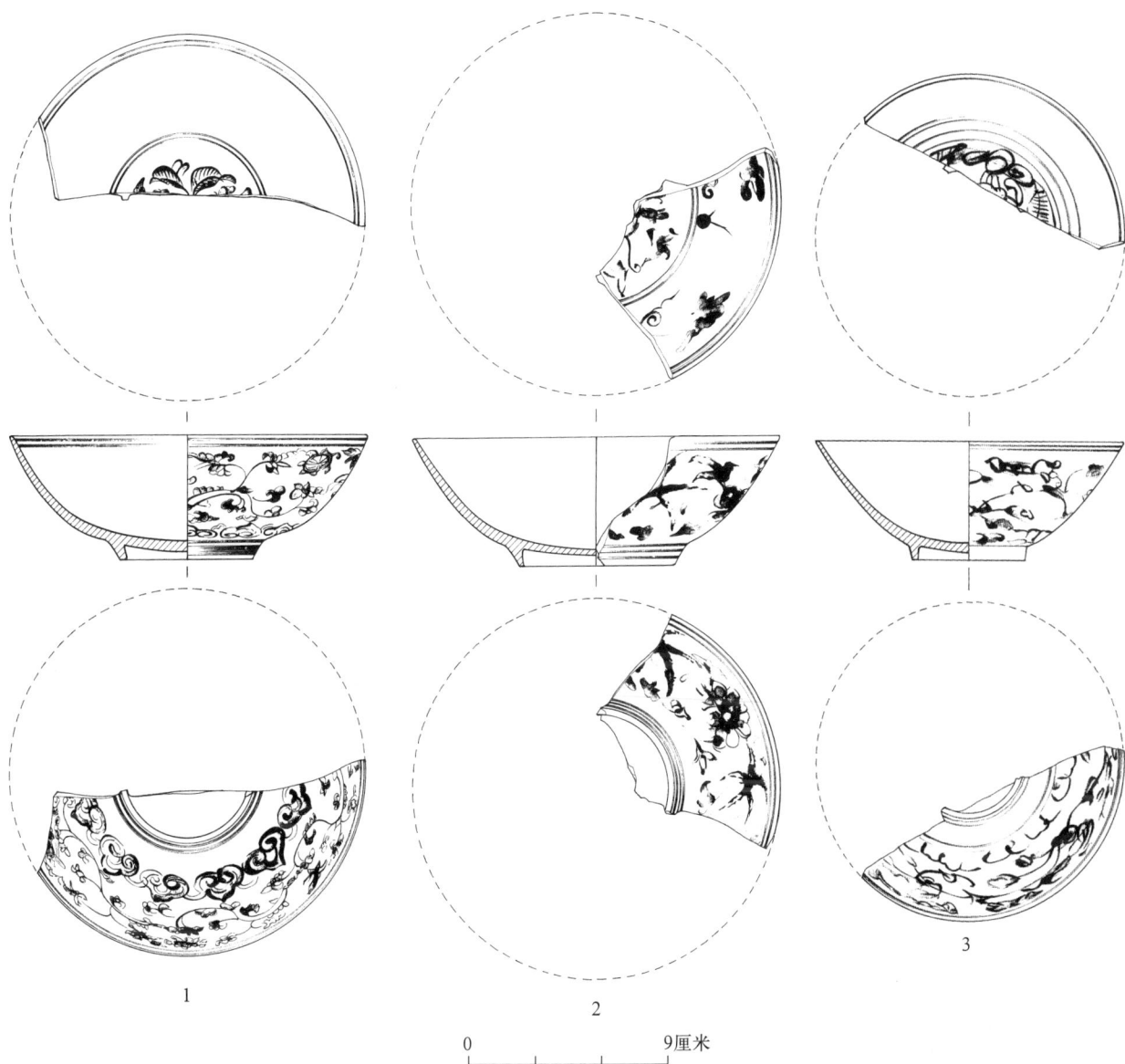

图一九六　青花碗

1～3. B型F1：1、F1：7、F1：4

2. 青花盘

7件。均为圈足，足墙内倾，足端外侧有斜削一刀的做法。根据口部和腹部形态的差异分两型。

A型　6件。尖唇，侈口，斜弧腹，腹部较浅。

标本TN01W01③：1，白胎，釉下饰暗刻的水波纹，青花发色明艳，图案较模糊，外壁饰龙纹，内底双圈，圈内饰龙纹。口径15.9、底径9.0、高2.7厘米（图一九七，1；彩版四九，2）。标本F1：9，白胎，青花发色较暗淡，外壁主体饰缠枝莲纹，内底双圈，圈外侧饰一周莲瓣，圈内图案残缺不可辨。口径15.3、底径8.0、高2.6厘米（图一九七，2）。标本F1：11，白胎，青花发色较暗淡，外壁主体饰缠枝莲纹，其间点缀八宝，外壁口沿一周饰重十字菱格纹，内底双圈，圈内饰飞鸟纹。口径16.6、底径9.6、高3.3厘米（图一九七，3）。

B型　1件。尖唇，敞口，斜弧腹，腹部较浅。

标本F1：10，白胎，青花发色较暗淡，内外口沿饰一周弦纹，内底单圈，足底粘连较多窑砂。口径13.4、底径8.0、高2.7厘米（图一九七，4）。

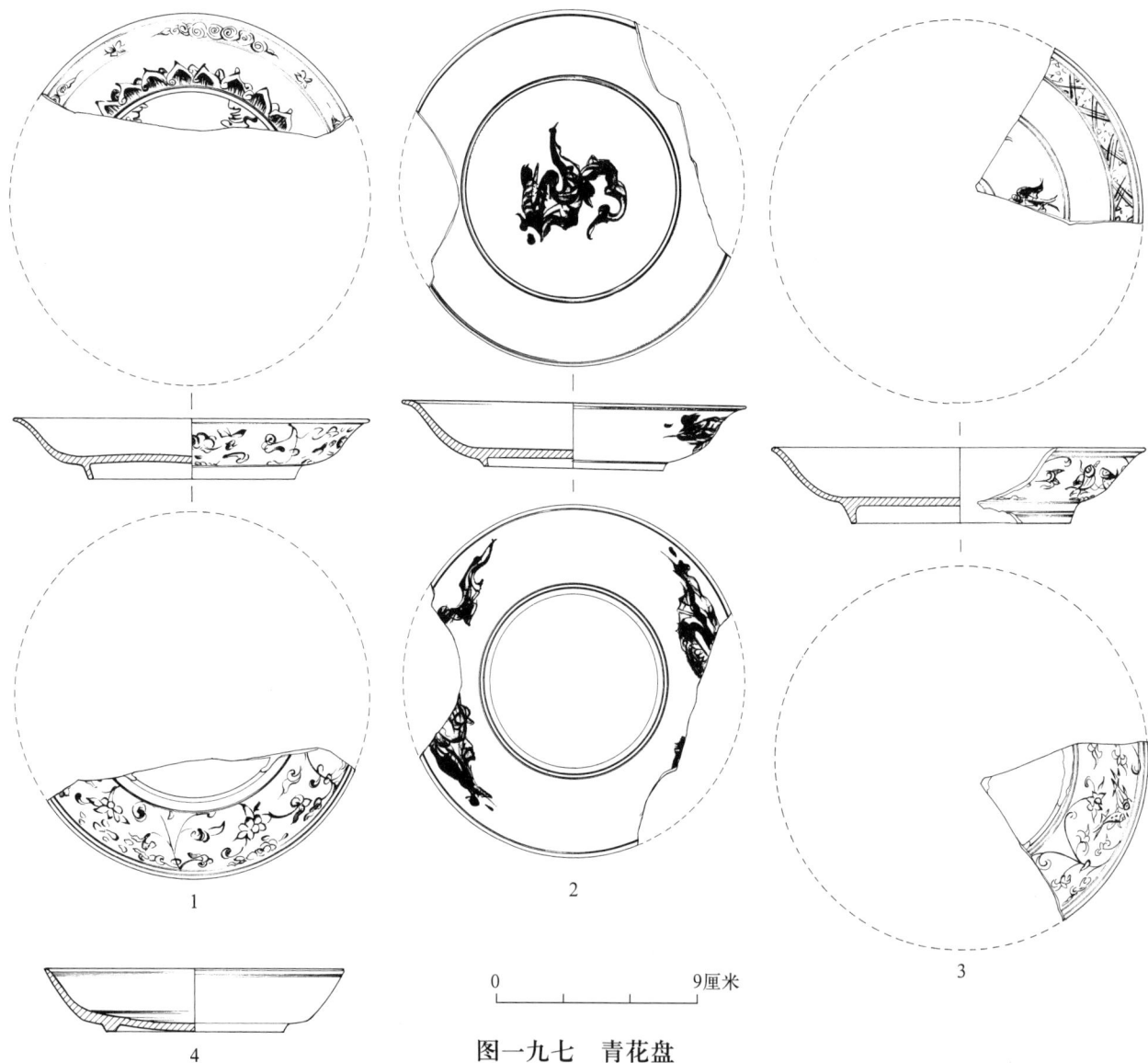

图一九七　青花盘

1～3. A型TN01W01③:1、F1：9、F1：11　4. B型F1：10

（二）蓝釉瓷器

蓝釉碗

1件。尖唇，侈口，弧腹，圈足，足墙内倾，足端外侧有斜削一刀的做法。

标本F1：12，白胎，外壁施蓝釉。口径15.2、底径5.6、高6.1厘米（图一九八，1）。

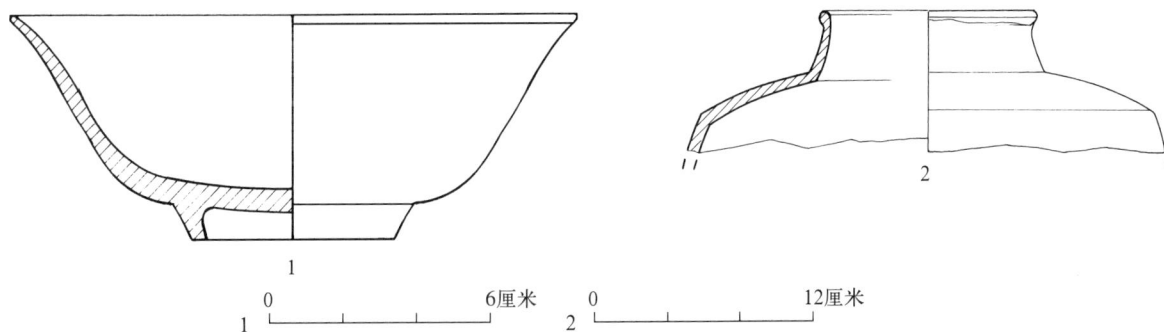

图一九八　瓷器

1. 蓝釉碗F1∶12　2. 黑釉罐J13∶1

（三）黑釉瓷器

黑釉罐

1件。圆唇，直颈，颈部较短，折肩。

标本J13∶1，灰黑胎，黑釉，釉面有大量棕眼痕。口径12.0、残高7.4厘米（图一九八，2）。

第七章 结语

第一节 两汉三国遗存初步认识

秦占领蜀地后，大力推行郡县制，以成都作为蜀郡中心，修筑了大、少二城。大城在东，为政治、军事中心；少城在西，为工商业市场及居民区所在。二城东西相连，少城之东墙即为大城之西墉。秦汉时期，大、小城的布局方式盛行于黄河流域和长江中、下游的地方城邑，与成都城不同的是，这些地区的小城通常位于大城内的中部或一隅，且小城一般为官署区，大城则安排居民区、手工业作坊和市场[1]。此次秦城的营建规模很大，从规划、设计到布局皆模仿政治中心咸阳，《华阳国志·蜀志》载："（城）周回十二里，高七丈……造作下仓，上皆有屋，而置观楼射兰……营广府舍，置盐铁市官并长丞，修整里阓，市张列肆，与咸阳同制"[2]。西汉以后，成都逐步发展为全国人口众多、经济繁荣的大都会，得以与洛阳、邯郸、临淄、宛并称五都。

由于以往成都旧城区发现的秦汉时期城市遗迹较少，因此要对大、少二城的具体方位和走向进行复原，大多只能依靠分析周边地理环境和文献材料，且历来众说纷纭。早年任乃强先生认为大、少二城位置偏北，约在明清成都城北郭之下[3]，但此说与其他几种意见出入颇大，且缺乏考古证据的支持，恐不足信。此后，刘琳先生认为城之南界约在通惠门东——文庙后街一线，西近同仁路，北至红光东路——西玉龙街一线，东墙在人民南路与盐市口之间[4]。绍风、石湍先生认为大城北墙约在忠烈祠西街、光明巷之间和鼓楼北街略偏东至羊市巷南口一线，南墙在东御街至牌坊巷一线，少城北墙在东二道街与过楼街之间[5]。四川省文史馆编修的《成都城坊古迹考》一书考证城南约在上南大街——文庙西街一线，城北至后子门——东门街、长发街一线，城西至长顺街、小南街略西一线，城东至青石桥、鼓楼街一线[6]。孙华先生则进一步提出大城北墙约在今青龙街、白丝街一线，南墙不过君平街、丁字街一线，东南角在青石桥附近的意见[7]。总体而言，后面几种观点相对比较接近，即秦汉大、少城的方位约处在成都旧城（府、南河以内）中部偏西。另外，少城到东晋时，因战乱遭

[1] 中国社会科学院考古研究所：《中国考古学·秦汉卷》，中国社会科学出版社，2010年，第246～270页。
[2] （晋）常璩撰、刘琳校注：《华阳国志校注》（修订版），成都时代出版社，2007年，第100页。
[3] （晋）常璩撰、任乃强校注：《华阳国志校补图注》，上海古籍出版社，1987年，第130页。
[4] 刘琳：《成都城池变迁史考述》，《四川大学学报》（哲学社会科学版）1978年第2期。
[5] 绍风、石湍：《"金河"为"郫江"故道说》（下），《成都文物》1984年第1期。
[6] 四川省文史馆：《成都城坊古迹考》，四川人民出版社，1987年，第35～37页。
[7] 孙华：《唐末五代的成都城》，《宿白先生八秩华诞纪念文集》（上），文物出版社，2002年，第270～272页。

焚毁，原址几乎夷为平地，大城虽经隋代杨秀展筑，"周匝不过于八里"[1]，晚唐扩建罗城后被包裹在罗城的城郭内。

近年来，成都市区内的天府广场周边出土了极为丰富的古代文化遗存，尤以汉代的遗存十分重要。除天府广场东北侧古遗址外，2008年，天府广场西侧的成都市博物馆基建工地发掘大量汉代遗存，遗迹现象以灰坑为主，出土了数量众多的生活日用陶器和瓦当等建筑材料，年代约在东汉中、晚期[2]。2010年，天府广场东南的东御街出土两通汉碑，两碑均为记录蜀郡太守李君和裴君生平事迹的功德碑，对于研究东汉成都的地方官制、文化教育、社会生活、经济状况等方面问题，都具有很高的学术价值[3]。2013年，天府广场以北、市体育中心南侧的东华门古遗址出土大量汉代遗存，遗迹现象以灰坑、水井为主，时代跨度从西汉中、晚期至蜀汉时期[4]。就天府广场周边的地理位置看，其大致应处在秦汉大城的中部偏南。

建筑台基F2和灰坑H99为两汉三国遗存中最重要的遗迹单位，其中F2占地范围较广，出土的同时期瓦当数量多，类型丰富，且不少当面有涂朱的现象，表明建筑本身的规模较大，等级较高，可能与东汉末至蜀汉之际大城内的某个官署或宫廷机构有关。再从层位关系看，F2与H99均叠压于同一层（第⑦层）下。除石犀外，H99内的其他遗物还有陶钵、陶盆、陶罐、花纹铺地砖和绳纹瓦等（图六），与第⑦层的出土物在类型组合与时代特征上都具有很强的一致性，然而却与风格粗犷古朴的石犀反差强烈。这一方面说明灰坑与地层的形成年代极为接近，另一方面也说明石犀的制作年代应大大早于灰坑的形成年代。由于石犀的体量巨大，其埋藏地点不会距离原位很远，换言之，在F2遭毁坏和石犀被掩埋以前，二者有可能是相邻共存的一组地面设施。石犀的出土，令人很容易联想到秦国蜀守李冰作石犀为镇水神兽的故事，相关文献以《蜀王本纪》的成书年代较早，相传为西汉末年杨雄所著，后经徐中舒先生考证其成书年代不早于东汉，作者当为蜀汉时期的谯周[5]。其文曰："江水为害，蜀守李冰作石犀五枚，二枚在府中，一在市桥下，二在水中厌水精，因曰犀牛里"[6]，这里提到的"府"应指官府衙署。张勋燎先生曾考证东御街汉碑为汉代文翁石室学堂的遗物，与东汉晚期蜀郡的政治、文化及教育活动关系密切，出土点可能为汉代蜀郡郡学原址[7]。结合两个地点的发现情况，可以证明今天府广场东侧一带自秦占领蜀地的战国末年以来，即为大城之内的高等级建筑区。至于该区域在汉末三国时期的具体性质，有学者根据考古证据和文献记载，认为可能属于蜀汉宫城的一部分或与之有密切联系[8]。

此外，两汉三国遗存中出土的一批年代属于战国早期的陶器也很值得注意，它们在遗址内的

[1] （唐）高骈：《请筑罗城表》，《全蜀艺文志》卷二十七，影印本《四库全书》，第1381册，上海古籍出版社，1987年，第277页。
[2] 成都文物考古研究所：《成都市博物馆新址发掘简报》，《成都考古发现（2009）》，科学出版社，2011年，第329～416页。
[3] 成都文物考古研究所：《成都天府广场东御街汉代石碑发掘简报》，《南方民族考古（第八辑）》，科学出版社，2012年，第1～8页。
[4] 发掘资料现存成都文物考古研究所。
[5] 徐中舒：《论〈蜀王本纪〉成书年代及其作者》，《社会科学研究》1979年第1期。
[6] （宋）李昉等：《太平御览》卷八百九十，中华书局，1960年，第3954页。
[7] 张勋燎：《成都东御街出土汉碑为汉代文翁石室学堂遗存考——从文翁石室、周公礼殿到锦江书院发展史简论》，《南方民族考古（第八辑）》，科学出版社，2012年，第107～172页。
[8] 易立：《蜀汉宫城位置及相关问题初探》，《南方民族考古（第十一辑）》，科学出版社，2015年，第111～130页。

出现或与史料记载的古蜀王开明氏迁都一事存在某种程度的关联。开明氏迁都一事最早记录于《蜀王本纪》和《华阳国志》，《太平寰宇记》引《蜀王本纪》："蜀王据有巴、蜀之地，本治广都樊乡，徙居成都"[1]，《华阳国志·蜀志》所记略同："开明氏自梦郭移，乃徙居成都。"[2]《蜀》、《华》二书的成书年代相近，均为汉晋时人追记先秦事迹，故说法基本可信，后来的南宋罗泌《路史·杜宇鳖令》即沿袭此说："开明子孙八代都郫，九世至开明尚，始去帝号称王，治成都。"[3]关于先秦成都城的具体方位，长期以来存在争议：绍凤、石湍先生认为在秦大城和少城的北面，直至武担山麓[4]；罗开玉先生认为大致相当于秦汉以后少城的位置，只不过先秦成都城没有城墙[5]。后来商业街船棺大墓的发现，为继续讨论这个问题提供了新的线索。根据发掘者研究，墓葬的年代约在战国早期，可能属于古蜀国开明王朝王族或是蜀王本人的家族墓地，与开明氏迁都存在内在联系[6]。孙华先生亦持有相关观点，他进一步指出墓葬的发现为确认先秦成都城的位置提供了重要的地理坐标，"开明王朝的成都北界就应当在今商业街以北一段距离外，最可能的位置就是清满城北墙一带。成都城西、南两面都是郫江故道，形成了当时成都城这两面的天然屏障，唐末以前的成都城都是以郫江作为护城河，开明时期的成都城也应当如此"[7]。战国早期遗物的发现，说明有相应的人类活动存在，结合遗址西北方向与商业街大墓的直线距离不超过1千米的情况，可推测这一带有可能是从战国早期开始兴起于开明王都东面的一处重要生活聚落。

第二节　两晋南朝遗存初步认识

四川地区以往发现的两晋南朝遗存以墓葬材料为主，且数量较少，多分布于成都至广元一线的蜀地核心区。除墓葬外，遗址材料极为罕见，此前仅在成都青羊宫窑址[8]、十二桥[9]、成都博物馆新址[10]等地点有零星发现。天府广场东北侧地点发掘的两晋南朝遗存除灰坑、灰沟等现象外，还见有水井、排水沟等生活设施，应当属于生活类遗址的范畴，从根本上弥补了这方面考古材料的缺环。

该地点处在秦汉以来成都大城的范围内，两晋南朝遗存中除见有大量的陶器、瓷器等生活日用器外，还包括了一定数量的瓦当等建筑材料，说明这一带在当时仍属于大城内重要的建筑生活区。由于大城自秦汉以来即为成都的政治中心，故这里的建筑区可能仍与官府衙署等机构有关。文献记载西晋末年，益州刺史赵廞阴怀异志，图谋据蜀而自立，朝廷迁成都内史耿滕为益州刺史，

[1]　（宋）乐史撰、王文楚等点校：《太平寰宇记》卷七十二，中华书局，2007年，第1463页。
[2]　（晋）常璩撰、刘琳校注：《华阳国志校注》（修订版），成都时代出版社，2007年，第94页。
[3]　（宋）罗泌：《路史》卷三八，影印本《四库全书》，第383册，上海古籍出版社，1987年，第566页。
[4]　绍凤、石湍：《成都"南北二少城"考》，《成都文物》1985年第4期。
[5]　罗开玉：《早期成都城初论——兼论早期南方城市的几个问题》，《四川文物》1992年第2期。
[6]　成都文物考古研究所：《成都商业街船棺葬》，文物出版社，2009年，第135页。
[7]　孙华：《四川成都商业街大墓的初步分析——成都商业街大墓发掘简报读后》，《南方民族考古（第六辑）》，科学出版社，2010年，第93页。
[8]　四川省文管会、成都市文管处：《成都青羊宫窑址发掘简报》，《四川古陶瓷研究（二）》，四川省社会科学院出版社，1984年，第113～154页。
[9]　四川省文物考古研究院、成都文物考古研究所：《成都十二桥》，文物出版社，2009年，第156～196页。
[10]　成都文物考古研究所：《成都市博物馆新址发掘简报》，《成都考古发现（2009）》，科学出版社，2011年，第329～416页。

"滕以廞未出州，故在郡……滕议欲入州城……廞又遣兵讨滕。滕军败绩，自投少城上"[1]。双方各自为阵，赵廞所占据的州府即在大城内。东晋永和三年（公元347年），安西将军桓温伐蜀，李势兵败出降，成汉灭亡。晋军入成都后，"夷少城，独存孔明庙"[2]。此次的考古发现表明少城的毁坏并未对大城核心区造成严重影响，城区依旧得以平稳发展。值得注意的是，从两晋南朝遗存的分期情况看，第一、二期较显沉寂，进入第三期（南朝后期至隋代）以后，出土物在数量和类型两个方面都呈现出显著增长的趋势，当属于该遗址在此一时期里最繁盛的阶段。在第三期的出土物之中，青瓷器占有很大比重，窑口构成较为复杂，大致可以区分为本地、外地两类，其中本地瓷器应来自成都青羊宫窑等四川本地青瓷窑场，外地瓷器则可能来自洪州窑、湘阴窑、越窑等长江中下游青瓷产区。此外，瓦当的类型以莲花纹最常见，其纹饰风格带有明显的建康文化因素，应视作以建康为中心的六朝文化影响下之产物[3]。

南朝后期至隋代是成都乃至整个四川地区汉唐之间社会经济恢复和发展的重要阶段，从历史背景看，主要有三个方面的因素：第一，东晋桓温灭成汉后，益州进入到建康政权的版图中，其间虽有范贲、谯纵的割据及前秦的占领，但大多数时间里仍能为建康方面所掌控。从南齐和萧梁开始，中央政府便时常选派宗室重臣驻成都，都督益州等地诸州郡，稳定地方政局，如梁武陵王纪"在蜀十七年，……内修耕桑盐铁之政，外通商贾远方之利，故能殖其财用，器甲殷积。"[4]隋文帝时期，蜀王杨秀前后镇蜀长达二十余年，着力城市建设，"因附张仪旧城，增筑（成都）南西二隅，通广十里。"[5]隋末，暴政和战乱席卷全国，但基本没有祸及蜀地，"辽东之役，剑南复不预及，其百姓富庶。"[6]第二，地方政局的相对稳定进一步促进了商业贸易的繁荣。南朝时期由都城建康通往西域之孔道，大多是选择溯江而上，途经荆、益二州，沿岷江转向西北，过甘南、青海吐谷浑界，通达西域，谓之"河南道"[7]。在南北未统一、政权交恶对峙的态势下，这条交通路线显得尤为重要和繁忙，各国使臣、中外僧侣和贸易商队往来穿梭其间，络绎不绝，而成都正是沿线最重要的节点之一。《宋书·刘秀之传》："梁、益二州土境丰富，前后刺史，莫不营聚蓄，多者致万金"[8]，《续高僧传·释道仙》载："（释道仙）一名僧仙，本康居国人。以游贾为业，往来吴蜀，江海上下，集积珠宝。故其所获货货，乃满两船，时或计者云，直钱数十万贯"[9]，又《南齐书·州郡志》载益州"西通芮芮、河南，亦如汉武威、张掖，为西域之道也……。永明二年（公元484年），而始兴王镇为刺史。州土瑰富，西方之一都焉"[10]。第三，西魏、北周和隋，不断在僚人聚居的地区开置郡县，蜀地的在籍人口也急剧增加，成为经济持续发展的坚实基础。有学者即考证，隋大业以后，蜀

[1] （晋）常璩撰、刘琳校注：《华阳国志校注》（修订版），成都时代出版社，2007年，第335页。

[2] （宋）祝穆撰、祝洙增订：《方舆胜览》卷五十一，中华书局，2003年，第914页。

[3] 易立：《四川出土六朝瓦当初步研究》，《考古》2014年第3期。

[4] 《资治通鉴》卷一百六十四，中华书局，1976年，第5084页。

[5] （宋）张詠：《益州重修公宇记》，《全蜀艺文志》卷三十四，影印本《四库全书》，第1381册，上海古籍出版社，1987年，第387页。

[6] 《资治通鉴》卷一百九十九，中华书局，1976年，第7234页。

[7] 唐长孺：《南北朝期间西域与南朝的陆道交通》，《魏晋南北朝史论拾遗》，中华书局，1983年，第168～195页。

[8] 《宋书》卷八十一《刘秀之传》，中华书局，1974年，第2073页。

[9] （唐）释道世著，周叔迦、苏晋仁校注：《法苑珠林》卷二十一，中华书局，2003年，第680页。

[10] 《南齐书》卷十五，中华书局，1974年，第298页。

中州郡和户口数量急剧增加，僚人的归附是重要原因之一[1]。

总而言之，天府广场东北侧古遗址两晋南朝遗存的发现，对于建立和完善四川地区该时期的考古学文化序列、研究当时成都的城市风貌具有重要的学术意义。

第三节　唐宋遗存初步认识

唐宋时期遗存主要是大量的生活日用瓷器，这些瓷器的窑口组合面貌由早到晚存在着不断变化的过程。

第一、二期的瓷器几乎都来自成都本地窑场，以青羊宫窑所占的比例最高。青羊宫窑位于今成都城区西部，烧造瓷器的历史约始于两晋之交，前述六朝遗存第一期的甲类瓷器即属于该窑草创阶段的产物。到了隋代至唐代早、中期，窑场得到了很大的发展，呈现出兴盛的景象。有学者在研究青羊宫窑时，将其兴盛原因总结归纳为五个方面：第一，汉晋时期已积累有丰富的烧制陶器的经验和技术基础，容易吸收和消化外地传入的青瓷技术；第二，人口增加，社会财富积累，使得市场上对瓷器的需求量扩大，仅仅依靠外地产品已逐渐无法满足；第三，窑场的地理位置邻近少城西南的商业互市之区，又有内、外二江环抱，交通便利，销售环节成本低；第四，由于本地土质不佳，化妆土技术应用普遍，使得劣质原料成为可用之材，从而为批量生产提供了原料保障；第五，隋唐之际饮茶之风的盛行，促进了青瓷茶具的大量生产[2]。以编号H64的唐代早期灰坑为例，坑内一次性出土青羊宫窑瓷器百余件，器形涵盖碗、盏、杯、盘、盘口壶、盆、罐、盏托、钵等各类生活用具，同时还夹杂有零星的支钉等窑具，部分器表并无十分明显的使用痕迹，说明这批瓷器很可能出炉不久便被运输至此，也透露出当时青羊宫窑瓷器在城内的销量是相当可观的。

第三期的瓷器绝大多数仍来自成都本地窑场，以邛窑和琉璃厂窑的比例最高，青羊宫窑瓷器基本不见，另发现有一定数量的邢（定）窑、越窑等外地窑场瓷器。唐代晚期至五代是整个成都平原制瓷业发展最鼎盛的阶段，瓷器质量普遍较高，釉色品种、器形类别和装饰工艺较之前代大为丰富，并且流露出浓重的仿金银器色彩。这些状况的出现有以下几点原因：第一，唐末五代之际，中原及华北地区战乱频繁、政局动荡，北民南移避乱者为数众多，而社会相对安定的蜀地自然成为人口大迁徙的主要目的地，《新五代史·前蜀世家》："蜀恃险而富，当唐之末，人士多欲依（王）建以避乱"[3]，如作为唐帝国政治中心的京兆地区，由于地理位置毗邻，当地居民往往迁入蜀中避难[4]。这些人士之中应不乏大量的手工业从事者，他们将瓷器烧制上的先进工艺带入蜀地，为当地的瓷窑业技术注入了新的文化因素。第二，唐末五代以来，蜀地奢靡之风日盛。史载前蜀后主王衍平日"奢纵无度……所费不可胜纪"[5]，其在成都建造的宣华苑"延袤十里……土木之功，穷极

---

［1］蒙文通：《汉、唐间蜀境之民族迁徙与户口升降》，《南方民族考古》第三辑，四川科学技术出版社，1991年，第168～170页。

［2］刘雨茂：《青羊宫窑初探》，《成都考古研究（一）》，科学出版社，2009年，第528～535页。

［3］《新五代史》卷六十三，中华书局，1974年，第787页。

［4］顾立诚：《走向南方——唐宋之际自北向南的移民与其影响》，（台北）台湾大学历史学研究所硕士学位论文，2004年，第127页。

［5］《资治通鉴》卷二百七十，中华书局，1976年，第8816页。

奢巧"[1]，后蜀时期"君臣务为奢侈以自娱，至于溺器，皆以七宝装之"[2]。不仅统治集团风气如此，中下层社会亦然，孟昶广政十二年游浣花溪，"是时蜀中百姓富庶，夹江皆创亭榭游赏之处。都人士女，倾城游玩，珠翠绮罗，名花异香，馥郁森列"[3]，成都一带"列肆云罗，珠贝莹煌于三市。居人栉比，酋豪繁盛于五陵。俗尚嬉游，家多宴乐……既富且庶，役寡赋轻，古为奥区，今尤壮观"[4]。除大都市外，乡里的"村落闾巷之间，弦管歌声合筵，社会昼夜相接"[5]。这样的奢靡享乐风气，与当时中原地区的战乱与残破，形成了极其强烈的反差，也成为孕育精工细作的温床。

第三，这一时期里，蜀地的商品经济高度发达，商贸场所进一步增多。唐肃宗以后，在成都大圣慈寺附近形成了"东市"。德宗时期，剑南西川节度使韦皋在成都"万里桥南创置新南市"。僖宗时期，剑南西川节度使崔安潜又创置"新北市"，从而使成都的商业区增加到四处。除固定的商业区外，唐代的成都还定期举办有"蚕市"、"药市"、"七宝市"等，"俱在大慈寺前"。到唐代后期，城市商业逐渐突破坊市制度的限制，出现了"夜市"。除大都市外，在一些县城周边的交通要道还形成了"草市"[6]。这些众多的大小市场，自然成为了本土和外地高档瓷器进入社会各阶层的重要媒介。

第四、五期的瓷器在窑口组合上呈现了多样、复杂的特点。本土瓷器当中，琉璃厂窑所占的比例通常要超过邛窑，但二者无论在器形的丰富程度还是胎釉质量上，都远远无法与上一阶段相提并论。以邛窑为例，进入北宋以后，瓷器的工艺和质量未能取得明显的突破和提高，原料的劣势和装烧工艺的落后逐步显现，唐代中期以来出现的乳浊釉瓷器，在北宋中后期至南宋被大量烧制，最终成为大宗产品。由于乳浊状的釉面可以很好地掩饰胎体，故制作过程中对胎土等原料的要求不高，装烧时不但很少使用到匣具，反而为了一味追求产量，回潮式地普遍采用落后原始的明火叠烧工艺，直接造成了瓷器质量的不断下降。同时期琉璃厂窑的生产状况与之类似，虽然产量很高，但基本都属于粗朴耐用的低档瓷器和丧葬明器，在市场上缺乏足够的竞争力。相比之下，以烧造精细白瓷为主的彭州磁峰窑开始扮演更加重要的角色。不过就总体而言，以往由本土瓷器居于市场主导地位的情况不复存在，景德镇窑、龙泉窑、建窑、吉州窑的青白釉、青釉和黑釉瓷器大量涌入，这些品质上乘的外地产品进一步加剧了窑场之间的相互竞争，极大地压缩了成都本地窑场的生存空间。关于这一点，在第五期遗存中体现得尤为明显。值得注意的是，遗址中的龙泉窑瓷器大量出现是在第五期，约相当于元代中晚期，第四期（南宋中后期至元初）却十分罕见，参酌龙泉窑瓷器在四川地区的其他南宋遗址和墓葬内也比较少见的情况，则以往南宋窖藏出土的众多龙泉窑瓷器是否都属于因躲避战乱或其他紧急情况下而埋入的商品？或是专门订烧、具有某种特殊意义和功用的器具？这个问题值得进一步反思和探究。

总之，唐宋遗存中瓷器的窑口组合变化不仅在一定程度上反映了当时成都城内瓷器行销使用的

[1]（宋）张唐英：《蜀梼杌》卷上，《丛书集成初编》，商务印书馆，1939年，第9页。

[2]《新五代史》卷六十四，中华书局，1974年，第805～806页。

[3]（宋）张唐英：《蜀梼杌》卷下，《丛书集成初编》，商务印书馆，1939年，第21页。

[4]（宋）刘锡：《至道圣德颂》，《成都文类》卷四十八，中华书局，2011年，第943～944页。

[5]（宋）张唐英：《蜀梼杌》卷下，《丛书集成初编》，商务印书馆，1939年，第22页。

[6] 参见李敬洵：《四川通史》（卷三·两晋南北朝隋唐），四川出版集团、四川人民出版社，2010年，第410～415页。

状况，同时也清楚地透露出四川地区制瓷业的兴衰过程。

第四节　明代遗存初步认识

明代遗存主要是与蜀王府关系密切的宫墙基址。根据文献记载，蜀王府修建于明太祖洪武十八年至二十三年（公元1385～1390年），共有13代蜀王先后居住于此。曾出现两次宫墙颓坏，历经两次维修，三次火灾，但未遭大的损坏[1]。时任四川左参政、按察使的曹学佺曾奉命调查蜀王府遭受火灾的损毁情况和修复可能性，估算修复工程总计需白银七十万两。由于其金额大大超出了明中央政府对宗藩的财政补贴限额，故工程未能成行[2]。崇祯十七年（公元1644年），张献忠攻陷成都，建立大西政权，以蜀府为宫，改承运门为承天门，承运殿为承天殿。清顺治三年（公元1646年），整座王府毁于战火，康熙四年（公元1665年），原基址改建为贡院，至此结束了长达250余年的历史[3]。其地理方位比较明确，基本格局在清末的成都街区图中尚能大致辨识。王府坐落于成都旧城的中心、今天府广场及其以北，平面呈纵长方形，有内、外两道城垣，规划时以城北的武担山作为基点，由此向南引出正南北向的垂线作为中轴线，这条轴线伸出蜀王府外，南面到红照壁街，北面到青龙街的东端[4]。

有关明蜀王府的内部结构布局，《正德四川志》《嘉靖四川总志》《万历四川总志》《天启成都府志》等地方文献中均有不少记载，以《正德四川志》和《嘉靖四川总志》较为详备，具体情况可归纳总结为表1：

表1

		建筑名称	具体描述
萧墙外	南轴线	敕建忠孝贤良坊	外设石屏以便往来
		甬道	旁设民居，衢道东西者四，建坊于四衢
		石狮石表柱	桥之南设石狮石表柱各二，其南平旷
		金水河	南临金水河，并设一桥，洞各二
	其他	官署	长史司在府东，审理所在长史司后，典仪所在端礼门外南；奉祠所在端礼门外左；工正所在端礼门外右；仪卫所在遵义门外右，广备仓在遵义门外

---

[1] 陈世松：《明代蜀藩宗室考》，《蜀学（第五辑）》，巴蜀书社，2010年，第180页。
[2] 张学君、张莉红：《成都城市史》，成都出版社，1993年，第118页。
[3] 四川省文史馆：《成都城坊古迹考》，四川人民出版社，1987年，第88～95页。
[4] 孙华：《唐末五代的成都城》，《宿白先生八秩华诞纪念文集》（上），文物出版社，2002年，第266页。

	墙	萧墙	周围九里，高一丈五尺；嘉靖二十年奏准包砌以石，设四门如砖城
萧墙内	门	端礼门	门前外东西道有过门
	南	山川社稷坛	西南隅
		旗纛庙	山川社稷坛西
		宗庙	萧墙端礼门内左
		驾阁库	东南隅，东有右菊井驾路所经
		典宝所	端礼门萧墙内左
		义学	端礼门内正街
	东	良医所	体仁门萧墙内右
	西	承奉司	遵义门萧墙内有敕赐忠谨堂
		典膳所	承奉司左
	北	典服所	广智门萧墙内右
砖城内	城垣	砖城	周围五里，高三丈五尺
	门	端礼门	南门，门前有水横带，甃月池为洞，铺平石其上，东西列直房
		其他三门	北曰广智、东曰体仁，西曰遵义
	正殿区域	承运门	左右为东西角门，前为左右庑及顺门
		承运殿	前为东西殿庑
		圜殿	承运殿后
		存心殿	圜殿后
	后宫区域	王宫门	存心殿后
		王寝正宫	宫门内为王寝正宫
	轴线东侧	东府	左顺门入为东府，前为斋寝
	轴线西侧	西府	右顺门入为西府，前为凉殿，即世子府
		纪善所	右顺门左
		广备库	端礼门城内右

注：本表采自白颖：《明代王府建筑制度研究》，清华大学博士学位论文，2007年10月，第121～122页。略有改动。

　　从城墙基槽的层位关系看，其直接打破了元代中晚期的地层（发掘区第④A层），墙体的结构与夯筑方式与1995年清理的蜀王府宫城北垣[1]十分接近，城墙内侧建筑台基（F1）的排水沟出土的瓷器也都属于明代遗物，再结合城墙基槽的走向和具体位置，推测其应为明初修建的蜀王府之内垣，即宫墙部分。具体而言，东段城墙基槽属于宫墙的东垣，南段城墙基槽属于宫墙的南垣，二者相交处即宫城之东南角。

　　近些年来，随着城市改造进程的高速发展，成都市中心的天府广场周边陆续发现并发掘了一批明蜀王府的建筑基址。除四川大剧院工地的宫城东垣和南垣外，1995年在人民中路和东御河沿街相交的成都科技交易交流中心工地清理了一段宫城北垣，其墙体部分长100.00、宽25.00、最高处2.20米，基槽部分上宽22.00、下宽15.00、深1.60米，同时还发掘了宫城北门——广智门东侧门墩的一部分[2]。2001年，天府广场以北的四川省展览馆基建工地清理出一段明代城墙以及城内的多处排水沟、天井、房屋等建筑遗迹，城墙由外包砖和墙体两部分组成，墙体为黄褐色黏土平夯而成，墙面包砖呈朱红色[3]。2008年，天府广场以西的成都市博物馆新址基建工地发掘一处明代早期的夯土台基，台基呈正南北走向，东南转角处近直角，据推测可能为蜀王府萧墙内西南隅的山川社稷坛基址[4]。2013年，天府广场以北、市体育中心南侧的东华门古遗址清理了一条砖石砌筑的河道，揭露部分平面呈"L"形，南段长约70.00、宽6.00～16.50、残深4.00米；东段长约45.00、宽13.00、残深1.50米。从发掘情况看，这条人工河道位于蜀王府宫城中部，约修建于明代早期，可能属于类似北京故宫内金水河的人工设施，至明末清初遭废弃回填，回填原因或与明代以后在蜀王府基址上改建的贡院有关[5]。上述几个地点的考古发现，对于今后复原和研究明蜀王府的结构布局提供了翔实可靠的参考依据。

————————

[1]　成都市文物考古工作队：《明"蜀王府"城城垣考古发掘》，收入成都市勘测志编撰委员会编撰、成都市地方志编撰委员会编审：《中华人民共和国地方志·四川省·成都市勘测志》，中国建筑工业出版社，1997年，第314～315页。

[2]　成都市文物考古工作队：《明"蜀王府"城城垣考古发掘》，收入成都市勘测志编撰委员会编撰、成都市地方志编撰委员会编审：《中华人民共和国地方志·四川省·成都市勘测志》，中国建筑工业出版社，1997年，第314～315页。

[3]　成都市文物考古工作队：《成都市2001年田野考古工作概述》，《成都文物》2002年第1期。

[4]　成都文物考古研究所：《成都市博物馆新址发掘简报》，《成都考古发现（2009）》，科学出版社，2011年，第329～416页。

[5]　成都文物考古研究所：《成都市东华门古遗址2013～2014年度发掘收获》，《成都文物》2015年第1期。

附录一 天府广场出土石犀检测分析报告

杨 盛（成都文物考古研究所）

2012年12月，成都文物考古研究所在成都天府广场东北侧古遗址发掘出土1件大型圆雕石犀，是反映中国古代雕刻艺术成就的重要实物，对其进行科学检测分析，可以充分了解出土石犀保存状态及材质情况。分析结果不仅可以用于获取古代石质雕刻用料相关信息，也可以用于制定更加科学合理的石犀保护修复方案。

一 岩石薄片鉴定分析

利用出土石犀脱落残块制作岩样标本，进行薄片鉴定分析。岩相分析研究的结果为：颜色：均匀红色；结构：细粉砂结构；质地：松散；颗粒尺寸：石英占碎屑颗粒的42%，粒径0.072~0.21毫米间；长石占碎屑颗粒的9%，粒径0.106~0.23毫米；千枚岩岩屑及硅质岩岩屑占碎屑颗粒的5%，粒径0.103~0.18毫米间。颗粒胶结形式：颗粒之间点ā线接触、孔隙式胶结；粒度分析：细砂（15%），极细砂（52%），粗粉砂（27.6%），细粉砂（1.83%），黏土（4%）；颗粒形状：次棱角—次圆；分选中等；通过对19条测线中256个孔隙的测量统计得出：孔隙平均含量为37%，多为不规则几何形状，连通性中等（彩版五〇，1、2）。

经鉴定，出土石犀岩石类别为钙质与绢云母胶结岩屑质细粉砂岩，鉴定采用的薄片为铸体薄片，因此杂基及胶结物成分不可见，只可见少量铁质杂基残余以及少量碳酸盐矿物充填于颗粒间，因此推测原胶结物可能为方解石。

二 岩石微观结构和成分分析

出土石犀岩石微观结构和成分分析样品为表层剥落残片，分析设备采用四川大学分析测试中心配置的JEOL JSM-7500F 型扫描电镜及INCA大面积电制冷能谱仪（X-Max），分析条件：高真空模式6×10−4pa，加速电压为5kV，测试依据为GB/T17359-1988。观察分析时对样品选取的微区进行面扫描，获得样品显微照片及成分结果如下（表1；彩版五〇，3、4）。

表1　样品的化学成分　　　　　　　　　（单位：%）

	样品成分							
	C K	O K	Na K	Mg K	Al K	Si K	S L	总量
重量%	0.11	59.91	2.19	0.44	6.65	25.58	0.22	100
原子%	0.18	72.88	1.86	0.36	4.79	17.73	0.13	100

三　岩石X射线衍射物相分析

利用出土石犀表层剥落残片取样进行X射线衍射物相分析，分析仪器采用四川大学分析测试中心配置的荷兰X'Pert PRO DY2198型衍射仪，测试环境为20℃、50%RH，测试依据为JCPDS卡片（国际粉末衍射标准联合委员会）。通过X射线衍射物相分析发现，样品中石英含量最高，其次为钠长石。钠长石较石英易风化，表面常因风化而导致石质文物表面污浊，微带浅棕色、土状等特点。

四　岩石表面盐析成分分析

对现场采集剥落的表层泛白石样进行盐类成分及含量进行分析，检测结果见表2。检出盐分类型有：石盐（$NaCl$）、芒硝（$Na_2SO_4 \cdot 10H_2O$）、石膏（$CaSO_4 \cdot 2H_2O$）、六水泻盐（$MgSO_4 \cdot 6H_2O$）、硫酸镁（$MgSO_4$）、硫酸钾（K_2SO_4）等。根据美国E.M.Winkler测定的各种盐类溶液在过饱和度时的结晶性参数[1]：25℃时氯化钠的结晶力为66MPa、石膏为33MPa、芒硝为8MPa左右，这些结晶压力会对石质文物表面产生破坏，造成酥粉、脱落等病害的出现。

表2　石样盐分检测结果

样品编号	K^+	Na^+	Ca^{2+}	Mg^{2+}	Cl^-	SO_4^{2-}	CO_3^{2-}	HCO_3^-
	mg/kg	mg/kg	mg/kg	mg/kg	mg/kg	mg/kg	mg/kg	mg/kg
①号上	0.5	0.73	55.11	<3.05	3.55	40	0	152.5

五　分析小结

分析结果表明，出土石犀的岩石类别为钙质与绢云母胶结岩屑质细粉砂岩，主要成分为石英和钠长石。岩石样本的孔隙率是比较高的，因此可以被称为多孔隙砂岩，这与四川乐山大佛石刻[2]和其

[1]　E.M.Winkler, *Stone: Properties, Durability in Man's Environment*, SPringer-Verlag, NewYork, 1975. p120.

[2]　秦中、张捷等：《四川乐山大佛风化的初步探讨》，《地理研究》2005年第24卷第6期。

他摩崖造像[1]的岩石特性类似。这种砂岩在四川地区湿润气候条件下，水分作用使得砂岩内部结构中的胶结成分水解，易导致岩石表面出现粉化脱落现象。通过出土石犀表层剥落残片的微观结构显微观察可以看出，石犀表层结构松散，已有溶蚀现象。为防止出土石犀因表面盐析而出现进一步表层粉化病害，后期保护中需进行脱盐加固等一系列保护工作。

---

[1] 韦荃、贺晓东等：《四川摩崖造像岩石的工程物理特性》，《文物保护与考古科学》2009年第2期。

附录二　天府广场出土坩埚检测分析报告

杨颖东（成都文物考古研究所）

一　坩埚基本情况

　　天府广场东北侧古遗址位于成都市青羊区东华门街4号。成都文物考古研究所于2012年8月至次年2月，进行了考古发掘，共清理发掘灰坑120个、灰沟及排水沟11条、房屋及建筑台基5座、井14个、道路1条，同时出土了大量的陶器、瓷器、铜器、钱币、建筑构件等遗物，包括本文分析的10件夹砂陶坩埚。

　　在此，对这10件坩埚的年代及出土遗址背景稍作介绍。天府广场及其周边区域历史上属于秦汉以来成都大城的范围，是历代王府、宫苑、官署及其他高等级建筑的集中分布区。近年来，本所在该区域内的多个基建工地发掘出土过重要的古代文化遗存。10件坩埚大多出土于第二期两汉三国遗存中，发掘者判断其年代主要在东汉末至蜀汉时期，下限不晚于西晋初。由于成都出土的关于铜冶炼和制作用具实物非常少见，因此，这些坩埚对研究当时的制铜手工业活动具有重要的考古价值。10件坩埚的具体状况见表1，部分坩埚及铜渣残留现状（彩版五一、五二）。

表 1　坩埚基本情况

序号	出土单位	现状与尺寸（厘米）	铜渣、铜液残留状况
G1	TN01W02⑦：5	夹砂陶质，碗形敞口，残缺。残高5.5、口径9.5、（因残缺，有无嘴不详），圈足直径7.0，壁明显分为两层，外层砖红色、内层灰色。	不明显。
G2	TN01W02⑦：10	夹砂陶质，碗形敞口，完整。高9.0、口径12.0，带V形嘴，圈足直径7.0，壁分层，外表面砖红色、内壁灰色。	浇口有绿色斑点物质。
G3	TN01W02⑦：11	夹砂陶质，碗形敞口，完整。残高8.5、口径9.5，带V行嘴，圈形足直径6.5，壁分层，外表面砖红、内壁灰色。	内外壁多处挂有绿色斑点或烧流物质，口沿内壁和外表面粘连较大面积黑色烧结物。

G4	TN01W02⑦：12	夹砂陶质，碗形敞口，残缺。已用石膏修复完整。残高8.5、圆形口径9.8（因残缺，有无嘴不详），圈足直径6.0、外表面多为砖红色，少部分灰色，内壁灰色。	口沿有紫红色烧结物，外壁砖红色，粘连黑色烧结物，内壁灰色。内外表面都粘有绿色流淌状物质。
G5	TN01W02⑦：14	夹砂陶质，碗形敞口，残缺，仅剩四分之一。残高9.0、口径约10.0（因残缺、有无嘴不详），圈足直径6.8、外表面砖红色，内壁灰色。残壁有纵向3.0厘米长裂缝。	外壁和内底有绿色斑点残留。
G6	TN01W02⑦：15	夹砂陶质，碗形敞口，残存，腹部及口沿残存一半，圈足完整。高8.8、口径9.4（因残缺，有无嘴不详），圈足直径6.8、壁分两层，外层砖红色，内壁灰色。	内壁仅存两三处绿色斑点。
G7	TN01W02⑦：16	夹砂陶质，碗形收口，完整。高10.0、圆形口径9.0、带V形嘴。圈足直径6.4、外表面砖红色，内壁灰色。	外壁口沿有三处黑色烧结物残留，嘴和内壁有较多绿色物质残留。
G8	TN01W02⑦：18	残缺。仅剩圈足以上少部分。残高5.0、圈足直径6.8（因残缺，有无嘴不详），外面砖红色、内壁灰色。	内壁上有一小点绿色斑点。
G9	TN03W02⑥：17	残缺，碗形收口，已被石膏修复完整。高8.5、口径9.0、带V形嘴，圈足有变形，边缘不圆滑，直径6.0、外壁红色+灰色，内壁灰色。	内壁嘴处有绿色斑点。
G10	采集品	残缺严重，仅剩圈足及内底。残高4.0、圈足直径6.5（因残缺，有无嘴不详），外壁砖红色、内壁灰色。	不明显。

注：（1）坩埚尺寸与报告测量数据稍微有不同，因坩埚不甚规则，测量位置不同造成。（2）这里的"V形嘴"与报告中称为"V形流"对应，属同一形状的不同描述方法。

二　坩埚容量测定

方法：平置坩埚，后用保鲜膜铺装内壁，对坩埚注满水直至自然流出，倒出坩埚中水测定水的体积，即为坩埚盛装铜液的最大容量。由于部分坩埚残缺，比对与之形状近似的完整坩埚进行容量估算，在此假设以内装物质全部为铜液（密度8.9克/立方厘米），进行重量换算（过程见彩版五二，7），结果见表2。

测定发现最大坩埚容量315毫升，一次最多可熔化铜液2.8千克，最小坩埚容量190毫升，一次最多可熔化铜液约1.7千克。假如这十件坩埚一次全部启用，经估算最多熔化铜液约为20千克。实践表明，不管是冶炼或熔化铜液，每次都有铜渣产生，所以是不可能全部装满，再者如果每次装满，浇铸铜器时铜液容易外溅，造成浪费。所以每个坩埚容量和总体容量均少于估值。这显然表明得到的铜液量比较有限，仅适合浇铸小件铜器，无法铸造大型的铜器。

表2 坩埚容量测定结果

序号	名称	容量（毫升）	铜液重量（克）
G1	坩埚	315	2803.5
G2	坩埚	315	2803.5
G3	坩埚	190	1691
G4	坩埚	210	1869
G5	坩埚	315*	2803.5
G6	坩埚	190*	1691
G7	坩埚	240	2136
G8	坩埚	190*	1691
G9	坩埚	190	1691
G10	坩埚	190*	1691
合计		2345	20870.5

注：带"*"表示进行估算的结果。

三 坩埚及铜渣分析研究

1. 样品

选取坩埚壁上残留的绿渣（前面描述为绿色斑点）、一般铜渣、红色玻化渣（前面描述为红色烧结物）、黑色玻化渣（前面描述为黑色烧结物）、坩埚内灰色物质（后文称为炉衬）以及黏附的沉积铜块共21个样品（Z1～Z21）进行成分分析。对坩埚壁分层明显的砖红色和砖灰色胎共9个样品（T1～T9）进行成分分析。对发现的铜块还进行了金相分析。

2. 仪器和方法

成分分析：飞纳台式扫描电镜能谱仪pro X型（SEM-EDS）。工作电压15kV，扫描时间120秒，样品低倍电子放大，铜块和部分铜渣多次扫描后取平均值。坩埚胎壁和铜渣实际主要以氧化物形式存在，为了对比方便，在此全部以元素形式列出，包括图谱上所有有峰显示的元素。

金相分析：蔡司金相显微镜Scope A1型。将样品镶嵌、打磨、抛光，用三氯化铁盐酸乙醇溶液进行浸蚀，在显微镜下数码拍照并观察金相结构。

3. 检测结果

坩埚上绿渣、铜渣、铜块等样品检测结果见表3（彩版五三、五四）。坩埚胎体检测结果见表4（彩版五五）。

表3　坩埚铜渣等 SEM－EDS 成分 wt%

序号	名称	位置	O	Cu	Pb	Sn	P	Ca	Cl	Si	C	Te	Al	Fe	Sb	Na	Mg	K
Z1	G2-绿渣	内壁	40.0	32.8	8.8	4.1	7.6	3.3	1.6	1.2	0.7							
Z2	G2-绿渣	嘴	46.0	30.1	8.4	7.1	2.6	1.3	0.6	1.3	1.2	0.8	0.5					
Z3	G3-黑渣（玻化）	内壁	46.1	11.9	6.4			1.0		20.5			5.2	4.3	0.1	2.0	1.0	1.4
Z4	G3-绿渣	内壁	44.3	40	1.7		3.3	1.5	0.6	5.0			1.9	1.4				0.3
Z5	G3-铜块	外壁	9.7	84.0	3.2	3.1												
Z6	G3-铜块（中心）	内壁		98.8	1.2													
	（边部）			93.9	6.1													
Z7	G3-红渣（玻化）	口沿	43.5	1.5	16.8	1.0		4.7		18.5			6.2	2.7		1.5	1.9	1.8
Z8	G3-红渣（玻化）	内壁	39.7	1.3	30	5.1		2.3		12.8	0.5		3.8	2.0	0.1	0.6	1.1	0.8
Z9	G4-铜块	内壁	11.3	82.5	1.7	5.0												
Z10	G4-黑渣	外壁	47.8	6.6	12.9		1.1	1.4		16.7			5.1	2.0		2.4	1.4	1.0
Z11	G5-红渣	内壁	19.7	61.6	14.6		0.9			1.3	0.9		1.2					
Z12	G5-炉衬表面	内壁	45.0	17.8	14.8	10.8	3.4	1.7	0.5	3.4	0.3		0.3	1.4	0.5			
Z13	G6-泛绿泥	内壁	51.0	1.9			2.0	3.1		0.9	1.6	0.8	0.3	38.2				0.1
Z14	G6-红渣（玻化）	口沿	21.0	57.8	14.1					5.5			1.6					
	铅面		32.4	28.8	32.1		2.3	0.5		2.7	0.3		0.8					
Z15	G7-铜渣	内壁	52.1	1.4	5.7	0.5	1.7	1.0		15.6			9.8	5.6		2.9	2.0	1.8
Z16	G7-黑渣（玻化）	口沿	39.9	11.8	9.4			1.9		20.2			9.3	2.9		2.1	1.0	1.5
Z17	G7-绿渣	内壁	47.6	16.5	9.8	11.6	5.3	3.0	1.2	3.8	0.4		0.9					
Z18	G7-铜渣	内壁	34.1	2.4	28.9	17.2				10.2	0.3		4.9	2.0				
Z19	G8-绿渣	内壁	40.8	21.6	16	9.2	5.6	2.2	0.7	1.8	0.8		0.5	0.9				
Z20	G9-红渣（玻化）	嘴	41.0	4.9	20.7	4.6		2.9		14.8			5.8			2.2	1.1	1.9
Z21	G9-铜渣	内壁	40.4	2.4	21.0	16.2		1.0		10.2			3.4	2.6		1.3	0.5	1.1

表4　坩埚胎体 SEM-EDS 成分（wt%）

序号	检测部位	取样位置	Si	Al	Fe	Na	Mg	K	Ca	Ti	Pb	O	P	C
T1	G1-灰色	内底炉衬	19.5	9.6	4.9	2.2	1.6	1.6	1.1	0.5		57.8	1.2	
T2	G1-砖红	内底外层	22.8	10.5	6.1	1.6	1.2	1.9	0.9	0.5		54.6		
T3	G2-灰色	内底炉衬	17.6	10.4	7.3	2.4	1.8	2.7	0.9	0.3	0.8	55.6		
T4	G6-灰色	内底炉衬	17.9	9.5	6.8	2.4	1.5	2.7	1.2	0.3		55.1	1.1	1.6
T5	G6-砖红	底壁外层	22.2	9.6	6.4	2.2	1.2	1.8	0.8			55.8		
T6	G8-砖红	壁外层	21.0	10.0	10.6	2.0	1.2	1.9	1.1			52.1		
T7	G8-灰色	内底炉衬	20.1	9.3	5.3	1.9	1.4	2.2	1.2	0.3		56.7	1.8	
T8	G10-灰色	内壁炉衬	16.2	9.3	6.2	1.8	1.9	1.7	2.3		5.3	53.5	1.7	
T9	G10-砖红	壁外层	22.8	9.1	4.6	1.9	1.0	1.5	0.7	0.4		58.0		

四　讨论

10件坩埚，其表面有较多绿斑点（前面统一称其为绿渣），呈粉状，常识告诉我们，它是铜的腐蚀产物，和青铜器上的绿锈类似，其成分应为氯铜矿、副氯铜矿等。由于在坩埚表面，肉眼可见，因此它最直接表明坩埚是用于铜的冶炼或熔化的。坩埚可以用来冶炼铜，即从铜矿石到铜的过程，也可以用来熔炼铜，即将固态铜高温熔化成液态铜，在熔炼过程中可以加入铅或锡配成铅锡青铜溶液，这是浇铸铜器前的一个合金化过程。这几件坩埚到底是用来冶炼铜还是熔炼铜的呢？这个问题关系到坩埚功能性质的判定，非常重要。从目前分析结果来看，应为熔铜坩埚。理由有以下几方面：

首先，表3数据中，四个绿渣样品Z1（32.8%、Pb8.8%、Sn4.1%）、Z2（Cu30.1%、Pb8.4%、Sn7.1%）、Z4（Cu40%、Pb1.7%）、Z17（Cu16.5%、Pb9.8%、Sn11.6%）、Z19（Cu21.6%、Pb16.0%、Sn9.2%），除Z4只含有微量的Pb之外，其他都含有较多的铅和锡。说明坩埚内物质有熔炼铅锡青铜或锡青铜的可能。尽管坩埚在埋藏过程中，铅锡元素往往优先于铜而发生腐蚀，铅锡迁移或富集于铜的表面导致结果偏高，但对这种可能性的判断是毫无疑问的。

其次，铜渣（包括熔炼渣和冶炼渣）往往包含了许多重要信息。有研究表明，熔化铜的炉渣含铜一般在15%以上，而冶炼渣远低于此[1]。表3数据中，有两个铜渣含铜超过15%，分别是红渣Z11（Cu61.6%）、红色玻化渣Z14（Cu57.8%），还有两个黑色玻化渣Z3（Cu11.9%）、Z16（Cu11.8%）含铜也在10%以上。这些铜渣含铜量相对较高。

另外，在分析的12个铜渣中，几乎每个都含有较高的铅或锡，有的铅锡同时存在。罗列

[1]　李延祥、韩汝玢、宝文博等：《牛河梁冶铜残片研究》，《文物》1999年第12期。

一下具体是黑色玻化渣Z3（Cu11.9%、Pb6.4%）、Z16（Cu11.8%、Pb9.4%、Sn11.6%）、黑渣Z10（Cu6.6%、Pb12.9%）、红色玻化渣Z7（Pb16.8%）、Z8（Pb30.0%、Sn5.1%）、Z14（Cu57.8%、Pb14.1%）、Z20（Pb20.7%、Sn4.6%）、红渣Z11（Cu61.6%、Pb14.6）、一般铜渣Z15（Pb5.7%）、Z18（Pb28.9%、Sn17.2%）、Z21（Pb21.0%、Sn16.2%）。甚至还在G5坩埚炉衬表面发现较多铅锡（Pb14.8%、Sn10.8%）。在分析Z14（G6-红色玻化渣）样品时，在渣的新鲜断面发现大量铅富集（彩版五六，1）。以上种种铅锡在熔渣和炉衬大量存在，显然不是与铜矿伴生而来，而是人为有意添加进行合金配比的熔铜行为。

关于熔铜，还可以从铜渣与坩埚炉衬材料的融合中得到印证。青铜熔炼渣，是熔铜合金化过程中金属液与坩埚、燃料灰等反应形成，不可避免伴随着相互间物质的交融，其中来自炉壁各成分之间的比例应与炉壁中相应成分间的比例一致[1]。表4数据显示，坩埚壁砖红色层和灰色层炉衬材料基本相同，主要都为含Si-Al-Fe（实际存在形式为SiO_2-Al_2O_3-Fe_2O_3（FeO））系统的耐火材料。再看本批坩埚内铜渣，除铜之外由于大量含有铅和锡，铅和锡熔点低，更容易进入熔渣，因此这是不可避免的情况。除却铜渣主体铜、铅、锡之外，其仍以Si-Al-Fe为主，其他含量较少的元素，如Na、Mg、Ca、K含量比例与坩埚胎体基本保持一致，这证明坩埚材料成分进入了铜渣。反之，也在炉衬T3和T8中发现了铅的成分，说明铜液成分融进了坩埚炉衬。坩埚外层为砖红色，说明坩埚是外部加热，处于完全开放的氧化环境中。

再者，最有力的证据莫过于坩埚中存在的铜块。G3坩埚内的铜块，金相组织为粗大α等轴晶晶粒，中心部位Pb颗粒较少，分布于晶界，为红铜铸造组织（彩版五六，2、3），边部Pb较多，为铅青铜铸造组织（彩版五六，4）。表3成分检测结果是中心部位为含Cu98.8%、Pb1.2%的红铜，边缘为含Cu93.9%、Pb6.1%的铅青铜。这种组织不均匀的现象，是由于铅和铜完全不互溶，高温时铅更容易挥发，当熔化的液态铅铜凝固时，由铅的挥发和重力偏析造成。这是铅青铜比较常见的情况。而G3坩埚外壁的铜块样品Z5，检测结果显示同时含有铅锡（Pb3.2%、Sn3.1%，背散射电子像图见彩版五六，5）。一个坩埚的铜块样品，出现含锡与不含锡的差别，这说明坩埚至少经过两次合金熔炼，一次熔化铅青铜，一次熔化铅锡青铜，也可能存在多次熔化合金的过程。在G4坩埚的铜块样品Z9（金相组织与成分分布见彩版五六，6、7）与铜渣样品Z10，也显示了铅锡含量的差别，但由于Z10为铜渣，与Z9对比性不强，仅说明存在熔化铅锡合金的过程，但尚不能明确是否经过两次熔化。以上这些铜块，有力证明了坩埚进行熔铜形成合金的过程。

至此，将表3中绿渣、铜渣、铜块和部分炉衬的铜锡铅含量检测结果及以上讨论情况综合起来看，各个坩埚曾经进行的合金类型大致是：G2、G4、G5、G7、G8、G9为铜铅锡三元合金，G3有铜铅和铜锡铅两种合金，G6为铜铅二元合金，由于G1和G10没有取样，因此无从判断。可见，坩埚主要是进行铅锡青铜和铅青铜的合金熔化配制。

最后，回过头来查看了一下在该遗址范围内和这批坩埚一起出土的相关遗迹和遗物。出土铜器主要是铜印章、镞、钱币之类的小件铜器，不见大型铜器，该遗址范围内地层未发现有窑炉、钱范

[1] 李延祥、韩汝玢、宝文博等：《牛河梁冶铜残片研究》，《文物》1999年第12期。

和大量铜渣堆积等。这说明三点：第一，这些曾经使用过的坩埚是被废弃于地层之中，熔炉使用后或被破坏；第二，间接说明坩埚是用于熔化铜液进行合金配比，而非冶炼铜矿石得到铜，因为冶铜产生的炉渣数量和规模远远多于熔铜所产生的渣；第三，从出土的铜器大小和数量说明熔炼规模比较小，每次所熔炼的铜液仅够铸造这些小件铜器。这与前面对坩埚容量测定所得结论非常吻合。

五　结论

通过研究，初步得出以下结论：

第一，10件坩埚全部为熔铜坩埚，即用来熔化铜液进行合金配比，以浇铸铜器。所熔化铜液的合金类型有铜锡铅三元合金和铜铅二元合金，即铅锡青铜和铅青铜，主要为铅锡青铜。比较明确G3坩埚至少经过两次熔铜合金的过程，一次为铅青铜、一次为铅锡青铜。其他坩埚熔化的铜液合金类型初步判断为：G2、G4、G5、G7、G8、G9为铅锡青铜，G6为铅青铜。由于G1和G10没有合适样品可取，因此无从判断，有待以后继续研究。

第二，10件坩埚容量小，适合用于浇铸小件铜器，熔炼规模亦较小。这从侧面反映出汉代冶铁技术发展普及以后，到东汉末蜀汉时期，制铜活动明显衰退，由铜到铁的转变格局已经形成。

后 记

2012年8月17日至2013年2月5日，为配合四川大剧院的建设，成都文物考古研究所对成都天府广场东北侧古遗址进行了发掘。发掘领队为江章华研究员，现场执行领队为易立，田野发掘技工有高潘、李平、李继超、程远福，考古测绘人员有白铁勇、钱素芳，文保技术人员有白玉龙、杨盛、杨颖东。另外，成都市博物馆吴萌、魏敏、杜康，四川大学博士研究生王丽君、硕士研究生马涛，西南民族大学硕士研究生孙旭旺、鲁大力，南开大学硕士研究生刘舒睿，重庆师范大学硕士研究生方圆远等也参加了部分发掘和整理工作。

报告器物修复由党国松、何祖平等完成，遗迹底图由程远福、高潘、李平、卢引科绘制，遗迹与器物的线图由曾雳、钟雅莉、曹桂梅绘制，拓片由严彬、戴福尧制作，发掘现场照片由易立拍摄，器物照片由易立、方圆远拍摄。报告书稿由易立执笔完成。英文提要由中央民族大学黄义军教授翻译。

遗址发掘过程中，成都文物考古研究所王毅所长、江章华副所长不辞辛劳，多次前往工地现场，指导具体工作。与此同时，学术界亦给予了高度关注，故宫博物院单霁翔院长，北京大学考古文博学院孙华教授，四川大学历史文化学院张勋燎教授、宋治民教授、马继贤教授、林向教授、黄伟教授、白彬教授、罗二虎教授、赵德云副教授、代丽娟博士、原海兵博士，西南民族大学王建华教授，成都武侯祠博物馆罗开玉研究员、梅铮铮副研究员，四川凉山州博物馆刘弘研究员等先后莅临工地现场考察指导，并对考古成果给予了积极评价。另外，四川大剧院建设项目的业主单位锦城艺术宫、成都仁和春天集团也为这次考古工作的顺利开展提供了诸多方便。

在本报告的立项、整理和编写过程中，得到了四川省文物局王琼、濮新、何振华，成都市文化局颜劲松，成都文物考古研究所王毅、江章华、蒋成、刘雨茂、李明斌、陈云洪等诸位领导和同仁的大力支持帮助。

四川大学历史文化学院张勋燎教授以八十二岁高龄审阅全稿，提出宝贵的修改意见，并欣然作序，给年轻一代的考古工作者莫大的激励和关怀。

本报告的出版得到文物出版社的大力支持。

在此，对以上诸位先生、同仁及单位的关心和帮助一并致谢！

由于时间紧迫和编者水平所限，报告中难免存在一些问题和错误，敬请专家、学者批评指正。

编 者

Abstract

The site of northeastern Tainfu Square is located at 4 Donghuamen Road, Qingyang District, Chengdu, Sichuang province. Tainfu Square and its surroundings historically belongs to the outer city of Chengdu from Qin and Han, in which numerous high-ranked complexes such as the king's palaces, palatial gardens, government offices and so forth, were densely distributed. In August 2012, Chengdu Institute of Cultural Relics and Archaeology carried out a formal archaeological excavation on the ruins, which covers about 3900 square meters and uncovered abundant relics, including dirt pits, dirt trenches, city wall and foundations, road, drainage ditches, wells and so on. A large amount of objects such as potteries, porcelains, irons, bronzes and building materials were unearthed, dated to five basically continuous periods, Han, Six Dynasties, Tang, Song and Ming Dynasty.

The remains of Han and the Three Kingdom Period can be classified into two phases. The first phase corresponds to the Western Han, for which there are dirt pits and wells, numerous cord-designed tiles, a few fragments of cloud-designed tile ends. Very little potteries were dated to this phase except some vessel feet and fragments of jars. The second phase is mainly dated from Shuhan of the Three Kingdom Period to early Western Jin. This phase can be represented by remains found in No.7 and No.9 Layers, where dirt pits, foundations, numerous potteries, tiles and flower-designed bricks were found, as well as a few porcelain fragments and coins. The most important discovery is a beast-shaped stone sculpture unearthed from No.99 dirt pit. This sculpture mimics the shape of a huge rhinoceros in standing posture with head features clearly engraved. Judged from the pristine style, this sculpture was dated to late Warring States period or early Western Han.

The remains of Jin and the Southern Dynasties fall into three phases. This first phase corresponds to the Western Jin and first half of the Eastern Jin. For this phase, there are dirt pits, dirt trenches and wells. Among the objects are mainly grey clay potteries and green glaze as well as a few tile ends with geometric pattern. The second phase corresponds to the late half of the Eastern Jin and first half of the Southern Dynasties. The grey clay potteries and green glaze dominated the numerous objects. Many tile ends with lotus designs were also discovered.

The remains of Tang and Song are divided into five phases. The first phase corresponds to Sui and early Tang. For this phase, dirt pits consist of the major ruins. Green glazes dominate the objects, most of which were fired at Qingyanggong Kiln in the western suburbs of Chengdu, with very few from the local Qiong Kiln. The second phase corresponds to middle Tang. The dominant ruins are dirt pits. The unearthed objects are of small number, dominated by green glazes from the local kilns such as local Qiong Kiln and Qingyanggong Kiln. The third phase corresponds to late Tang and Five Dynasties or early Northern Song, represented by the No. 5 Layer, in which dirt pits are mainly found. Among the abundant unearthed objects, besides the local produced green glazes from Qiong Kiln and Liulichang Kiln, a small number of high-class and exquisite porcelains from the famous Ding Kiln of Hebei and Yue Kiln of Zhejiang were also discovered.

The fourth phase is dated from the end of Northern Song to Early Yuan, but mainly in Southern Song, represented by the layer 4B. Ruins include dirt pits, dirt trenches, wells, house foundations and drainage ditches and so forth. Among the unearthed objects, besides those from the local Guangyuan Kiln, there are porcelains from nonlocal kilns such as Jingdezhen Kiln, Jizhou Kiln, Jian Kiln, and Longquan Kiln located in the south, and the Yaozhou Kiln and Cizhou Kiln, the only two kilns in the north. The fifth phase is primarily dated to middle and late Yuan, represented by ruins from No. 4A Layer, including dirt pits, well and drainage ditches and so on. Among the unearthed objected, porcelains from nonlocal kilns dominate, leading by the celadon from the Longquan Kiln and products from Jingdezhen Kiln, Jun Kiln of Henan and products from the local Guangyuan Kiln and Liulichang Kiln coming the second.

Remains of Ming Dynasty primarily relate to the imperial city of the King of Shu. Trenches of city wall, architectural foundations, wells and dirt pits have been discovered, with a majority of porcelains, potteries and architectural components among the objects. Most of the porcelains are blue and white.

1. 遗址发掘场景（由东北向西南）

2. 遗址发掘场景（由东向西）

彩版一　遗址发掘场景

1. 发掘区中部发掘现场

2. 成都文物考古研究所陈云洪先生（右二）参观发掘现场

彩版二　发掘现场

1．四川省文物局赵川荣先生（左一）、四川大学历史文化学院白彬先生（左二）、成都博物院李明斌先生（右一）参观发掘现场

2．四川大学历史文化学院张勋燎先生（右一）、林向先生（右二）、宋治民先生（右三）参观发掘现场

彩版三　专家、领导参观指导考古工作

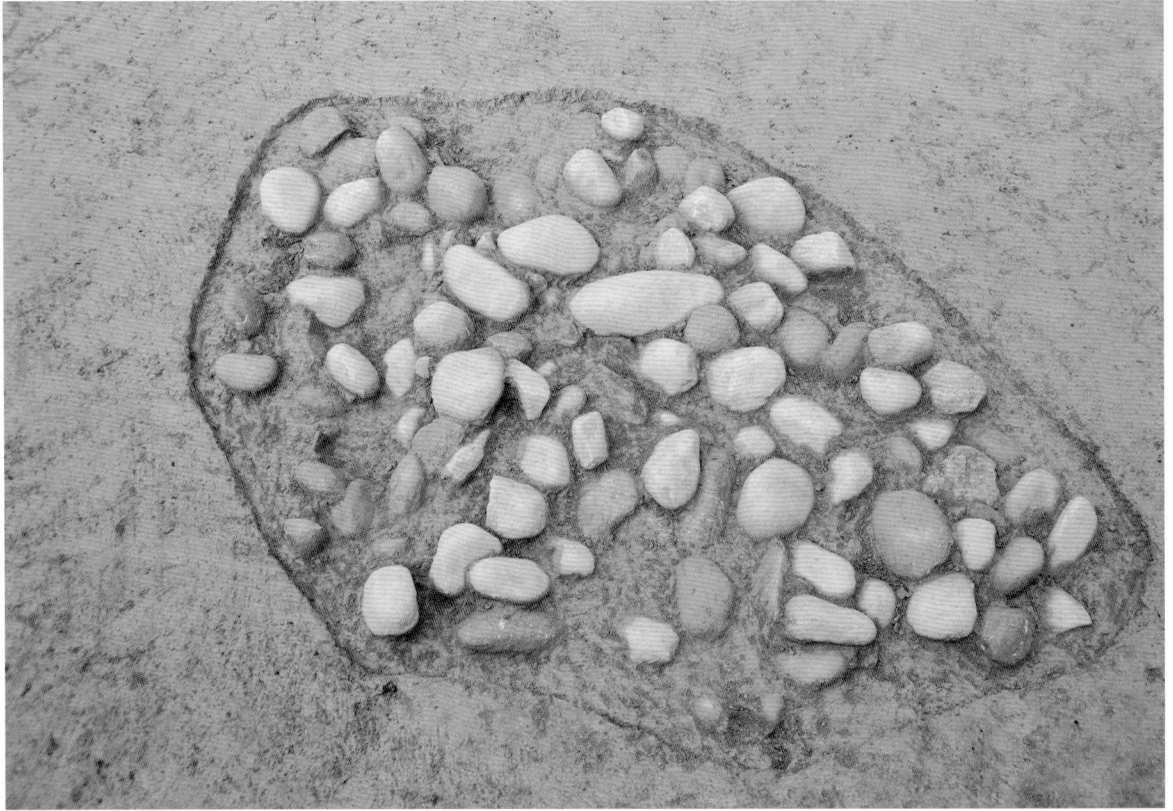

1. F2柱础坑D3

2. F2柱础坑D6

彩版四　两汉三国建筑台基

1. 水井J6

2. 灰坑H43

彩版五　两汉三国水井与灰坑

1. 灰坑H45

2. 灰坑H99内石犀埋藏状况

彩版六　两汉三国灰坑

1. 石犀

2. 石犀躯干右侧雕刻的卷云纹图案

3. 石犀臀部左侧雕刻的文字符号

彩版七　H99出土石犀

1. 夹砂陶钵TN02E02⑦：1

2. Ba型夹砂陶豆TN01E01⑧：6

3. Bb型夹砂陶豆F2②：9

4. A型夹砂陶圜底釜TN01W06⑧：9

5. C型夹砂陶圜底釜TN02W06⑧：10

6. 夹砂陶坩埚TN01W02⑦：10

彩版八　两汉三国陶器

1. A型III式泥质陶钵TN03W01⑦：15

2. A型IV式泥质陶钵TN02W01⑦：2

3. B型III式泥质陶钵TS01W02⑦：4

4. B型IV式泥质陶钵TN02W03⑥：4

5. B型V式泥质陶钵TS01W02⑦：1

6. Da型泥质陶钵TN02W02⑧：11

彩版九　两汉三国陶钵

1．Db型泥质陶钵TN02W01⑦：1

2．E型泥质陶钵H57：1

3．A型泥质陶盆TN03W01⑦：1

4．泥质陶灯TS02W01⑦：15

5．A型泥质陶器盖TN03W03⑥：25

6．泥质陶器座TN03W02⑥：3

彩版一〇　两汉三国陶器

1．Aa型云纹瓦当TN03W01⑤：55

2．Da型I式云纹瓦当H54：42

3．Da型IV式云纹瓦当TN02W02⑧：5

4．Db型云纹瓦当TN02W02⑦：11

5．Ec型I式云纹瓦当TN01W03⑦：4

6．Ec型IV式云纹瓦当TN01W02⑦：40

彩版一一　两汉三国云纹瓦当

1．Ee型I式云纹瓦当TN01W01⑦：46

2．Ef型II式云纹瓦当TN02W06⑦：13

3．Ef型IV式云纹瓦当H45：3

4．莲花纹瓦当F2D6：1

5．A型文字瓦当H93：18

6．C型文字瓦当TN02W02⑧：6

彩版一二　两汉三国瓦当

1．筒瓦H44：9

2．A型几何纹铺地砖TN02W02⑧：21

3．B型几何纹铺地砖TN03W01⑦：35

4．C型几何纹铺地砖H93：11

彩版一三　两汉三国筒瓦与铺地砖

1. A型文字铺地砖H79：8

2. D型文字铺地砖H54：31

3. 青瓷碗H85：3

4. 青瓷罐TN01W02⑦：36

1. 水井J1

2. 灰坑H26

3. 灰坑H48

彩版一五　两晋南朝水井与灰坑

1. 灰沟G10局部

2. 排水沟G2局部

彩版一六　两晋南朝灰沟与排水沟

1．G2局部

2．G2内部结构

3．G2使用的菱形花纹砖

彩版一七　两晋南朝排水沟G2

1．Aa型I式陶碗TN02W02⑥：11　　　　　　2．Ab型II式陶碗H33：8

3．C型II式陶碗TN01W01⑥：4　　　　　　4．D型陶碗H100：7

5．B型陶盆H48：5　　　　　　6．D型陶盆H25：1

彩版一八　两晋南朝陶碗、陶盆

1．A型I式陶罐G9：1

2．A型II式陶罐H26：3

3．A型II式陶罐H92：2

4．A型陶瓮H33：17

5．A型陶釜H90：1

彩版一九　两晋南朝陶器

1. 云纹瓦当TN01W01⑥：9

2. A型莲花纹瓦当G2：5

3. D型莲花纹瓦当H48：11

4. E型莲花纹瓦当H82：16

5. A型几何纹瓦当TN01W01⑥：3

彩版二〇　两晋南朝瓦当

1．III式盏TTN03W03⑥：63

2．A型I式碗H97：11

3．B型II式碗TS01W05⑥：20

4．B型III式碗H100：1

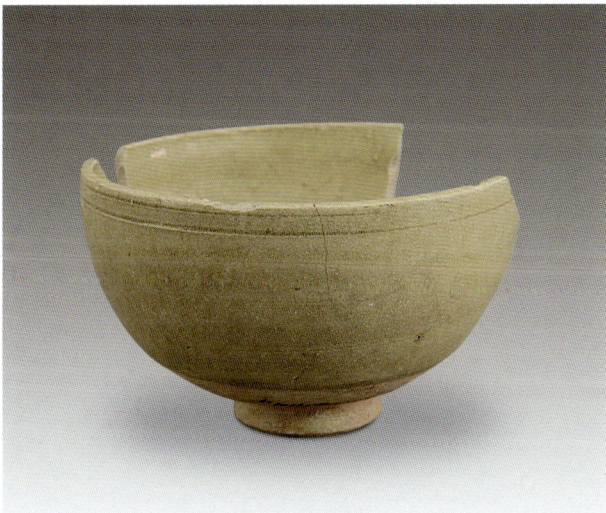

5．B型IV式碗H101：1

6．砚台TN03W02⑤：30

彩版二一　两晋南朝瓷器

1．A型盘TS01W02⑥：26

2．B型盘H107：1

3．A型I式罐TN01W01⑥：2

4．B型罐TN01W06⑥：11

5．器座TS01W05⑥：10

6．支钉H90：7

彩版二二　两晋南朝瓷器

1．F5局部

2．F5局部

3．F5局部

彩版二三　唐宋时期房址F5

1. 水井J2

2. 水井J4

彩版二四　唐宋时期水井

1. 水井J9

2. 水井J10

彩版二五　唐宋时期水井

1. 水井J14俯视

2. J14底部木条基础的连接方式

彩版二六　唐宋时期水井J14

1. 灰坑H4

2. 灰坑H39

彩版二七 唐宋时期灰坑

1. G1局部

2. G5局部

3. G5局部

彩版二八　唐宋时期排水沟

1．Aa型I式莲花纹瓦当TN03W03④A：2

2．Ab型III式莲花纹瓦当TN02W03⑤：36

3．兽面纹瓦当TN03E03⑤：9

彩版二九　唐宋时期瓦当

1. A型Ⅱ式碗H64：12

2. Ba型盘H64：19

彩版三〇　青羊宫窑瓷碗、盘

1. B型钵H64：32

2. 瓶J4：2

彩版三一　青羊宫窑瓷钵、瓶

1. Cb型花口碗TS01W01⑤：14

2. Ab型花口盘TN02W02⑤：36

3. C型花口盘TS01W01⑤：46

彩版三二　邛窑瓷碗、盘

1. A型钵H2：6

2. B型钵TN01E03⑤：63

3. 唾壶H2：5

彩版三三　邛窑瓷钵、唾壶

1．A型注壶H104：5

2．炉H4：23

3．灯T01W03④A：12

彩版三四　邛窑注壶、炉及灯

1. Aa型Ⅰ式罐J7：1

2. B型Ⅰ式罐TS01W01⑤：22

彩版三五　邛窑瓷罐

1. C型钵H4：20

2. Aa型盆TS01W06⑤：1

3. 盘口壶H89：5

彩版三六　琉璃厂窑瓷钵、盆及盘口壶

1. C型瓶H67：1

2. A型注壶TN01E03④B：8

彩版三七　琉璃厂窑瓷瓶、注壶

1. Ba型罐TN01E03⑤：5

2. Ca型罐H5：9

彩版三八　琉璃厂窑瓷罐

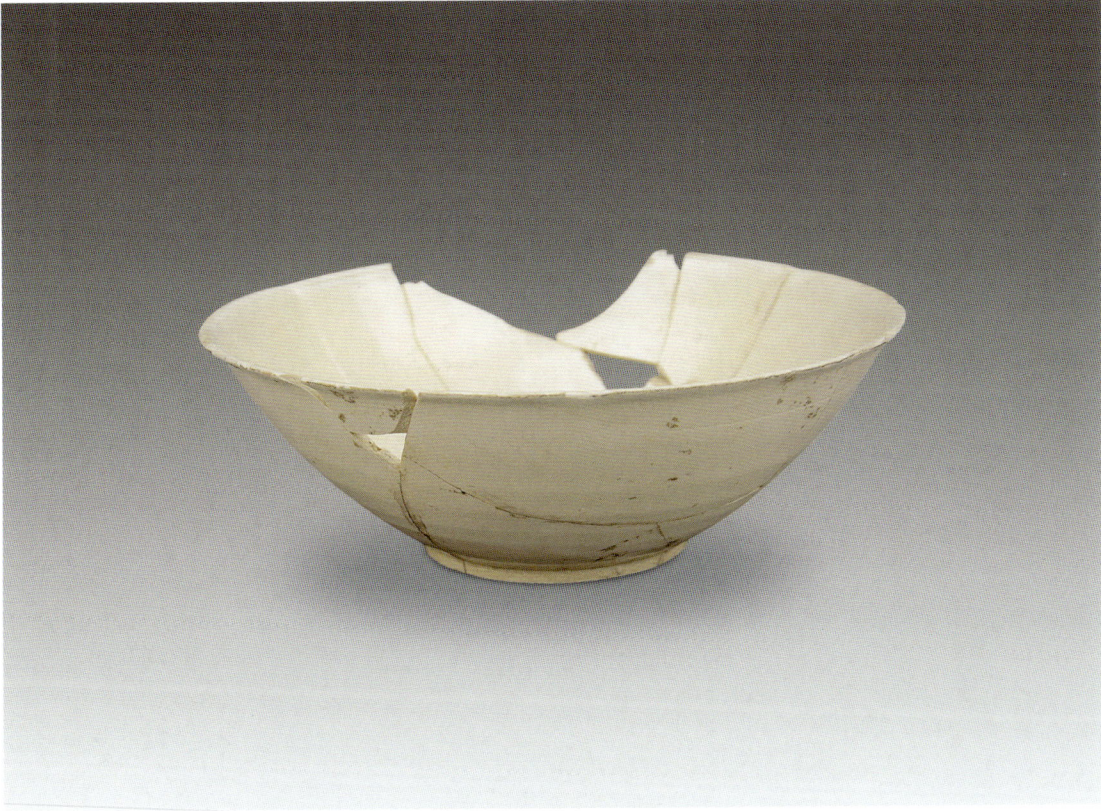

1. A型碗H113：1

2. B型碗H113：3

彩版三九　磁峰窑瓷碗

1．A型碗H22：2

2．A型罐J10：2

3．A型罐J10：2

彩版四〇　广元窑瓷碗、罐

1. 邢（定）窑A型碗TN01W03⑤：1

2. 钧窑碗H113：26

彩版四一　邢（定）窑与钧窑瓷碗

1．A型盘H22：10

2．A型Ⅰ式洗TN02W01④A：38

3．A型Ⅲ式洗H1：2

彩版四二　龙泉窑瓷盘、洗

1．建窑B型盏TN01E03④B：51

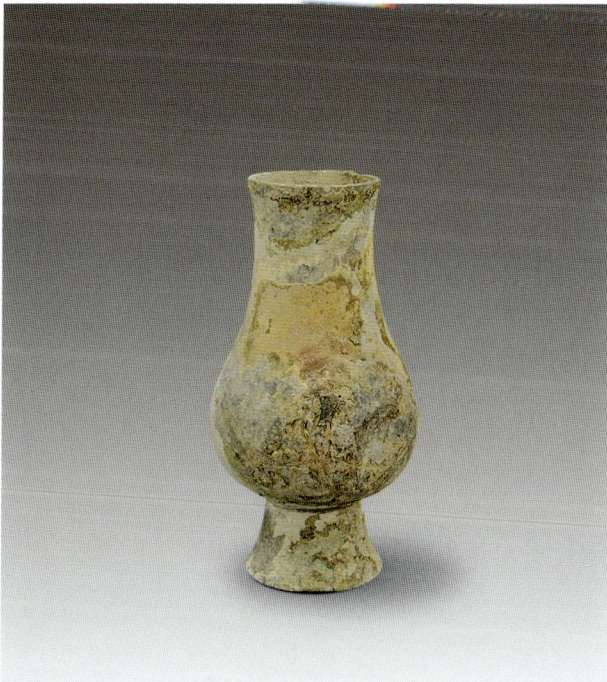

2．铜瓶J2：1

3．力士造像

彩版四三　建窑瓷盏及铜瓶、力士造像

1. F1局部水

2. F1清理现场

彩版四四　明代建筑台基F1

1. 水井J13

2. 城墙基槽Q1残存的包砖体

彩版四五　明代水井与城墙基槽

1. 城墙基槽Q1夯层剖面

2. 城墙基槽Q1夯层内的瓦砾堆积

彩版四六　明代城墙基槽Q1

1. Q1K3平面

2. Q1K3剖面

3. Q1K3坑内残存的木桩

彩版四七　明代城墙基槽底部圆坑Q1K3

1. 陶盆 F1：16

2. 琉璃筒瓦 F1：6

3. 滴水 H110：1

4. 天马 TN02E03③：8

彩版四八　陶器及建筑构件

1. A型III式碗F1：5

2. A型盘TN01W01③：1

彩版四九　青花瓷器

1．正交偏光（Q-石英，Cc-方解石，Bt-黑云母）

2．单偏光（Q-石英，Cc-方解石，Bt-黑云母）

3．石犀表层剥落残片显微观察照片

4．石犀表层剥落残片显微观察照片

彩版五〇　石犀表层剥落残片显微观察照片

1. G1坩埚砖红与灰色分层

2. G2坩埚嘴外残留绿斑点

3. G2坩埚嘴上绿斑点

4. G2坩埚外壁黑色渣

5. G3坩埚内外壁绿斑点黑色渣

6. G4坩埚外壁绿斑点、黑渣

彩版五一　坩埚

1. G4坩埚口沿绿斑点、红色玻化渣

3. G6坩埚口沿绿斑点

2. G5坩埚内底绿斑点

4. G6坩埚残缺、壁颜色分层

5. G7绿色残留和黑色渣

6. G8坩埚残缺、壁颜色分层

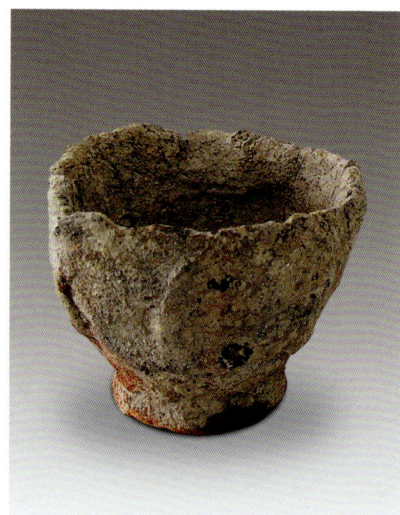

7. 坩埚容量测定实验

彩版五二　坩埚

1. Z1背散射电子像

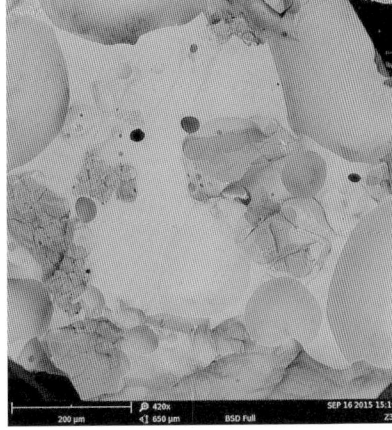

2. Z3背散射电子像

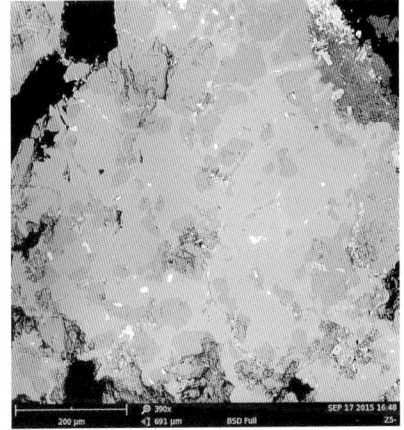

3. Z5背散射电子像

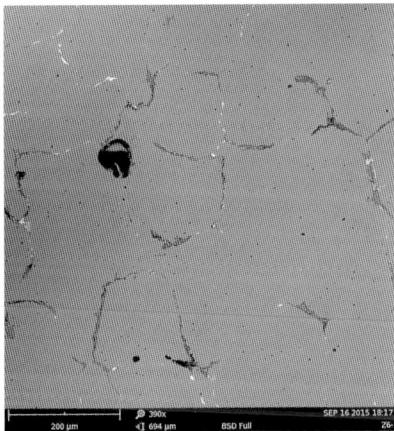

4. Z6背散射电子像

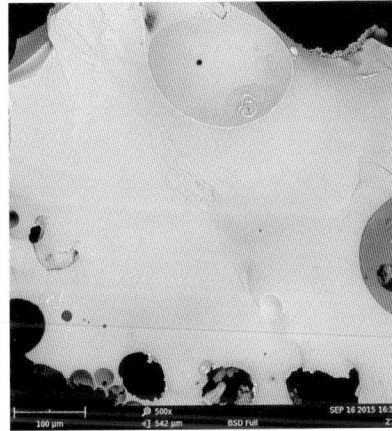

5. Z7背散射电子像

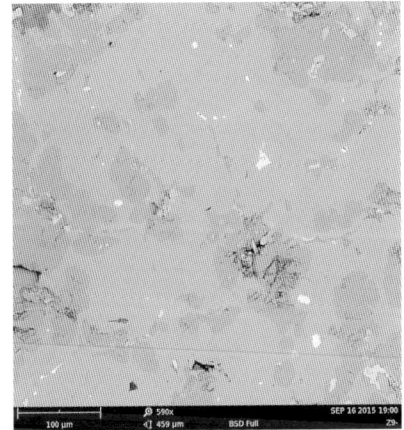

6. Z9背散射电子像

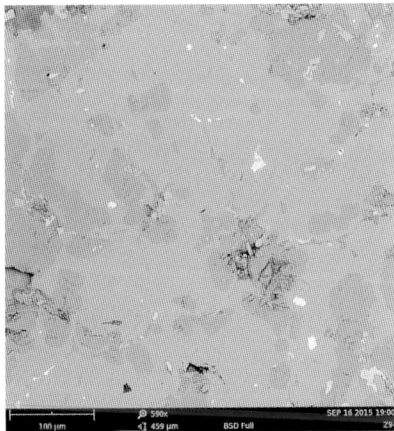

7. Z10背散射电子像

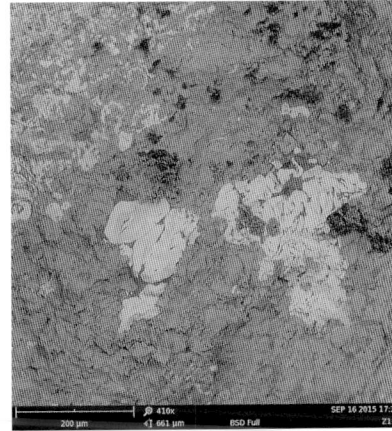

8. Z11背散射电子像

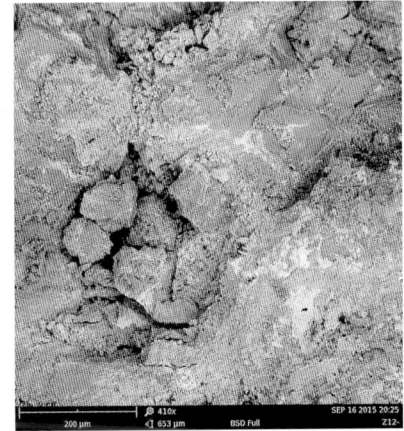

9. Z12背散射电子像

彩版五三　坩埚铜渣背散射电子像照片

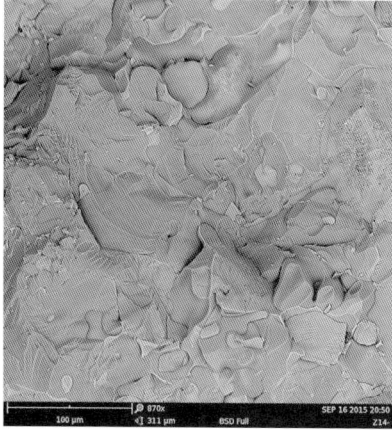
1. Z14背散射电子像

2. Z15背散射电子像

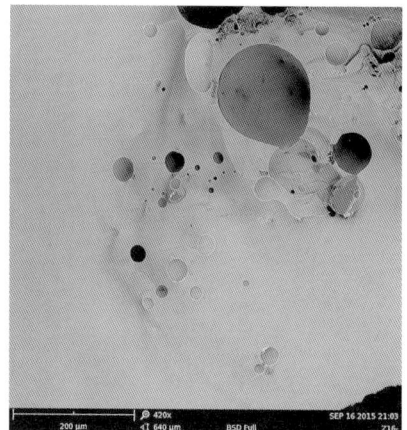
3. Z16背散射电子像

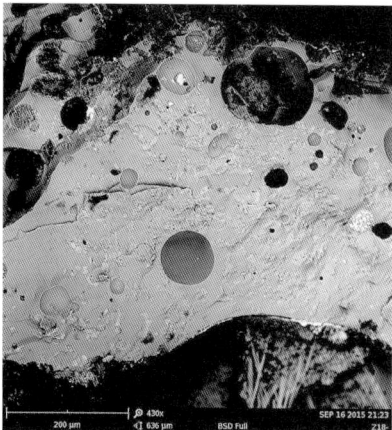
4. Z18背散射电子像

5. Z19背散射电子像

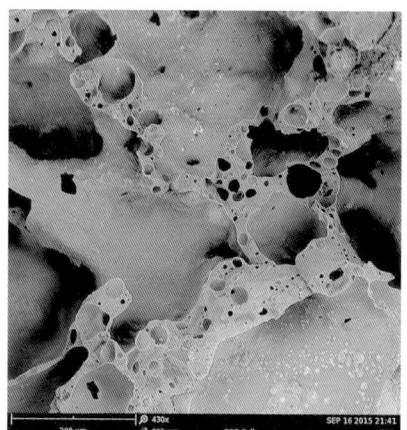
6. Z20背散射电子像

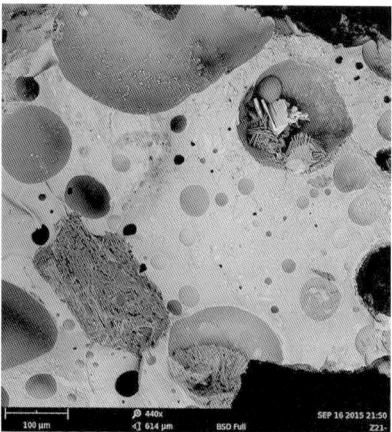
7. Z21背散射电子像

彩版五四　坩埚铜渣背散射电子像照片

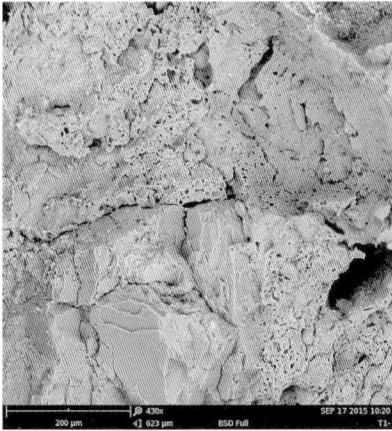

1．T1背散射电子像

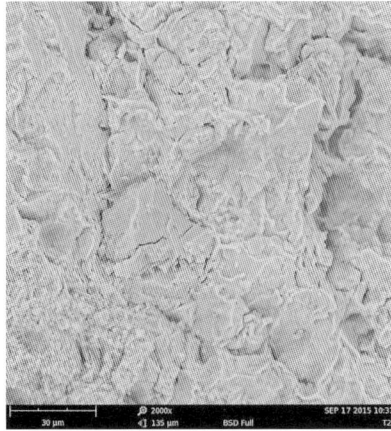

2．T2背散射电子像

3．T3背散射电子像

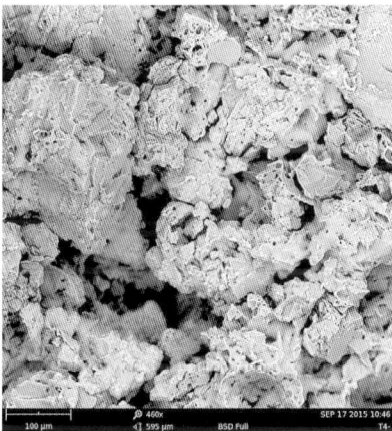

4．T4背散射电子像

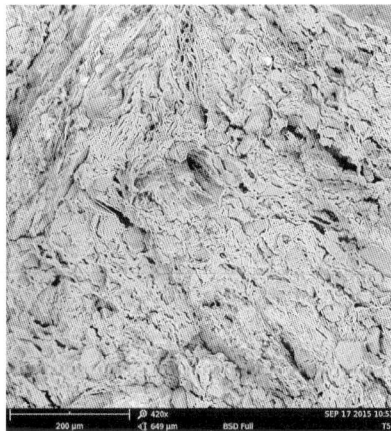

5．T5背散射电子像

6．T6背散射电子像

7．T8背散射电子像

8．T9背散射电子像

彩版五五　坩埚胎体背散射电子像照片

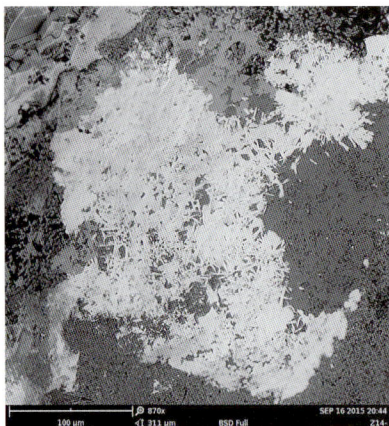

1．Z14红色玻化渣背散射电子像中大量铅富集（白色为铅63%）

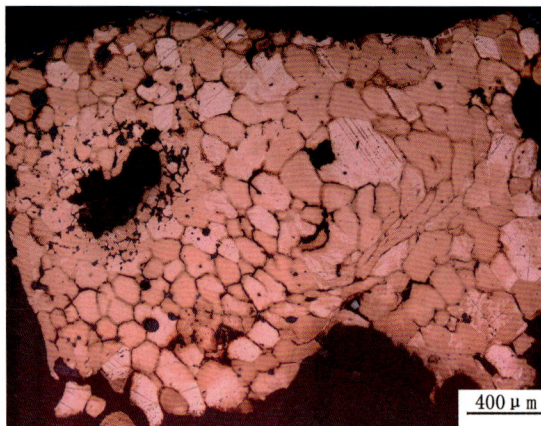

2．Z6（G3-铜块）金相组织

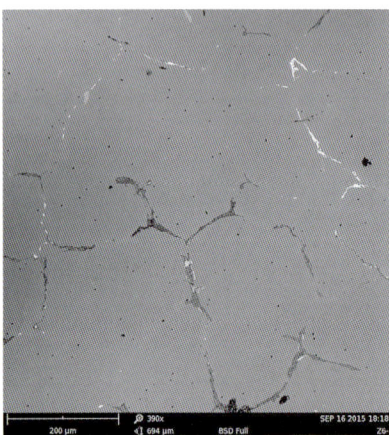

3．Z6（G3-铜块）中心背散射电子像

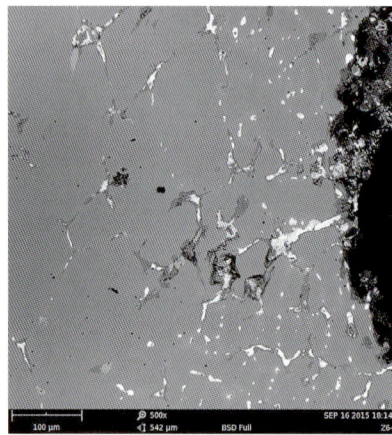

4．Z6（G3-铜块）边部背散射电子像

5．Z5（G3-铜块）背散射电子像

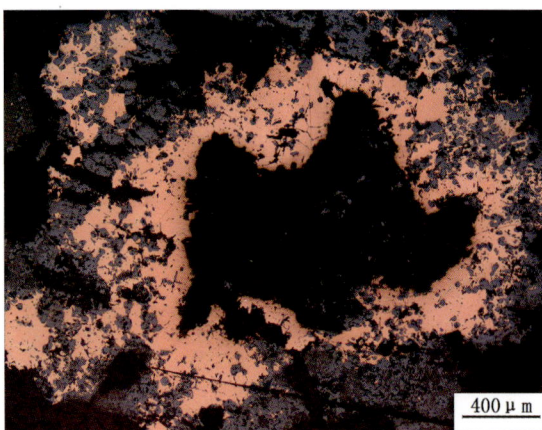

6．Z9（G4-铜块）金相组织

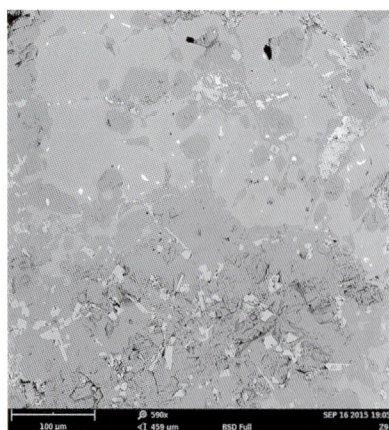

7．Z9（G4-铜块）背散射电子像

彩版五六　铜渣及铜块显微结构照片